S·E·C·A
Swiss Private Equity & Corporate Finance Association

Band 13

: Haupt

Christian Burkhardt

Private Equity als Nachfolgeinstrument für Schweizer KMU

Haupt Verlag
Bern · Stuttgart · Wien

Christian Burkhardt (1979), Dr. oec. publ., studierte an der Universität Zürich Wirtschaftswissenschaften mit Vertiefung Management and Economics. Er promovierte mit der vorliegenden Dissertation am Institut für Rechnungswesen und Controlling der Universität Zürich. Während der Ausarbeitung der Dissertation arbeitete er als Management Support Manager bei der UBS AG im Wealth Management. Derzeit ist er als Business Development Manager bei Holcim Central Europe tätig.

Redaktion und Satzherstellung durch den Autor

1. Auflage: 2008

Bibliografische Information der *Deutschen Nationalbibliothek*

Die Deutsche Nationalbibliothek verzeichnet diese Publikation in der Deutschen Nationalbibliografie; detaillierte bibliografische Daten sind im Internet über http://dnb.d-nb.de abrufbar.

ISBN 978-3-258-07382-8

Alle Rechte vorbehalten
Copyright © 2008 by Haupt Berne
Jede Art der Vervielfältigung ohne Genehmigung des Verlages ist unzulässig
Printed in Switzerland

www.haupt.ch

Vorwort

In jüngster Zeit sind Familienunternehmen wieder in den Vordergrund des Interesses gerückt, insbesondere wegen der Regelung der Nachfolge im Eigentum und in der Unternehmensleitung. Eine Möglichkeit bietet die Beteiligung durch Private Equity-Investoren. Oft fehlt jedoch das Wissen über diese Investoren, über Private Equity im Allgemeinen sowie über deren Wirkungsweise und unternehmerischer Nutzen. Hinzu kommen nicht selten Reputationsprobleme aus missglückten Transaktionen, selbst wenn diese an sich nichts mit Private Equity-Investitionen zu tun haben.

Der Autor leistet mit der Darstellung von sechs konkreten Fallstudien einen wichtigen Beitrag zur praxisorientierten, wissenschaftsbasierten Schriftenreihe der SECA. Er zeigt auf, wie die Informations- und Transparenzlücken geschlossen werden können, und geht den vielfältigen Facetten des Investitionsprozesses von Private Equity-Gesellschaften in mittelständischen Unternehmen nach.

Die SECA ist der führende Verband jener Unternehmen, deren Haupttätigkeitsfelder oder wichtige Teilaktivitäten in den Bereichen Private Equity und Corporate Finance liegen. Mit der SECA Schriftenreihe will sie den Ideenaustausch und die berufliche Weiter- und Fortbildung der Mitglieder und ihrer Kundschaft fördern. Grossen Wert wird auf den klaren Praxisbezug gelegt, sofern sich das Thema – auf wissenschaftlich fundiertem Niveau – auf Private Equity und Corporate Finance fokussiert.

Die SECA Schriftenreihe ist wichtig für die KMU, dem wirtschaftlichen Herz unseres Wohlstandes und dem häufigsten Ausgangspunkt für Inventionen, Innovationen und anschliessender nutzenbezogener Wertschöpfung. Für Unternehmerinnen und Unternehmer sowie für alle an der gesellschaftlichen, volks- und betriebswirtschaftlichen Entwicklung Interessierten werden hier Eckpunkte für eine vertiefte Diskussion gesetzt.

Als Geschäftsführer bin ich vom Vorstand beauftragt worden, die Forschungstätigkeiten in der Schweiz und von Schweizer Forschenden im Ausland mit den uns zur Verfügung stehenden Mitteln zu koordinieren, zu fördern und zu forcieren. Deshalb sind wir stets dankbar für praktische Fragestellungen einerseits und für materielle und immaterielle Unterstützung anderseits. Zugleich setzen wir mit unserer Schriftenreihe eine Messlatte, um die praxisorientierten Forschungsaktivitäten auf international kompetitivem Niveau zu halten.

Im vorliegenden Fall war es Christian Burkhardt, der in einem anschaulichen Buch verschiedene Praxisfälle von mittelständischen Unternehmungen schrittweise analysiert und zugleich Gemeinsamkeiten zusammengeführt und somit die entscheidenden Lehren für die Leserschaft (ab Kapitel 5) anschaulich und ausgewogen dargestellt hat. Seine Schilderungen bieten vielfältige Ansatzpunkte für konkrete Verbesserungen, sei es in der Vorgehensweise, sei es in der Strukturierung der Transaktionen, sei es in der Kommunikation. Eine hohe Praxisrelevanz zeichnet die Lektüre aus. Dafür gebührt ihm grosser Dank!

Maurice Pedergnana

Geschäftsführer SECA
Prof. Dr. oec., Institut für Finanzdienstleistungen Zug IFZ der Hochschule Luzern - Wirtschaft (Lucerne University of Applied Sciences and Arts)

Zug, 30. Mai 2008

Dank

Die grundlegende Motivation für die vorliegende Arbeit war das Ziel, meinen familiären unternehmerischen Hintergrund mit aktuellen wirtschaftlichen Entwicklungen zu verbinden. Um das dafür gewählte fallstudienbasierte Vorgehen umzusetzen, war sowohl von den Unternehmern wie auch von den Private Equity-Gesellschaften die Bereitschaft notwendig, ihre Angaben wiedergeben zu dürfen. Für diese Offenheit möchte ich mich bei allen Gesprächspartnern herzlich bedanken.

Mein besonderer Dank gilt meinem Doktorvater, Herrn Prof. Dr. Conrad Meyer, Direktor des Instituts für Rechnungslegung und Controlling der Universität Zürich. Auch als externer Doktorand durfte ich stets seine Unterstützung erfahren, welche insbesondere während schwierigen Phasen der Arbeit entscheidend war. Herrn Prof. Dr. Dieter Pfaff danke ich für den Support als Koreferent.

Dass ich die Arbeit berufsbegleitend und im Rahmen eines unbezahlten Urlaubs schreiben konnte, verdanke ich der Grosszügigkeit der UBS AG sowie meines damaligen Vorgesetzten Werner Peyer.

Für den substanziellen Input im Vorfeld und während der Arbeit durch Erfahrungsaustausch oder Korrektorat bedanke ich mich bei Dr. John Davidson, Philipp Dialer, Walter Fluck, Patric Klees, Patrick Kupelwieser, Robert Naville, Dr. Claudio Passardi und Dr. Andreas Welti. Mit Rat und Tat haben sie einen wesentlichen Beitrag zum Gelingen dieser Arbeit geleistet. An dieser Stelle sei auch dem Bureau Van Dijk für das zur Verfügung stellen der Datenbank ZEPHYR sowie Prof. Dr. Maurice Pedergnana gedankt.

Ein spezielles Dankeschön gilt meinen Freunden für ihren Beistand während der ganzen Arbeit. Sie haben mit mir die Höhen und Tiefen des Dissertationsprojektes geteilt und mich jederzeit zum Vorantreiben der Arbeit motiviert. Für diese Hilfe danke ich Mireille Burkhardt, Toya Casura, Florian Diener, Daniel Enzler, Damian Fischer, Timo Hädrich, Mathias Meier, Christoph Nater, Eliane Rieder, Alex Römer, Constantin Schrafl, Jürg Syz, Matthias Vonmoos und Philipp Vonmoos, Nicole Welti-Burkhardt.

Meine grösste Dankbarkeit gebührt meinen Eltern Lisemarie und Hans Burkhardt. Sie haben mir nicht nur meine ganze Ausbildung ermöglicht, sondern mich auch jederzeit vorbehaltlos unterstützt und so den notwendigen Rückhalt gegeben. Ihnen ist diese Arbeit gewidmet.

Zürich, Januar 2008   Christian Burkhardt

Inhaltsübersicht

Inhaltsverzeichnis		XI
Abbildungsverzeichnis		XVII
Abkürzungsverzeichnis		XXI
1	Einleitung	1
Teil I:	Ausgangslage	15
2	Mittelständische Unternehmen in der Schweiz	15
3	Private Equity	51
4	Einführung in die Fallstudien	85
Teil II:	Vor der Transaktion	97
5	Voraussetzungen auf Seite der Unternehmen	97
6	Voraussetzungen auf Seite der Investoren	149
Teil III:	Gestaltung und Auswirkungen der Transaktion	197
7	Möglichkeiten der Transaktionsstrukturierung	197
8	Value Creation während des Beteiligungsprozesses	247
9	Schlussbetrachtung	309
Anhang		319
Literaturverzeichnis		319
Gesprächspartner		337
Seminare und Paneldiskussionen		339
Leitfaden für Fallstudien – Verkäuferseite		341
Leitfaden für die Fallstudie – Käuferseite		349

Inhaltsverzeichnis

Inhaltsverzeichnis XI
Abbildungsverzeichnis XVII
Abkürzungsverzeichnis XXI
1   Einleitung 1
   1.1   Darstellung der Thematik 1
   1.2   Problemstellung 3
   1.3   Zielsetzung 5
   1.4   Aufbau der Arbeit 7
   1.5   Methodisches Vorgehen 9
      1.5.1   Forschungskonzept 9
      1.5.2   Verwendete Literatur 10
      1.5.3   Fallstudien 10
      1.5.4   Weitere Informationsquellen 13
Teil I: Ausgangslage 15
2   Mittelständische Unternehmen in der Schweiz 15
   2.1   Merkmale und Zahlen zu KMU in der Schweiz 15
      2.1.1   Begriffsbestimmungen 15
      2.1.2   Bedeutung der KMU in der Schweiz 21
      2.1.3   Der Wirtschaftsstandort Schweiz 25
   2.2   Nachfolgeproblematik bei Schweizer KMU 30
      2.2.1   Bedeutung der Unternehmensnachfolge 30
      2.2.2   Volkswirtschaftliche Dimensionen der
            Unternehmensnachfolge 31
   2.3   Herausforderungen für den Schweizer Mittelstand 34
      2.3.1   Innovationen 34
      2.3.2   Internationalisierung 37
      2.3.3   Kapitalzugang 39
      2.3.4   Corporate und Family Governance 44
   2.4   Zusammenfassung 47
3   Private Equity 51
   3.1   Der Private Equity-Markt und seine Teilnehmer 51
      3.1.1   Begriffsabgrenzung 51

	3.1.2	Der Private Equity-Markt	53
	3.1.3	Die Teilnehmer am Private Equity-Markt	57
3.2		Private Equity-Investitionen	67
	3.2.1	Der Private Equity-Investitionsprozess	67
	3.2.2	Kapitalströme von Private Equity-Investitionen	71
	3.2.3	Performancemessung von Private Equity-Investitionen	72
3.3		Private Equity in der Schweiz	74
	3.3.1	Zahlen und Fakten zu Private Equity in der Schweiz	74
	3.3.2	Rahmenbedingungen in der Schweiz	80
	3.3.3	Die Anbieter von Private Equity in der Schweiz	81
3.4		Zusammenfassung	83
4		Einführung in die Fallstudien	85
4.1		Einführung in Fallstudie 1	88
4.2		Einführung in Fallstudie 2	89
4.3		Einführung in Fallstudie 3	90
4.4		Einführung in Fallstudie 4	92
4.5		Einführung in Fallstudie 5	94
4.6		Einführung in Fallstudie 6	95
Teil II:		Vor der Transaktion	97
5		Voraussetzungen auf Seite der Unternehmen	97
5.1		Normative Ebene	99
	5.1.1	Charakterisierung des Unternehmers	99
	5.1.2	Die Subsysteme Familie und Unternehmen	102
	5.1.3	Zusammenfassung	104
5.2		Strategische Ebene	105
	5.2.1	Planung der Unternehmensnachfolge	105
	5.2.2	Möglichkeiten der Unternehmensnachfolge	108
	5.2.3	Motive für Private Equity	111
	5.2.4	Zusammenfassung	115
5.3		Operative Ebene	116
	5.3.1	Wettbewerbsposition	116
	5.3.2	Bilanzstruktur	117
	5.3.3	Managementstruktur	118
	5.3.4	Zusammenfassung	119

	5.4	Auswertung der Fallstudien	119
	5.4.1	Kriterien für Fallstudien	120
	5.4.2	Fallstudie 1	121
	5.4.3	Fallstudie 2	125
	5.4.4	Fallstudie 3	128
	5.4.5	Fallstudie 4	132
	5.4.6	Fallstudie 5	135
	5.4.7	Fallstudie 6	139
	5.4.8	Erkenntnisse	141
6		Voraussetzungen auf Seite der Investoren	149
	6.1	Normative Ebene	149
	6.1.1	Eigenschaften von Private Equity-Gesellschaften	151
	6.1.2	Zusammenfassung	155
	6.2	Strategische Ebene	155
	6.2.1	Dimensionen der Investitionsstrategie	155
	6.2.2	Strategische Formen von Nachfolgeinvestitionen	159
	6.2.3	Zusammenfassung	162
	6.3	Operative Ebene	163
	6.3.1	Beteiligungssuche	164
	6.3.2	Beteiligungsauswahl	164
	6.3.3	Due Diligence	165
	6.3.4	Zusammenfassung	167
	6.4	Auswertung der Fallstudien	168
	6.4.1	Kriterien für Fallstudien	168
	6.4.2	Fallstudie 1	169
	6.4.3	Fallstudie 2	174
	6.4.4	Fallstudie 3	176
	6.4.5	Fallstudie 4	180
	6.4.6	Fallstudie 5	182
	6.4.7	Fallstudie 6	185
	6.4.8	Erkenntnisse	189
Teil III:		Gestaltung und Auswirkungen der Transaktion	197
7		Möglichkeiten der Transaktionsstrukturierung	197
	7.1	Bewertung des Kaufobjektes	198

	7.1.1	Überblick über Bewertungsmethoden	198
	7.1.2	Schwierigkeiten und Gefahren der Unternehmensbewertung	201
	7.1.3	Zusammenfassung	202
7.2		Die Strukturierung der Transaktion	203
	7.2.1	Begriffliche Abgrenzungen von Buyout-Finanzierungen	203
	7.2.2	Finanzielle Gestaltungsformen	208
	7.2.3	Rechtliche Aspekte der Strukturierung	213
	7.2.4	Steuerliche Aspekte der Strukturierung	218
	7.2.5	Zusammenfassung	222
7.3		Auswertung der Fallstudien	223
	7.3.1	Kriterien für Fallstudien	223
	7.3.2	Fallstudie 1	224
	7.3.3	Fallstudie 2	228
	7.3.4	Fallstudie 3	230
	7.3.5	Fallstudie 4	234
	7.3.6	Fallstudie 5	237
	7.3.7	Fallstudie 6	239
	7.3.8	Erkenntnisse	241
8		Value Creation während des Beteiligungsprozesses	247
8.1		Faktoren der Value Creation	249
	8.1.1	Equity Value Appreciation	249
	8.1.2	Management als Faktor der Value Creation	254
	8.1.3	Operative Massnahmen zur Wertsteigerung	258
	8.1.4	Zusammenfassung der operativen Massnahmen	267
8.2		Value Creation in Europa	267
	8.2.1	Empirische Studien über die Value Creation in Europa	267
	8.2.2	Zusammenfassung und Kritik der empirischen Studien	276
8.3		Auswertung der Fallstudien	279
	8.3.1	Kriterien für Fallstudien	279
	8.3.2	Fallstudie 1	280
	8.3.3	Fallstudie 2	284
	8.3.4	Fallstudie 3	287
	8.3.5	Fallstudie 4	291

	8.3.6	Fallstudie 5	295
	8.3.7	Fallstudie 6	299
	8.3.8	Erkenntnisse	302
9		Schlussbetrachtung	309
	9.1	Schlussbetrachtung der Fallstudien	309
	9.2	Zusammenfassung der Erkenntnisse	311
	9.2.1	Voraussetzungen der Nachfolgeregelung mittels Private Equity	311
	9.2.2	Voraussetzungen für Investitionen in mittelständische Unternehmen	312
	9.2.3	Gestaltungsmöglichkeiten der Transaktionsstrukturierung	313
	9.2.4	Massnahmen zur Wertsteigerung während der Beteiligung	313
	9.3	Weiterführende Fragestellungen und Fazit	314
	9.3.1	Weiterführende Fragestellungen	314
	9.3.2	Fazit	316

Anhang ... 319
Literaturverzeichnis ... 319
Gesprächspartner ... 337
Seminare und Paneldiskussionen ... 339
Leitfaden für Fallstudien – Verkäuferseite ... 341
Leitfaden für die Fallstudie – Käuferseite ... 349

Abbildungsverzeichnis

Abb. 1:	Anzahl Buyout-Transaktionen mit Private Equity in der Schweiz, 1998-2006	3
Abb. 2:	Beziehungen im Rahmen der Nachfolge mittels Private Equity	6
Abb. 3:	Aufbau der Arbeit	7
Abb. 4:	Aufbau des Leitfadens	12
Abb. 5:	Gesprächspartner für Fallstudien	12
Abb. 6:	Quantitative Kriterien zur Definition der KMU	17
Abb. 7:	Häufig genannte Unterschiede zwischen KMU und Grossunternehmen	20
Abb. 8:	Sektorale Aufteilung der Arbeitsstätten und Beschäftigten in der Schweiz, 2005	21
Abb. 9:	Marktwirtschaftliche Unternehmen und Beschäftigte nach Grössenklassen, 2005	22
Abb. 10:	Prozentuale Verteilung der Grössenklassen nach Anzahl marktwirtschaftliche Unternehmen und Anzahl Beschäftigte	22
Abb. 11:	Berechnung der Schätzung relevanter Unternehmen	24
Abb. 12:	Sektorale Gliederung der Wirtschaft	28
Abb. 13:	Nachfolgeplanung in den kommenden Jahren	32
Abb. 14:	Berechnung der von einem Nachfolgebedarf betroffenen relevanten Arbeitsplätze	33
Abb. 15:	Übersicht der Finanzierungsarten	40
Abb. 16:	Veränderte Rahmenbedingungen im Umfeld von Banken und KMU	43
Abb. 17:	KMU-Typologie	49
Abb. 18:	Äufnung von Private Equity-Fonds in Europa, 1997-2006	55
Abb. 19:	Anzahl mittels Private Equity finanzierter Transaktionen in Westeuropa, 1997-2006	56
Abb. 21:	Finanzierungsstufen im Private Equity-Geschäft	60
Abb. 22:	Ausgestaltung des Private Equity-Fondskonzepts	62
Abb. 23:	Geäufnetes Kapital für Private Equity-Fonds nach Investorentyp in Europa, 2005	66
Abb. 24:	Der Private Equity-Investitionsprozess	67

Abb. 25:	Devestitionen in Europa	71
Abb. 26:	Private Equity Cash-Verlauf (J-Kurve)	72
Abb. 27:	IRR / Multiple vs. Zeit	74
Abb. 28:	Private Equity-Investitionen in Prozent des BIP, 2005	75
Abb. 29:	Äufnung von Private Equity-Kapital in der Schweiz, 1998-2006	76
Abb. 30:	Äufnung von Private Equity-Kapital nach Investoren, 2004-2006	77
Abb. 31:	Private Equity-Investitionsvolumen und ihre Verteilung in der Schweiz, 1998-2006	78
Abb. 33:	Anbieter von Private Equity in der Schweiz	82
Abb. 34:	Die Fallstudien im Überblick (Zahlen vor der Transaktion)	86
Abb. 35:	Unternehmen 1 vor der Transaktion	88
Abb. 36:	Unternehmen 4 vor der Transaktion	93
Abb. 37:	Voraussetzungsebenen im Rahmen des Nachfolgeprozesses	98
Abb. 38:	Rollen des Unternehmers	100
Abb. 39:	Portfolio der Eigner-Typologie	102
Abb. 40:	Nachfolgemodelle	109
Abb. 41:	Vor- und Nachteile der Nachfolgemöglichkeiten	110
Abb. 42:	Favorisierung der Nachfolgemodelle	111
Abb. 43:	Auslöseelemente für den Verkaufsentscheid	113
Abb. 45:	Kennzahlen des Unternehmens 4 vor der zweiten Transaktion (in Mio. CHF)	134
Abb. 46:	Zusammenfassung der Fallstudien bezüglich der Voraussetzungen auf Unternehmensseite	142
Abb. 47:	Voraussetzungsebenen auf Investorenseite	149
Abb. 48:	Segmentierung der Private Equity-Gesellschaften nach Trägerschaft	153
Abb. 49:	Dimensionen der Investitionsstrategie	156
Abb. 50:	Kriterien für die Fallstudien bezüglich der Voraussetzungen auf Investorenseite	168
Abb. 51:	Zusammenfassung der Fallstudien bezüglich der Voraussetzungen auf Investorenseite	190
Abb. 52:	Die Investitionsschritte des Investitionsprozesses	197

Abb. 53:	Relevante Buyout-Formen	207
Abb. 54:	Finanzierungsschichten eines MBO	208
Abb. 56:	Direkte vs. Indirekte Übernahme	214
Abb. 57:	Asset vs. Share Deal	216
Abb. 58:	Kriterien für die Fallstudien bezüglich der Möglichkeiten der Transaktionsstrukturierung	224
Abb. 59:	Bilanzvergleich Unternehmensgruppe 1	226
Abb. 60:	Bilanzvergleich Unternehmen 2 (ohne Vorauszahlungen)	229
Abb. 61:	Bilanzvergleich Unternehmen 3	232
Abb. 62:	Bilanzvergleich Unternehmen 4 Holding	235
Abb. 63:	Bilanzvergleich Unternehmen 5	238
Abb. 64:	Zusammenfassung der Fallstudien bezüglich der Möglichkeiten der Transaktionsstrukturierung	242
Abb. 65:	Betreuung und Wertsteigerung im Investitionsprozess	248
Abb. 66:	Faktoren mit Einfluss auf die Private Equity-Rendite	250
Abb. 67:	Spektrum des Engagements	255
Abb. 68:	Kategorisierung der operativen Massnahmen	259
Abb. 69:	Überblick über operative Massnahmen im Portfoliounternehmen	266
Abb. 70:	Zusammenfassung der Studien über Value Creation in Europa	268
Abb. 71:	Kriterien für die Fallstudien bezüglich der Value Creation	280
Abb. 73:	Zusammenfassung der Fallstudien bezüglich der Value Creation	303

Abkürzungsverzeichnis

Abb.	Abbildung
AFIC	Association Française des Investisseurs en Capital
AG	Aktiengesellschaft
AV	Anlagevermögen
BAI	Bundesverband Alternative Investments e. V.
BGE	Bundesgerichtsentscheid
BIMBO	Buyin Management Buyout
BIP	Bruttoinlandprodukt
BSP	Bruttosozialprodukt
BVCA	British Venture Capital Association
BVK	Bundesverband Deutscher Kapitalbeteiligungsgesellschaften
CMBOR	Center of Management Buyout Research
DCF	Discounted Cash Flow
EBIT	Earnings before Interest and Tax
EBITDA	Earnings before Interest and Tax and Depreciation and Amortisation
EDI	Eidgenössisches Departement des Innern
EK	Eigenkapital
ESTV	Eidgenössische Steuerverwaltung
ETH	Eidgenössische Technische Hochschule
EUR	Euro
EVCA	European Private Equity & Venture Capital Association
FER	Fachempfehlungen zur Rechnungslegung
FK	Fremdkapital
F&E	Forschung und Entwicklung
GAAP	Generally Accepted Accounting Principles
GBP	Britischer Pfund
IBO	Institutional Buyout
IFRS	International Financial Reporting Standards
IPO	Initial Public Offering
IRR	Internal Rate of Return

KAG	Kollektivanlagengesetz
KgK	Kommanditgesellschaft für Kollektive Kapitaleinlagen
KMU	Klein- und Mittelunternehmen
KOF	Konjunkturforschungsstelle der ETH Zürich
KTI	Kommission für Technologie und Innovation
LBO	Leveraged Buyout
M&A	Mergers and Acquisitions
MBI	Management Buyin
MBO	Management Buyout
MIS	Management Information System
MIT	Massachusetts Institute of Technology
NAV	Net Asset Value
NVCA	National Venture Capital Association (USA)
NZZ	Neue Zürcher Zeitung
OR	Obligationenrecht
PEG	Private Equity-Gesellschaft
SECA	Swiss Private Equity & Corporate Finance Association
SECO	Staatssekretariat für Wirtschaft
USD	US Dollar
UV	Umlaufvermögen
VR	Verwaltungsrat
WEF	World Economic Forum

1 Einleitung

1.1 Darstellung der Thematik

Die Bedeutung von Klein- und Mittelunternehmen in der Schweiz ist angesichts der Dimensionen sehr gross: 99.7% der Schweizer Unternehmen sind Kleinst-, Klein- oder Mittelunternehmen und sie beschäftigen rund zwei Drittel (76.5%) der Schweizer Arbeitnehmer.[1] Auch im Ausland – insbesondere in Europa – stellen die KMU die erdrückende Mehrheit der privatrechtlichen Unternehmen sowohl in Bezug auf Anzahl Unternehmen wie auch auf die Beschäftigung dar.[2] Der Stellenwert gewinnt zudem an Gewicht, da die KMU als Dienstleistungserbringer und Zulieferer einen erheblichen Beitrag zur volkswirtschaftlichen Wertschöpfung leisten sowie neue Technologien und moderne Berufsfertigkeiten entwickeln resp. verbreiten.[3]

Die wichtige Funktion innerhalb der Volkswirtschaft können die KMU aber nur wahrnehmen, wenn es ihnen gelingt, ihre Struktur dem permanenten Wandel anzupassen und kommende Herausforderungen zu meistern. Eine dieser zentralen Herausforderungen ist die Regelung der Nachfolge des Besitzes und der Geschäftsleitung – ein Thema, das in den kommenden Jahren jedes fünfte Unternehmen der Schweiz und jährlich bis zu 90'000 Arbeitsplätze betrifft.[4] In Gesamteuropa haben rund 610'000 Unternehmen ihre Nachfolge zu regeln, welche die Verantwortung über 2.4 Mio. Arbeitsplätze tragen.[5]

Diese schwierige und komplexe Aufgabe der Sicherung des Lebenswerkes und den damit verbundenen Arbeitsplätzen wurde in den letzten Jahren weitgehend erkannt. So befassen sich diverse Studien und Bulletins privater Unternehmen mit der Grössenordnung oder den Möglichkeiten der Unternehmensnachfolge.[6] Oft haben diese einen interdisziplinären Charakter, zumal die Facetten der

---

[1] Vgl. Bundesamt für Statistik (2007a), S. 9.
[2] Vgl. Habersaat, M. / Schönenberger, A. / Weber, W. (2001), S. 4.
[3] Vgl. Credit Suisse (2003), S. 6.
[4] Vgl. PWC (2005), S. 12.
[5] Vgl. European Commission (2003), S. 3.
[6] Siehe dazu z. B. UBS (2002a), EVCA (2005c), PWC (2005), ZKB (2005), PWC (2006), ZKB (2006), Cash spezial (2007) oder CS Bulletin spezial (2007).

Nachfolgeregelung in der Regel ökonomischer sowie psychologischer Natur sind.

Eine Möglichkeit zur Regelung der Nachfolge bietet die Unternehmensbeteiligung durch Private Equity-Investoren. Während diese Variante in den USA bereits seit den 80er Jahren bekannt ist und angewandt wird,[7] hatte sie in der Schweiz bis vor wenigen Jahren noch keinen grossen Stellenwert.[8] Seit die verschiedenen Dimensionen der Nachfolgeproblematik im Schweizer Mittelstand erkannt wurden, gewinnt die Beachtung von Private Equity als Instrument zur Unternehmensnachfolge an Bedeutung.[9] So bieten sich Private Equity-Gesellschaften aufgrund der anstehenden Nachfolgeregelungen immer mehr Einstiegsmöglichkeiten bei Schweizer KMU; gleichzeitig wächst die Anzahl potenzieller Zielunternehmen.[10]

Auch allgemein betrachtet hat sich die Private Equity-Landschaft in der Schweiz in den letzten Jahren stark entwickelt. Dies zeigt sich vor allem am Mehrjahresvergleich der Dimensionen der Aufnahme von Kapital für Private Equity-Vehikel[11] oder des Investitionsvolumens.[12] Dennoch scheint das Potenzial noch nicht ausgenutzt zu sein und auch im internationalen Vergleich belegt die Schweiz einen unterdurchschnittlichen Platz, was Investitionen in Prozent des BIP betrifft.[13]

Nachfolgetransaktionen werden in der Regel in einer Form des Buyout durchgeführt, weshalb im Zusammenhang mit Private Equity die Entwicklung der Anzahl Buyout-Transaktionen in der Schweiz interessiert. Abb. 1 zeigt diese im Jahresvergleich anhand der Zahlen der *European Private Equity & Venture Capital Association* (EVCA).[14]

---

[7] Vgl. Fenn, G. / Liang, N. / Prowse, S. (1995), S. 3.
[8] Vgl. Koch, M. (1997), S. 64.
[9] Vgl. Hofmann, S. (2006), S. 13.
[10] Vgl. NZZ, 05.06.2007, S. 31.
[11] Siehe dazu Abb. 29.
[12] Siehe dazu Abb. 31.
[13] Siehe dazu Abb. 28.
[14] Der europäische Branchenverband EVCA wurde 1983 gegründet und vertritt die Interessen von rund 1150 Mitgliedern aus über 50 Nationen (vgl. EVCA (2007a), S. 2). Die EVCA veröffentlicht in ihrem Jahrbuch jeweils Statistiken über europäische sowie nationale Private Equity-Aktivitäten.

Es wird ersichtlich, dass sich die Anzahl der Transaktionen in den letzten vier Jahren nach 2001 und 2002 auf einem gewissen Niveau stabilisiert hat (vgl. Abb. 1). Absolut betrachtet fällt die Anzahl jedoch mit jährlich 24 bis 31 Transaktionen relativ gering aus. Obschon die Datenlage keine abschliessende Beurteilung erlaubt, ist die Diskrepanz zwischen der Anzahl Transaktionen und den anstehenden Nachfolgeregelungen bei Schweizer KMU offensichtlich.

Abb. 1: Anzahl Buyout-Transaktionen mit Private Equity in der Schweiz, 1998-2006 [15]

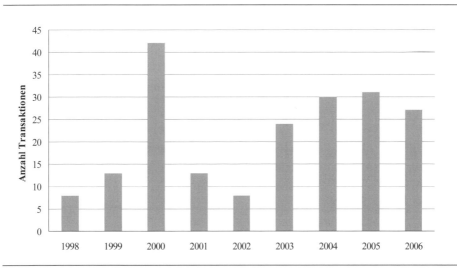

1.2 Problemstellung

Die beschriebene Diskrepanz im Zusammenhang mit Private Equity als Nachfolgeinstrument im Schweizer Mittelstand lässt sich aus drei verschiedenen Perspektiven analysieren. Dazu zählen die Beurteilung aus Sicht der Anbieter, der Nachfrager und des Marktes an sich.

Aus Sicht der Anbieter von Private Equity ist eine Zunahme der Transaktionen zu verzeichnen und wohl mit einer weiteren Anhäufung zu rechnen. Dennoch stellt DAVIDSON (2005) fest, dass Private Equity-Gesellschaften in der Schweiz – auch im Vergleich zu den Nachbarländern – bei Investitionen im Small-MBO-

---

[15] In Anlehnung an die Jahrbücher der EVCA (1999-2007).

Segment selten aktiv sind. Private Equity-Gesellschaften der Schweiz hätten das Potenzial dieses Segmentes noch nicht erkannt, weshalb ein Anstieg der Aktivitäten bisher ausblieb.[16] So bewegt sich ein grosser Teil der Anbieter von Private Equity in der Schweiz entweder im Bereich von Venture Capital- oder grossen Buyout-Fonds, während nur wenige ihre Strategie auf mittelständische Unternehmen ausgerichtet haben.

Den Nachfragern von Private Equity – also Unternehmen mit anstehender Nachfolgeregelung – stellt sich oft ein Informationsproblem. Viele Unternehmer[17] kennen die Möglichkeiten von Private Equity als Instrument zur Unternehmensnachfolge nicht oder nur schlecht. Oft fehlt das grundsätzliche Wissen über Private Equity und dessen Ausgestaltung. So mangelt es an Kenntnissen über die Erreichbarkeit der Private Equity-Investoren und Informationen über deren effektiven Tätigkeiten während der Beteiligung. Zudem kommt häufig eine ablehnende Haltung gegenüber Finanzinvestoren hinzu, deren Reputation von den negativen Schlagzeilen missglückter Transaktionen geprägt ist.

In Bezug auf den Markt besteht das Problem der Intransparenz. Es liegt in der Natur der Private Equity-Gesellschaften, die Strategien und Renditen nicht offen zu kommunizieren. Zum Wesen der nichtöffentlichen Gesellschaften zählt, keinen Publizitätsvorschriften unterlegen zu sein. Kombiniert man diese beiden Eigenschaften, so wird klar, dass der Markt von Private Equity als Nachfolgeinstrument im Schweizer Mittelstand nicht abschliessend beurteilt werden kann.[18] Daraus folgt unter anderem, dass auch über die effektiven Tätigkeiten während der Beteiligungsphase keine Transparenz herrscht, zumal die Massnahmen zur Value Creation kaum kommuniziert werden.

Zwischen der Anzahl Buyout-Transaktionen und den anstehenden Nachfolgeregelungen besteht eine Diskrepanz. Die Problemstellung dieser Ungleichheit ergibt sich aus der Betrachtung der beschriebenen Perspektiven. Zum einen

---

[16] Vgl. Davidson, J. (2005), S. 242.
[17] Aus Gründen der Einfachheit und besseren Lesbarkeit wird in vorliegender Arbeit stets die männliche Form verwendet, obschon die weibliche Form selbstredend mit einzuschliessen ist. Dasselbe gilt ebenso für sämtliche anderen männlich verwendeten Begriffe.
[18] Dies zeigt sich z. B. an der Tatsache, dass die EVCA in den Jahren 2002-2006 in der Schweiz rund 120 Buyout-Transaktionen notiert, während die Datenbank ZEPHYR im selben Zeitraum weniger als 60 Transaktionen beschreibt.

besteht im Small-MBO-Segment kein institutionalisierter Private Equity-Markt. Zum anderem mangelt es an Kenntnissen über die Möglichkeiten von Private Equity als Instrument zur Regelung der Unternehmensnachfolge. Ausserdem fehlt es an Transparenz hinsichtlich der effektiven Vorgehensweise der Private Equity-Gesellschaften, insbesondere über die Value Creation während der Beteiligung.

1.3 Zielsetzung

Die Problemstellung zeigt auf, dass eine Informations- und Transparenzlücke bezüglich Private Equity als Instrument zur Regelung der Unternehmensnachfolge besteht. Das Ziel der vorliegenden Arbeit ist es deshalb, einen Beitrag zur Erschliessung dieser Lücke zu leisten, indem die Facetten des Investitionsprozesses von Private Equity-Gesellschaften bei mittelständischen Unternehmen analysiert und ausgewertet werden. Aus dieser Zielsetzung ergibt sich folgende Forschungsfrage:

- Welches sind die Determinanten und Erfolgsfaktoren von Private Equity zur Regelung der Unternehmensnachfolge von mittelständischen Schweizer Unternehmen?

Zur Beantwortung dieser Fragestellung werden folgende Teilfragen definiert, deren Bearbeitung das Gesamtbild festlegen soll:

- Welches sind Determinanten und Möglichkeiten auf Seite der Unternehmen für die Regelung der Nachfolge mittels Private Equity?
- Welches sind Determinanten und strategische Formen für Investitionen in mittelständische Schweizer Unternehmen auf Seite der Private Equity-Gesellschaften?
- Welches sind die Gestaltungsformen und Strukturierungsmöglichkeiten von Private Equity-Transaktionen zur Regelung der Nachfolge im Schweizer Mittelstand?
- Welche Massnahmen werden während der Beteiligungsphase zur Steigerung des Unternehmenswerts getroffen und welche Wirkung haben sie?

Die Beantwortung der ersten Frage zielt darauf ab, die Problematik der Nachfolgeregelung auf Seite des Unternehmens in einem Zusammenhang mit Private

Equity zu stellen. Dabei sollen zum einen die Eigenschaften und Möglichkeiten des Nachfolgeprozesses im Allgemeinen aufgezeigt werden. Zum anderen richtet sich die Analyse auf die spezifischen Aspekte der Unternehmensnachfolge mittels Private Equity.

Mit der zweiten Teilfrage sollen die Voraussetzungen für Investitionen in mittelständische Unternehmen bezüglich Form und strategischer Ausrichtung der Private Equity-Gesellschaft untersucht werden. Dabei geht es neben der statischen Analyse der Eigenschaften von Private Equity-Gesellschaften auch um die dynamische Beurteilung der Investitionsauswahl.

Die dritte Frage dient dazu, die Möglichkeiten der Transaktionsstrukturierung zu eruieren, nachdem der Investitionsentscheid gefallen ist. In diesem Zusammenhang stehen die finanziellen, rechtlichen und steuerlichen Gestaltungsformen im Vordergrund.

Die letzte Teilfrage soll schliesslich Klarheit im Bereich der Value Creation schaffen. Es geht dabei sowohl um Erfahrungswerte auf volkswirtschaftlicher Ebene als auch um konkrete Massnahmen, die im Unternehmen zur Steigerung des Werts umgesetzt werden.

Abb. 2: Beziehungen im Rahmen der Nachfolge mittels Private Equity

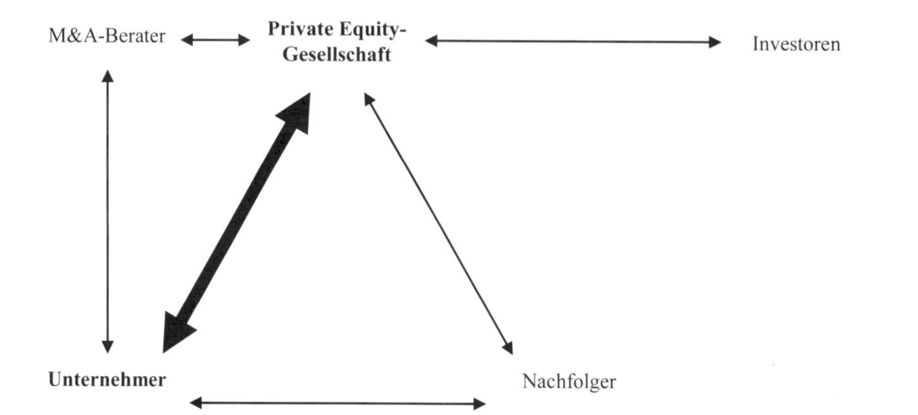

Der Fokus der Arbeit richtet sich auf die Beziehung zwischen dem Unternehmer, der sein Unternehmen veräussert, und der Private Equity-Gesellschaft, die sein Lebenswerk übernimmt. Die Sichtweisen dieser beiden Parteien stehen deshalb im Vordergrund. Auf das Verhältnis anderer Beteiligten wird nicht spezifisch eingegangen (vgl. Abb. 2).

1.4 Aufbau der Arbeit

Die Teilfragen zur Erreichung der Zielsetzung der Arbeit sind so formuliert, dass sie anhand der Analyse des Investitionsprozesses beantwortet werden können. Der Aufbau der Arbeit basiert demnach auf der prozessualen Betrachtung einer Private Equity-Transaktion zur Regelung der Unternehmensnachfolge und ist in drei Teile gegliedert (vgl. Abb. 3).

Abb. 3: Aufbau der Arbeit

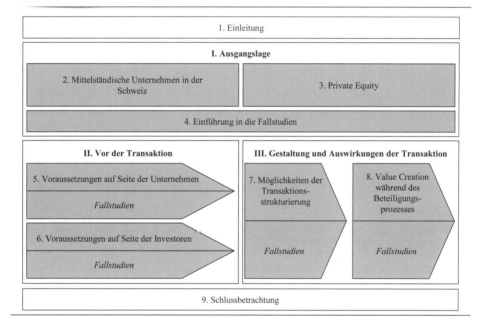

Nach dem einleitenden Kapitel 1, in dem der Kontext sowie Problemstellung, Zielsetzung, Aufbau und methodisches Vorgehen definiert werden, befasst sich der erste Teil der Arbeit mit der Ausgangslage. Dazu stellt Kapitel 2 die mittelständischen Unternehmen der Schweiz vor, indem auf ihre Charakteristika und grössten Herausforderungen eingegangen wird; ein Schwergewicht liegt auf der Nachfolgethematik.

Kapitel 3 definiert Private Equity und umschreibt das Wesen von Private Equity-Investitionen und -Markt. In diesem Kontext interessieren insbesondere die Dimensionen von Private Equity in der Schweiz. Kapitel 4 rundet die Ausgangslage mit der Einführung in die Fallstudien ab.

Im zweiten Teil geht es um die Voraussetzungen vor der Transaktion. Dabei werden in Kapitel 5 zunächst die Voraussetzungen auf Unternehmensseite erörtert. Diese werden gemäss dem St. Galler-Ansatz auf der normativen, strategischen und operativen Ebene analysiert. Das Kapitel wird anhand der Analyse der Fallstudien vertieft.

Anschliessend dient Kapitel 6 dazu, die Voraussetzungen und strategischen Formen von Private Equity-Gesellschaften zu erklären, die in den Schweizer Mittelstand investieren. Der Aufbau richtet sich wiederum an der normativen, strategischen und operativen Ebene aus. Die Fallstudien am Ende des Kapitels ergänzen die Analyse um weitere Erkenntnisse.

Im dritten Teil wird der Fokus auf die Gestaltung der Transaktion und die Massnahmen während der Beteiligungsphase gelegt. In diesem Zusammenhang beschreibt Kapitel 7 die Strukturierungsmöglichkeiten anhand der gängigen Bewertungsmodelle und der Gestaltungsformen finanzieller, rechtlicher und steuerlicher Aspekte.

Kapitel 8 behandelt zunächst die Faktoren der Wertvermehrung eines Portfoliounternehmens. Das Schwergewicht liegt dabei bei den exogenen Faktoren der Massnahmen auf Stufe Management und auf operativer Ebene. Anschliessend werden empirische Studien aus dem europäischen Raum verglichen, um ein Gesamtbild der Auswirkungen von Private Equity-Investitionen zu erhalten. Beide Kapitel des dritten Teils werden wiederum um die Fallstudien bereichert.

Um die Übersicht zu wahren, werden die Erkenntnisse jeweils im Rahmen der einzelnen Kapitel festgehalten. Dennoch fasst die Schlussbetrachtung die wichtigsten Erkenntnisse auf aggregierter Stufe zusammen, gibt die Schlussfolgerungen wieder und schliesst mit einem Ausblick.

1.5 Methodisches Vorgehen

1.5.1 Forschungskonzept

Das Forschungskonzept orientiert sich in vorliegender Arbeit stark an der Verfügbarkeit der Daten. Es wurde eingangs bereits darauf hingewiesen, dass Private Equity-Transaktionen in der Regel intransparent gehalten werden. Dieser Umstand gewinnt bei Transaktionen in mittelständische Unternehmen zusätzlich an Bedeutung, da diese ohnehin keinen öffentlichen Charakter aufweisen.
Die repräsentative Funktion einer empirischen Studie konnte anhand der Auswertung einer Datenbank[19] oder eines Fragebogens[20] nicht gewährleistet werden. Ausserdem kommen die verschiedenen Facetten einer Nachfolgetransaktion – die häufig mit dem Verkauf des Lebenswerkes des Unternehmers verbunden wird – erst bei der vertieften Betrachtung eines Falls zur Geltung, was generalisierte Ergebnisse einer Umfrage relativiert. Folglich drängte sich ein Vorgehen mittels Fallstudien auf.
Die Vorteile dieses methodischen Ansatzes liegen in der Tiefe der Analyse einzelner Fälle und in der entsprechenden qualitativen Wertung. Als Nachteile gelten die beschränkte Möglichkeit der Generalisierung sowie eine gewisse Subjektivität in der Auswahl und Auswertung der Studien.[21]

Die methodische Typologie der Arbeit enthält somit sowohl literaturbasierende wie auch explorative Komponenten: Während Teil I der Arbeit primär auf der Darstellung bestehender Literatur und Studien beruht, werden die Teile II und III im Sinne einer explorativen Arbeit geführt. Die Fallstudien dienen in diesen beiden Teilen ergänzend dazu, wichtige Komponenten zur Beantwortung der Forschungsfrage herauszufiltern und die Literatur zu vertiefen.[22]

---

[19] Es existieren keine Datenbanken, die eine Analyse in der notwendigen Tiefe erlaubt hätten.
[20] Bei der kleinen Anzahl Nachfolgetransaktionen in der Schweiz und dem zu erwartenden Rücklauf von 30-40% ergab sich kein Datensample in ausreichender Grösse.
[21] Vgl. Forzano, L. / Gravetter, F. (2006), S. 347.
[22] Vgl. Hunziker, A. (2002), S. 46-48.

1.5.2 Verwendete Literatur

Für die Schaffung der Ausgangslage sowie der theoretischen Auseinandersetzung wird primär auf bestehende wissenschaftliche Arbeiten zurückgegriffen.[23] Aufgrund der jungen Vergangenheit und des starken Bezugs zur Praxis nimmt die Arbeit jedoch zum grössten Teil Bezug auf Studien der Branchenverbände. Insbesondere der europäische Branchenverband EVCA, die Schweizer Dachorganisation *Swiss Private Equity & Corporate Finance Association* (SECA) sowie der britische Interessenverband *British Venture Capital Association* (BVCA) stellen mit diversen Publikationen und dem Aufbereiten von Rohdaten wichtige Grundlagen für die Beurteilung der Forschungsfrage zur Verfügung.

Zur Analyse der Thematik werden zur Gewährleistung der Aktualität zudem diverse Zeitungsartikel und Journale ausgewertet. In diesem Zusammenhang sind auch die Publikationen von privaten Gesellschaften wie Banken oder Beratungsunternehmen zu nennen, deren Studien insbesondere bezüglich der Nachfolgethematik einen wertvollen Beitrag leisten.[24]

1.5.3 Fallstudien

Zur Auswertung der Fallstudien wird eine multiple Analyse gewählt, um einen Vergleich zwischen mehreren Unternehmen tätigen zu können. Darüber hinaus werden die Fallstudien holistisch ausgewertet, d. h. es werden die Übernahmetransaktionen als Ganzes beurteilt.[25] Es wird deshalb Wert darauf gelegt, sowohl die Perspektive des verkaufenden Unternehmers wie auch der kaufenden Private Equity-Gesellschaft aufzunehmen.

1.5.3.1 Auswahl der Fallstudien

Vor der Auswahl der Fallstudien wurden die Voraussetzungen definiert, welche insbesondere die Zielunternehmen zu erfüllen hatten. Diese betreffen die Definition mittelständischer Unternehmen, welche sich auf Unternehmen mit weniger als 250 Mitarbeitern und einem Umsatz von unter 100 Mio. CHF bezieht.[26]

---

[23] In diesem Zusammenhang sind u. a. die Dissertationen von Krebs, A. (1990), Hyudts, H. (1992), Luippold, T. (1992), Nadig, L. (1992), Bader, H. (1996), Spielberger, K. (1996) und Davidson, J. (2005) erwähnenswert.

[24] Siehe dazu z. B. UBS (2002a), UBS (2002b), PWC (2005), ZKB (2005), PWC (2006), ZKB (2006).

[25] Vgl. Hauser, A. / Sachs, S. (2002), S. 116-119.

[26] Siehe dazu Kapitel 2.1.1.1.

Im Weiteren muss der Verkauf des Unternehmens eine Private Equity-Gesellschaft involvieren sowie in einem Zusammenhang mit der Regelung der Nachfolge stehen. Um die Aktualität gewährleisten zu können, werden nur Fallstudien berücksichtigt, die nach dem Jahr 2000 stattgefunden haben.

In einem nächsten Schritt wurden Private Equity-Investitionen in mittelständische Unternehmen eruiert, die für eine Fallstudie in Frage kommen. Dazu wurden Mitglieder der SECA angeschrieben, deren strategische Ausrichtung mittelständische Unternehmen der Schweiz umfasst, die Datenbank ZEPHYR konsultiert sowie in den Befragungen nach konkreten Fällen gefragt. Aus diesem Vorgehen resultierte eine Liste von 12-15 potenziellen Fallstudien, wovon acht Private Equity-Gesellschaften für insgesamt zehn Fallstudien schriftlich oder mündlich angefragt wurden.[27] Während eine Antwort von drei Private Equity-Gesellschaften auch nach mehrmaligem Nachfragen ausblieb und eine Private Equity-Gesellschaft die Bereitschaft verweigerte, erklärten sich deren vier für insgesamt sechs Fallstudien bereit.

Im Anschluss wurde in fünf von sechs Fällen der betroffene Unternehmer resp. ihm nahestehende Personen angefragt.[28] Diese waren letztlich alle zu einem Gespräch bereit, obschon die Thematik bei einigen mit starken emotionalen Gefühlen verbunden war.

1.5.3.2 Beschaffung der Daten

Zur Datenbeschaffung wurde grundsätzlich je ein Gespräch mit dem betroffenen Unternehmer sowie einem Partner der Private Equity-Gesellschaft geführt. Dazu wurde rund eine Woche vor dem Gespräch ein Leitfaden verschickt, der zur Vorbereitung diente.[29] Der Aufbau des Leitfadens kann Abb. 4 entnommen werden.

In einem Fall war der gesprächsführende Partner nicht mehr aktiv tätig in der Private Equity-Gesellschaft, in einem Fall wurde das Gespräch mit der Tochter des Unternehmers geführt und in Fallstudie 6 wurde auf Anraten des gesprächs-

---

[27] Die Private Equity-Gesellschaften wurden teilweise für mehrere Fälle angefragt.
[28] In Fallstudie 5 war aufgrund seines fortgeschrittenen Alters kein Gespräch mit dem Unternehmer selbst mehr möglich.
[29] Siehe Anhang.

führenden Partners der Private Equity-Gesellschaft auf eine Anfrage an den Unternehmer verzichtet (vgl. Abb. 5).[30]

Die Dauer des Gesprächs betrug je eine bis drei Stunden, wobei in einigen Fällen in weiteren Gesprächen aufgekommene Unklarheiten angesprochen wurden.

Abb. 4: **Aufbau des Leitfadens**

Aufbau des Leitfadens der Verkäuferseite	Aufbau des Leitfadens der Käuferseite
A: Angaben zum Unternehmen vor der Transaktion	A: Angaben zur Private Equity-Gesellschaft
B: Vorbereitung auf die Nachfolge	B: Angaben zum Portfoliounternehmen vor der Transaktion
C: Auswahl der Private Equity-Gesellschaft	C: Auswahl des Portfoliounternehmens
D: Deal Strukturierung	D: Deal Strukturierung
E: Value Creation	E: Value Creation
F: Beurteilung	F: Beurteilung
G: Administratives	G: Administratives

Abb. 5: **Gesprächspartner für Fallstudien**

Fallstudie	Unternehmer	Private Equity-Gesellschaft
Fallstudie 1	Verkaufender Unternehmer	Partner der PEG
Fallstudie 2	Verkaufender Unternehmer	Partner der PEG
Fallstudie 3	Verkaufender Unternehmer	Partner der PEG
Fallstudie 4	Verkaufender Unternehmer	Partner der PEG
Fallstudie 5	Tochter des verkaufenden Unternehmers	Ehemaliger Partner der PEG
Fallstudie 6	Kein Gespräch	Partner der PEG

---

[30] Unternehmer 6 lebt im Ausland und steht in keinem Kontakt mehr zu PEG Delta.

1.5.3.3 Datenauswertung

Analog des Framework zur Abschlussanalyse und Unternehmensbewertung von HAIL / MEYER (2002) wird die Analyse der Fallstudien prozessual vorgenommen.[31] Sie erfolgt demnach jeweils am Ende der entsprechenden Kapitel anhand eines vorgängig definierten Kriterienkatalogs. Obschon sich der Detaillierungsgrad der Aussagen zu den einzelnen Themen[32] teilweise stark unterscheidet, wird versucht, zu sämtlichen Kriterien die vorhandenen Angaben auszuwerten. Dies hat in einigen Fällen eine Vereinfachung zur Folge.

Zur Auswertung der Daten wurden die Angaben komplett anonymisiert. Ebenso wird auf die Angabe sämtlicher Personen- oder Unternehmensnamen, der Branche oder des exakten Zeitpunktes der Transaktion verzichtet.

Um die Resultate zu validieren, wurden die Fallstudien zum einen mit den betroffenen Parteien[33] besprochen und zum anderen in Gesprächen mit Interviewpartner vertieft.

1.5.4 Weitere Informationsquellen

1.5.4.1 Gespräche, Seminare und Paneldiskussionen

Es wurden diverse Befragungen durchgeführt. Diese dienen dazu, mit gezielten Fragen an qualifizierte Personen, Informationen zur Klärung von Sachverhalten und Meinungen zu aktuellen Tendenzen einzuholen.[34] Die Gespräche wurden im Besonderen zur Überblicksgewinnung während der Planungsphase und nach Abschluss der Fallstudien zur Validierung der Resultate geführt.

Die geführten Gespräche sowie die besuchten Seminare und Paneldiskussionen sind im Anhang aufgeführt.[35]

1.5.4.2 Datenbank

Zur Wahrung des Überblicks, zur Auswertung von Daten und zur Vertiefung der Fallstudien wurde verschiedentlich die Datenbank ZEPHYR zu Hilfe ge-

---

[31] Vgl. Hail, L. / Meyer, C. (2002a), 27-38.
[32] Insbesondere hinsichtlich finanzieller Angaben.
[33] Auf die Validierung mit den betroffenen Parteien wurde in einigen Fällen nach Absprache verzichtet.
[34] Vgl. Lehmann, G. (2007), S. 49-50.
[35] Siehe Anhang.

nommen. Der Zugang zu dieser M&A-Transaktionsdatenbank wurde vom Betreiber – dem Bureau Van Dijk – zur Verfügung gestellt.[36]

---

[36] Verantwortlich für die Schweiz: Philippe Lescroart, Genf, „www.bvdep.com".

Teil I: AUSGANGSLAGE

2 Mittelständische Unternehmen in der Schweiz

Die Bedeutung der Schweizer KMU gilt als sehr gross, werden sie doch immer wieder als „Rückgrat der Wirtschaft"[37] bezeichnet. Oft wird die Masse an Kleinst-, Klein- und Mittelunternehmen aller Sektoren als homogene Gruppe beschrieben, obschon sie vielfältiger kaum sein könnte. Es ist deshalb eines der Ziele dieses Kapitels, die Eigenschaften der KMU und deren Bedeutung für die Schweizer Wirtschaft zu analysieren und differenzieren.

Im Weiteren widmet sich das nachfolgende Kapitel der Bedeutung der Unternehmensnachfolge und anderen wichtigen Herausforderungen für den Schweizer Mittelstand. Es scheint, dass die umfassenden Dimensionen der Nachfolge erkannt worden sind, wird die Thematik doch zurzeit weitläufig aufgenommen. So haben auch Finanzdienstleistungs- und Beratungsunternehmen das Marktpotenzial erkannt, weiten ihr Angebot entsprechend aus und führen grossflächige Studien durch. Daher setzt sich dieses Kapitel zusätzlich zum Ziel, einerseits die Nachfolgethematik aufzuwerfen und die volkswirtschaftliche Bedeutung zu überprüfen sowie anderseits weitere Aspekte im Schweizer Mittelstand zu beleuchten, die insbesondere für den weiteren Verlauf der Arbeit von Bedeutung sind.

Die Analyse des Schweizer Mittelstandes dient aber letztlich dazu, mittels einer Grobsegmentierung eine erste Selektion von Unternehmen vorzunehmen, die für Private Equity-Investitionen interessant sind.

2.1 Merkmale und Zahlen zu KMU in der Schweiz

2.1.1 Begriffsbestimmungen

Trotz der breiten Verwendung des Begriffes KMU wird er in der Literatur jeweils unterschiedlich aufgefasst.[38] Grundsätzlich können die Merkmale der

---

[37] Z. B. CS Bulletin spezial (2007), S. 21 oder ZKB (2005), S. 9.
[38] In der Regel wird von einer Unterscheidung zwischen Kleinst-, kleinen und mittleren Unternehmen abgesehen.

Unternehmen nach quantitativer und qualitativer Natur beschrieben werden, obschon die qualitative Abgrenzung durch ein gewisses Mass an Subjektivität gezeichnet ist. Es wird deshalb zunächst eine Arbeitsdefinition erarbeitet, die auf quantitativen Merkmalen basiert, bevor die qualitativen Eigenschaften erläutert werden.

2.1.1.1 Quantitative Merkmale

Um eine einheitliche Ausrichtung der statistischen Erhebungen im Wirtschaftsraum Europa zu fördern, hat die Europäische Union eine Empfehlung für die Definition von KMU veröffentlicht. Die folgenden Gedanken zur Definition stützen sich auf diese Empfehlung.[39]

Das Hauptkriterium zur Abgrenzung ist die Anzahl der Mitarbeiter, wobei dieses um ein finanzielles Merkmal ergänzt wird. Als solche eignen sich beispielsweise der Umsatz oder die Bilanzsumme. Das finanzielle Kriterium dient jedoch nur als Ergänzung, da dessen alleinige Betrachtung zu falschen Rückschlüssen führen kann.[40] Eine dieser beiden zusätzlich herbeigezogenen Kennzahlen darf demnach auch die zur Definition festgelegten Grenzen überschreiten.

Im Weiteren gilt es darauf zu achten, ob die als KMU definierten Unternehmen eigenständig handeln und nicht im Rahmen von Beteiligungen anderer Unternehmen gehalten oder kontrolliert werden. Der Schwellenwert ist bei einer Beteiligung von 25% definiert,[41] wobei jeweils die für die Investoren geltenden Bedingungen genau betrachtet werden müssen. Dieser Schwellenwert darf dann überschritten werden, wenn das Unternehmen im Besitz von Risikokapitalgesellschaften ist,[42] die jedoch keine direkte Kontrolle über das Unternehmen ausüben.

Die aktuelle Definition – sie ersetzt die Empfehlung vom 3. April 1996[43] – lautet wie folgt:

---

[39] Vgl. Empfehlung der Europäischen Union (2003), S. 36-41.
[40] Der Umsatz eines Handelsunternehmens liegt z. B. naturgemäss über dem des verarbeiteten Gewerbes.
[41] Als unabhängig gelten Unternehmen, die nicht mehr als 25% des Kapitals oder der Stimmanteile im Besitz von einem oder mehreren Unternehmen sind, welche wiederum die Definition der KMU nicht erfüllen.
[42] Dazu zählen auch Private Equity-, insbesondere Venture Capital-Gesellschaften.
[43] Vgl. Empfehlung der Europäischen Union (1996), S. 4-9.

„Die Grössenklasse der Kleinstunternehmen sowie der kleinen und mittleren Unternehmen (KMU) setzt sich aus Unternehmen zusammen, die weniger als 250 Personen beschäftigen und die entweder einen Jahresumsatz von höchstens 50 Mio. EUR erzielen oder deren Jahresbilanzsumme sich auf höchstens 43 Mio. EUR beläuft.

Innerhalb der Kategorie der KMU wird ein kleines Unternehmen als ein Unternehmen definiert, das weniger als 50 Personen beschäftigt und dessen Jahresumsatz bzw. Jahresbilanz 10 Mio. EUR nicht übersteigt.

Innerhalb der Kategorie der KMU wird ein Kleinstunternehmen als ein Unternehmen definiert, das weniger als zehn Personen beschäftigt und dessen Jahresumsatz bzw. Jahresbilanz 2 Mio. EUR nicht überschreitet"[44] (vgl. Abb. 6).

Abb. 6: Quantitative Kriterien zur Definition der KMU [45]

Kriterium	Mitarbeiterzahl	Jahresumsatz (in Mio. EUR)	Jahresbilanzsumme (in Mio. EUR)
Kleinstunternehmen	<10	≤2	≤2
Kleinunternehmen	10-49	≤10	≤10
Mittelunternehmen	50-249	≤50	≤43
Grossunternehmen	>249	>50	>43

Im Zentrum dieser Arbeit stehen Mittelunternehmen, die eine kritische Grösse überschreiten, damit sie im Interessenraum von Finanzinvestoren liegen. Dennoch werden die spezifischen Eigenschaften von Kleinst- sowie Kleinunternehmen vernachlässigt und die Begriffe Mittelunternehmen, mittelständische Unternehmen und KMU synonym verwendet. Die obere Grenze des Umsatzes, der noch immer für mittelständische Unternehmen qualifiziert, wird auf 100 Mio. CHF aufgerundet. Im Weiteren wird von Jungunternehmen abgesehen, welche sich in der Seed- oder Startphase befinden, und nur etablierte Unternehmen betrachtet, die im Unternehmenslebenszyklus die Early Stage überschritten haben.[46]

Zusammenfassend gilt für vorliegende Arbeit folgende Definition: „Mittelständische Unternehmen sind Unternehmen, die *weniger als 250 Mitarbeiter* be-

---

[44] Empfehlung der Europäischen Union (2003), S. 39.
[45] In Anlehnung an Empfehlung der Europäischen Union (1996), S. 39.
[46] Siehe dazu Kapitel 3.1.3.1.

schäftigen, einen *Umsatz von bis zu 100 Mio. CHF* generieren und welche die Phase der *Early Stage überschritten* haben."[47]

Da die Eigenschaften von Familienunternehmen für diese Arbeit ebenso von Bedeutung sind, wird an dieser Stelle der Begriff erläutert. Die wichtigste Eigenschaft von Familienunternehmen ist, dass die beiden Sozialsysteme „Familie" und „Unternehmen" stark miteinander verbunden sind und die spezifischen Stärken und Schwächen dieser Unternehmensform dominieren. Der Begriff „Familienunternehmen" wird dann verwendet, wenn das Unternehmen durch eine oder mehrere Familien substanziell beeinflusst wird oder werden kann. Der substanzielle Einfluss kann sowohl durch die Mehrheit am Unternehmenskapital, wie auch im Rahmen von Aufsichtsfunktionen[48] sowie durch Managementfunktionen[49] gewährleistet sein.[50]

2.1.1.2 Qualitative Merkmale der KMU

„A small business is not a little big business."[51] Eine Erkenntnis, welche sich seit langem durchgesetzt hat, obschon sie kritisch zu betrachten ist, da sie zu musterhaftem Denken verleitet. Die Feststellung, dass für KMU andere wirtschaftliche Prinzipien gelten, mag zwar ihre Berechtigung haben, soll jedoch nicht zur Meinung führen, diese Grundsätze pauschalisieren zu können. Die Landschaft der KMU lässt sich kaum verallgemeinern, ist sie doch stark heterogen.

Dennoch wird im Weiteren versucht, unter dem angesprochenen Vorbehalt einige qualitative Merkmale der KMU und Unterschiede zu den Grossunternehmen herauszuschälen. Die bedeutendsten qualitativen Kriterien der KMU sind demnach:

- Der Betrieb wird sehr stark durch die Persönlichkeit des Unternehmers in der Rolle als Eigentümer, oberste Führungskraft und Fachmann geprägt;

---

[47] Die Definition bezieht sich auf mittelständische Unternehmen vor der Transaktion. Inwiefern sich dieser Status durch die Beteiligung der Private Equity-Gesellschaft ändert, wird vernachlässigt.
[48] In der Regel durch den Verwaltungsrat.
[49] Anteil der Familienmitglieder am Managementteam.
[50] Vgl. Fueglistaller, U. / Halter, F. (2005), S. 35.
[51] Welsh, J. / White, J. (1981), S. 18.

- der Unternehmer amtet zugleich als (Eigen-)Kapitalgeber, oberste Führungskraft und Risikoträger;

- ein wichtiger Erfolgsfaktor ist die Dienstleistungskompetenz der Mitarbeiter, die sich oft in einer individualisierten Leistung nach Kundenwunsch zeigt. Die Sortimente sind jedoch in der Regel schmal gehalten und wenig diversifiziert;[52]

- der Unternehmer bewegt sich in einem Netzwerk von (möglichen) Kunden, Lieferanten und anderen Interessengruppen, welches er sich durch Kontakte aufgebaut hat und persönlich prägt;

- das strategische Denken und Handeln in KMU beruht selten auf strategischen Instrumenten, wie sie in Grossunternehmen verwendet werden, sondern basiert vielmehr auf der Einstellung des Unternehmers und seinen Führungskräften;

- die Unternehmenskultur ist stark durch den informellen und direkten Kontakt zwischen Unternehmer und Mitarbeitenden geprägt;

- die KMU verfügen in der Regel über eine flache Linienorganisation mit wenig Hierarchiestufen und eine geringe Formalisierung der Aufbau- und Ablauforganisation;

- aufgrund kurzer Entscheidungsprozesse können KMU unmittelbar auf Veränderungen innerhalb des Unternehmens reagieren und weisen eine hohe Anpassungsfähigkeit auf neue Anforderungen aus Umweltveränderungen auf;[53]

- 88% der Schweizer Unternehmen sind Familienunternehmen und werden somit substanziell durch die Familie beeinflusst.[54] Renditevergleiche haben ergeben, dass sich der Familieneinfluss für gewisse Unternehmensgrössen positiv auswirkt – besonders dann, wenn die schlanke Führungsstruktur zum Kosten- und Wettbewerbsvorteil genutzt wird. Auf der anderen Seite kann der Einfluss der Familie das Wachstum hemmen, wenn die Kontrolle

---

[52] Vgl. Fueglistaller, U. (2003), S. 4.
[53] Vgl. Fueglistaller, U. (2004), S. 24.
[54] Vgl. Fueglistaller, U. / Halter, F. (2005), S. 35-38.

hindernd wirkt und den Zugang zu finanziellen sowie fachlichen Ressourcen beschränkt.[55]

Fasst man die in der Literatur genannten Unterschiede zwischen KMU und Grossunternehmen zusammen, stellt man fest, dass diese auf den oben genannten Charakteristika der KMU aufbauen (vgl. Abb. 7).

Abb. 7: Häufig genannte Unterschiede zwischen KMU und Grossunternehmen[56]

Kriterium	KMU	Grossunternehmen
Unternehmensführung	Eigentümer-Unternehmer, oft mangelnde Unternehmensführungskenntnisse, patriarchische Führung, unmittelbare Teilnahme am Betriebsgeschehen, Führungspotenzial nicht austauschbar	Manager, oft fundierte Unternehmensführungskenntnisse, Führung mit „Management by"-Prinzipien, Distanz der Leitung zum Betriebsgeschehen, Führungspotenzial austauschbar
Organisation	Generalistentum, geringe Arbeitsteilung, kurze Informationswege, hohe Flexibilität	Spezialistentum, ausgereifte Arbeitsteilung, formale „Dienstwege", geringe Flexibilität
Beschaffung und Absatz	Geringe Marktmacht	Ausgeprägte Marktmacht
Forschung und Entwicklung	Anwendungsorientiert, grosse Bedeutung von Improvisation und Intuition	Grundlagen- und anwendungsorientiert, langfristig, systematisch
Diversifikationsgrad	Gering	Hoch
Eigentumsverhältnisse	Häufig im Familieneigentum	Meist breit gestreute Eigentümerbasis
Finanzierung	Erschwerter Zugang zum anonymen Kapitalmarkt	In der Regel freier Zugang zum anonymen Kapitalmarkt
Staatliche Unterstützung	Teilweise allgemeine staatliche Unterstützung, kaum individuelle Unterstützung im Krisenfall	„too big to fail"-Syndrom, in vielen Ländern Unterstützung im Krisenfall

Der pauschal gehaltene Vergleich gibt Hinweise auf wichtige Ansatzpunkte. Aus dem Überblick ergeben sich Vor- und Nachteile resp. Stärken und Schwä-

---

[55] Vgl. Ernst & Young, (2005), S. 8-9.
[56] In Anlehnung an Bernet, B. / Denk, C. (2000), S. 23 und Pfohl, H. (1997), S. 19.

chen der KMU. Zu den Stärken zählen sicherlich die Flexibilität, die direkte Führung, die engen Kundenkontakte, welche auf dem Netzwerk des Unternehmers beruhen, das individualisierte Qualitätsangebot, die Persönlichkeit des Chefs und das Engagement der Mitarbeiter. Als Schwachpunkte gelten neben den Finanzierungsengpässen die Probleme der Nachfolge, die fehlende Marktmacht, die schwache Absatzposition, Schwächen aus der Person des Unternehmers und die Anfälligkeit für erschwerte Rahmenbedingungen.[57] Durch die Darstellung der Charakteristika der KMU und den Vergleich mit Grossunternehmen wird die starke Abhängigkeit der KMU zu ihrem Unternehmer und Eigentümer verdeutlicht.

2.1.2 Bedeutung der KMU in der Schweiz

Vorliegender Abschnitt dient primär dazu, anhand von Zahlen und Fakten die KMU-Landschaft der Schweiz darzustellen. Die Statistiken werden bewusst verwendet, obschon sie der Vielfalt sowie der Heterogenität der KMU nicht gerecht werden können.

Abb. 8: Sektorale Aufteilung der Arbeitsstätten und Beschäftigten in der Schweiz, 2005 [58]

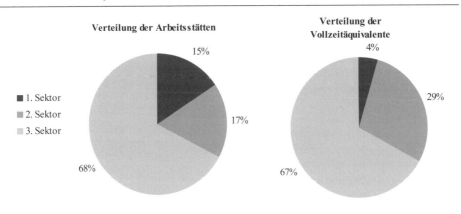

Als Basis der folgenden Daten dient die gesamtschweizerische Betriebszählung, welche das Bundesamt für Statistik alle drei bis vier Jahre durchführt. Die Zäh-

---

[57] Vgl. Pleitner, H. (1995), S. 46.
[58] In Anlehnung an Bundesamt für Statistik (2007b), S. 8.

lung beinhaltet marktwirtschaftliche Unternehmen des zweiten und dritten Wirtschaftssektors.[59] Betrachtet man alle drei Wirtschaftssektoren, ist festzustellen, dass der zweite und der dritte Sektor knapp 85% aller Arbeitsstätten und 96% aller Beschäftigten abdecken (vgl. Abb. 8). Die Beschäftigung wird jeweils auf Vollzeitäquivalente umgerechnet, um die Resultate miteinander vergleichen zu können.[60]

Abb. 9: **Marktwirtschaftliche Unternehmen und Beschäftigte nach Grössenklassen, 2005** [61]

Grössenklassen	Anzahl Unternehmen	Anzahl Beschäftigte
KMU	297'692	2'150'179
Kleinstunternehmen	261'582	839'362
Kleinunternehmen	30'638	692'285
Mittelunternehmen	5'472	618'532
Grossunternehmen	1'028	1'035'353

Abb. 10: **Prozentuale Verteilung der Grössenklassen nach Anzahl marktwirtschaftliche Unternehmen und Anzahl Beschäftigte** [62]

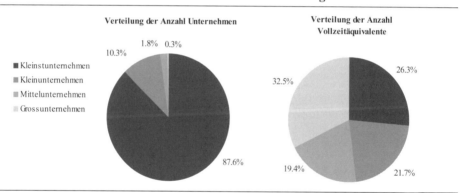

In der Schweiz sind 99.7% aller marktwirtschaftlicher Unternehmen kleine und mittlere Unternehmen: die Schweizer Wirtschaft besteht somit fast ausschliess-

---

[59] Zum zweiten Wirtschaftssektor zählen Industrie und Gewerbe und zum dritten Dienstleistungen (die Landwirtschaft bildet den ersten Sektor).
[60] Zwei 50%-Stellen ergeben z. B. ein Vollzeitäquivalent.
[61] In Anlehnung an Bundesamt für Statistik (2007a), S. 9.
[62] In Anlehnung an Bundesamt für Statistik (2007a), S. 9.

lich aus KMU. Betrachtet man jedoch die Beschäftigtenzahlen ist festzustellen, dass die rund 1'000 Grossunternehmen rund einen Drittel aller Arbeitsplätze anbieten (vgl. Abb. 9 und Abb. 10).[63]

Diese strukturelle Verteilung nach Unternehmensgrösse ist Verlauf der Zeit relativ stabil geblieben. Der Anteil der KMU veränderte sich seit 1985 nur marginal.[64] Was die Beschäftigungsentwicklung betrifft, hat sich der Stand bei den Grossunternehmen in den letzten zehn Jahren kaum verändert, während die KMU im selben Zeitraum rund 67'000 Beschäftigte zugelegt haben.[65]

Der Vergleich dieser Grössen mit denjenigen europäischer Staaten macht deutlich, dass die Schweiz keine Ausnahme darstellt. Hinsichtlich des Anteils der KMU an der Gesamtzahl der Unternehmen bewegen sich die Staaten zwischen 99.6% (Deutschland und Grossbritannien) und 99.9% (Italien). Im Durchschnitt ist der prozentuale Anteil 99.8%, was noch etwas über dem Schweizer Anteil liegt.[66] Die Unterschiede bezüglich des Anteils der KMU an der Anzahl Beschäftigten hingegen sind etwas ausgeprägter. Die Schweiz liegt mit 71.2%[67] leicht über dem europäischen Durchschnitt von 69.7%. Die prozentual meisten Beschäftigten führt Italien auf (83.5%), der geringste Anteil wird in Grossbritannien festgestellt (52.9%).[68]

Die Daten zeigen, dass die Schweiz als „KMU-Land" differenziert betrachtet werden muss. Der internationale Vergleich verdeutlicht, dass die Schweiz kein ausserordentliches KMU-Land ist, sondern sich vielmehr im vergleichbaren Durchschnitt europäischer Staaten bewegt. Zudem ist die Bedeutung der Grossunternehmen nicht zu unterschätzen. Zwar machen die gut 1'000 Grossunternehmen lediglich ein Drittel Prozent aller Unternehmen aus, doch bieten sie knapp einen Drittel aller Arbeitsplätze an.

---

[63] Die Abgrenzung wurde jeweils nur anhand der Mitarbeiterzahlen vorgenommen.
[64] Der Anteil der KMU an der Anzahl Unternehmen lag im Jahr 1985 bei 99.6% (vgl. Fueglistaller, U. (2003), S. 48).
[65] Vgl. Bundesamt für Statistik (2007b), S. 15.
[66] Der Durchschnittswert bezieht sich auf „Europa-19". Dazu zählen die 15 EU-Mitglieder im Jahre 1998, der EWR (Liechtenstein, Island, Norwegen) und die Schweiz (vgl. Habersaat, M. / Schönenberger, A. / Weber, W. (2001), S. 24).
[67] Die unterschiedliche Prozentzahl im Vergleich zur oberen Graphik ist auf Anpassungen zum Zweck des Vergleichs zurückzuführen.
[68] Vgl. Fueglistaller, U. (2006a), S. 6.

Abb. 11: Berechnung der Schätzung relevanter Unternehmen

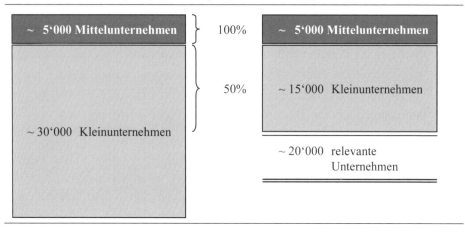

Im Weiteren ist es für die vorliegende Arbeit von Bedeutung, die KMU nicht pauschal zu betrachten, sondern diejenigen hervorzuheben, die für eine Private Equity-Transaktion in Frage kommen. Dabei sind gewisse Mindestanforderungen an die Grösse des Unternehmens auszumachen. So sind Kleinst- und Teile von Kleinunternehmen für Private Equity-Investitionen ausserhalb des Venture Capital-Bereichs grösstenteils uninteressant, da sie primär gewerblich ausgerichtet sind.[69] Der Blick auf die Dimensionen der Klein- und Mittelunternehmen lässt erkennen, dass diese beiden Klassen zusammen lediglich rund 12% der Unternehmen (ca. 36'000) und gut 41% der Vollzeitäquivalente zählen.[70]

Die Anzahl der Unternehmen, die für die vorliegende Arbeit relevant ist, wird in der Folge auf knapp 20'000 Klein- und Mittelunternehmen geschätzt. Diese Schätzung setzt sich zusammen aus den rund 5'000 Mittelunternehmen und aus der Hälfte der gut 30'000 Kleinunternehmen (vgl. Abb. 11).[71] Das Grössenkriterium alleine schränkt also den Markt für Zielunternehmen der Private Equity-Gesellschaften bereits stark ein.[72]

---

[69] Eine Anforderung für ein Private Equity-Zielunternehmen ist dessen industrielle und nicht gewerbliche Ausrichtung.
[70] Dies entspricht ca. 1.3 Mio. 100%-Stellen.
[71] Diese Schätzung entspricht der in den Befragungen wiedergegebenen Meinung der Experten.
[72] Ausserdem sind qualitative Kriterien von Bedeutung, damit ein Unternehmen für einen Finanzinvestor interessant wird. Diese werden in den beiden Kapitel 5 und 6 vertieft.

2.1.3 Der Wirtschaftsstandort Schweiz

Um die Ausgangslage mittelständischer Unternehmen in der Schweiz breit abzustützen und um das volkswirtschaftliche Verständnis für die KMU in der Schweiz zu vertiefen, stellt dieses Kapitel die wichtigsten Eigenschaften und Herausforderungen des Wirtschaftsstandortes Schweiz dar und gibt einen Überblick über den Branchenspiegel.

2.1.3.1 Wettbewerbsfähigkeit der Schweizer Volkswirtschaft

„Hochgelobte Schweizer Wettbewerbsfähigkeit"[73] – so titelte die NZZ im Herbst 2006 nach der Publikation des *Global Competitiveness Report*, welchen das *World Economic Forum* (WEF) seit 2005 jährlich erstellt. Die Schweiz wird in dem dazu gehörigen Wettbewerbsfähigkeitsindex unter 125 Nationen auf dem ersten Platz geführt. Dieser Index versucht mit einem holistischen Ansatz, relevante Kriterien für die Produktivität und Wettbewerbsfähigkeit zusammenzufassen.

Der erste Platz der Schweiz reflektiere die Kombination einer herausragenden Innovationskapazität und die Existenz einer etablierten Geschäftskultur. Die Schweiz habe eine gut entwickelte Infrastruktur für die wissenschaftliche Forschung, welche in enger Zusammenarbeit mit der Industrie agiere. Zudem werden die hohen Investitionen in F&E sowie der wirksame Schutz des geistigen Eigentums gelobt, welche der Schweiz eine gute Innovationsleistung ermöglichen. Im Weiteren profitiere die Wirtschaft von einem gut entwickelten institutionellen Framework, das die rechtlichen Grundlagen respektiere sowie transparent und glaubwürdig auftrete.[74]

Obschon dieser Bericht die Schweiz wirtschaftlich in einem sehr guten Licht dastehen lässt, ist eine kritische Haltung gegenüber den Resultaten angebracht. Einerseits ist die Methodik der Erstellung der Rangliste fragwürdig, da die Faktoren zum Teil in einem ursächlichen oder widersprüchlichen Verhältnis zueinander stehen. Anderseits sollte die gute Rangierung nicht zur Selbstgefälligkeit führen, da die einzelnen Resultate zum Teil sehr unterschiedlich ausfallen. Viele Spitzenresultate werden in den Bereichen Innovation, Technologie und Unternehmensführung erreicht, hingegen belegt die Schweiz in finanz-, wettbewerbs-

---

[73] NZZ, 27.09.2006, S. 1.
[74] Vgl. WEF (2007), S. xiv-xv.

und landwirtschaftspolitischen Angelegenheiten nur durchschnittliche oder sogar hintere Ränge.[75]

Der Vergleich der gängigen Kennzahlen im internationalen Umfeld lässt die Schweizer Wirtschaft ebenso in einem guten Licht dastehen. So liegt sie mit einem BIP pro Einwohner von knapp 49'000 USD deutlich vor den Industrienationen Europas, den USA und Japan. Auch die Arbeitslosenquote von rund 3% ist internationale Spitze und der Saldo der Ertragsbilanz ist relativ gesehen sehr hoch.[76]

Konnte die Schweiz 2006 ein BIP-Wachstum von ca. 3% erreichen und somit seit der Jahrtausendwende das wohl dynamischste Jahr verzeichnen, ist das vermutlich massgeblich auf die rundum günstigen Rahmenbedingungen zurückzuführen. Dabei unterstützten insbesondere die Erholung der wichtigen Handelspartner in Europa und die kräftige Entwicklung des asiatischen Raumes diesen Anstieg.[77]

Diese Tatsache soll aber nicht darüber hinweg täuschen, dass das Hauptproblem der Schweizer Wirtschaft die Wachstumsschwäche ist. Im Vergleich mit der Entwicklung anderer OECD-Länder ist die Schweiz das einzige Land, das in der 90er Jahren ein Negativwachstum zu verzeichnen hatte.[78] In diesem Zusammenhang spielt die Funktion von Innovationen eine zentrale Rolle, da sie als Hauptantrieb des langfristigen Wirtschaftswachstums gelten. Theoretische Überlegungen sehen das Wachstum als direkte Folge eines erhöhten Einsatzes von F&E und damit einhergehenden Produktinnovationen. Das Anforderungsprofil für solche erfolgreiche Innovationsprozesse ist unter anderem auch dadurch gekennzeichnet, dass KMU als Wissensmittler bei der Entwicklung neuer Technologien und bei der Diffusion von Innovationen eine wichtige Rolle spielen.[79] Inwiefern weitere Wachstumspfade neben der Innovationsleistung bestehen, bleibt offen. Der Kenntnisstand über die Bedingungen, unter welchen das

---

[75] Vgl. NZZ, 27.09.2006, S. 21.
[76] Vgl. UBS (2007).
[77] Vgl. UBS Outlook (2007), S. 7.
[78] Vgl. Hotz-Hart, B. et al. (2003), S. 15-17.
[79] Vgl. Hotz-Hart, B. / Reuter, A. / Vock, P. (2001), S. 4-7.

Unternehmenswachstum zum Wirtschaftswachstum beiträgt, ist bescheiden, zumal wenig praxisnahe Untersuchungen bestehen.[80]

Andere Ansätze zweifeln jedoch grundsätzlich daran, ob man dem ausbleibenden Wachstum der Schweiz mit Massnahmen gegenhalten kann. So erklärt HARTWIG (2005) beispielsweise die wirtschaftlichen Probleme der Schweiz als eine entwickelte Volkswirtschaft mittels Bezugnahme auf das Modell des unbalancierten Wachstums von BAUMOL (1967).[81] Dieses Modell identifiziert fundamentale produktionstechnische Ursachen für den tendenziellen Rückgang des Wirtschaftswachstums und schlussfolgert, dass man diesen Prozess lediglich verlangsamen, nicht aber aufhalten kann.[82]

2.1.3.2 Branchenspiegel der Schweizer Volkswirtschaft

In diesem Abschnitt wird einerseits eine Klassifizierung der verschiedenen Branchen der Schweizer Volkswirtschaft vorgenommen und andererseits ein kurzer Überblick über deren Wertschöpfung gegeben.

Während im UBS OUTLOOK (2007) die Sektoren in neun verschiedene Gruppen zusammenfasst werden,[83] bildet die KONJUNKTURFORSCHUNGSSTELLE DER ETH ZÜRICH (KOF) Cluster, die sich mehr an der Technologieintensität orientieren. Dazu werden verschiedenen Branchen in die Sektoren Hightech-Industrie, moderne Dienstleistungen, traditionelle Dienstleistungen, Oldtech-Industrie und Bauwirtschaft aufgeteilt (vgl. Abb. 12).

Hinsichtlich der Wertschöpfung stellt die AVENIR SUISSE fest, dass die erfolgreichsten Unternehmen Mittel- und Grossbetriebe der Hightech-Industrie oder Unternehmen aller Grössenklassen der modernen Dienstleistungen sind. In Bezug auf die Erfolgsfaktoren, welche sich aus Indikatoren zur Beschäftigungsentwicklung, zur Innovationsleistung und zum Exportverhalten zusammensetzen, zeigt sich ein ähnliches Bild: Unternehmen der Hightech-Industrie aller Grössenklassen sowie Klein- und Mittelunternehmen der modernen Dienstleis-

---

[80] Vgl. Dembinski, P. (2004), S. 81.
[81] Siehe dazu Baumol, W. (1967), S. 415-426.
[82] Vgl. Hartwig, J. (2005), S. 18-25.
[83] Die Sektoren sind: Grundstoffe & Vorleistungen, Investitionsgüter, Bau & Immobilien, Finanzdienstleistungen, Handel & Logistik, Beratung & Kommunikation, Konsumgüter, Gesundheit, Freizeit (vgl. UBS Outlook (2007), S. 12).

tungen haben die besten Voraussetzungen, um auch weiterhin erfolgreich zu wirtschaften.[84]

Abb. 12: Sektorale Gliederung der Wirtschaft [85]

Hightech-Industrie	Moderne Dienstleistungen	Traditionelle Dienstleistungen	Oldtech-Industrie	Bauwirtschaft
• Chemie • Kunststoffe • Maschinen • Elektrotechnik • Elektronik / Instrumente • Fahrzeuge	• Banken / Versicherungen • Informatikdienste / F&E • Dienstleistungen für Unternehmen	• Grosshandel • Detailhandel • Gastgewerbe • Verkehr / Telekom • Immobilienwesen • Persönliche Dienstleistungen	• Nahrungsmittel • Textil • Bekleidung • Holz • Papier • Grafische Industrie • Steine & Erden • Metallherstellung • Metallerzeugnisse • Uhren • Energie	

Ähnliche Erwartungen und Prognosen werden in UBS OUTLOOK (2007) gezeigt. Obschon der Umsatz im Jahr 2006 über sämtliche Branchen gesteigert werden konnte, haben insbesondere die Pharma-, Chemie- Uhren- und Investitionsgüterindustrien sowie der Finanzsektor gut abgeschlossen. Auch hinsichtlich der Ertragslage konnten die Pharma-, resp. Chemiebranche und der Finanzsektor Rekordergebnisse verzeichnen, die ihnen nicht nur Mehrinvestitionen in die Erweiterung der Kapazitäten, sondern auch in zusätzliche Mittel für F&E ermöglichten. Tendenziell nimmt der Erfolg mit wachsender Unternehmensgrösse zu – allerdings variiert dies aufgrund des unterschiedlichen Konzentrationsgrades je nach Branche stark. Dennoch erfreuten sich die Unternehmen mittlerer Grösse der besten Entwicklung ihrer Verkaufspreise und zeigten sich als aktivste Anbieter auf dem Arbeitsmarkt.

Für die kommenden Jahre werden normalisierte Entwicklungen prognostiziert. Als Indikator für die längerfristige Positionierung von Branchen dient die Betrachtung der Dimensionen Marktattraktivität[86] und Wettbewerbsposition.[87]

---

[84] Vgl. Meier, M. (2006), S. 16-24.
[85] In Anlehnung an Meier, M. (2006), S. 16.
[86] Langfristig erwartetes Marktwachstum.
[87] Entwicklung der Rentabilität und Produktivität.

Dabei sind die Prognosen für die Pharma- und Chemiebranche sowie für den Finanzsektor am vielversprechendsten – also diejenigen Branchen, die auch in jüngster Vergangenheit erfolgreich waren.[88]

Der Einfluss der Branchenzugehörigkeit auf die Gewinnmargen wurde zusätzlich anhand einer Studie von ARVANITIS und WÖRTER (2003) untersucht. Um Bestimmungsfaktoren der Gewinnmargen von Unternehmen zu überprüfen, wurde der Einfluss wesentlicher Marktstrukturmerkmale und der Marktmobilität geprüft. Die Marktstruktur umschreibt dabei die Eigenschaften einer Branche wie z. B. das Konzentrationsniveau oder die Auslandverflechtung. In der Marktmobilität zeigt sich das Ausmass an Marktzu- und austritten, die von Faktoren wie Grössenvorteilen bei der Produktion oder bei F&E-Aktivitäten sowie hohem Kapitalbedarf eingeschränkt werden können.

Die Resultate zeigen auch, dass die Marktkonzentration der mit Abstand gewichtigste Faktor ist, der die Gewinnmarge positiv beeinflusst. Das bedeutet, dass etablierte Branchen in einem kompetitiven Umfeld von einer positiven Beeinflussung der Gewinnmarge profitieren können. Da der Einfluss der Marktmobilität nicht eindeutig war, konnten aus Markteintritts- oder -austrittsbarrieren keine Schlüsse auf die Gewinnmargen gezogen werden.[89]

Die Betrachtung der Ausgangslage für KMU am Wirtschaftsstandort Schweiz zeigt, dass deren Bedeutung nach wie vor sehr gross ist. Als Mittel zur Diffusion von den wachstumsnotwendigen Innovationen spielen sie eine wichtige Rolle hinsichtlich der Wachstumsbestrebungen. Dabei weisen gerade auch mittelständische Unternehmen kompetitive Fähigkeiten auf, die sich in ihrer Beschäftigungsentwicklung, Arbeitsproduktivität und Innovationsleistung zeigen.

Die Unterschiede zwischen den Branchen machen aber einmal mehr deutlich, dass eine differenzierte Betrachtung der mittelständischen Unternehmen notwendig ist. Mittelständische Betriebe in Wachstumsbranchen sehen sich mit ganz anderen Problemstellungen konfrontiert als Unternehmen der Oldtech-Industrie.[90]

---

[88] Vgl. UBS Outlook (2007), S. 10-14.
[89] Vgl. Arvanitis, S. / Wörter, M. (2003), S. 1-34.
[90] Siehe dazu Kapitel 6.2.2.

2.2 Nachfolgeproblematik bei Schweizer KMU

Die Regelung der Nachfolge sowohl im operativen wie auch im finanziellen Bereich stellt für Unternehmen oft eine einmalige Herausforderung dar. Sie zählt zu den wichtigsten strategischen Aufgaben einer nachhaltigen Unternehmensführung, wird damit doch die Zukunft des Betriebes entscheidend geprägt. Die Thematik rund um die Unternehmensnachfolge im Schweizer Mittelstand steht im Zentrum dieser Arbeit. Der Prozess der Unternehmensnachfolge mittels Private Equity wird dabei in verschiedene Teilschritte aufgeteilt, welche separat beleuchtet werden. Zunächst einmal gilt es aber auf die betriebswirtschaftliche Bedeutung der Unternehmensnachfolge hinzuweisen und die volkswirtschaftlichen Dimensionen für den Schweizer Mittelstand zu klären. Zudem werden diese und weitere Aspekte der Nachfolge während der Arbeit laufend vertieft und behandelt.[91]

2.2.1 Bedeutung der Unternehmensnachfolge

Die mittelständischen Unternehmen sind solange von ihren Gründern abhängig, wie die Grösse und Entwicklung der internen Organisation eine Existenz ermöglicht, die sich an der Laufbahn dieser oder jener Einzelperson orientiert. Die Entwicklung der KMU ist daher oftmals eng mit dem Lebensweg ihrer Eigentümer verknüpft, weshalb deren Austritt aus dem Berufsleben in der Regel eine Übergabe nach sich zieht. Diese ist jeweils ein einmaliger und wichtiger Meilenstein im Lebenszyklus mittelständischer Unternehmen.[92] Aus betrieblicher Sicht hängt der Fortbestand der Unternehmen von der erfolgreichen Regelung der Nachfolge ab und somit auch deren Arbeitsplätze sowie die Forderungen der Geldgeber.

Die Regelung der Unternehmensnachfolge umfasst die Aspekte des Wechsels der Geschäftsführung und die Klärung der Eigentumsverhältnisse am Unternehmen. Dies sind in der Regel sehr komplexe Problemstellungen mit betriebswirtschaftlichen, rechtlichen, steuerlichen, finanziellen sowie häufig auch emotionalen und persönlichen Komponenten. Zudem sind dem Unternehmen zugewandte Personen und Institute wie der Nachfolger selbst, Familie oder andere Erben, Mitarbeiter, Banken, Kunden und Lieferanten in die Überlegungen mit

---

[91] Insbesondere Kapitel 5 widmet sich der Nachfolgethematik aus Unternehmensperspektive.
[92] Vgl. Dembinski, P. (2004), S. 103-104.

einzubeziehen.[93] Von Bedeutung ist, dass die beiden Aspekte Geschäftsführung und Eigentumsverhältnisse nicht immer in einem Schritt geregelt werden können. Das bedeutet, die Nachfolgemöglichkeiten können hinsichtlich dieser beiden Aspekte sowohl separat wie auch kombiniert betrachtet werden, was im Laufe der Arbeit ersichtlich wird.

Die angesprochenen emotionalen und psychologischen Komponenten der Nachfolgeregelung erweisen sich als grösste Hürden im ganzen Prozess seitens der Unternehmer. Viele erfolgreiche Unternehmer tun sich schwer mit der Vorstellung, sich vom eigenen Unternehmen zu trennen. Dies aus verschiedenen Gründen: Manche halten sich für unersetzbar, andere sehen ihr Lebenswerk noch nicht vollendet oder finden keine gleichwertigen Kandidaten für die Nachfolge und haben Angst davor, ihre mit Emotionen verbundene Arbeit und das damit zusammenhängende soziale Prestige aufzugeben. Dennoch liegt es im Interesse des nachhaltigen Unternehmers, die Übergabe langfristig und sorgfältig zu planen.[94]

Die Bewältigung der Aufgabe der Nachfolgeregelung ist als Prozess zu verstehen, den alle Beteiligten durchmachen müssen, um die erwähnten psychologischen Faktoren zu überwinden. Der Prozess ist auf der sozialen Ebene dann erfolgreich, wenn er den Übernehmenden beruflich in das Unternehmen und die Führungsposition hinein- sowie den Übergebenden in den neuen Lebenszusammenhang überführt, ohne dass er sein Unternehmerdasein verliert.[95]

2.2.2 Volkswirtschaftliche Dimensionen der Unternehmensnachfolge

Bei der Betrachtung der Dimensionen wird die grosse Bedeutung der Nachfolgethematik erkennbar. Als Grundlage dazu dient eine umfassende Studie von PWC (2005), die auf rund 10'000 befragten Schweizer Unternehmen basiert[96] und somit eine auf Zahlenwerte geführte Diskussion ermöglicht.

Die Analyse des Alters der ausgewerteten Unternehmen ergibt, dass knapp ein Drittel (27.9%) der Betriebe maximal 25 Jahre alt ist – der grosse Teil der Unternehmen ist somit älter als 25 Jahre. Davon sind 26.6% 76 Jahre und älter,

---

[93] Vgl. Grundler, R. (2002), S. 7-9.
[94] Vgl. UBS Outlook (2002a), S. 9-10.
[95] Vgl. Kappler, E. (1997), S.423-424.

18.3% zwischen 51 und 75 Jahre und die übrigen 23.3% zwischen 26 und 50 Jahre alt. Diese Verteilung zeigt, dass die meisten Unternehmen bereits einmal oder mehrmals eine Übergabe vollzogen haben müssen und dass sich die Problematik der Nachfolge mittelfristig bei vielen jüngeren Unternehmen wohl zum ersten Mal stellt.

Rund 60% der Unternehmen geben an, in den kommenden Jahren die Nachfolge zu regeln und nur bei 10% der Befragten ist dies kein Thema. Die übrigen Betriebe haben sich noch keine diesbezüglichen Gedanken gemacht. Knapp ein Drittel der Betriebe, die in den nächsten Jahren eine Nachfolgelösung suchen – 18.5% der Gesamtmenge – werden den Wechsel in den nächsten fünf Jahren vollziehen (vgl. Abb. 13).

Abb. 13: Nachfolgeplanung in den kommenden Jahren [97]

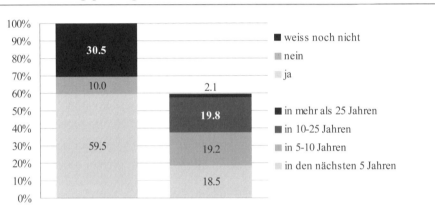

Dies bedeutet, dass von den über 300'000 Schweizer Unternehmen in den nächsten fünf Jahren gut 57'000 Unternehmen, also jährlich über 10'000, eine Nachfolgeregelung finden müssen. Bei einer durchschnittlichen Betriebsgrösse von 7.9 Mitarbeiter sind dabei jährlich über 90'000 Arbeitsplätze betroffen.[98]

---

[96] Die Rücklaufquote beträgt 9.3%.
[97] In Anlehnung an PWC (2005), S. 13.
[98] Vgl. PWC (2005), S. 9-14.

Diese Berechnung bezüglich der in dieser Arbeit betrachteten mittelständischen Unternehmen greift insofern zu kurz, als wiederum sämtliche KMU betrachtet werden. Kleinst- und viele Kleinunternehmen fallen aber nicht in den Interessenraum der Private Equity-Gesellschaften. Diese regeln ihre Nachfolge meistens familienintern, mittels eines direkten Management Buyout oder sehen sich gezwungen, das Unternehmen zu liquidieren. Geht man jedoch von dem vorhergehend hergeleiteten Schätzwert an relevanten Unternehmen von 20'000 aus, so steht in den nächsten fünf Jahren bei knapp 4'000 Unternehmen – resp. bei 800 jährlich – eine geplante Nachfolgeregelung an.[99] Ausgegangen von einer durchschnittlichen Anzahl Arbeitnehmer von 45 sind somit jährlich über 36'000 Arbeitsplätze im Schweizer Mittelstand von einem erfolgreichen Gelingen der Nachfolgeregelung abhängig (vgl. Abb. 14).[100]

Abb. 14: Berechnung der von einem Nachfolgebedarf betroffenen relevanten Arbeitsplätze

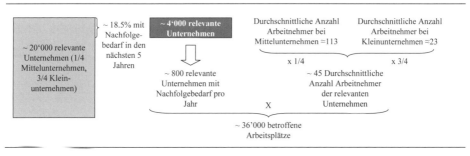

Die volkswirtschaftliche Bedeutung der Nachfolge über alle Unternehmenssegmente ist immens. Obschon die Betrachtung der für Finanzinvestoren interessanten Unternehmen die Dimensionen relativiert, sind auch im Mittelstand jährlich rund 800 Unternehmen betroffen. Diese Grössen dürften für ein ansprechendes Marktpotenzial für Private Equity-Gesellschaften in der Schweiz ausreichen.

---

[99] Bei ca. 18.5% der Gesamtmenge.
[100] Die Durchschnittliche Anzahl Mitarbeiter ergibt sich aus den Angaben für Klein- (dreifache Gewichtung) und Mittelunternehmen (einfache Gewichtung) in Abb. 9.

2.3 Herausforderungen für den Schweizer Mittelstand

Zeigt das vorhergehende Kapitel die Bedeutung der Nachfolge für mittelständische Unternehmen auf, so werden in diesem Kapitel weitere Herausforderungen für den Schweizer Mittelstand vertieft. Dies dient insbesondere dazu, um zu überprüfen, inwiefern Private Equity-Gesellschaften bei deren Lösung unterstützend wirken können.

Die Herausforderungen für die KMU in der Schweiz können kaum abschliessend behandelt werden, sind sie doch ebenso heterogen wie die KMU selbst. Die Mehrheit der KMU beklagt sich zudem über mangelnde politische Unterstützung, da sie sich mit ihren Anliegen von Kantonen und Gemeinden nicht ernst genug genommen fühlen. Dabei fordern sie insbesondere die Rückeroberung der unternehmerischen Freiheiten mittels eines Abbaus der Gebote und Verbote, der Vereinfachung administrativer Verfahren sowie der geringeren fiskalischen Belastung.[101]

Dennoch werden im Folgenden die wesentlichen Herausforderungen für KMU im aktuellen Wettbewerbsumfeld auf die vier Bereiche Innovationen, Internationalisierung, Kapitalzugang und Corporate Governance reduziert.

2.3.1 Innovationen

Die Einführung neuer Produkte und der Einsatz verbesserter Produktionstechniken sind auch entscheidend für den langfristigen Erfolg eines Unternehmens.[102] Der allgemeingültige Konsens ist, dass nachhaltig erfolgreiche Unternehmen innovativ sein müssen, um im Wettbewerb zu bestehen. Diese Vermutung wird von einer Untersuchung von ARVANITIS und VON ARX (2004) anhand einer Produktivitätsgleichung bestätigt,[103] welche positiv von der Innovationsleistung eines Unternehmens abhängt. Die Unternehmen, die Prozessinnovationen eingeführt und F&E-Tätigkeiten geleistet haben, weisen sowohl bei Industrie- wie

---

[101] Vgl. Eisenhut, P. (2004), S. 17.
[102] Die Wichtigkeit von Innovationen für die Gesamtwirtschaft wird im Kapitel 2.1.3 aufgezeigt.
[103] Die Studie beschäftigt sich nur mit Innovationen im technischen und nicht im weiteren Sinn (Dienstleistungen, Organisationsabläufe oder zwischenbetriebliche Kooperation) (vgl. Dembinski, P. (2004), S. 94).

auch bei Dienstleistungsunternehmen eine um über 25% höhere Produktivität auf.[104]

Zu den Determinanten des Innovationsverhaltens gelten in der ökonomischen Literatur die Nachfrageaussichten, die preisliche und nichtpreisliche Wettbewerbsintensität,[105] die Wissensgenerierung begünstigende Faktoren (Anwendbarkeit, technische Möglichkeiten), Ausstattung an Ressourcen sowie die Grösse des Unternehmens. Aus empirischen Untersuchungen an Produktionsunternehmen geht hervor, dass für die Grundsatzentscheidung, ob überhaupt F&E betrieben wird, das Vorhandensein günstiger Nachfrageperspektiven von grosser Bedeutung ist. Ein Unternehmen investiert in der Tendenz dann in F&E, wenn sie davon ausgeht, dass für entsprechende Innovationen eine Nachfrage auf dem Markt existiert. Die Intensität der F&E-Tätigkeiten hängt hingegen stark vom Wettbewerbsdruck innerhalb des Marktes ab. Der konstante Druck, sich im preislichen sowie im nichtpreislichen Wettbewerb zu behaupten, wirkt sich also positiv auf die Investitionen in F&E aus.[106] Vergleichbare Resultate ergeben sich aus Arbeiten über das Innovationsverhalten im Dienstleistungssektor.[107]

Interessante Erkenntnisse zeigen sich auch aus dem Verhalten in Abhängigkeit der Branche oder der Unternehmensgrösse. So hat die preisliche Wettbewerbsintensität in der traditionellen Industrie einen grösseren Einfluss, da deren Produkte in der Regel leichter substituierbar sind und die Nachfrageentwicklung sehr unsicher ist. Die nichtpreisliche Intensität hat jedoch in Hightech- und modernen Dienstleistungsbranchen einen grösseren Einfluss, da in diesen Branchen die Häufigkeit neuer Produkte und der technische Vorsprung entscheidend sind. Im Zusammenhang mit der Unternehmensgrösse zeigt sich, dass KMU die „Nischenfähigkeit" – welche in einem konzentrierten Marktumfeld für Unternehmen dieser Grösse entscheidend ist – mit Produktedifferenzierungen anstreben,

---

[104] Vgl. Arvanitis, S. / von Arx, J. (2004b), S. 31-32.
[105] Die Preiskonkurrenz zeigt sich in der Regel in der Preiselastizität der Nachfrage. Die Intensität des nichtpreislichen Wettbewerbs kann als Mass für den Einfluss auf die Nachfrage von nichtpreislichen Faktoren wie Qualität, Serviceleistungen, Design oder Sortimentsvielfalt interpretiert werden.
[106] Vgl. Arvanitis, S. (2006), S. 13-14.
[107] Vgl. Arvanitis, S. (2002), S. 9.

die sie mit höheren F&E-Investitionen zu erreichen suchen.[108] Ebenso ist festzuhalten, dass sich keine Skalenerträge für Innovationsaktivitäten feststellen lassen. Dies zeigt, dass F&E-Tätigkeiten auch für KMU von zentraler Bedeutung und nicht nur von Grossunternehmen zu verfolgen sind.[109]

Dennoch ergeben sich für KMU Schwierigkeiten, wenn es darum geht, erfolgreich Innovationsaktivitäten nachzugehen. Im Gegensatz zu den Grossunternehmen haben sie nur limitierten Zugang zu den Lösungsansätzen. Zum einen geht es sicherlich um die Finanzierung der F&E-Tätigkeiten, welche nach Möglichkeit intern vorgenommen wird. Da diese Mittel beschränkt sind, bedienen sich Unternehmen nach Möglichkeit auch externen Finanzierungsmittel, welche aber insbesondere für KMU schwierig zu erhalten und steuerlich kaum begünstigt sind.
Auch der Austausch von Wirtschaft und Wissenschaft zur Wissensgenerierung und zum Aufbau von Humankapital ist für aussichtsreiche Innovationen vermehrt notwendig. Der Zugang zu solchen Plattformen erweist sich für KMU wiederum als schwierig, da sie weniger auf bestehende Netzwerke zurückgreifen können. In diesem Zusammenhang zeigt sich ebenso, dass geographische Distanzen für KMU als Hindernis zur Ausnutzung von Humankapital gelten, da sie häufig lokaler gebunden sind.[110]

Im Weiteren kommt dem Faktor Wissen eine grosse Bedeutung zu, zumal er oft als der entscheidende Produktionsfaktor für innovative Unternehmen gilt. Obschon Wissen nicht mehr als knappes Gut gilt, geht es für Unternehmen darum, das für sie geeignete Wissen herauszufiltern, optimal zu kombinieren und am Markt umzusetzen. Ein interaktives Innovationsmodell, welches auf netzwerkbasierten Lernprozessen aufbaut, ist demzufolge naheliegend. Diese Lernprozesse werden als Wissens- und Technologietransfer bezeichnet und beinhalten nicht nur die Interaktion von Wirtschaft und Hochschulen, sondern auch Bezie-

---

[108] Vgl. Arvanitis, S. / von Arx, J. (2004a), S. 15-16.
[109] Vgl. Arvanitis, S. / von Arx, J. (2004b), S. 31.
[110] Vgl. Arvanitis, S. / Hollenstein, H. (2002), S. 17-18.

hungen zu anderen Partnern wie z. B. Kunden, Lieferanten, Konkurrenten oder Beratungsgesellschaften.[111]

Untersuchungen zeigen, dass Unternehmen, die einen engen Kontakt zu Partner suchen und den Wissenstransfer anstreben, tendenziell innovativer und gewinnträchtiger wirtschaften. Die benötigten internen Ressourcen und der Zugang zu solchen Netzwerken zeigen sich jedoch als Hindernis für KMU, die dem Wissenstransfer deshalb oft nicht genügend Gewicht verleihen können.[112] Obschon die eigens dafür vorgesehene *Kommission für Technologie und Innovation* (KTI) die Innovationsleistung der unterstützten Unternehmen beträchtlich fördert,[113] gilt die mangelnde Vernetzung der KMU mit der Wissenschaft und mit Kapitalgebern als Herausforderung. So titelt z. B. das Magazin FACTS provokativ „Kein Geld für den Geist"[114] und beklagt sich, dass die Schweiz ihre innovativsten Jungunternehmer ins Ausland vertreibt.

Um erfolgreich Innovationen generieren zu können, ist folglich der Zugang zu Kapital und Wissen entscheidend – Ressourcen, die gemeinhin von Private Equity-Gesellschaften erwartet werden. Demnach liegt die Vermutung nahe, dass eine Private Equity-Beteiligung zur Etablierung des Innovationsprozesses einen wesentlichen Beitrag leisten kann.

2.3.2 Internationalisierung

Das Ausmass der internationalen Ausrichtung der Schweizer Wirtschaft macht deren Bedeutung deutlich. Mit einem Exportanteil am BIP von über 50% ist die Schweiz eines der am meisten auf internationalen Handel ausgerichteten Länder überhaupt.[115]

Im Rahmen der Internationalisierung wird primär zwischen zwei verschiedenen Sichtweisen unterschieden. Zum einen wird von der Internationalisierung gesprochen, wenn ein Unternehmen anfängt, sich auf ausländischen Märkten zu engagieren. Es geht dabei um die erste Aufnahme internationaler Aktivitäten,

---

[111] Vgl. Hotz-Hart, B. et al. (2003), S. 58-61.
[112] Vgl. Arvanitis, S. / Wörter, M. (2006), S. 18-20.
[113] Vgl. Arvanitis, S. / Donzé, L. / Sydow, N. (2005), S. 40.
[114] Facts (2007), S. 38.
[115] Vgl. UBS (2007).

die sich typischerweise in der Aufnahme von Exportaktivitäten zeigen.[116] Zum anderen wird die Internationalisierung als Prozess aufgefasst, der ein wachsendes oder variierendes Engagement auf den internationalen Märkten beinhaltet. Die Internationalität bezieht sich dann nicht mehr nur auf die Aufnahme internationaler Tätigkeiten, sondern viel mehr auf den Internationalisierungsgrad und unterschiedliche Internationalisierungsformen.[117]

Der klassische Weg in die Internationalisierung – der Export – zeigt sich für ein KMU in der Regel als grosse Herausforderung; 30% der KMU verfügen über keine Exporttätigkeit. Die Schwierigkeit unabhängiger KMU zeigt sich auch darin, dass kleine Unternehmen, die einem Konzern angehören, im Durchschnitt ca. 15-20% mehr Auslandeinnahmen durch Export generieren.

Ein anderer Weg der Internationalisierung ist die Direktinvestition im Ausland, um die Auslandpräsenz materiell zu manifestieren. Anstatt die Produkte zu exportieren werden dabei die Produktionsfaktoren Kapital sowie Führungskompetenz verlagert. Partnerschaftliche Beziehungen vorab im Dienstleistungssektor gelten als dritter Weg in die Internationalisierung, wobei dieser aufgrund der heutigen Kommunikationsmittel nur schwer messbar ist.[118]

Die empirische Evidenz bezüglich Exportverhalten von KMU basiert primär auf der Internationalität Schweizer KMU im Allgemeinen. Diese stellt sich sowohl in Industrie- wie auch in Dienstleistungsbetrieben als bemerkenswert dar. Die internationale Ausrichtung gerade von Grossbetrieben ist jedoch stark grössenabhängig, was die Einschränkungen für KMU reflektiert, wenn es um Expansion ins Ausland geht. Dabei erweisen sich die finanziellen Risiken, die fehlenden Managementkapazitäten, der Zugang zu finanziellen Ressourcen sowie das mangelnde Wissen über ausländische Standorte als die grössten Hindernisse. Dieses Muster erklärt auch, weshalb die KMU viel häufiger ins grenznahe, „weniger risikoreiche" Ausland exportieren, wo hingegen sich die grossen Unternehmen vielmehr auch im fernen Ausland exponieren.[119]

---

[116] Inwiefern Aktivitäten auf den internationalen Beschaffungsmärkten bereits in die Internationalisierung fallen, ist umstritten.
[117] Vgl. Bamberger, I. / Evers, M. (1997), S. 379-380.
[118] Vgl. Dembinski, P. (2004), S. 97-98.
[119] Vgl. Hollenstein, H. (2002), S. 16-18.

Private Equity-Gesellschaften operieren in der Regel innerhalb eines internationalen Netzwerkes. So stellt sich die Frage, ob letzteres den Internationalisierungsprozess eines mittelständischen Unternehmens beschleunigen kann.

2.3.3 Kapitalzugang

Wie alle Unternehmen müssen auch die KMU das notwendige Betriebskapital gewährleisten, das Anlagevermögen bereitstellen, die Investitionen finanzieren und eine gewisse Reserve für schwierige Zeiten bilden. Zu diesen klassischen Bedürfnissen kommt in besonderen Fällen weiterer Finanzbedarf hinzu, wie beispielsweise bei Grossverträgen oder bei Kooperationen.[120]

Grundsätzlich finanziert sich ein Unternehmen entsprechend der Passivseite der Bilanz mit Eigen- und Fremdkapital. Die Eigenmittel als Beteiligungskapital bilden das Risikokapital, woran die Eigenkapitalgeber voll partizipieren. Das Fremdkapital hingegen stellt das Gläubigerkapital dar, welches im Normalfall fest verzinst wird und mit einer einmaligen oder tranchenweisen Tilgung versehen ist. Da der Fremdkapitalgeber ein festes Kapitalentgelt zugute hat, partizipiert er nicht an den unternehmerischen Chancen, trägt jedoch meistens ein mehr oder weniger grosses Ausfallrisiko. Die daraus folgende Interessenasymmetrie kann zumindest teilweise in Form von hybridem Kapital (oder auch mezzaninen Finanzierungen) neutralisiert werden, indem der Fremdkapitalgeber ein eigenkapitalbezogenes Vermögensrecht erhält.[121]

Von besonderer Bedeutung ist die Innenfinanzierung, welche aus den Mittelzuflüssen der laufenden Geschäftstätigkeit erwächst. Sie besteht aus dem operativen Cash Flow (aus der Geschäftstätigkeit) und wird als wichtigste Finanzierungsquelle betrachtet (vgl. Abb. 15).[122]

Die Finanzierung der KMU beruht in der Schweiz traditionell auf den in Abb. 15 grau hinterlegten Feldern: Gewinnthesaurierung und Kreditaufnahme bei den Bank. Wie bereits erwähnt gilt die Finanzierung mit dem selbst erarbeiteten Cash Flow als die Anzustrebende. Die KMU können so das erwirtschaftete Geld sofort wieder anlegen und gesund wachsen. Da aber eine Verbesserung der Eigenkapitalausstattung durch eine verstärkte Gewinnthesaurierung nur eine

---

[120] Vgl. Dembinski, P. (2004), S. 85.
[121] Siehe dazu Kapitel 7.2.2.
[122] Vgl. Volkart, R. (2000), S. 25-28.

langfristige Lösung darstellt und zudem auf eine soliden Wettbewerbsposition angewiesen ist, reicht der Cash Flow vor allem für rasch wachsende KMU oder in Krisensituationen oft nicht aus.[123]

Abb. 15: Übersicht der Finanzierungsarten [124]

	Fremdkapital	Eigenkapital	Verflüssigung
Aussenfinanzierung	Kreditfinanzierung Mezzanine-Finanzierung	Beteiligungsfinanzierung	Vermögens-verflüssigung
Innenfinanzierung	Rückstellungs-„Finanzierung"	Selbstfinanzierung (Gewinn)	Abschreibungs-gegenwerte

Obschon die KMU in der Regel in hohem Mass durch Bankkredite finanziert sind, können diese fehlende oder zu knappe Eigenmittel nicht ersetzen. Aufgrund der bankengesetzlichen Risiko- und Sorgfaltspflichten sind die Banken für die Bereitstellung von Eigenkapital schlecht geeignet. Zudem wird seitens der KMU der Vorwurf laut, gegenwärtig finde ein Unternehmer das notwendige Kapital wohl eher bei Freunden und Verwandten denn bei Bankinstituten. So bemängeln viele Kreditnehmer die wenig transparente Kommunikation der Ratingeinstufungen.[125]

Die Finanzierungsschwierigkeiten der KMU lassen sich anhand folgender Punkte begründen:[126]

- Fehlende Grösse für die Mittelbeschaffung am Kapitalmarkt;
- deine oder dünne Eigenkapitalausstattung;
- ausgeschöpfte zusätzliche Mittel des Inhabers;
- zu wenig lange im Markt;
- mangelnde Managementerfahrung;
- ungenügende Sicherheiten;
- fehlende Ausbildung für Wachstumsschritte;

---

[123] Vgl. Hoffmann, S. (2006), S. 4.
[124] In Anlehnung an Volkart, R. (2000), S. 28.
[125] Vgl. Eltschinger, M. / Eltschinger, I. (1999), S. 727-728.
[126] Vgl. Früh, H.(2003), S. 931.

- keine Ressourcen für Exportaufbau;
- starke Abhängigkeit von einzelnen Schlüsselpersonen;
- fehlende Rentabilität.

Die veränderten Rahmenbedingungen an den Finanzmärkten haben in Folge des fortschreitenden Strukturwandels die KMU mit neuen Hindernissen konfrontiert, wie obige Aussagen andeuten. Beim Blick auf die Kreditvergabe zwischen den Jahren 1997 und 2003 erstaunt beispielsweise, dass die Limiten um rund 60 Mrd. CHF auf unter 300 Mrd. CHF gefallen sind, obschon die Geldmengen M3 und M1,[127] der Aussenhandel, die Zahl der Beschäftigten und das BIP im selben Zeitraum zugenommen haben. Dieser Rückgang ist in der Geschichte der Schweizer Kreditwirtschaft einmalig und auch in keinem anderen westeuropäischen Staat[128] hat sich die Kreditvergabe trotz wachsender Wirtschaft in diesem Ausmass verringert.[129] Die Situation hat sich in der Zwischenzeit wohl etwas erholt, aber die Limiten liegen noch immer deutlich unter den Werten von 1997 (342 Mrd. CHF per Ende 2006 im Vergleich zu 361 Mrd. CHF per Juni 1997) und die Gross- und Kantonalbanken vereinen nach wie vor mehr als 80% der Kreditvergabe an den Unternehmenssektor.[130]

Diese Entwicklung kann in der Tendenz anhand von einigen Ansätzen erklärt werden. Zum einen haben sich die Grossbankenfusionen in der Kreditfinanzierung des Unternehmenssektors niedergeschlagen, zum anderen allerdings auch die Fusionen auf der Seite der Kreditnehmer. Dieser erhöhte Konzentrationsgrad wirkt sich insofern auf das Kreditgeschäft aus, als die zwei (von ehemals fünf) Grossbanken sich mit ihrem Kreditportfolio einem zu hohen Branchenrisiko ausgesetzt sehen, zu hohe Korrelationen innerhalb und zwischen den Branchen beobachtet werden sowie die Portfoliooptimierung letztlich zur Festlegung

---

[127] Unter der Geldmenge M1 wird die Summe des Bargeldumlaufs, der Sichteinlagen und der Transaktionskonti, unter der Geldmenge M3 die Summe der Geldmenge M1, der Spareinlagen und der Termineinlagen verstanden (vgl. Hotz-Hart, B. / Mäder, S. / Vock, P. (2001), S. 453).

[128] Dennoch geben in einer Europäischen KMU-Umfrage fast alle Nationen den Zugang zu Finanzen als eines der drei grössten Einschränkungen zur Unternehmensentwicklung an (vgl. Habersaat, M. / Schönenberger, A. / Weber, W. (2001), S. 38).

[129] Vgl. Pedergnana, M. / Schacht, C. (2004), S. 102.

[130] Vgl. Schweizerische Nationalbank (2007), Annex, S. 1.

von verhältnismässig tiefen maximalen Engagements auf Einzelkundenebene und damit zu Kreditlimitensenkungen führt. Ebenso verhalten sich die Banken wegen nachhaltig erhöhten Renditeerwartungen an das Kreditgeschäft weniger risikofreudig. Ausserdem werden dadurch Eigenmittel für andere Geschäftsfelder und Märkte freigesetzt, womit man bessere Risiko-Ertrags-Verhältnisse zu erreichen glaubt.

Ein anderer Ansatz bezieht sich auf die Einführung des risikoadjustierten Pricing. Bei Unternehmen mit schwacher Bonität lässt sich dies jedoch nur schwer durchsetzen. So versuchen diese vermehrt, die Bankkredite z. B. durch Kundenanzahlungen oder Lieferantenkredite zu substituieren, anstatt höhere Kreditzinsen zu bezahlen.[131]

Im Weiteren sind die Auswirkungen der Beschlüsse des Basler Ausschusses für Bankenaufsicht (Basel II), welche seit Anfang 2007 in Kraft sind, noch nicht ganz klar. Im Zuge dieser neuen Eigenkapitalverordnung soll sich die Kreditvergabe am spezifischen Risiko des Kreditnehmers orientieren, womit die Banken mit der Notwendigkeit konfrontiert werden, die Kapitalanforderungen stärker als bisher am ökonomischen Risiko auszurichten und adäquate Rating-Verfahren zu implementieren. Handelt es sich dabei in erster Linie um eine reine Bankenangelegenheit, so ziehen die neuen Regelungen für Unternehmen ein Rating nach sich, welches die künftigen Kreditkonditionen festlegt. Nahezu alle KMU werden ein bankinternes Rating erhalten, was zu mehr Risikotransparenz und folglich zu einer risikobewussteren Kalkulation der Risikoprämien führt. Viele KMU befürchten daher, dass sich ihre Finanzierungsbedingungen verschlechtern werden, obwohl Unternehmen mit guter Bonitätseinstufung eine Verringerung der Kreditzinsen erwarten können.

Für die KMU resultiert hieraus das Dilemma, dass die Eigenfinanzierung stark limitiert und eine vermehrte Kreditaufnahme erschwert ist. Daraus folgt ein Liquiditätsengpass, der Ersatzinvestitionen, Erweiterungs- oder Wachstumsfinanzierungen ungemein schwieriger macht.[132]

Während eine Studie von KPMG empfiehlt, den Verhandlungsspielraum mit Banken aktiv zu nutzen und die Suche nach Anbietern – auch ins Ausland – zu

---

[131] Vgl. Pedergnana, M. / Schacht, C. (2003), S. 599-603.
[132] Vgl. Broda, B. (2003), S. 463-468.

erweitern,[133] betonen die Grossbanken weiterhin ihr Interesse am Schicksal der KMU in der Schweiz[134] und weisen auf Studien hin, die zeigen, dass die Auswirkungen von Basel II auf die KMU keineswegs dramatisch sind[135] und teilweise sogar Vorteile mit sich bringen.[136] Das Staatssekretariat für Wirtschaft (SECO) kommt in einer anderen Studie zum Schluss, dass die Mehrheit der Unternehmen die Entwicklung der Zusammenarbeit mit den Banken als positiv erachten – jedoch in positiver Korrelation mit der Grösse und Profitabilität des Unternehmens. Hinsichtlich der Frage nach den Auswirkungen von Basel II könne man jedoch keine klaren Aussagen machen. Dennoch zeigt sich als Hauptschwierigkeit für die KMU die Kreditgewährungsbedingungen, namentlich die der verlangten Sicherheiten und der zugrunde liegenden Risikoeinschätzungen.[137]

Abb. 16: Veränderte Rahmenbedingungen im Umfeld von Banken und KMU [138]

Banken:	KMU:
• Aufsichtsrechtliche Bestimmungen (Basel II: unmittelbar)	• Aufsichtsrechtliche Bedingungen (Basel II: mittelbar)
• Bankenkonzentrationen	• Wirtschaftliche Stagnation oder geringes Wachstum
• Recovery-Positionen	
• Risk-adjusted Pricing im Kreditgeschäft (seit 1997/98)	• Spezielle branchenspezifische Entwicklungen
• Kreditportfolio-„Optimierung" (Top down)	• Vorfinanzierungen und Lieferantenkredite als teilweise Substitutionsmöglichkeiten
• Fokussierung bei Grossbanken auf Investment Banking und Private Banking sowie auf ihre Internationalisierung	

Was auch immer letztlich die Konsequenzen sind, die Rahmenbedingungen sind im Wandel und werden strukturelle Änderungen mit sich bringen (vgl. Abb. 16) Es kristallisiert sich heraus, dass der Kapitalzugang für KMU eine Herausforderung darstellt. So ist ein Fremdfinanzierungsbedarf vorhanden, der mit einer höheren Eigenkapitaldecke gedeckt werden könnte. Nun stellt sich die Frage,

---

[133] Vgl. KPMG (2005), S. 11.
[134] Vgl. Müller, H. (2003), S. 461.
[135] Vgl. UBS (2003), S. 15.
[136] Vgl. Credit Suisse (2003), S. 25.
[137] Vgl. SECO (2003), S. 4.
[138] In Anlehnung an Pedergnana, M. / Schacht, C. / Sax, C. (2004), S. 278.

inwiefern Private Equity zur Lösung dieses Problems unterstützen kann. Die Meinungen dazu gehen weit auseinander: Für die einen steht fest, dass Private Equity in diesem Zusammenhang keine Alternative ist,[139] für andere ist klar, dass Eigenfinanzierungen relativ an Attraktivität gewonnen haben.[140]

2.3.4 Corporate und Family Governance

Die Problemfälle in der Schweiz und in anderen Nationen, wie z. B. die Ereignisse rund um Enron, Worldcom oder Swissair haben das Thema Corporate Governance ins Zentrum aktueller Diskussionen gerückt. Unter Corporate Governance versteht man die Gesamtheit der auf das Aktionärsinteresse ausgerichteten Grundsätze, die unter Wahrung von Entscheidungsfähigkeit und Effizienz auf der obersten Unternehmensebene Transparenz und ein ausgewogenes Verhältnis von Führung und Kontrolle anstreben.[141]

Die Aktualität der Thematik wird insofern unterstrichen, als eine starke Corporate Governance notwendig ist, um verspieltes Vertrauenskapital wieder aufzubauen. Die verschiedenen Fälle von Missmanagement haben dem Ansehen einer ganzen Managergeneration geschadet. Auch wenn die Skandale selten auf Straftatbeständen beruhen, so hat die Ausbeutung einer hierarchischen Machtposition grosse Imageschäden mit sich gebracht.

Der Ursprung der Idee der Corporate Governance basiert dabei auf drei Grundprinzipien:

- *Prinzipal-Agent-Theorie:* Koordination und Zielharmonie der Interessen und Tätigkeiten von Management (Agent) und den Aktionären (Prinzipal).[142]

- *Nachhaltiger Shareholder Value:* Um allen Stakeholdern einer Gesellschaft zu dienen, ist eine langfristige Steigerung des Unternehmenswerts eines der Hauptziele der Unternehmensführung, da nur sie das Überleben sichert.

- *Checks and Balances:* Die pragmatische Etablierung einer Organisation von Führung und Kontrolle hilft, Probleme frühzeitig zu erkennen, Heraus-

---

[139] Vgl. Früh, H. (2003), S. 931.
[140] Vgl. Hofstetter, P. / Steinbrecher, B. (2003), S. 935-936.
[141] Vgl. Economiesuisse (2002), S. 6.
[142] Auf eine detaillierte Diskussion der Prinzipal-Agent-Problematik wird verzichtet. Siehe dazu z. B. Milgrom, P. / Roberts, J. (1992), S. 166-203.

forderungen rechtzeitig anzupacken und Strategien unternehmerisch umzusetzen.[143]

Obschon die Priorität der Massnahmen gegen den Vertrauensverlust verständlicherweise bei kotierten Gesellschaften liegt, sind sie ebenso für kleine und insbesondere mittlere Unternehmen von Bedeutung. Auch KMU können nur überleben, wenn sie das Vertrauen ihrer Kapitalgeber und anderer Anspruchsgruppen geniessen. In nichtkotierten Gesellschaften hat es der Verwaltungsrat in der Regel nicht einfacher, sondern eher schwerer, eine eigenständige Rolle zu spielen. Die Konzentration der Macht, wie sie in Klein- und Familienbetrieben üblich ist, kann ihn in ungünstigen Konstellationen daran hindern, die notwendige Funktion der Checks and Balances wahrzunehmen.[144]

Vor der Corporate Governance-Richtlinie der SWX Swiss Exchange (RLCG) und dem Swiss Code of Best Practice for Corporate Governance (Swiss Code) enthielten vor allem das Aktienrecht, das Börsengesetz und das davon abgeleitete Kotierungsreglement zahlreiche Regeln in Bezug auf Corporate Governance. Da aber eine umfassende Regelung fehlte, entstanden fast zeitgleich die Regelwerke der SWX (RLCG) und der Economiesuisse (Swiss Code), die sich weitgehend ergänzen: Der Swiss Code empfiehlt den Schweizer Unternehmen die Einhaltung guter Corporate Governance-Regeln und die RLCG befasst sich mit dem Hauptanliegen der Corporate Governance, indem sie Transparenz vorschrcibt.[145]

Angesichts der dominierenden Bedeutung der KMU innerhalb der Schweizer Wirtschaft wurden zusätzlich Forderungen nach KMU- resp. familienunternehmensspezifischen Regelungen laut.[146] Das Regelwerk *Governance für Familienunternehmen* fasste darauf das Thema Familienunternehmen und Corporate Governance substanzstark zusammen. Als Leitfaden für Familienunternehmen fügt es sich komplementär zu den bestehenden Regelwerken ein und bietet Ergänzungen zu den im Swiss Code offen formulierten Punkten, wie z. B. der Nachfolgeregelung in Familienunternehmen. Zu diesem Thema heisst es zu-

---

[143] Vgl. Felder, S. (2002), S. 1007.
[144] Vgl. Böckli, P. (2002), S. 136.
[145] Vgl. SWX (2003), S. 3.
[146] Vgl. Schwarz, J. (2003), S. 490.

sammenfassend: „Der Nachfolgeregelung ist frühzeitig hohe Priorität einzuräumen. Die internen oder externen Kandidaten müssen über die notwendige Kompetenz zur Führung des Familienunternehmens verfügen und bei Familie, Geschäftsleitung und Mitarbeitenden breite Akzeptanz finden. Wichtig ist, dem Nachfolger rechtzeitig Spielraum für eigene Ideen einzuräumen."[147]

Eine spezielle Bedeutung im Zusammenhang mit der Corporate Governance kommt der externen Rechnungslegung zu. Sie ist grundsätzlich als Teilbereich der Finanzbuchhaltung und als Bestandteil des Rechnungswesens aufzufassen, welches die Gesamtheit aller Zählungen, Messungen und Rechnungen umfasst, die in einer Einzelwirtschaft durchgeführt werden können.[148] Primär fungiert sie als Informationsinstrument, zu deren wichtigsten Aufgaben die Kommunikationsleistung des Accounting mit den Stakeholdern zählt. Dabei geht es insbesondere auch darum, über die aktuelle Vermögenslage sowie die Finanz- und Ertragslage einzelner Perioden zu berichten.

Die Rechnungslegung bildet in diesem Zusammenhang eine Grundlage für die Analyse vergangener Ereignisse, stellt ein Abbild der aktuellen Lage dar und ist Entscheidungsbasis für künftiges wirtschaftliches Handeln, so dass die generierten Informationen auch aus der Perspektive der Zukunft relevant sein sollten. Dabei muss man beachten, dass Faktoren wie fehlende Marktwerte und unsichere Zukunftsperspektiven immer dazu führen werden, dass gewisse Ermessensspielräume bestehen bleiben. Rechnungslegungsstandards müssen deshalb für diese Freiräume verbindliche Normen vorgeben, damit die gezeigten Daten fair sind und effektiv ein Bild über die wirtschaftlichen Verhältnisse geben.[149]

Bezüglich Rechnungslegungsstandards für KMU haben es sich die Swiss GAAP FER zum Ziel gesetzt, den Gesellschaften, die nicht auf den internationalen Finanzmärkten tätig sind, ein taugliches Gerüst für eine einfache, aussagekräftige und kostengünstige Jahresrechnung entlang dem Prinzip der *True and Fair View* bereitzustellen. Es geht dabei darum, mit übersichtlichen Bestimmungen die Kernbereiche der Rechnungslegung zu regeln, um ein den effektiven Verhältnissen entsprechendes Bild der Vermögens-, Finanz- und Er-

---

[147] Fopp, L. / Prager, T. (2006), S. 26.
[148] Vgl. Meyer, C. (1996), S. 17.
[149] Vgl. Meyer, C. (2003), S. 701-702.

tragslage zu vermitteln. So werden nicht nur eine bessere Kommunikation der KMU mit den Investoren und die Vergleichbarkeit der Abschlüsse ermöglicht, sondern vor allem bessere Grundlagen zur Unternehmensführung geschaffen.[150]

Die jüngsten Entwicklungen um die Corporate Governance zeigen den Professionalisierungsbedarf bei den KMU, decken die Möglichkeiten eines vielseitigen sowie interdisziplinären Gesamtverwaltungsrats auf[151] und führen zu transparenteren Rechnungsabschlüssen. Andere Untersuchungen zeigen, dass Private Equity den Corporate Governance-Anforderungen in einer weniger bürokratischen Art und Weise nachkommt, als dies beispielsweise Grossunternehmen tun. Proaktive Nähe zum Management, enge Begleitung der Wertschöpfung, stark leistungsbezogene finanzielle Anreize zur Entschärfung der Prinzipal-Agent-Problematik, hoher Grad an Aktionärsaktivitäten und der Drang zu Transparenz sind alles Eigenschaften von Private Equity-Investitionen, die der Corporate Governance dienlich sind.[152]

2.4 Zusammenfassung

Unter mittelständischen Unternehmen werden in vorliegender Arbeit Unternehmen verstanden, die weniger als 250 Mitarbeiter beschäftigen, eine Umsatzgrösse von bis zu 100 Mio. CHF erzielen und die Early Stage überschritten haben. Zu den wichtigsten qualitativen Eigenschaften dieser Unternehmen zählen die Unabhängigkeit in Bezug auf eine grössere Gesellschaft, der private Besitz und die personenbezogene Führungsstruktur. Die Anzahl der Unternehmen in der Schweiz, welche die kritische Grössenschwelle überschritten haben und in die Definitionsmenge fallen wird auf knapp 20'000 geschätzt.
Anhand der Analyse des Wirtschaftsstandortes Schweiz kann die Wichtigkeit der KMU gezeigt werden, zumal sie in der Diffusion der wachstumsnotwendigen Innovationen eine bedeutsame Rolle spielen. Mittelständische Unternehmen sind ebenso in Bezug auf die Faktoren Arbeitsproduktivität, Beschäftigungsentwicklung, Innovations- und Exportverhalten als wettbewerbsfähig zu betrachten, wie die AVENIR SUISSE feststellt. Insbesondere in den beiden Sektoren

---

[150] Vgl. Meyer, C. / Teitler, E. (2004), S. 715-720.
[151] Vgl. UBS Outlook (2002b), S. 16.
[152] Vgl. Zong, L. (2005), S. 63.

Hightech-Industrie und moderne Dienstleistungen, die als erfolgreichste Branchen gelten und die besten Perspektiven für die mittelfristige Zukunft aufweisen, sind die KMU gut positioniert. Gerade diese „modernen" Sektoren sind jedoch auf weitere Innovationsleistungen angewiesen, um weiterhin internationale Spitzenleistungen zu erbringen.

Der Nachfolge kommt im Schweizer Mittelstand eine gewichtige Rolle zu. Sind personenbezogene Unternehmen stark von den bestimmenden Führungspersonen abhängig, so wird deren Nachfolge zu einem entscheidenden Erfolgsfaktor für den Fortbestand des Unternehmens. Eine Lösung muss sowohl zur Regelung der Eigentumsverhältnisse wie auch zur Nachfolge in der Unternehmensführung gefunden werden. Die Unternehmensnachfolge ist als delikater und emotionaler Prozess zu verstehen, der langfristig und umsichtig anzugehen ist.
In der Schweiz sehen sich insgesamt jährlich wohl etwa 9'000 Unternehmen mit einer Nachfolgesituation konfrontiert. Davon sind jedoch nur rund 800 Unternehmen des Mittelstandes betroffen, die von der Grösse her für eine Private Equity-Investition qualifizieren. Diese Anzahl betrifft rund 36'000 Arbeitsplätze.

Der Schweizer Mittelstand steht einer ganzen Reihe gewichtiger Herausforderungen gegenüber. Die vorliegende Arbeit vertieft deren vier: Innovationen, Internationalität, Kapitalzugang und Corporate Governance.
Um das verlangsamte Wachstum der Schweizer Wirtschaft wieder anzukurbeln, kommt dem Innovationsverhalten ganz im Allgemeinen eine entscheidende Bedeutung zu. Es gilt als zentrale Voraussetzung, um die Produktivität und die Gewinnmargen zu verbessern. Eine hohe Marktkonzentration, die auf einem intensiven preislichen und nichtpreislichen Wettbewerb basiert, ermöglicht nicht nur bessere Gewinnmargen, sondern ist vor allem auch der Innovationsleistung dienlich. Unternehmen, die aus Wettbewerbsdruck gefordert sind, Nischen zu suchen und ihre Produkte weiterzuentwickeln, geben der F&E ein entsprechendes Gewicht. Es ist deshalb naheliegend, dass die in der Schweiz erfolgreichen Branchen jeweils auf einem Cluster mit einer dichten Marktstruktur basieren.

Ebenso sind der Zugang und der Austausch von Wissen und Kapital zentral für erfolgreiche Innovations- und Exportaktivitäten, was sich in den verschiedenen Studien zeigt, welche das KOF durchgeführt hat. Gerade in diesem Zusammenhang wird immer wieder aufgeführt, dass insbesondere KMU mit spezifischen Problemstellungen konfrontiert werden. Einerseits geht es darum, notwendiges Know-how und Managementkapazitäten – in Form von Spezialistenwissen für F&E sowie Expertenwissen für eine Expansion ins (ferne) Ausland – zur Verfügung zu stellen. Zum einen fehlt dieses Wissen in vielen kleineren Betrieben und zum anderen sind die Ressourcen häufig absorbiert, da KMU keine eigens für derartige Aktivitäten vorgesehenen Stäbe aufbauen können. Auch den Kapitalbedarf, der für die Forschung und die Expansion ins Ausland benötigt wird, können KMU oft nicht decken. Da sie keinen Zugang zum Kapitalmarkt haben, müssen andere Quellen gesucht werden, die solch risikobehaftetes Kapital zur Verfügung stellen. Nicht zuletzt leiden die KMU auch darunter, dass sie in der Regel weniger vernetzt agieren und so geographischen Barrieren ausgesetzt sind sowie den Wissenstransfer weniger effizient vornehmen können.

Abb. 17: KMU-Typologie [153]

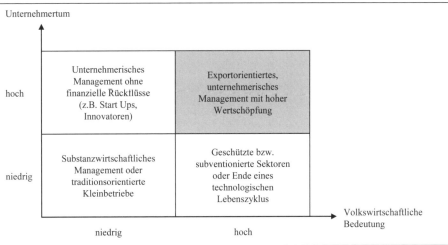

Abb. 17 erlaubt einen zusammenfassenden Überblick über die KMU-Typologie. Die Darstellung typologisiert die KMU in vier Klassen nach den Kriterien der

---

[153] In Anlehnung an Jenny, U., zit. in: Meier, M. (2006), S. 14.

volkswirtschaftlichen Bedeutung und des Unternehmertums. Die mittelständischen Unternehmen, die in dieser Arbeit betrachtet werden, bewegen sich überwiegend im Quadranten oben rechts – sie sind von volkswirtschaftlicher Bedeutung und in einem hohen Masse unternehmerisch geführt.

3 Private Equity

Nach der Analyse des Schweizer Mittelstandes dient dieses Kapitel dazu, die Eigenschaften von Private Equity darzustellen und aktuelle Marktentwicklungen aufzuzeigen, um die wachsende Bedeutung von Private Equity zu unterlegen.

Das Kapitel widmet sich zunächst dem Private Equity-Markt im Allgemeinen und zeigt dessen wichtigsten Teilnehmer sowie die Entwicklungen des globalen Marktes. Der zweite Teil beschäftigt sich mit den Private Equity-Investitionen, obschon der Prozess an sich als Leitfaden für die ganze Arbeit dient und deshalb in diesem Kapitel nicht im Detail vertieft wird. Im dritten Teil wird ein Überblick über den Private Equity-Markt in der Schweiz gegeben, in dem die Position der Schweiz im internationalen Kontext aufgezeigt, auf Rahmenbedingungen eingegangen sowie die Anbieterseite dargestellt wird.

3.1 Der Private Equity-Markt und seine Teilnehmer

Der Stellenwert von Private Equity hat in den letzten Jahren stark zugenommen. Neben dem grossen Wachstum von Private Equity sowohl auf Anleger- wie auch auf Emittentenseite, haben auch die Gründungswelle von Jungunternehmen und die Tendenz zur Substitution von Bankkrediten durch Kapitalmarktfinanzierungen den Einfluss von Private Equity gestärkt.[154]

3.1.1 Begriffsabgrenzung

Verwendeten einige den Begriff Private Equity nur für Buyout-Investitionen, bezeichneten andere Investitionen in alle Segmente mit dem Begriff Venture Capital.[155] Mittlerweile scheint sich in den USA und in Europa eine einheitliche Betrachtungsweise durchgesetzt zu haben, die Private Equity als Überbegriff über alle Finanzierungsstufen versteht. Das CENTER FOR PRIVATE EQUITY AND ENTREPRENEURSHIP der TUCK SCHOOL OF BUSINESS AT DARTMOUTH definiert Private Equity als „*equity investments in non-public companies*"[156] und lässt dabei offen, in welcher Phase des Unternehmenszyklus investiert wird. Ähnlich

---

[154] Vgl. Graf, S. / Gruber, A. / Grünbichler, A. (2001), S. 21.
[155] Vgl. Davidson, J. (2005), S. 21.
[156] Center for Private Equity and Entrepreneurship (2006), S. 22.

bezeichnet HOFMANN (2006) den Terminus Private Equity als Oberbegriff, wofür in Abhängigkeit der verschiedenen Reifephasen des kapitalnachfragenden Unternehmens andere Begriffe verwendet werden.[157]

Ein wesentlicher Bestandteil von Private Equity wird in den oben genannten Definitionen vernachlässigt. FENN / LIANG / PROWSE (1995) beschreiben Private Equity mit *„professionally managed equity investments in the unregistered securities of private (...) companies."*[158] Auch die BVCA definiert zwar Private Equity als *„medium to long-term finance provided in return for an equity stake in potentially high growth unquoted companies,"*[159] betont aber, dass der Nutzen von Private Equity nicht nur in der Finanzierung liegt, sondern auch im Angebot von erfahrenen Managementressourcen.[160] Die Komponente der personellen Kapazitäten, die mit einer Private Equity-Finanzierung einhergehen, ist ein zentraler Zusatz, den es zu beachten gilt.[161]

Eine weitere Eigenschaft von Private Equity ist, dass die Investition von vornherein in der Absicht erfolgt, die Beteiligung wieder zu veräussern. Das Kapital wird nur auf eine begrenzte Zeit zur Verfügung gestellt. Am Ende der Zeitspanne realisieren die Anleger ihren Erfolg mittels einer oft bereits zu Beginn des Engagements festgelegten Exitstrategie.[162]

Die für die vorliegende Arbeit gewählte Arbeitsdefinition integriert alle diese Aspekte. So wird Private Equity im Weiteren verstanden als *„Investition in das Eigenkapital nichtkotierter Unternehmen*, das für eine *begrenzte Zeitdauer* zusätzlich zum *finanziellen Engagement* auch *professionelle Managementkapazitäten* zur Verfügung stellt."

Wie eingangs erwähnt, überschneidet sich der Begriff Private Equity immer wieder mit dem Ausdruck „Venture Capital". Oft werden diese beiden Begriffe synonym verwendet, was der eigentlichen Bedeutung von Venture Capital aber nicht gerecht wird.[163] Venture Capital ist vielmehr als Risikokapital zu verstehen, das vor allem jungen, innovativen Unternehmen mit dem Ziel eines Kapi-

---

[157] Vgl. Hoffmann, S. (2006), S. 13.
[158] Fenn, G. / Liang, N. / Prowse, S. (1995), S. 2.
[159] BVCA (2007a), S. 6.
[160] Vgl. BVCA (2007a), S. 7-8.
[161] Diese können die Form von Managementressourcen oder Aufsichts- und Beratungsfunktionen haben.
[162] Vgl. Bader, H. (1996), S. 10-12.
[163] Vgl. Graf, S. / Gruber, A. / Grünbichler, A. (2001), S. 24.

talgewinnes zur Verfügung gestellt wird.[164] Es bildet somit eine Unterklasse von Private Equity.[165]

3.1.2 Der Private Equity-Markt

Die Finanzmärkte unterscheiden traditionelle Anlageklassen und nichttraditionelle resp. alternative Kapitalanlagen. Zu den traditionellen Anlagen zählen Aktien, Obligationen und Geldmarktprodukte, die sich hinsichtlich Rendite- Risiko- und Korrelationsverhalten sowie Liquidität und Transparenz von den alternativen Anlagen abgrenzen.[166] Letztere zeichnen sich vor allem durch eine beschränkte Liquidität, Informationsintransparenz und einer niedrigen Korrelation mit traditionellen Assetklassen aus.[167] Sie lassen sich unterteilen in Private Equity, Hedge Fonds, Rohstoffe, Immobilien[168] sowie High Yield Bonds und werden subsumiert als alternative Anlagekategorien. Private Equity wird also als Unterklasse der alternativen Investitionen verstanden, deren Nachfrage in den letzten Jahren deutlich gestiegen ist.[169]

Aufgrund der Eigenschaft der beschränkten Transparenz gilt es bei der Betrachtung der im Folgenden verwendeten Daten zu berücksichtigen, dass sich die Informationen über Private Equity stark unterscheiden. Da sie nicht im Rahmen organisierter Märkte (Börsen) erhältlich sind, stützen sie sich auf unterschiedlichste Quellen, was zu einem Gesamtbild führt, das sich aus einzelnen Fragmenten zusammensetzt.[170]

Die Anfänge des Private Equity-Marktes datieren zurück auf 1946, als sich die erste moderne Venture Capital-Gesellschaft,[171] American Research and Development (ARD), in den USA etablierte. Die Idee der Gründerväter – Karl

---

[164] Vgl. Boemle, M. et al. (2002), S. 1063.
[165] Abb. 21 veranschaulicht diese Differenzierung.
[166] Vgl. Boemle, M. et al. (2002), S. 36-37.
[167] Vgl. Graf, S. / Gruber, A. / Grünbichler, A. (2001), S. 15.
[168] Einige Autoren verzichten auf die Berücksichtigung von Immobilien, da nationale Spezifika bei dieser Assetklasse eine zu starke Bedeutung haben und einer allgemeingültigen Darstellung entgegenstehen (vgl. Graf, S. / Gruber, A. / Grünbichler, A. (2001), S. 16).
[169] Vgl. Boemle, M. et al. (2002), S. 36-37.
[170] Vgl. Hoffmann (2006), S. 13-14.
[171] Der in diesem Kapitel verwendete Begriff Venture Capital beinhaltet sowohl Venture wie auch Non Venture Investments.

Compton, Präsident des MIT, Georges F. Doriot, Professor an der Harvard Business School und andere führende Geschäftsleute – war, die am MIT eigens für den Zweiten Weltkrieg entwickelten Innovationen zu kommerzialisieren.[172] Zu den weiteren Ideen des ARD zählten, eine Lösung aus dem privaten Sektor zu den fehlenden Finanzierungsmöglichkeiten für neue und junge Unternehmen zu entwickeln. Damit sollte verhindert werden, dass die Wohlfahrt der Nation in die Hände einiger weniger Finanzinstitute zu liegen kommt. Ebenso wollten die Gründer ein Institut schaffen, das sowohl fachliche Kompetenz wie auch Kapital zur Verfügung stellt – der noch heute zentrale Leitgedanke von Private Equity.[173]

Entstanden in den Jahrzehnten danach nur einige wenige weitere Venture Fonds und wurden bis Ende der 70er Jahre nie mehr als einige wenige hundert Mio. USD Kapital geäufnet, gelang der Durchbruch in den USA anfangs der 80er Jahre. Dazu trugen insbesondere drei Faktoren bei: Zum einen war es den Pensionskassen zuvor nicht erlaubt, substanzielle Teile des Geldes in Venture Capital zu investieren, was sich erst 1979 durch die Gesetzesänderung änderte. Eine andere wesentliche Entwicklung war die zunehmende Bedeutung der Investment Advisors, die den Fortschritt bestehender Investitionen betreuten und neue potenzielle Venture Fonds evaluierten. Diese Arbeit wurde zuvor von den Pensionskassen selbst mit der entsprechend niedrigen Priorität verrichtet. Der dritte Faktor, der dem Private Equity-Markt zum Wachstum verhalf, war der Aufstieg der *Limited Partnership* als dominante Organisationsform: 1980 waren 40% aller Venture Fonds Limited Partnerships, 1988 bereits 80%.[174]

Das Fundraising im amerikanischen Venture Capital-Markt erreichte im Jahr 2000 mit über 107 Mia. USD seinen Höhepunkt und fiel mit der Auflösung der Technologieblase bis im Jahr 2002 auf unter 4 Mia. USD. Seither hat sich der Markt in den USA etwas erholt und das Investitionsvolumen ist wieder auf über 26 Mia. USD gewachsen.[175]

---

[172] Vgl. Gompers, P. / Lerner, J. (1999), S. 6.
[173] Vgl. Fenn, G. / Liang, N. / Prowse, S. (1995), S. 7.
[174] Vgl. Gompers, P. / Lerner, J. (1999), S. 6-11; auf den Aufbau dieser Organisationsform wird im Kapitel 3.1.3.2 eingegangen.
[175] Vgl. NVCA (2006), S. 9.

Abb. 18: Äufnung von Private Equity-Fonds in Europa, 1997-2006 [176]

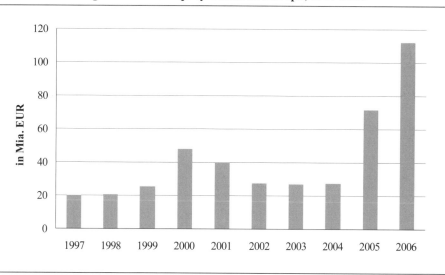

Von den USA ausgehend hat der Stellenwert von Private Equity in Europa sowohl als Anlageklasse als auch als Mittel zur Finanzierung und Professionalisierung der Unternehmen sprunghaft zugenommen.[177] Private Equity hat sich in der Zwischenzeit als wichtige Quelle für Jung-, Wachstumsunternehmen und Management Buyouts etabliert. Der Rekordstand der Äufnung von Private Equity-Fonds in Europa von 112.3 Mia. EUR[178] im Jahr 2006 bedeutet ein Wachstum über die letzten beiden Jahre von über 400% (vgl. Abb. 18).[179] Die Kapitalaufnahmen der in Grossbritannien domizilierten Private Equity-Gesellschaften überschritten im ersten Halbjahr 2006 mit 11.2 Mia. GBP gar diejenigen der Börsengängen an den öffentlichen Märkten.[180] Auch der EVCA-Vertreter Sir David Cooksey bekräftigte, dass angesichts der Summe an einge-

---

[176] In Anlehnung an EVCA (2007e), S. 39.
[177] Vgl. Graf, S. / Gruber, A. / Grünbichler, A. (2001), S. 16.
[178] Ein direkter Grössenvergleich mit den Angaben der NVCA lässt keine Rückschlüsse ziehen, da sich die Erhebungsmethoden unterscheiden.
[179] Vgl. EVCA (2007e), S. 38.
[180] An den öffentlichen Märkten wurden 10.4 Mia. GBP aufgenommen (vgl. NZZ, 07.11.2006, S. 31).

sammeltem Geld mittelfristig mit einem kräftigen Wachstum zu rechnen sei,[181] wobei andere den Höhepunkt längst überschritten sehen.[182]

Betrachtet man zudem die Anzahl Transaktionen, die mittels Private Equity in Westeuropa finanziert wurden, lässt sich auch ein Wachstum erkennen (vgl. Abb. 19).

Abb. 19: Anzahl mittels Private Equity finanzierter Transaktionen in Westeuropa, 1997-2006 [183]

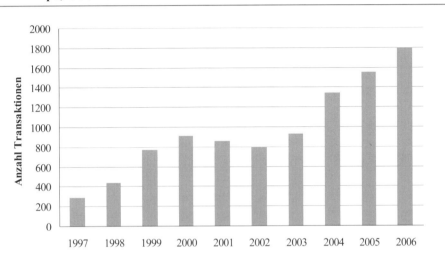

Das Volumen des globalen Private Equity-Marktes wird nach Schätzungen von Marktteilnehmern auf etwa 2'500 Mia. USD geschätzt und ist damit deutlich grösser wie jenes der Hedge Fonds.[184] Die geschätzte Anzahl von Private Equity-Fonds liegt bei über 8'000.[185]

Das stetige Wachstum der Kapitaläufnung wird kritisch beobachtet, da die Investitionen in den letzten beiden Jahren jeweils nur einen Teil davon ausmach-

---

[181] Vgl. NZZ, 16.06.2006, S. 29.
[182] Vgl. Private Equity Spotlight (2007), S. 2 oder NZZ, 08./09.09.2007, S.21.
[183] In Anlehnung an ZEPHYR.
[184] Das von Hedge Fonds weltweit verwaltete Kapital wird per Ende 2006 auf über 2'000 Mia. USD gewertet (vgl. NZZ, 30.03.2007, S. 33).
[185] Vgl. Hildebrand, P. (2006), S. 9.

ten.[186] Es ist deshalb davon auszugehen, dass viele Fonds in nächster Zeit unter Investitionsdruck stehen, um das Kapital entsprechend anzulegen.

Abb. 20: Der organisierte Private Equity-Markt [187]

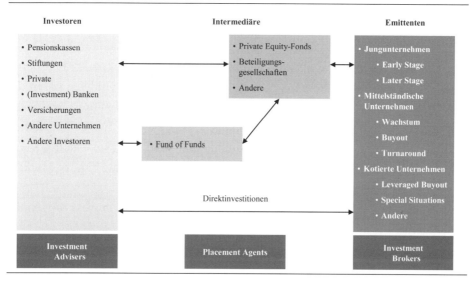

3.1.3 Die Teilnehmer am Private Equity-Markt

Der organisierte Private Equity-Markt[188] lässt sich als ein Zusammenspiel dreier Hauptakteure und einigen anderen Beteiligten beschreiben. Zu den Hauptakteuren zählen die kapitalsuchenden Unternehmen, Finanzintermediäre und die Investoren als Kapitalgeber (vgl. Abb. 20).

Im Folgenden wird auf die Eigenschaften der einzelnen Teilnehmer am Markt eingegangen, um ein grundlegendes Verständnis für deren Zusammenspiel zu schaffen.

---

[186] 2005: 47 von 72 Mia. EUR; 2006: 71 von 112 Mia. EUR (vgl. EVCA (2007e), S. 38).
[187] In Anlehnung an Fenn, G. / Liang, N. / Prowse, S. (1994), S. 6 und Kraft, V. (2001a), S. 34.
[188] Der organisierte Private Equity-Markt umfasst die professionell gemanagten Investitionen in das nichtkotierte Eigenkapital von Unternehmen. Er unterscheidet sich z. B. vom Markt für Angel Capital, der Investitionen vermögender Privatpersonen in kleine Unternehmen beinhaltet, oder vom informellen Private Equity-Markt, der jegliche Investitionen von institutionellen Anlegern in das nichtkotierte Eigenkapital von Unternehmen berücksichtigt (vgl. Fenn, G. / Liang, N. / Prowse, S. (1997), S. 4-5). Im Folgenden ist der Private Equity-Markt synonym zum organisierten Private Equity-Markt zu verstehen.

3.1.3.1 Kapitalsuchende Unternehmen

Zu den kapitalsuchenden Unternehmen gehören zu einem grossen Teil nichtbörsenkotierte Gesellschaften aber auch kotierte Unternehmen. Da letztere in dieser Arbeit nicht vertieft werden, wird in der Folge von nichtkotierten Unternehmen ausgegangen. Private Equity ist eine sehr teure Form der Finanzierung, weshalb die kapitalsuchenden Unternehmen in der Regel die Gemeinsamkeit haben, dass sie sich nicht ausreichend über Bankkredite oder den Kapitalmarkt finanzieren können – da sie diese Alternativen sonst vorziehen würden. Bildeten bis in die 80er Jahre primär Jungunternehmen auf der Suche nach Venture Capital die kapitalnachfragenden Unternehmen, unterscheiden sie sich heute hinsichtlich charakteristischer Merkmale wie Grösse und Alter sowie der Ursache des Kapitalbedarfes erheblich. Dies hat zu einer Einteilung des Private Equity-Marktes in verschiedene Finanzierungsstufen geführt.

FENN / LIANG / PROWSE (1997) differenzieren Emittenten gemäss folgenden Kategorien:

- Unternehmen auf der Suche nach Venture Capital;
- Etablierte Unternehmen mit Expansionsplänen und Spin-offs;
- Öffentliche und private Gesellschaften in finanzieller Not;
- Buyouts;
- Gesellschaften mit speziellen finanziellen Bedürfnissen.[189]

Diese Klassifizierung macht deutlich, dass Private Equity heute in allen Lebensphasen eines Unternehmens eingesetzt wird.[190] Die Beschreibung der einzelnen Stufen wird neben FENN / LIANG / PROWSE (1997) z. B. auch von PÜMPIN / PRANGE (1991), BADER (1996) und KRAFT (2001) vorgenommen, deren Unterteilung sich in sechs typische Finanzierungsstufen beschreiben lässt:

- *Seed Financing*: In der Regel ist nur eine Idee oder ein Konzept vorhanden. Diese Phase ist erfolgreich abgeschlossen, wenn die Machbarkeit durch ei-

---

[189] Vgl. Fenn, G. / Liang, N. / Prowse, S. (1997), S. 27.
[190] Das geäufnete Kapital wird heute in Europa zu über 80% für Buyout-Finanzierungen verwendet, gefolgt von Expansionsfinanzierungen (9%). Nur 6% des Kapitals werden für Early Stage-Unternehmen verwendet (Vgl. EVCA (2006c), S. 53).

nen funktionierenden Prototyp oder anhand Marktstudien bestätigt wird. Der Kapitalbedarf ist noch relativ gering, das Risiko aber enorm hoch.

- *Early Stage Venture*: Diese Phase umfasst sowohl die Unternehmensgründung wie auch die erste Wachstumsphase des Beteiligungspartners. Das Kapital wird primär zur Marktdurchdringung und zur Umsatzsteigerung benötigt.

- *Later Stage Venture*: Jungunternehmen benötigen Kapital zu Ausdehnung der Geschäftstätigkeit von regionaler auf nationale und internationale Ebene. Diese Finanzierungsstufe wird auch als Expansion oder Development Stage bezeichnet.

- *Bridge / Pre-IPO*: Vorbereitung auf den Verkauf bzw. Börsengang, indem z. B. die Eigenkapitalquote der Bilanz verbessert wird. In der Regel wird das im Rahmen einer Überbrückungsfinanzierung zur Verfügung gestellte Kapital aus den Einnahmen des Public Offering wieder zurückbezahlt.

- *Buyout*: Finanzierung der Übernahme von reifen Unternehmen.[191]

- *Distressed / Turnaround*: Finanzierung von Unternehmen in Krisensituationen, die neu strukturiert und für eine Weiterveräusserung vorbereitet werden.[192]

Die für diese Arbeit gewählte Aufteilung fasst die Klassen der Jungunternehmen zu einer zusammen und lässt die separate Betrachtung der Bridge / Pre-IPO-Stufe weg. Abb. 21 gibt einen Überblick über diese verschiedenen Finanzierungsstufen in Abhängigkeit des Unternehmenslebenszyklus. Dabei wird deutlich, inwiefern sich Venture Capital und Private Equity unterscheiden, resp. zeigt sich, weshalb Venture Capital auch als Subklasse von Private Equity zu verstehen ist.

---

[191] Auf die verschiedenen Formen des Buyout wird im Kapitel 7.2.1 explizit eingegangen.
[192] Die Aufzählung stützt sich auf: Bader, H. (1996), S. 103-109; Graf, S. / Gruber, A. / Grünbichler, A. (2001), S. 24-26; Kraft, V. (2001a), S. 42-44 und Pümpin, C. / Prange, J. (1991), S. 83-136.

Abb. 21: Finanzierungsstufen im Private Equity-Geschäft [193]

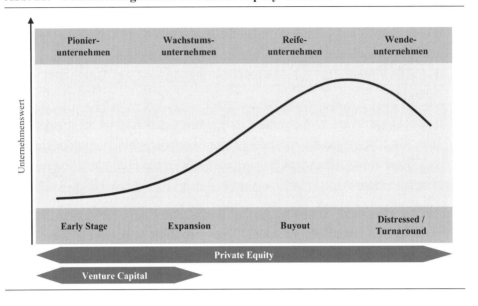

3.1.3.2 Intermediäre

Bis Ende der 70er Jahre übernahmen die Investitionen in Private Equity primär vermögende Privatleute, die direkt in ein Unternehmen investierten. Heute fliessen 80% der Investitionen über spezialisierte Intermediäre, welche zumeist die Rechtsform der Limited Partnership wählen.[194]

Das Aufkommen von Intermediären im Private Equity-Markt lässt sich anhand zweier Ansätze erklären. Einerseits entsteht ein Interessenkonflikt bei der Auswahl der zu übernehmenden Unternehmen. Die Eigentümer und Mitarbeiter kennen in der Regel ihr Unternehmen deutlich besser als Aussenstehende und haben einen Anreiz, es nach aussen positiv darzustellen und mögliche Schwächen herunterzuspielen. Anderseits entstehen Anreize für die Manager, den eigenen Nutzen der Wohlfahrt des Unternehmens vorzuziehen, wenn das Risiko auf Kosten eines externen Investors läuft.

---

[193] In Anlehnung an Kraft, V. (2001a), S. 45.
[194] Weitere Organisationsformen werden im Kapitel 6.1.1.1 vorgestellt.

Diesen beiden Interessenkonflikten gilt es bei Private Equity-Investitionen besondere Beachtung zu schenken, da eine grosse Informationsasymmetrie aufgrund der Intransparenz nichtöffentlicher Unternehmen vorherrscht. Die Entschärfung dieser Konflikte erfordert eine vertiefte Due Diligence vor der Investition[195] und ein starkes Monitoring, nachdem die Investition erfolgt ist. Da diese Aktivitäten von einem privaten Investor nur selten wahrgenommen werden können, ist eine Delegation der Aktivitäten an einen Intermediär naheliegend und effizient.

Zudem bringen Intermediäre wertvolle Erfahrungen in der Auswahl, Strukturierung und dem Managen von Private Equity-Investitionen mit, worauf Direktanleger alleine nur bis zu einem gewissen Grad zählen dürfen. Die Intermediäre verfügen auch über Know-how, das sie dem der Investition zugrunde liegenden Unternehmen zur Verfügung stellen.[196]

Man unterscheidet je nach wahrgenommener Aufgabe der Intermediäre drei typische Beteiligungsformen (vgl. Abb. 20):

- Direktinvestitionen;
- Investitionen in einen Private Equity-Fonds;
- Investitionen in ein Fund of Funds-Konzept.[197]

Private Equity-Fonds[198]
Die Private Equity-Fonds nehmen während des Investitionsprozesses in der Regel folgende Funktionen wahr: Investitionsfunktion für die Kapitalgeber, Evaluations- und Bewertungsfunktion von Private Equity-Beteiligungen, Finanzierungsfunktion für die Unternehmen, Kontroll- und Betreuungsfunktion während des Engagements und Liquidationsfunktion zur Gewinnrealisierung.[199]

---

[195] Siehe dazu Kapitel 6.3.3.
[196] Vgl. Fenn, G. / Liang, N. / Prowse, S. (1997), S. 44-46.
[197] Vgl. Graf, S. / Gruber, A. / Grünbichler, A. (2001), S. 36.
[198] Die Literatur verwendet Private Equity-Fonds synonym zu Private Equity-Gesellschaften, Beteiligungsgesellschafen und Wagnis- oder Risikogesellschaften.
[199] Vgl. Bader, H. (1996), S. 17.

Die dominante Organisationsform ist die erwähnte Limited Partnership,[200] einer Teilhaberschaft mit begrenzter Haftung.[201] Private Equity-Fonds treten als General Partner bzw. als Komplementäre, die Investoren hingegen als Limited Partner bzw. als Kommanditisten, auf (vgl. Abb. 22).

Abb. 22: Ausgestaltung des Private Equity-Fondskonzepts [202]

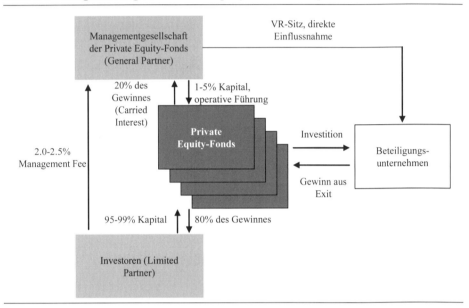

Eine Private Equity-Gesellschaft führt im Verlauf der Zeit in der Regel mehrere geschlossene Private Equity-Fonds, deren Kapital zu 95-99% von den Investoren zur Verfügung gestellt wird. Lediglich 1-5% stammen gewöhnlich von den Fondsmanagern. Die Beteiligung der Fondsmanager dient einerseits als Qualitätssignal und anderseits führt sie zu einer Interessenkongruenz mit den Kapitalgebern. Zur Deckung der laufenden Kosten werden den Investoren jährlich Managementgebühren von 2.0-2.5% in Rechnung gestellt. Zudem erhält die Private Equity-Gesellschaft eine Performance Fee von ca. 20% aus den Gewin-

---

[200] Per 1. Januar 2007 führte die Schweiz die *Kommanditgesellschaft für Kollektive Kapitaleinlagen* (KgK, „Swiss Limited Partnership") ein mit dem Ziel, sich als Standort für Private Equity-Fonds und Hedge Fonds zu positionieren (vgl. Glaus, H. (2007b), S. 2-4).
[201] Rund 87% der Private Equity-Fonds sind Limited Partnership-Strukturen (vgl. Markvoort, H. (2007), S. 7).
[202] In Anlehnung an Bader, H. (1996), S. 156.

nen, die aus dem Verkauf oder aus dem IPO resultieren.[203] Diese Auszahlung ist aber vom Erreichen gewisser Ziele, im Minimum jedoch von der Rückzahlung des investierten Kapitals, abhängig.[204]

Die Laufzeit eines Private Equity-Fonds hat normalerweise eine Dauer von zehn Jahren. Insbesondere aufgrund der Illiquidität, d. h. der schlechten Handelbarkeit der Fondsanteile ist die Laufzeitbegrenzung ein entscheidendes Hilfsmittel zur Reduktion des Risikos und zur Ertragssteigerung.[205] Dies hat aber auch zur Folge, dass während der gesamten Laufzeit eine vorzeitige Veräusserung der Anteile kaum möglich ist.

Da sich die Selektion des geeigneten Private Equity-Fonds für den Investor wegen der vorherrschenden Intransparenz schwierig gestaltet, ist das für den Investor wesentliche Auswahlkriterium der sogenannte Track Record. Auch wenn die Historie des Fonds keine Garantie für künftige Leistungen ist, werden die Private Equity-Fonds anhand ihrer Leistung in der Vergangenheit miteinander verglichen, um dem Investor einen Anhaltspunkt zu geben.[206]

Funds of Funds

Im Funds of Funds-Konzept nimmt ein Dachfonds eine Intermediärstellung zwischen Investoren und Private Equity-Gesellschaften ein. Er ist auf die Selektion und das Monitoring der Private Equity-Fonds spezialisiert und führt ein Portfolio mit Anteilen an mehreren Private Equity-Fonds, wo er jeweils als Limited Partner auftritt. Die Investitionen sind meistens geographisch, über verschiedene Branchen und Finanzierungsstufen diversifiziert. Darüber hinaus kommt es vor, dass zusätzlich einzelne Direktinvestitionen eingegangen werden.[207]

Diese Konstruktion ermöglicht den Investoren eine verbesserte Diversifikation und Zugang zu erstklassigen Fonds, die für Direktinvestitionen oft nur einer auserwählten Investorenschicht Einlass gewähren. Privatanleger haben zudem

---

[203] Diese Gebühr wird in der Regel auch Carried Interest genannt. Die Höhe des Carried Interest liegt in der Regel bei 20% des Ertrags (vgl. 3i Group (2007), S. 110), kann aber in renommierten Private Equity-Häusern bis zu 25-30% betragen (vgl. Center for Private Equity and Entrepreneurship (2003), S. 3).
[204] Vgl. Kraft, V. (2001a), S. 40-41.
[205] Vgl. Bader, H. (1996), S. 156.
[206] Vgl. Davidson, J. (2005), S. 40.
[207] Vgl. Kraft, V. (2001a), S. 38.

die Möglichkeit, in börsenkotierte Funds of Funds zu investieren und können so auf einen relativ liquiden Sekundärmarkt zählen. Die kotierten Anlagen können sich jedoch den Börsenschwankungen nicht vollumfänglich entziehen.[208] Daraus folgt, dass die gewünschte tiefe Korrelation der alternativen Anlagen zum Aktienmarkt sinkt.[209]

Die Investitionen in Funds of Funds unterscheiden sich hinsichtlich der zeitlichen Begrenzung zwischen solchen mit einer fixierten und solchen mit einer offenen Laufzeit. Die zeitlich fixierte Beteiligung hat unter Umständen einen sehr langen Zeithorizont: Ein Funds of Funds investiert seine Mittel in der Regel über drei bis fünf Jahre; ist die Laufzeit des letztinvestierten Fonds zehn Jahre, mit einer Option auf eine zweijährige Verlängerung, so kann die Laufzeit des Funds of Funds bis zu 17 Jahren dauern. Eine sehr lange Zeit, wenn der Investor in dieser Zeit seine Strategie ändert oder mit den Leistungen des Funds of Funds-Management nicht zufrieden ist.[210] Die Funds of Funds mit unbegrenzter Laufzeit, sogenannte Evergreens, unterscheiden sich hingegen insbesondere in der erwarteten Cash Flow-Entwicklung. Nach dem Aufbau des Portfolios mit Unternehmen in verschiedenen Entwicklungsstufen, summieren sich die Nettoinvestitionskurven der einzelnen Beteiligungen zu einem kumulierten Investitionswert, und damit zu einer Portfoliorendite mit einer stetigeren Entwicklung. Läuft dieser Re- und Desinvestitionsprozess über einen längeren Zeitraum, können Positionsschwankungen stark vermindert werden.[211]

Die Vor- und Nachteile des Funds of Funds-Konzepts lassen sich folgendermassen zusammenfassen. Zu den Vorteilen zählen:

- Diversifikationsmöglichkeiten trotz zu wenig Kapital für Direktengagements in mehreren Fonds;

---

[208] Vgl. Davidson, J. (2005), S. 32-33.
[209] Eine andere Besonderheit ist die oft vorkommende Diskrepanz zwischen dem Börsenwert und dem inneren Wert (Net Asset Value) der Aktie. Auch wenn diese Werte in der Theorie übereinstimmen sollten, sind in der Praxis Abschläge (Diskont) oder Zuschläge (Prämien) die Regel (vgl. NZZ, 06.11.2006, S. 26). Siehe dazu auch Kapitel 6.1.1.1.
[210] Vgl. Bader, H. (1996), S. 277.
[211] Vgl. Graf, S. / Gruber, A. / Grünbichler, A. (2001), S. 38-39.

- Professionelle Verwaltung des Investitionsprozesses durch die Funds of Funds-Manager;
- Zugang zu erstklassigen Fonds;
- Möglichkeit der Veräusserung am Sekundärmarkt;
- Kontinuierliche Preisbildung und stete Bewertung der Investition durch die Handelbarkeit.

Die Nachteile lassen sich in folgenden Punkten aufteilen – wobei erstgenannter am schwersten wiegt:

- Die Gebühren (Management Fee und Performance Fee) fallen sowohl auf Ebene des Private Equity-Fonds wie auch auf Ebene Funds of Funds an;
- Die Allokation der Mittel kann nach der Investition kaum noch beeinflusst werden;
- Die unter Umständen sehr lange Laufzeit von bis zu 17 Jahren.

3.1.3.3 Investoren

Anreize für Investoren, sich im organisierten Private Equity-Markt zu engagieren, sind einerseits die erwarteten hohen risikoadjustierten Renditen, die aufgrund der Illiquidität im Vergleich zu anderen Anlagen entstehen, und anderseits die Diversifikationsmöglichkeiten, die Private Equity insbesondere für grosse Portfolios institutioneller Anleger bietet. Banken, Investment Banken und Nichtfinanzunternehmen könnten den Private Equity-Markt bearbeiten, um Synergien zwischen der Investition und ihren anderen Aktivitäten zu nutzen.[212]

Das Engagement in Private Equity-Vehikel ist stark dominiert von grossen institutionellen Anlegern. Nur gerade 6% der Mittelzuflüsse stammen von Privatpersonen (vgl. Abb. 23). Zum einen beträgt die Mindestinvestitionssumme in grösseren Fonds oft 10 Mio. EUR und zum anderen prädestiniert die Langfristigkeit der Investitionen vor allem Pensionskassen und Versicherungen für solche Anlagen. Insbesondere die Bedeutung von Pensionskassen hat in den letzten Jahren zugenommen und sie stellen mit knapp einem Viertel des geäufneten Kapitals die grösste Investorenklasse dar.

---

[212] Vgl. Fenn, G. / Liang, N. / Prowse, S. (1995), S. 5.

Abb. 23: Geäufnetes Kapital für Private Equity-Fonds nach Investorentyp in Europa, 2005 [213]

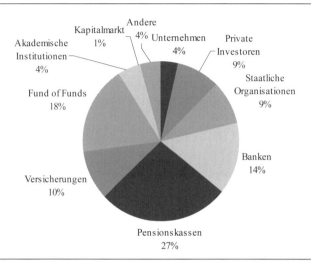

Neben Investitionen durch Private Equity-Fonds und Funds of Funds wird ungefähr ein Fünftel mittels Direktinvestitionen durchgeführt, wobei der überwiegende Teil auf Limited Partnerships aufbaut.[214] Eine Direktinvestition ist diejenige Beteiligungsstruktur, die für den Investor mit dem grössten Aufwand verbunden ist. Der Investor ist nicht nur für den Selektionsprozess verantwortlich, er betreut auch die Beteiligung während der gesamten Laufzeit und trägt sämtliche Risiken. Ausserdem sind die direkten Investitionen geprägt von hohen Kapitaleinlagen in der Anfangsphase, die erst nach ein bis zwei Jahren zurückerstattet werden können. Das Diversifikationspotenzial von Einzelbeteiligungen ist oft nicht ausreichend, da die finanzielle Beteiligung in der Regel zu gross ist, um sich an einer genügend grossen Anzahl weiterer Projekte zu engagieren.[215]

Aus erwähnten Gründen sind Private Equity-Vehikel für Privatinvestoren nur schwer zugänglich. Aufgrund der steigenden Nachfrage seitens der wohlhabenden Privatkunden werden aber vermehrt massgeschneiderte Private Equity-

---

[213] In Anlehnung an EVCA (2007e), S. 49.
[214] Vgl. Fenn, G. / Liang, N. / Prowse, S. (1997), S. 66.
[215] Vgl. Graf, S. / Gruber, A. / Grünbichler, A. (2001), S. 37.

Lösungen angeboten. Dabei gibt es die Möglichkeit, in ein separates „Feeder"-Vehikel zu investieren, das relativ kleine Investitionsbeiträge von Privatanlegern bündelt und in der Folge als einzelner Limited Partner fungiert. Eine andere Option stellt die Strukturierung separater Dachfonds dar, deren Mindestanlagesummen relativ klein sind (z. B. 100'000 EUR). Angesichts der hohen Renditeerwartungen im Bereich der alternativen Anlagen ist bei anhaltendem Boom mit einem Ausbau dieses neuen Geschäftsfeldes zu rechnen.[216]

3.2 Private Equity-Investitionen

In diesem Kapitel werden die wichtigsten Eigenschaften von Private Equity-Investitionen beschrieben. Dabei geht es um die verschiedenen Phasen im Investitionsprozess, um die Kapitalströme sowie um die Bewertung von Private Equity-Investitionen.[217]

3.2.1 Der Private Equity-Investitionsprozess

FENN / LIANG / PROWSE (1997) teilen die Investitionsaktivitäten in die vier Phasen Selecting, Structuring, Monitoring und Exiting, während KRAFT (2001) vor allem die erste Phase etwas differenzierter betrachtet (vgl. Abb. 24).

Abb. 24: Der Private Equity-Investitionsprozess [218]

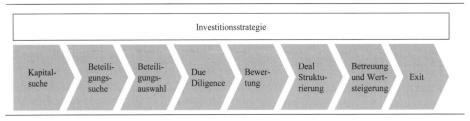

Der in Abb. 24 dargestellte Investitionsprozess dient als Grundlage für den Aufbau der vorliegenden Arbeit. Die Phasen Beteiligungssuche, Beteiligungs-

---

[216] Vgl. NZZ, 06.11.2006, S. 26.
[217] Private Equity-unterlegte Investitionen werden von der Öffentlichkeit oft kritisch beobachtet. Die CREDIT SUISSE ordnet Private Equity-Transaktionen deshalb in die drei Hauptkategorien ein: Gute (primär in Jung- und Wachstumsunternehmen), wirtschaftlich Notwendige (zur Wiederbelebung eines Reife- oder Wendeunternehmens) und Umstrittene (verbunden mit einer starken Fremdfinanzierung und einer hohen Dividendenausschüttung) (Vgl. Credit Suisse (2007), S. 1).
[218] In Anlehnung an Kraft, V. (2001a), S. 94.

auswahl, Due Diligence, Bewertung, Deal Strukturierung, Betreuung und Wertsteigerung werden in den Kapitel 6, 7 und 8 eingehend behandelt, weshalb an dieser Stelle nur ein kurzer Überblick erfolgt. Die Exitvarianten werden im Rahmen dieses Abschnitts erläutert, da sie nicht Teil des Hauptteils der Arbeit sind.

Die Bildung der Investitionsstrategie bildet den ersten Schritt des ganzen Investitionsprozesses. Sie beschreibt die Grundvoraussetzungen des Investitionsobjektes bezüglich der Branchenzugehörigkeit, der Grösse, des Stadiums im Unternehmenslebenszyklus und der geographischen Lage des Unternehmens. Nach der Festlegung der Strategie und der erfolgreichen Gewinnung von Kapitalgebern beginnt der Investitionsprozess im eigentlichen Sinn.

Dafür greifen die Private Equity-Gesellschaften in der Regel auf ein grosses Beziehungsnetz, um möglichst viele potenzielle Zielunternehmen evaluieren zu können. Diese durchlaufen einen mehrstufigen Auswahlprozess, an dessen Ende eine vertiefte Due Diligence durchgeführt wird. Auf dieser Grundlage wird letztlich die monetäre Bewertung vorgenommen, bevor die Transaktion strukturiert wird. In diesem Zusammenhang geht es um die Festlegung der Beteiligungshöhe, die vertragliche Ausgestaltung des Beteiligungsverhältnisses und die Auswahl der passenden Finanzierungsinstrumente.

Sobald die Transaktion erfolgreich strukturiert worden ist, beschränken sich die Private Equity-Gesellschaften nicht nur auf die Kontrolle der Portfoliounternehmen, sondern leisten definitionsgemäss auch Managementunterstützung mit dem Ziel der Wertsteigerung des Unternehmens. Die Art und der Umfang der Betreuung unterscheiden sich jedoch stark und reichen von einer zurückhaltenden Beratung bis zur aktiven Übernahme der operativen Geschäftsleitung.[219]

Gemäss Begriffsdefinition ist der Zeitraum einer Private Equity-Investition beschränkt und die Exitstrategie ex ante definiert. Der Exit ist die eigentliche Ertragsquelle von Private Equity-Investitionen, da durch ihn die Wertsteigerung des Unternehmens realisiert wird. Dabei sichert die Form der Anteilsveräusserung die Rendite auf das eingesetzte Kapital. Grundsätzlich unterscheidet man

---

[219] Vgl. Kraft, V. (2001a), S. 94-95.

zwischen den Exitstrategien IPO, Buyout, Trade Sale, Buy Back, Secondary Buyout und Liquidation.

Initial Public Offering / Going Public
Unter einem IPO versteht man die Umgestaltung eines privaten Unternehmens in eine Publikumsgesellschaft durch die erstmalige Beanspruchung des Kapitalmarktes. Mit Hilfe dieser Exitstrategie kann in einer relativ kurzen Zeitspanne eine attraktive Rendite erzielt und der Bekanntheitsgrad eines Unternehmens gesteigert werden. Zudem eröffnet sich auch die Flexibilität, nur einen Teil der Aktien zu veräussern und die Beteiligung kontinuierlich abzubauen – insbesondere falls Kurssteigerungen erwartet werden.
Anderseits ist der Börsengang mit einem erheblichen Aufwand und höheren Kosten für das Unternehmen verbunden, verpflichtet zu erhöhter Transparenz und führt ausserdem zu einer Beeinflussung des Unternehmens durch die Publikumsaktionäre.[220]
Als Voraussetzungen für einen IPO gelten etwa die technischen Prämissen wie organisatorische Stabilität, internalisierte Prozesse und konsolidierte Abschlüsse nach IFRS oder US GAAP, vollständige Managementteams sowie ein attraktiver Investment Case mit wachsenden Cash Flows, internationaler Ausrichtung und einer attraktiven Marktposition. Institutionelle Investoren stellen an die Marktkapitalisierung die Anforderung einer Mindestgrösse von ca. 60-80 Mio. CHF, da sonst die Liquidität der Titel nicht gewährleistet werden kann.[221]

Buyout
Beim Exit mittels eines Buyout wird die Kontrolle über das Unternehmen einer internen oder externen Managementgruppe übergeben, welche die Übernahme mit dem Einsatz von Investoren unterstützend finanziert.[222]

Trade Sale
Bei diesem Desinvestitionskanal wird das Unternehmen an ein anderes Unternehmen bzw. an einen strategischen Investor oder an andere externe Manager

---

[220] Vgl. Ivanova, A. / Tzvetkova, R. S. 166-182; Bader, H. (1996), S. 139-146 und Keist, D. (2007), S. 364
[221] Vgl. Baur, L. (2007), S. 360.
[222] Die Beschreibung der Buyout-Formen wird im Kapitel 7.2.1 detailliert vorgenommen.

verkauft. Mögliche Käufer können Investoren sein, die eine Ertragsstärkung suchen oder Interesse an zusätzlichem Marktpotenzial haben.[223] Vorteile liegen darin, dass der Verkäufer mit einem guten Verkaufspreis rechnen kann, da der Käufer bereit ist, für Synergien, Marktanteile oder den Markteintritt eine Prämie zu zahlen, der in der Regel Cash bezahlt wird.[224]

Buy Back
Wenn die obengenannten Strategien nicht in Frage kommen, obwohl die Weiterführung des Unternehmens möglich scheint, kann ein Rückkauf der Anteile durch das bestehende Management oder durch den Unternehmer erfolgen.

Secondary Buyout
Ein weiterer Exitkanal ist der Verkauf an eine andere Beteiligungsgesellschaft. Der Secondary Buyout wird primär dann angestrebt, wenn die Buy Back-Strategie nicht funktioniert, da der ursprüngliche Investor keinen Mehrwert mehr bieten kann oder die Investition nicht mehr seinen Vorstellungen entspricht.[225]

Liquidation
Die Liquidation – auch Write Off genannt – wird oft als letzte Alternative für den Ausstieg aus einer Investition betrachtet. Bei der Liquidation wird das Unternehmen stillgelegt und sämtliche Kapitalien nach Rückzahlung des Fremdkapitals an die Inhaber und Anteilsberechtigten ausbezahlt.
Die Beurteilung der Verteilung Devestitionen nach Kosten während der letzten Jahre in Europa lässt erkennen, dass von den 4'448 verkauften Unternehmen im Jahr 2006 die meisten entweder mittels eines Secondary Buyout oder eines Trade Sale verkauft wurden (vgl. Abb. 25). Der Anteil an Liquidationen konnte in den letzten Jahren konstant tief gehalten werden.

---

[223] Vgl. Ivanova, A. / Tzvetkova, R. (2001), S. 188-189.
[224] Vgl. Smith, J. / Wall, J. (1997), S. 9.
[225] Vgl. Boemle, M. et al. (2002), S. 861.

Abb. 25: Devestitionen in Europa [226]

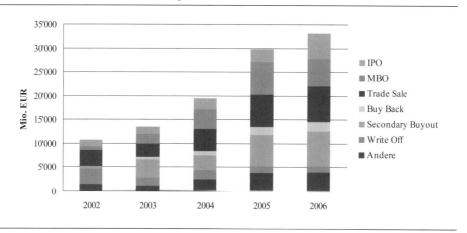

3.2.2 Kapitalströme von Private Equity-Investitionen

Der Investitionsprozess von Private Equity ist von verschiedenen sequentiellen und parallelen Entwicklungen geprägt. Der Kapitalstrom als Summe der Zu- und Abflüsse der Investition folgt idealtypisch einem Muster, das einem „J"-Verlauf entspricht – der sogenannten J-Kurve.[227] Die J-Kurve verläuft in den ersten Jahren im negativen Bereich, da dann vorwiegend Abflüsse aus den Gründungskosten, Managementgebühren, ersten Investitionen und laufenden Kosten entstehen. Im Verlaufe der Investition nehmen die Zuflüsse derart zu, dass der kumulierte Cash Flow im positiven Bereich liegt. Die Einnahmen entstehen aus den zunehmend positiven Geschäftsergebnissen und letztlich aus dem Exit.[228] Die idealtypische Darstellung der Kapitalströme einer Private Equity-Investition in Form der J-Kurve verdeutlicht zusätzlich die Illiquidität und die langfristige Ausrichtung von Private Equity-Investitionen (vgl. Abb. 26).[229]

---

[226] In Anlehnung an EVCA (2007e), S. 80.
[227] Vgl. Pedergnana, M. (2006), S. 23.
[228] Vgl. Center for Private Equity and Entrepreneurship (2006), S. 15.
[229] Vgl. Hepp, S. (2004), S. 1.

Abb. 26: Private Equity Cash-Verlauf (J-Kurve) [230]

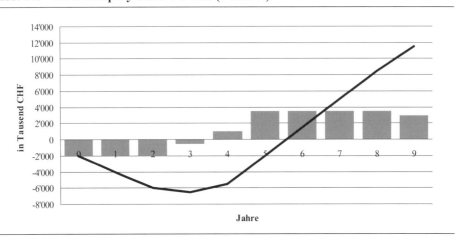

3.2.3 Performancemessung von Private Equity-Investitionen

Der Abschluss jeder Private Equity-Investition erfordert die Berechnung der erzielten Rendite; auf ihr beruht letztlich auch der Track Record, welcher den Private Equity-Gesellschaften zur Äufnung von neuem Kapital verhilft.

Die am meisten verbreitete Kennzahl zur Messung der Performance für Private Equity-Investitionen ist die Internal Rate of Return. Sie berücksichtigt den Zeitwert des Geldes, ist in der Lage, die Leistung einer Gruppe von Investitionen zu messen und gibt den Erfolg in einer einzigen Prozentzahl wieder.[231] Die IRR ist definiert als Diskontsatz, für den der Nettokapitalwert Null ergibt. Es gilt also folgende Gleichung zu lösen:[232]

$$NPV = C_0 + \frac{C_1}{(1+IRR)} + \frac{C_2}{(1+IRR)^2} + ... + \frac{C_T}{(1+IRR)^T} = 0$$

Um den verschiedenen Phasen der Investitionen gerecht zu werden und um die Bewertung auch nicht realisierter Investitionen möglich zu gestalten, unterscheidet die EVCA drei Stufen der IRR, zwischen denen ein funktionaler Zu-

---

[230] In Anlehnung an BAI (2006), S. 10.
[231] Vgl. EVCA (2007b), S. 27.
[232] Mit NPV = Nettokapitalwert und C = Kapitalfluss zum Zeitpunkt T (vgl. Brealey, R. / Myers, S. (2000), S. 99).

sammenhang besteht und die über unterschiedliche Kriterien der Fondsleistung Aussagen machen.[233]

- *Bruttorendite auf allen Beteiligungen:* Diese Form der Rendite berücksichtigt alle Geldflüsse zwischen dem Private Equity-Fonds und allen realisierten und unrealisierten Beteiligungen. Zudem werden die unrealisierten Beteiligungen bewertet und ebenfalls zur Renditeberechnung hinzugezogen.[234] Der Einfluss von Gebühren oder Zinszahlungen wird vernachlässigt.

- *Bruttorendite auf realisierten und unrealisierten Beteiligungen:* Die Analyse der Rendite erfolgt bei dieser Methode auf zwei Ebenen. Einerseits wird die Performance sämtlicher realisierter Beteiligungen separat berechnet und auf der anderen Seite wird die Rendite auf allen Geldflüssen der unrealisierten Beteiligungen ausgewiesen.

- *Nettorendite für den Investor:* Die Berechnung dieser Rendite basiert lediglich auf den Kapitalflüssen zwischen dem Fondsinvestor und dem Beteiligungsfonds. Das bedeutet, dass die Fondsorganisationskosten, die Managementgebühren und Ähnliches von den Bruttoerträgen der Beteiligungen abgezogen werden.[235]

Eine andere Methode, die Leistung einer Investition zu berechnen, bietet sich durch die Investment Multiples. Es handelt sich dabei um das Verhältnis des Marktwerts und der realisierten Ausschüttungen zum eingesetzten Kapital:[236]

$$\text{Investment Multiple} = \frac{\text{Marktwert der Investition} + \text{realisierte Ausschüttungen}}{\text{eingesetztes Kapital}}$$

Der Zusammenhang, der zwischen den Investment Multiples, die unabhängig der Haltedauer berechnet werden, des Zeitfaktors, der die Dauer der Investition berücksichtigt, und der IRR besteht, lässt sich tabellarisch darstellen (vgl. Abb. 27). Die IRR fällt mit der Zeitdauer pro Multiple und korreliert positiv mit der Höhe des Multiple.

Durchschnittsrenditen von Private Equity-Investitionen sind nur bedingt aussagekräftig, da die Standardabweichung der einzelnen Fonds sehr gross ist. So

---

[233] Vgl. EVCA (2007b), S. 28-30.
[234] Dazu zählen nicht die Cash-Bestände und andere Vermögenswerte des Fonds.
[235] Vgl. Bohnenkamp, G. (1999), S. 210-211.
[236] Vgl. Kraft, V. (2001a), S. 294.

reicht die Diskrepanz der IRR von erfolgreichen und weniger erfolgreichen Private Equity-Managern in den USA per Ende 2004 von 37% im Top Quartile bis zu -18% im Bottom Quartile für Investitionen mit einem 15-jährigen Zeitraum.[237] Der Unterschied der Buyout-Fonds in Europa liegt in den Jahren 1995 bis 2004 zwischen 31% im Top Quartile und 5% im Bottom Quartile.[238]

Abb. 27: IRR / Multiple vs. Zeit

Multiple	0.5x	1.25x	1.5x	1.75x	2x	2.5x	3x	4x	5x	6x	7x	8x	10x
Jahr 2	-29%	12%	22%	32%	41%	58%	73%	100%	124%	145%	165%	183%	216%
Jahr 3	-21%	8%	14%	21%	26%	36%	44%	59%	71%	82%	91%	100%	115%
Jahr 4	-16%	6%	11%	15%	19%	26%	32%	41%	50%	57%	63%	68%	78%
Jahr 5	-13%	5%	8%	12%	15%	20%	25%	32%	38%	43%	48%	52%	58%
Jahr 6	-11%	4%	7%	10%	12%	16%	20%	26%	31%	35%	38%	41%	47%
Jahr 7	-9%	3%	6%	8%	10%	14%	17%	22%	26%	29%	32%	35%	39%
Jahr 8	-8%	3%	5%	7%	9%	12%	15%	19%	22%	25%	28%	30%	33%
Jahr 9	-7%	3%	5%	6%	8%	11%	13%	17%	20%	22%	24%	26%	29%
Jahr 10	-7%	2%	4%	6%	7%	10%	12%	15%	17%	20%	21%	23%	26%

3.3 Private Equity in der Schweiz

Die Schweiz gilt aufgrund verschiedener Faktoren als attraktiver Standort für Private Equity-Kapitaläufnung und für künftige Investitionen. Dennoch weisen die Struktur und die regulatorischen Bedingungen einige Schwachpunkte auf und befinden sich konstant im Wandel. Dieses Kapitel gibt einen konkreten Überblick über den Schweizer Private Equity-Markt und geht insbesondere auf Eigenschaften des Standortes Schweiz ein, die letztlich einen Einfluss auf das Zusammenspiel von KMU mit Private Equity-Investoren ausüben.

Zudem gilt es auf den Schweizer Branchenverband SECA hinzuweisen. Er vertritt die Interessen der Schweizer Private Equity-Gesellschaften und stellt wertvolle Informationen zu Private Equity in der Schweiz zur Verfügung.

3.3.1 Zahlen und Fakten zu Private Equity in der Schweiz

Um die statistischen Daten zu Private Equity in der Schweiz richtig einordnen zu können, ist zunächst ein Verständnis für den Standort Schweiz notwendig. Dieser zeichnet sich durch spezifische Eigenschaften hinsichtlich soziokultureller Aspekte, seines finanziellen Kontextes und seines Humankapitals aus.

---

[237] Vgl. Paganoni, R. (2006), S. 21-22.
[238] Vgl. „www.preqin.com".

Obschon die Schweiz in verschiedenen Bereichen der Spitzentechnologie international führend ist und seitens der Banken sowie Institutionen genügend Kapital zur Verfügung steht, stellt die Schweiz kein Zentrum für Entrepreneurship und Venture Capital-Aktivitäten dar. Soziokulturelle Erklärungsansätze begründen diese Tatsache – welche letztlich stark mit der Dynamik des Private Equity-Marktes korreliert – mit der kritischen Haltung der Schweizer gegenüber dem Unternehmertum im Vergleich zu den USA oder vielen anderen europäischen Staaten. Während in den USA das Scheitern eines Jungunternehmens als wertvolle Erfahrung betrachtet wird, gilt es in der stark risikoaversen Schweiz viel eher als ein Versagen. Dies zeigt sich typischerweise in den Schwierigkeiten, die ein erfolgloser Unternehmer bei der Suche nach einem Kredit hat.[239] Der Trend wird durch die Tatsache unterstrichen, dass von dem Schweizer Kapital, das im Jahr 2006 in Private Equity investiert wurde, lediglich rund 64% in der Schweiz verwendet wurden.[240]

Auch wenn die Aktivitäten in der Schweiz in den letzten Jahren wieder zugenommen haben,[241] fallen die Transaktionen gegenüber angelsächsischen oder nordischen Ländern relativ bescheiden aus (vgl. Abb. 28).[242]

Abb. 28:   Private Equity-Investitionen in Prozent des BIP, 2005 [243]

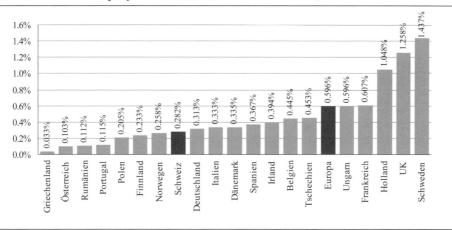

---

[239]   Vgl. Rochat, L. / Vuille, S. (2003), S. 4-8.
[240]   Vgl. EVCA (2007e), S. 281.
[241]   Siehe Abb. 31.
[242]   Vgl. NZZ, 28.06.2006, S. 22.
[243]   In Anlehnung an EVCA (2007e), S. 50.

Im Gegensatz zu den eher bremsenden Aspekten soziokultureller Natur deuten die Faktoren des Finanzsystems auf ein sehr gutes Umfeld für Private Equity in der Schweiz hin. Das Jahr 2006 bestätigt dies mit deutlich mehr geäufnetem Kapital als im Boom-Jahr 2000 (vgl. Abb. 29). Das geäufnete Kapital im Jahr 2006 von 1'588 Mio. EUR ist zwar verglichen mit den 74'993 Mio. EUR der UK-Staaten (67% des europäischen Fundraising) verschwindend gering, verhilft aber der Schweiz mit einem Anteil von 15% hinter Frankreich (9.5%), Schweden (8.4%), Spanien (2.6%), Deutschland (2.5%), Holland (2.3%) und Italien (2.0%) dennoch auf den achten Platz.[244]

Abb. 29: Äufnung von Private Equity-Kapital in der Schweiz, 1998-2006 [245]

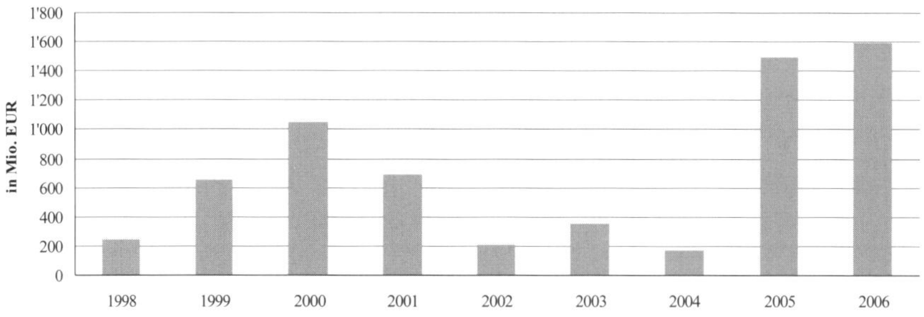

Das Fundraising ist stark abhängig von einigen grossen Gesellschaften, die in den Jahren 2004 und 2005 jeweils über 50% des Kapitals aufbrachten. Im Jahr 2006 wurde das Kapital mehrheitlich durch staatliche Organisationen (24.5%), Versicherungen (22%) und Pensionskassen (18.7%) geäufnet (vgl. Abb. 30). Der hohe Wert zeigt einerseits, dass die Track Records der grossen Fonds zunehmend Vertrauen schaffen und andererseits, dass das Interesse von Seiten der Investoren wieder vorhanden ist.[246]

---

[244] Vgl. EVCA (2007e), S. 61.
[245] In Anlehnung an die Jahrbücher der EVCA (1999-2006).
[246] Vgl. EVCA (2007e), S. 273.

Abb. 30: Äufnung von Private Equity-Kapital nach Investoren, 2004-2006 [247]

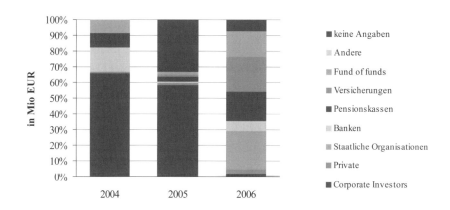

Hinsichtlich der Quellen des Kapitals ist die Thematik der institutionellen Anleger interessant – insbesondere die der Pensionskassen. Auch wenn die Beiträge zur Kapitaläufnung in der Schweiz in den Jahren vor 2006 kaum mehr als 10% ausmachten, haben die Investitionen der institutionellen Investoren gesamthaft stark zugenommen.[248] Gründe dafür sind zum einen die vollzogenen regulatorischen Änderungen, die den Pensionskassen erlauben, auch in ausländische Private Equity-Gesellschaften zu investieren, und zum anderen die Anpassung der Mindestzinssätze von Pensionskassengeldern,[249] welche zwischen 2002 und 2007 von 4% auf 2.5% reduziert wurden.[250] Ebenso haben die Beschleunigung der Kapitalrückflüsse aus bestehenden Fondsbeteiligungen, die gute Performance der Private Equity-Anlagen in den letzten Jahren und die gestiegene Risikofähigkeit aufgrund der Erholung der Aktienbörsen dazu beigetragen, dass Schweizer institutionelle Anleger im europäischen Vergleich eine bedeutende Kapitalquelle darstellen. Im Jahr 2004 entsprach das investierte Volumen rund 10% der gesamten Neumittelaufnahme der europäischen Private

---

[247] In Anlehnung an die Jahrbücher der EVCA (2004-2006).
[248] Die Schweiz lag in den letzten Jahren immer deutlich unter dem europäischen Durchschnitt, der jeweils bei rund 20% lag.
[249] Vgl. Dietrich, A. (2004), S. 10.
[250] Vgl. EDI (2006), S. 4.

Equity-Industrie; dies ist hinter den Niederlanden und England der dritte Platz hinsichtlich der Neugeldflüsse institutioneller Anleger. Die hohen Investitionen in ausländische Private Equity-Anlagen lassen sich dabei auf den zu kleinen Schweizer Markt zurückführen.[251]

Diese – in absoluten Zahlen – grossen Volumen täuschen aber nicht darüber hinweg, dass die Partizipation der Schweizer Pensionskassen an der Anlageklasse von Private Equity mit rund 1% verschwindend gering ist.[252] Eine höhere Beteiligung der Pensionskassen würde die Renditemöglichkeiten von Private Equity breiteren Anlegerkreisen ermöglichen.[253] Die SECA geht davon aus, dass sich diese Situation aufgrund der Aufnahme von Private Equity in den Pictet LPP Index 2005 verbessern wird. Dieser Index gilt als einflussreichster Benchmark für Schweizer Pensionskassen und macht Empfehlungen für die Verteilung auf die Anlageklassen in Abhängigkeit des Risikoprofils.[254]

Die getätigten Investitionen[255] sind in den letzten Jahren stark angewachsen – von 362.6 Mio. EUR im Jahr 2005 auf 836.6 Mio. EUR im Jahr 2006, was nach 33% im Vorjahr einem Wachstum von 231% entspricht (vgl. Abb. 31).

Abb. 31: **Private Equity-Investitionsvolumen und ihre Verteilung in der Schweiz, 1998-2006** [256]

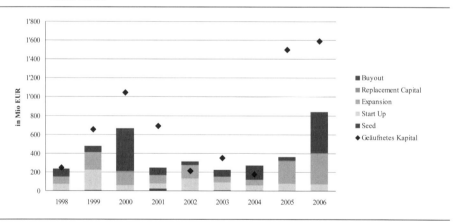

---

[251] Vgl. Hepp, S. (2006), S. 14-15.
[252] Vgl. Buri, M. (2007), S. 3.
[253] Vgl. Jordan, T. (2007), S. 7.
[254] Vgl. SECA (2006), S. 19.
[255] Im In- und im Ausland.
[256] In Anlehnung an die Jahrbücher der EVCA (1999-2005).

Anzahlmässig fallen die meisten Transaktionen der letzten Jahre in der Expansionsphase an. Von den 166 getätigten Investitionen im Jahr 2006 sind 99 Expansionsfinanzierungen, die 39% des Investitionsvolumens aufgenommen haben. Der Anteil an Buyout-Transaktionen bewegt sich in der Regel zwischen 10% und 20%, wobei die Investitionsvolumen je nach Grösse des Buyout stark variierten. 2005 wurden 36 Mio. EUR auf 31 Transaktionen verteilt, im Jahr 2006 433 Mio. EUR auf 27 Transaktionen.[257]

Der Vergleich mit dem geäufneten Kapital lässt erkennen, dass zurzeit noch viel Kapital für weitere Investitionen zur Verfügung steht. Wurden in den Jahren 2005 und 2006 jeweils rund 1'500 Mio. EUR Kapital gesammelt, so beträgt das Investitionsvolumen in diesen beiden Jahren lediglich knapp 1'200 Mio. EUR. Das restliche Kapital steht somit für weitere Investitionen bereit, weshalb der Schluss naheliegt, dass der Fokus vermehrt auch auf mittelständische Schweizer Unternehmen gerichtet wird.

Die Devestitionen sanken von 264.9 Mio. EUR (47 Transaktionen) in 2005 auf 151.0 Mio. EUR (32 Transaktionen) in 2006, wobei die am meisten verwendete Methode der Trade Sale (34%) war (vgl.Abb. 32).

Abb. 32: Devestitionen in der Schweiz, 1998-2006 [258]

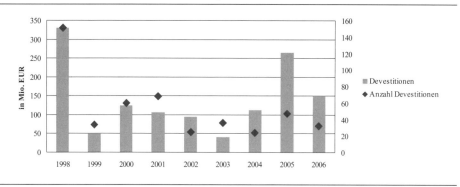

---

[257] Vgl. EVCA (2007e), S. 278.
[258] In Anlehnung an die Jahrbücher der EVCA (1999-2006).

3.3.2 Rahmenbedingungen in der Schweiz

Dieser Abschnitt dient dazu, die Rahmenbedingungen in der Schweiz zusammenzufassen und mögliche Entwicklungen aufzuzeigen. Einen guten Überblick dazu gibt die Studie der EVCA in Zusammenarbeit mit KPMG, welche die Standortattraktivität der Nationen Europas hinsichtlich ihres steuerlichen und rechtlichen Umfeldes im Herbst 2006 untersucht hat. Die Schweiz schneidet dabei auf einer Skala von 1 (positiv) bis 3 (negativ) mit 1.83 knapp über dem Durchschnitt von 1.84 ab.[259]

Im Urteil der Autoren wird auf die Gefahr hingewiesen, dass der Standort Schweiz gegenüber dynamischeren Volkswirtschaften an Attraktivität einbüsst. Zudem wird als Nachteil unter anderem das Fehlen adäquater Fonds-Strukturen aufgeführt, welches jedoch durch das eingeführte Kollektivanlagegesetz (KAG) entkräftet sein dürfte. Im Weiteren bemängelt die EVCA die steuerlichen Möglichkeiten zur langfristigen Bindung von Fachkräften und die fehlenden fiskalischen Anreize, in Forschung und Entwicklung zu investieren.[260]

In den letzten Jahren wurden aber viele Massnahmen in die Wege geleitet, um die Rahmenbedingungen in der Schweiz attraktiver zu gestalten. In diesem Zusammenhang sind die folgenden drei Ereignisse zu nennen, welche von der SECA entscheidend unterstützt wurden:

- *Professionalisierung der Branche:* Um Vertrauen in die Anlageklasse zu schaffen, wurden diverse Prozesse professionalisiert. Die SECA hat beispielsweise einen Verhaltenskodex geschaffen, der die Grundprinzipien für eine nachhaltig erfolgreiche Tätigkeit im Private Equity-Geschäft regelt. Dieser Code of Conduct legt das Verhalten für Private Equity-Investitionen und -Fonds fest, indem es Grundsätze für alle Phasen des Private Equity-Prozesses vom Fundraising über die Bewertung bis zur Entschädigung definiert.[261]

- *Penny Share:* Am 1. Mai 2001 wurde die „Ein-Rappen-Aktie" eingeführt. Bis anhin war der minimale Nominalwert einer Aktie 10 CHF. Diese An-

---

[259] Vgl. EVCA (2006a), S. 1-3.
[260] Vgl. NZZ, 14.12.2006, S. 35.
[261] Vgl. SECA (2007a), S. 1-32.

passung vereinfachte die Gründung von Gesellschaften, ermöglichte ein einfacheres Design von Options- und anderen Beteiligungsplänen und erleichterte es den Unternehmen, genügend Aktien und Liquidität für ein IPO zu erhalten.[262]

- *Bundesgesetz über die kollektiven Kapitalanlagen:* Wie bereits angetönt, wird die Möglichkeit geschaffen, Kommanditgesellschaften vergleichbar mit den ausländischen Limited Partnerships zu gründen. Das Gesetz führt zudem zu einer Differenzierung in qualifizierte Anleger und solchen mit grösserem Schutzbedürfnis. Diese Unterscheidung soll zu sinnvollen regulatorischen Vereinfachungen im alternativen Anlagebereich führen.[263] Das seit dem 1. Januar 2007 in Kraft getretene Gesetz sieht die Regulierung durch die Eidgenössischen Bankenkommission vor. Die damit verbundene Rechenschaftspflicht und Verantwortlichkeit wird von den Anlegern mehrheitlich begrüsst.[264]

Obschon die Kommanditgesellschaft für Kollektive Kapitaleinlagen (KgK) an sich steuerbefreit ist, bleibt die Frage der Besteuerung des Carried Interest noch offen. Während es international Usanz ist, den mit dem privat eingesetzten Vermögen erzielten Ertrag steuerlich zu begünstigen,[265] untersteht der Carried Interest in der Schweiz der vollen Belastung durch die Einkommenssteuer. Dies wird von Kritikern insofern angesprochen, als ein Wechsel des Sitzes des General Partner in steuerlich vorteilhaftere Länder befürchtet wird.[266]

3.3.3 Die Anbieter von Private Equity in der Schweiz

Als Ausgangslage für einen Überblick der Private Equity-Anbieter in der Schweiz dient das SECA Jahrbuch 2007, welches ein Reporting über ihre Mitglieder veröffentlicht. Die SECA zählt zurzeit über 240 Mitglieder, wovon knapp 100 volle Mitglieder sind.[267] 73 davon weisen auch eine Mitgliedschaft

---

[262] Vgl. SECA (2006), S. 18.
[263] Vgl. Hildebrand, P. (2006), S. 15.
[264] Vgl. Glaus, H. (2007a), S. 67.
[265] In den USA wird der Carried Interest mit 15%, in UK mit 12% besteuert.
[266] Vgl. Roth, U. (2007), S. 3.
[267] Es wird zwischen vollen, Associate und individuellen Mitgliedern unterschieden.

bei der EVCA auf.[268] Unter den Mitgliedern finden sich neben den Private Equity-Gesellschaften auch Banken, Beratungsunternehmen, Anwaltskanzleien, Treuhänder, Privatpersonen und andere.

Abb. 33: Anbieter von Private Equity in der Schweiz

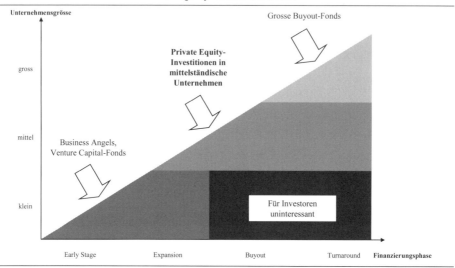

Die Analyse der aktiven Mitglieder der SECA zeigt, dass es rund ein Dutzend Private Equity-Gesellschaften gibt, die sich auf Fund of Funds spezialisieren, knapp zehn Gesellschaften, die sich auf grosse Buyouts oder ausländische Investitionen fokussieren und rund 25 Gesellschaften, welche Venture Capital zur Verfügung stellen. Ungefähr 20 Private Equity-Gesellschaften kommen für Nachfolgeinvestitionen im Schweizer Mittelstand in Frage. Diese Anzahl wird zusätzlich durch diejenigen Private Equity-Gesellschaften ergänzt, die nicht SECA-Mitglieder sind.

Obschon eine exakte Trennung der Gesellschaften in Segmente nicht möglich ist, da viele Investoren opportunitätsgetrieben sind oder sich nicht genau festlegen, stellt Abb. 33 obengenannte Aufteilung graphisch dar. Der Fokus dieser Arbeit liegt bei denjenigen Investoren, die in mittelständische Unternehmen investieren, die bereits die Early Stage überschritten haben.

---

[268] Vgl. EVCA (2006b), S. 523-567.

3.4 Zusammenfassung

Private Equity – zeitlich begrenzte Investitionen in das Eigenkapital nichtkotierter Unternehmen mit zusätzlicher Unterstützung durch Managementressourcen – ist in den letzten Jahren stark gewachsen. Fand diese alternative Anlagekategorie in den USA ihren Ursprung und reifte dort zu einem etablierten Markt, hat sie sich inzwischen auch in Europa zu einem Markt mit über 100 Mia. EUR Kapital entwickelt.

Am Private Equity-Markt nehmen Investoren, Private Equity-Gesellschaften und Emittenten teil. Während letztere je nach Phase des Unternehmenslebenszyklus aus verschiedenen Motiven privates Kapital suchen, wirken die Private Equity-Gesellschaften mittels ihrer Vehikel in Form von Fonds, Fund of Funds oder anderer Art als Intermediäre. Investoren – grösstenteils institutionelle Anleger – suchen mit dieser illiquiden und intransparenten Anlageklasse attraktive Renditen und eine Diversifikation ihres Portfolios.

Anhand der Investitionsstrategie selektieren die Gesellschaften in einem Auswahlprozess einige wenige Zielunternehmen, die einer detaillierten Prüfung unterworfen werden. Die ausgewählten Unternehmen werden vor der Transaktionsstrukturierung anhand etablierter Methoden bewertet. Die Art und Weise, wie die Private Equity-Gesellschaft ihren Einfluss auf ihre Beteiligung ausübt, ist von Fall zu Fall unterschiedlich.

Die Kapitalströme, die einer Investition in der Regel zugrunde liegen, verlaufen normalerweise entlang der sogenannten J-Kurve. In den ersten Jahren verzeichnet die Investition primär Ausgaben, während in den Jahren darauf die Zuflüsse stetig wachsen und die kumulierten Ströme bis zum Exit positiv werden lassen.

Zur Messung der Performance einer Private Equity-Investition hat sich die Internal Rate of Return etabliert. Sie kann den Erfolg einer Gruppe von Investitionen in einer einzigen Prozentzahl wiedergeben. Eine andere Kennzahl zur Performancemessung ist diejenige des Investment Multiple, der den Marktwert im Verhältnis zum eingesetzten Kapital berechnet.

Obschon in den letzten beiden Jahren die höchsten Volumen an Kapital aufgenommen werden konnten, ist der Anteil von Private Equity am BIP in der Schweiz immer noch deutlich unter dem europäischen Durchschnitt. Verschiedene Bestrebungen versuchen aber, den Standort Schweiz weiter an Attraktivität gewinnen zu lassen. Die bedeutendste Massnahme ist wohl die Einführung des KAG, das unter anderem eine spezielle Form der Kommanditgesellschaft ins Schweizer Recht einführte, die sogenannte Kommanditgesellschaft für kollektive Kapitalanlagen. Diese entspricht im Wesentlichen der verbreiteten Limited Partnership und dient primär kollektiven Anlagen in Private Equity.

Dass Private Equity in der Schweiz von zunehmender Bedeutung ist, zeigt nicht nur das Wachstum der wichtigsten Kennzahlen, sondern auch die über 240 Mitglieder des Dachverbandes SECA. Davon werden in der Folge insbesondere diese Private Equity-Gesellschaften betrachtet, die in mittelständische Unternehmen investieren, welche die Early Stage überschritten haben.
Die Tatsache, dass in den letzten beiden Jahren mehr als doppelt soviel Kapital geäufnet wurde als letztlich auch investiert wurde, lässt das vorhandene Potenzial im Schweizer Private Equity-Markt erahnen. Die Frage, inwiefern dieses Kapital zur Lösung der Nachfolgeproblematik und den im Kapitel 2 aufgezeigten Herausforderungen im Schweizer Mittelstand eingesetzt werden kann, steht im Mittelpunkt dieser Arbeit.

4 Einführung in die Fallstudien

In diesem Kapitel geht es darum, neben der Ausgangslage bezüglich KMU und Private Equity die Hintergründe der Fallstudien zu schildern. Die einzelnen Schritte des Investitionsprozesses werden im Verlauf der Arbeit jeweils mittels der Fallstudien vertieft und deren Erfolgsfaktoren analysiert. Dazu wurde je ein Gespräch mit dem verkaufenden Unternehmer sowie der kaufenden Private Equity-Gesellschaft geführt, um beide Perspektiven betrachten zu können.[269]

Um am Ende jedes Kapitels entsprechende Rückschlüsse und Erfolgsfaktoren erarbeiten zu können, werden die Fallstudien schrittweise betrachtet. Im Weiteren werden die Fallstudien in Abhängigkeit des Kapitels unterschiedlich gewichtet, da ihre Aussagekraft je nach Phase verschieden ist. Zudem werden die oft komplexen Vorgänge teilweise vereinfacht, damit die wesentlichen Erkenntnisse im Mittelpunkt bleiben.

Abb. 34 gibt einen Überblick zu den einzelnen Fallstudien.

---

[269] Auf das methodische Vorgehen zur Datengenerierung wurde bereits im Kapitel 1.5.3 eingegangen.

Abb. 34: Die Fallstudien im Überblick (Zahlen vor der Transaktion)

	Fallstudie 1, Unternehmen 1	Fallstudie 2, Unternehmen 2	Fallstudie 3, Unternehmen 3	Fallstudie 4, Unternehmen 4	Fallstudie 5, Unternehmen 5	Fallstudie 6, Unternehmen 6
Exemplarische Verwendung	Expansion ins Ausland, Verkauf nicht betriebsnotwendiger Assets	Gut vorbereitete Nachfolge	Zurückstufung des Unternehmers, verbesserte Kapitalkonditionen	Gescheiterte Nachfolge, Turnaround-Massnahmen	Schlecht vorbereitete Nachfolge, gescheiterte Investitionsstrategie	Add-on Investment einer Buy and Build-Strategie
Bezeichnung Verkäufer	Unternehmer 1	Unternehmer 2	Unternehmer 3	Unternehmer 4	Unternehmer 5	Unternehmer 6
Bezeichnung Käufer	PEG Alpha	PEG Alpha	PEG Beta	PEG Beta	PEG Gamma	PEG Delta
Weitere involvierte Parteien	Bruder des Unternehmers			Finanzinvestor und Unternehmerfamilie, die an der ersten Transaktion beteiligt waren	Sohn des Unternehmers, Tochter des Unternehmers	Initial Investment, auf dem die Holding aufgebaut wurde
Sektor	Hightech-Industrie	Bauwirtschaft	Oldtech-Industrie	Oldtech-Industrie	Bauwirtschaft	Hightech-Industrie
Phasen im Lebenszyklus	Wachstums-/Reifeunternehmen	Wachstumsunternehmen	Wendeunternehmen	Wendeunternehmen	Wendeunternehmen	Reifeunternehmen
Anzahl Mitarbeiter	Ca. 50	Ca. 90	Ca. 140	Ca. 320	Ca. 90	Ca. 180

	Fallstudie 1, Unternehmen 1	Fallstudie 2, Unternehmen 2	Fallstudie 3, Unternehmen 3	Fallstudie 4, Unternehmen 4	Fallstudie 5, Unternehmen 5	Fallstudie 6, Unternehmen 6
Umsatz	Ca. 45 Mio CHF	Ca. 55 Mio. CHF	Ca. 50 Mio. CHF	Ca. 66 Mio. CHF	Unter 15 Mio. CHF	Ca. 26 Mio. CHF
Bilanzsumme	26.4 Mio CHF	Ca. 20 Mio CHF, resp. 7.6 Mio. CHF	46 Mio. CHF	83 Mio. CHF	Ca. 15 Mio. CHF	-
EBITDA	7.5 Mio. CHF	4.5 Mio. CHF	3.4 Mio. CHF	0.7 Mio. CHF	-0.6 Mio. CHF	-

4.1 Einführung in Fallstudie 1

Unternehmen 1 wurde in den 50er Jahren vom Firmenvater gegründet, der das Unternehmen in den 90er Jahren seinen Söhnen übergab. Diese führten das Unternehmen zunächst gemeinsam, bevor sich deren Wege einige Jahre später trennten und Unternehmer 1 die alleinige Geschäftsführung übernahm, während sein Bruder einen Sitz im Verwaltungsrat übernahm.

Das Unternehmen ist in einem Markt tätig, der keine lokalen Grenzen kennt. Die globale Marktgrösse wird heute auf etwa 450 Mio. CHF geschätzt, wovon etwa 40% in Europa und rund 35% in Asien vertrieben wird. Während in Europa mit einem Marktwachstum von ca. 1-3% p. a. gerechnet wird, wird dasjenige in China auf 10% geschätzt, da u. a. eine Verlagerung gewisser Technologien in den asiatischen Raum feststellbar ist.

Das Unternehmen war aufgrund des stetigen Wachstums vor der Transaktion stark diversifiziert und in vielen Nischenmärkten aktiv. Die Diversifikation zeigte sich am deutlichsten an der eigenen Maschinenfabrik, die Produktionsanlagen für das eigentliche Kernprodukt herstellte. Diese Sparte war vor der Transaktion mit einem Umsatz zwischen 5 und 9 Mio. CHF unter der kritischen Grösse und entsprechend belastete sie die EBITDA-Marge des eigentlichen Geschäftes. Ziel des Unternehmers war es, diesen nichtprofitablen Bereich abzustossen. Bereits Ende der 60er Jahre wurde in Deutschland ein Zweigbetrieb gegründet und wenig später folgte ein Werk, um die Produktion vor Ort voranzutreiben. Abb. 35 zeigt die Organisation des Unternehmens vor der Transaktion.

Abb. 35: Unternehmen 1 vor der Transaktion

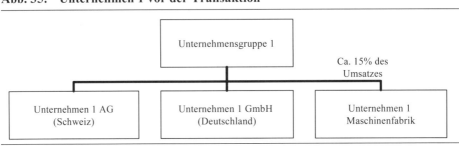

Während das Unternehmen im europäischen Markt nur wenige direkte Konkurrenten hat, ist es im asiatischen Raum immer mehr mit verschiedenen chinesischen Anbietern konfrontiert. Letztere haben insbesondere in China mit rund 70% Marktanteil eine bedeutende Marktstellung, sind aber auch auf dem asiatischen Markt im Allgemeinen vermehrt zu spüren. Obschon die Qualität der Produkte noch nicht mit derjenigen westlicher Anbieter vergleichbar ist, genügt dies im Bereich einiger Produktesparten, um in dem intensiven Preiswettbewerb mitwirken zu können.

Mit einem Exportanteil von rund 90% ist das Unternehmen stark international orientiert. In der Schweiz beliefert es nur noch einen grossen Kunden, was die Internationalität weiter verdeutlicht. Das Innovationspotenzial ist bei einigen Produktesparten zwar ausgeschöpft, aber dennoch zählen in anderen Bereichen die technische Lösung und die Qualität noch mehr als der Preis, was Raum für Innovationen eröffnet. Diese Produkte werden überwiegend in Europa hergestellt und deutsche sowie Schweizer Unternehmen nehmen dabei führende Stellungen ein.

Zusammengefasst zeigt sich das Unternehmen vor der Transaktion als eine sehr breit diversifizierte Holding mit einer wenig attraktiven Maschinenfabrik, welche abgestossen werden soll. Ausserdem lässt sich ein starkes Marktwachstum in sowie eine Verlagerung des Marktes nach Asien feststellen, was vermehrte asiatische Konkurrenz mit sich bringt. Trotz der starken Exportorientierung des Unternehmens ist dessen Potenzial im asiatischen Raum noch längst nicht ausgeschöpft.

Anhand Fallstudie 1 wird vor allem gezeigt, inwiefern PEG Gamma das Unternehmen neben der Nachfolgeregelung beim Verkauf der Maschinenfabrik und bei der Expansion nach China unterstützen konnte.

4.2 Einführung in Fallstudie 2

Unternehmer 2 gründete sein Unternehmen nach jahrelanger beruflicher Erfahrung. Da die Bauwirtschaft eine schwierige Zeit erlebte, entschied er sich für eine Vorwärtsstrategie und setzte seine Vision um. Die Geschäftsidee fand er in Deutschland; sie basiert auf den gemachten Erkenntnissen während seiner Tätigkeit sowie den Gesprächen mit vielen Kunden. Er gründete das Unternehmen

Mitte der 90er Jahre und es verzeichnete innert Kürze ein ansprechendes Wachstum. Die einzigen Angestellten waren damals seine Ehefrau und ein Mitarbeiter.

Das Unternehmen ist in einem Markt tätig, der sehr regional ausgerichtet und stark fragmentiert ist. Das Marktvolumen ist entsprechend schwierig abzuschätzen: Der Unternehmer estimiert das totale Volumen zum Zeitpunkt der Gründung auf etwa 1 Mia. CHF. Bis zu der Veräusserung sei das Volumen bereits auf 3 Mia. CHF angewachsen und der Marktanteil bei rund 15-20% gelegen.[270]
Dieses Volumen schliesst ebenso den Markt in Deutschland und in Österreich ein, welcher grundsätzlich vergleichbar ist. Da sich das Unternehmen in den Jahren nach der Gründung vergrösserte,[271] bemühte man sich auch um einen Eintritt in diese Märkte. Während der Einstieg in Österreich erfolgreich verlief, zeigte sich der deutsche Markt als schwieriger.
Schon kurz nach der Unternehmensgründung drängten Nachahmer in den Markt und wollten die Geschäftsidee übernehmen. Da sich diese jedoch nicht durchsetzen konnten, hinderten sie das Wachstum der Gesellschaft nicht. In der Zeit vor der Transaktion verteilte sich die Konkurrenz regional und zeigte sich örtlich sehr unterschiedlich.

Vor der Transaktion war das Unternehmen ein noch immer junges Unternehmen, welches vor allem in der Ausweitung der Aktivitäten weiteres Geschäftspotenzial aufwies. Es hatte eine gute Position im Markt und eine solide Cash Flow-Basis, weshalb es sich als Zielunternehmen für Private Equity-Gesellschaften eignete.
Anhand der Fallstudie wird ersichtlich, wie eine profunde Vorbereitung der Unternehmensnachfolge den Fortbestand des Unternehmens unterstützen kann, obschon der Verlust der Unternehmerpersönlichkeit den Betrieb schwächt.

4.3 Einführung in Fallstudie 3

Fallstudie 3 basiert auf einem Unternehmen, das bereits in der zweiten Hälfte des 19. Jahrhunderts gegründet wurde und von da an in Familienbesitz war.

---

[270] Der Umsatz fällt aufgrund der vielen Fremdleistungen deutlich geringer aus.
[271] Die Anzahl Mitarbeiter wuchs innerhalb acht Jahre auf knapp 150.

Unternehmer 3 übernahm das Unternehmen anfangs der 90er Jahre von seinem Cousin, der in den 80er Jahren die Nachfolge des Vaters von Unternehmer 3 angetreten hatte. In den darauf folgenden Jahren wuchs der Umsatz um rund 50% auf ca. 60 Mio. CHF, bis einschneidende Investitionen in die Infrastruktur notwendig wurden.

Das Unternehmen ist in einer Hochpreisnische eines reifen Marktes aktiv. Das globale Marktvolumen wird auf rund 1.5 Mia. CHF geschätzt, wovon die Nische rund 300 Mio. CHF beträgt. In der Schweiz werden im Markt rund 90 Mio. CHF umgesetzt, während der Anteil der Hochpreisnische etwa die Hälfte einnimmt. Die Konkurrenz verteilt sich auf Europa[272] und den USA, was die internationale Ausrichtung des Unternehmens unterstreicht. In der Schweiz agiert das Unternehmen als Marktführer.

In den Jahren vor der Transaktion geriet das Unternehmen in interne Probleme und stand vor grossen Herausforderungen. Aufgrund des starken Wachstums in der 90er Jahren, waren entsprechende Investitionen zu tätigen. Dabei erwiesen sich insbesondere die in diesem Zusammenhang getätigte Investition in ein externes Logistikzentrum[273] und die Anschaffung eines neuen IT-Systems als Ursprung kommender Probleme. Die Umstellung der Lagerbewirtschaftung auf das neue System misslang, da die Implementierung der IT mehr Schwierigkeiten als erwartet bereitete und die Übersicht über die Lagerbestände verloren ging. Die Situation führte soweit, dass das Unternehmen während drei Monaten lieferunfähig war und sich Lagerbestände anhäuften, von denen niemand wusste, dass sie vorhanden waren. Diese Zustände und die hohen Kosten, welche der Kauf des externen Logistikzentrums verursachte,[274] hatten zur Folge, dass das Unternehmen als Restrukturierungsfall zu bezeichnen war. Der EBIT sank in dieser Phase von 6 Mio. CHF auf -4.6 Mio. CHF, was die dramatischen Verhältnisse widerspiegelt.

Obschon es dem Unternehmer in der Folge gelang, mittels eines entsprechenden Krisenmanagements[275] den Betrieb operativ wieder funktionsfähig zu gestal-

---

[272] Deutschland, Frankreich, Italien, Norwegen und Grossbritannien.
[273] Das Unternehmen bewirtschaftete zuvor 14 Aussenlager.
[274] Der Kaufpreis betrug 7 Mio. CHF.
[275] Er ersetzte den Finanzchef durch zwei ihm nahestehende Krisenmanager und verkaufte das zuvor gekaufte Logistikzentrum.

ten,[276] waren die Fremdkapitalkosten[277] zu hoch, da das Unternehmen für die Banken ein Recovery-Fall blieb, sofern die Eigenkapitalbasis nicht gestärkt werden würde.

Bevor sich der Unternehmer dazu entschloss, das Unternehmen an eine Private Equity-Gesellschaft zu veräussern, befand es sich operativ wieder auf einem guten Weg, während die Fremdfinanzierung ein kritischer Faktor blieb und den Nettogewinn stark belastete.

Fallstudie 3 schildert ein Beispiel für den verbesserten Kapitalzugang professioneller Investoren und illustriert die Problematik, wenn der Unternehmer sich im Rahmen der Nachfolge dazu entscheidet, nach dem Verkauf für eine beschränkte Zeit im Unternehmen zu bleiben.

4.4 Einführung in Fallstudie 4

Fallstudie 4 ist insofern ein Spezialfall, als sie die Nachfolgelösung einer Holding in zwei Phasen beschreibt. Zunächst hatte eine Unternehmerfamilie, welche die Mehrheit eines rentablen Konzerns hält, Mitte der 80er Jahre die Vision, zunächst in der Schweiz und später internationale Aktivitäten im Zuliefererbereich ihres Konzerns aufzubauen. Über mehrere Jahre investierte sie deshalb in kleine und mittlere Schweizer Betriebe und komplettierte die Unternehmensholding mit dem Zukauf einer fünften Gesellschaft Ende der 90er Jahre.

Da die Unternehmerfamilie die Holding nicht selbst führen wollte, vertraute sie die Geschäftsleitung dem Unternehmer an, der zuvor einen der in die Holding übergegangenen Betriebe führte. Er führte die Holding über drei Jahre, bis die Unternehmerfamilie das Unternehmen abgeben wollte, da verschiedene Investitionen anstanden. Im Rahmen eines MBO übernahm Unternehmer 4 die Holding mit Unterstützung eines Finanzinvestors, obschon er altersbedingt eigentlich keine operative Tätigkeit mehr anstrebte.

Wenige Jahre später führten mangelnde Profitabilität sowie personelle Änderungen im Management zu schwindendem Interesse und ausbleibenden Investitionen seitens des Finanzinvestors. Während der Unternehmer die Holding immer noch führte, unterliess Finanzinvestor Massnahmen, um die Insolvenz zu

---

[276] Der EBITDA stieg in den beiden Jahren vor der Transaktion wieder auf 3.4 Mio. CHF.
[277] Der Recovery-Zinsatz lag bei ca. 8%.

vermeiden.[278] Da der Unternehmer dies verhindern wollte, engagierte er einen Makler mit der Suche neuer Kaufinteressenten.

Abb. 36 zeigt die Organisation der Gruppe vor der Transaktion graphisch.[279] Der konsolidierte Jahresumsatz der Gruppe erreichte in den besten Jahren über 100 Mio. CHF, wobei er bis zur zweiten Transaktion auf unter 70 Mio. CHF zurückging.

Abb. 36: Unternehmen 4 vor der Transaktion

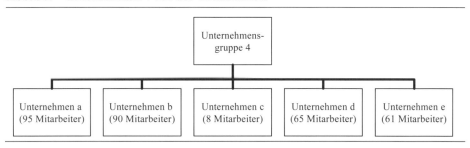

Vor der zweiten Transaktion zeigte sich die Unternehmensgruppe als Restrukturierungsfall. Die Holding war eine breit diversifizierte Gruppe, wovon im Jahr der Transaktion bis auf Unternehmen c alle negative Betriebsergebnisse verzeichneten. Die vielen Wechsel im Verwaltungsrat und der Eigentümer verhinderten letztlich eine konsistente Strategieumsetzung verhindert, was sich im fehlenden Fokus niederschlug: Unternehmen a produzierte veredelte Produkte auf veralteten Anlagen und hatte deshalb mit zu hohen Kosten zu kämpfen. Das stark defizitäre Unternehmen b stellte unter anderem ähnliche Produkte her, jedoch nicht im Hochpreissegment und hatte eine zu breite Produktpalette. Unproblematisch und gesund zeigte sich Tochterunternehmen c, welches in einem Bereich tätig war, der unabhängig von den anderen Gesellschaften war und somit keinerlei Synergiepotenzial aufwies. Unternehmen d war in einem Be-

---

[278] Der Unternehmer fühlte sich vom Finanzinvestor insofern hintergangen, als die versprochenen Investitionen ausgeblieben seien und die Interimsmanager lediglich hohe Löhne bezogen hätten, ohne sich mit dem Unternehmen effektiv auseinanderzusetzen. Das mangelnde Engagement spürte er auch anhand der Tatsache, dass der Unternehmer sich im Rahmen des MBO an der Holding beteiligte – was vom Finanzinvestor gefordert wurde –, während die Partner des Finanzinvestors keine Anteile an der Holding hielten.

[279] Die konsolidierte Anzahl Mitarbeiter belief sich auf weit über 300, was die obere Grenze der Definition des Mittelstandes überschreitet. Da die Anzahl der Beschäftigten im Rahmen der Restrukturierung jedoch auf 140 zurückging, wird die Fallstudie dennoch als Beispiel verwendet.

reich tätig, in dem die Überkapazitäten am Markt eine Differenzierung erforderten, die das Unternehmen nicht hervorbrachte und Unternehmen e litt unter der Abhängigkeit weniger Grosskunden sowie den hohen Kosten, welche die neu gekauften Anlagen verursachten.

Da ausser Teile von Unternehmen b und d alle Tochtergesellschaften an verschiedenen Standorten produzierten, was die Umsetzung einer einheitlichen Strategie zusätzlich erschwerte, plante der Unternehmer die Konsolidierung der Produktionsstätten an denselben Ort. Dieser Umzug wurde jedoch nicht abgeschlossen, da der Finanzinvestor die Finanzierung des Neubaus stoppte.

Zusammenfassend war die Unternehmensgruppe vor der zweiten Transaktion ein Wendeunternehmen, das dringend einen Liquiditätsnachschub benötigte, um der drohenden Insolvenz zu entgehen. Die Gruppe hatte klare Verhältnisse nötig, um eine konsistente Ausrichtung zu schaffen.

Anhand Fallstudie 4 wird gezeigt, wie die Nachfolgeregelung mit einer Turnaround-Investition verbunden werden kann und welches die dazugehörigen Massnahmen sind.

4.5 Einführung in Fallstudie 5

Unternehmen 5 wurde bereits zu Beginn der 30er Jahre gegründet und bis zur Transaktion in zweiter Generation geführt. Unternehmer 5, der zum Zeitpunkt der Übergabe über 80 Jahre alt war, prägte die Blütezeit des Unternehmens in den 60er und 70er Jahren, als der Umsatz teilweise über 70 Mio. CHF betrug. Mit dem Markt litt das Unternehmen seither aber an dem schwierigen Umfeld im Hochpreisland Schweiz und der substituierenden Wirkung anderer Produkte.

Unmittelbar vor der Transaktion wies der Markt eine ungefähre Grösse von 100 Mio. CHF auf – mit sinkender Tendenz. Obschon die Branche primär regional verankert ist, rückten vermehrt Konkurrenten aus dem Ausland[280] mit niedrigeren Preisen in den Markt. Mit einem Anteil von etwa 15% war das Unternehmen das zweitgrösste im Schweizer Markt, wobei die meisten Schweizer Mitbewerber ebenfalls schlecht positioniert waren und nur knapp über der Gewinnschwelle operierten. So reichte beispielsweise ein schlecht laufendes Projekt für einen negativen Abschluss. Zudem erschwerte die Verhandlungsmacht der oligopolistisch organisierten Zulieferer den günstigen Zugang zu den benötigten Materialien.

Während das Unternehmen seit der Blütezeit keine Aktivitäten im Ausland mehr verzeichnen konnte,[281] entwickelte man mit einem Nischenprodukt eine Innovation, welche sich auf dem Markt durchsetzte und nach der Insolvenz in einer Auffanggesellschaft weitergeführt wurde.

Die wohl grösste Last trug das Unternehmen im fehlenden Zugang zu Kapital resp. der Tilgung der hohen Schuldzinsen des Betriebsmittelkredits. So blieben einerseits Investitionen in das Anlagevermögen seit Ende der 70er Jahre aus, was die Produktionsanlagen veralten liess und Ersatzinvestitionen dringlich notwendig machte. Auch war das Unternehmen in einer grossräumigen Hallenanlage tätig, welche sich auf einem Grundstück von rund 50'000m^2 erstreckte, welches mitten in der Ortschaft lag. Die Liegenschaft hatte nach wie vor sehr viel Wert,[282] was sie entsprechend teuer machte. Die Kreditzinsen beliefen sich jährlich auf etwa 400'000-600'000 CHF und belasteten das ohnehin schon anfällige Ergebnis schwer.[283]

Im Überblick zeigte sich das Unternehmen vor der Transaktion folglich als Restrukturierungsfall in einer Branche, die sich generell in einer schwierigen Phase befand. Chancen bestanden vor allem in der Umnutzung der wertvollen Liegenschaft und in einer möglichen Konsolidierung des Marktes.

Mit der Fallstudie 5 soll zum einen eine gescheiterte Nachfolge sowie deren Konsequenzen illustriert und zum anderen eine Investitionsstrategie der Private Equity-Gesellschaft dargestellt werden, die sich letztlich nicht umsetzen liess.

4.6 Einführung in Fallstudie 6

Im Zentrum der Fallstudie 6 steht die Buy and Build-Strategie von PEG Delta. Da mit dem Unternehmer kein Gespräch geführt wurde, halten sich die Angaben an die Ausführungen von PEG Delta. Unternehmer 6 war Besitzer des Un-

---

[280] Insbesondere aus Deutschland und Holland.
[281] Während der Blütezeit konnte das Unternehmen zwar einige Projekte in Europa und in Asien ausführen. Seither gab es aber keine Aufträge im Ausland mehr.
[282] Der Quadratmeter wurde zu 400 CHF geschätzt.
[283] Der EBITDA lag zum Zeitpunkt der Transaktion ungefähr bei Null.

ternehmens, welches Mitte der 70er Jahre gegründet wurde, liess es jedoch von einem Geschäftsleiter führen. Neben seinem Kerngeschäft im Immobilienbereich konnte er das Unternehmen Mitte der 80er Jahren dem Gründer abkaufen und baute es kontinuierlich auf.[284]

Das Unternehmen bewegte sich in einem stark atomisierten Markt mit rund 50 Anbietern in Europa. Das Marktvolumen in der Schweiz wird auf etwa 600-900 Mio. CHF geschätzt, obschon der Markt international ausgerichtet ist. Die Konkurrenz ist sehr heterogen, zumal die Grösse der Mitbewerber in starker Abhängigkeit der Auftragslage zwischen einem Umsatz von 5 und 100 Mio. CHF variiert. Unternehmen 6 hatte vor der Transaktion einen Marktanteil von ca. 3-4%.

Das Unternehmen stellte über 1'200 verschiedene Produkte her, wobei die Seriengrösse je nach Auftrag jeweils stark schwankte.[285] Um die Vielfalt an Erzeugnissen derart flexibel herstellen zu können, pflegte es Kontakt mit über 500 Lieferanten, die in der Summe über 50'000 verschiedene Teile lieferten.

Zudem geriet das Unternehmen bzw. die ganze Schweizer Branche unmittelbar vor der Transaktion in Nöten, da der Preisdruck auf allen Produkten zunahm. Dies veranlasste das Unternehmen, die Produktion ins kostengünstigere Tessin zu verlagern sowie Lieferanten in China zu suchen. Diese genügten jedoch oft nicht den Qualitätsansprüchen und konnten die für den Betrieb entscheidenden Lieferfristen nicht einhalten.

Zusammengefasst präsentierte sich das Unternehmen vor der Transaktion als ein gesunder Betrieb, der sich etlichen Herausforderungen ausgesetzt sah. Der Preisdruck setzte dem Unternehmen zu und es stellte sich die Frage, inwiefern die Grösse ausreiche, um im Markt noch weiterhin bestehen zu können.

Anhand Fallstudie 6 wird der Zusammenschluss von Unternehmen im Rahmen einer Buy and Build-Strategie aufgezeigt. Das Schwergewicht liegt deshalb bei der Investitionsstrategie der Private Equity-Gesellschaft.

---

[284] Die Anzahl Mitarbeiter stieg von 20 auf rund 180.
[285] 50-1'000 Produkte pro Auftrag.

Teil II: VOR DER TRANSAKTION

Die nächsten beiden Kapitel befassen sich mit den Voraussetzungen, die für das Gelingen einer Private Equity-finanzierten Transaktion im Schweizer Mittelstand notwendig sind. Dafür werden sowohl die Aspekte auf der Seite des Zielunternehmens (Kapitel 5) wie auch auf Investorenseite (Kapitel 6) betrachtet.

Um die Voraussetzungen ganzheitlich anzugehen, werden sie gemäss des St. Galler-Ansatzes auf drei Ebenen betrachtet. Der St. Galler-Ansatz unterscheidet grundsätzlich die normative, die strategische und die operative Ebene. Die normative Ebene beschäftigt sich mit den generellen Zielen, Prinzipien und Normen. Auf der strategischen Ebene geht es um die Ausrichtung der Ressourcen, die zum Ausbau und zur Pflege der Erfolgspotenziale benötigt werden. In der operativen Ebene werden die normativen und strategischen Vorstellungen umgesetzt.[286]

Die Ebenen werden in den beiden Kapiteln jeweils so angepasst, dass die wesentlichen Inhalte entsprechend differenziert werden können.

5 Voraussetzungen auf Seite der Unternehmen

Obschon die Aktualität der Unternehmensnachfolge erkannt und entsprechend untersucht wurde, ist die Übergabe des Unternehmens längst kein standardisierter Prozess. Die erfolgreiche Vorbereitung sowie die Umsetzung benötigt in der Regel viel Zeit, da die Nachfolge für den Unternehmer ein erst- und einmaliges Projekt darstellt. Somit kann er nicht auf eigene und nur beschränkt auf externe Erfahrungswerte zurückgreifen, zumal die emotionalen Aspekte vielseitig und den individuellen Anforderungen anzupassen sind.[287]

Um einerseits die Aspekte der Nachfolgevoraussetzungen umfassend und um anderseits den Prozess bis zur effektiven Strukturierung der Transaktion zu betrachten, dient der angepasste St. Galler-Ansatz zur Darstellung der Theorie und zur Auswertung der Fallstudien. Auf der normativen Ebene werden zunächst die Identität des Unternehmers und die Subsysteme des Unternehmens

---

[286] Siehe dazu Bleicher, K. (1999), S. 77 und Rüegg-Stürm, J. (2003), S. 70-72.
[287] Halter, F. / Frey, U. (2007), S. 314.

betrachtet. Diese sind gerade für eine langfristige und nachhaltige Perspektive von grosser Bedeutung.

Die effektive Planung und Evaluation der Nachfolge spielt sich auf der strategischen Ebene ab. Im Zentrum steht dabei, welche Strategie für die Nachfolge gewählt wird und was es dabei zu berücksichtigen gilt, ohne die nötige Handlungsfreiheit zu gefährden.[288] Im Rahmen dieser Arbeit liegt das Schwergewicht beim strategischen Entscheid, das Unternehmen an einen Finanzinvestor zu veräussern.[289]

Abb. 37: Voraussetzungsebenen im Rahmen des Nachfolgeprozesses [290]

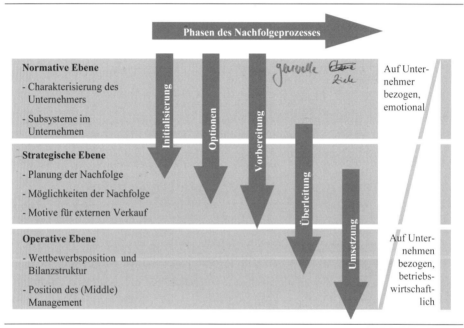

Die operative Ebene umfasst die tatsächliche Positionierung des Unternehmens und dessen Management, um sich optimal als Zielunternehmen für einen Fi-

---

[288] Dabei sollte in Szenarien gedacht werden. So ist es möglich, dass eine bevorzugte Lösung aufgrund aktueller Entwicklungen nicht mehr durchführbar ist. Wenn dann im Vorfeld Varianten erarbeitet worden sind, operiert der Unternehmer nach wie vor aus einer Position der Stärke (vgl. Halter, F. / Frey, U. (2007), S. 315).

[289] Vgl. Halter, F. / Frey, U. (2007), S. 314-316.

[290] In Anlehnung an Baumgartner, H. / Bühler, S. (2007), S. 349 und Halter, F. / Frey, U. (2007), S. 316.

nanzinvestor anzubieten. In diesem Zusammenhang werden die Wettbewerbsposition des Unternehmens, die Bilanzstruktur sowie die Voraussetzungen auf Stufe des Managements betrachtet.

Je nach Phase des Prozesses üben die verschiedenen Ebenen einen unterschiedlichen Einfluss aus. Zudem geht die Betrachtungsweise von einer individuellen, emotionalen in eine auf das Unternehmen bezogene, betriebswirtschaftliche Ansicht über (vgl. Abb. 37).

5.1 Normative Ebene

Zunächst wird die normative Ebene betrachtet. Dabei geht es darum, die Wertsysteme des Unternehmens und des Unternehmers zu verstehen, die im Rahmen eines Fremdverkaufs zu einer hohen emotionalen Belastung führen können. Zuerst werden dazu die Charakteristika des Unternehmers und anschliessend die Subsysteme einer unternehmerorientierten Gesellschaft dargestellt.

5.1.1 Charakterisierung des Unternehmers

Die Charakterisierung des Unternehmers dient insofern der Erarbeitung der Voraussetzungen, als sie die Rolle des Unternehmers aufzeigt und die damit zusammenhängende emotionale Verfassung des Patrons im Nachfolgeprozess. Eine typische Eigenheit der KMU ist die Personalunion des Eigentümers und des Geschäftsleiters. Die Führungsaufgabe und -kompetenz liegt beim Unternehmer, so dass die in Grossbetrieben übliche Prinzipal-Agent-Problematik aufgrund dieser Machtkonzentration wegfällt. Dem Unternehmer kommt somit die Verantwortung zu, die Unternehmensziele zu erreichen. Das dominante Ziel dabei ist, die Selbständigkeit und Unabhängigkeit langfristig zu sichern. Im Familienunternehmen hat der Unternehmer eine zentrale Stellung inne und identifiziert sich stark mit seinem Unternehmen.[291]

Diese Personalunion des Unternehmers zeigt im Prinzip nur einen Teil der Rollen auf, die er wahrzunehmen hat. Als Eigentümer, Verwaltungsratspräsident, Geschäftsführer und Familienoberhaupt übernimmt er noch weitere Funktionen, die ihn stark an das Unternehmen binden und es zu seinem Lebenswerk werden lassen (vgl. Abb. 38). Die Rollen sind sehr vielfältig und deren Umgang birgt

---

[291] Vgl. Kayser, G. (1997), S. 85-86.

einige Gefahren in sich, da die Dominanz des Unternehmers mitunter auch blockierend wirken kann.[292]

Mit diesen verschiedenen Aufgaben hat sich der Unternehmer zurechtzufinden. Dies erfordert von ihm Generalistenfähigkeiten, weshalb er in der Regel Eigenschaften wie Führungswille, Verantwortungsbewusstsein, Begeisterungsfähigkeit, Einsatzbereitschaft, praktische Intelligenz, Risikobereitschaft, Selbstbewusstsein, Durchsetzungsfähigkeit und Charakterstärke innehat. Die Führungskompetenz hat meistens gegenüber der Sachkompetenz mehr Bedeutung, da er weniger fachlich überzeugen, sondern vielmehr direkt und persönlich als Vorbild zu führen hat.[293]

Abb. 38: Rollen des Unternehmers [294]

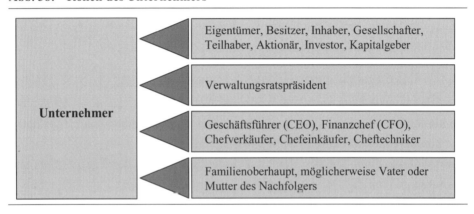

Die Verbundenheit des Unternehmers mit seinem Unternehmen führt zu emotionalen Fussangeln, die im Rahmen des Nachfolgeprozesses oft unterschätzt werden. Den Unternehmenseigner verbindet weit mehr als das investierte Geld mit dem Unternehmen – es wurden über Jahre Visionen und Ideale, Wissen und Engagement, sowie viel Kraft und Herzblut eingebracht. Das Unternehmen präsentiert sich oft als eigentliches Lebenswerk des Unternehmers.[295]

Unweigerlich hat dies eine emotionale Bindung zur Folge, deren Trennung im Rahmen der Unternehmensnachfolge die wohl grösste Herausforderung bietet.

---

[292] Vgl. Fopp, L. (2007a), S. 28-29.
[293] Vgl. Bohnenkamp, G. (1999), S. 75-77.
[294] In Anlehnung an UBS Outlook (2002a), S. 8.
[295] Vgl. Schläpfer, P. / Stedtnitz, U. (2007), S. 17-18.

Dabei geht es bei dem „Loslassen" oft auch um die Aufgabe des zentralen Bestandteils des Lebens. Die mit der Trennung vom Unternehmen einhergehende Änderung bezüglich Verantwortung, Anerkennung, Macht, Prestige und wertvollen Beziehungen erschweren die Übergabe ungemein.[296]

In einer solchen Phase des psychischen Stresses stehen Ängste um die Zukunft, die Beschäftigung, die Stellung in der Gesellschaft oder der finanziellen Entwicklung im Vordergrund. Dies erfordert einerseits ein Eingeständnis des Unternehmers, dass es sich um eine heikle Lebensphase handelt. Anderseits ist von potenziellen Finanzinvestoren im Rahmen des Investitionsprozesses zu berücksichtigen, dass es um mehr als nur um technische Fragen geht.[297] Viele Unternehmer betonen, dass letztlich nicht das Geld der entscheidende Faktor, sondern vielmehr das Vertrauen in die Nachfolger von Bedeutung ist.[298]

In Abhängigkeit davon, wie der Unternehmer mit dieser Situation zurechtkommt, präsentiert sich die Ausgangslage für die Unternehmensnachfolge ganz anders. Hat der Unternehmer für die Lebensphase nach der Transaktion eine zufriedenstellende Aussicht, kann die Regelung der Nachfolge proaktiv angegangen werden. Falls er aber mit dem emotional geprägten Loslassen nicht klar kommt, wird die unangenehme Suche nach der Nachfolgelösung gerne in die Zukunft geschoben.[299]

KNOBEL (2006) unterscheidet vier mögliche Ausgangssituationen – je nach Typus des Unternehmenseigners (vgl. Abb. 39):

- *Komfortbereich:* Der Eigner hat viele Tätigkeiten oder Berufe, die ihn auch nach der Übergabe des Unternehmens nicht in ein Beschäftigungsloch fallen lassen. So kann er die Nachfolgeregelung gelassen angehen und langfristig planen.

- *Problembereich:* Aus etwelchen Gründen konzentriert sich der Unternehmer auf eine einzige berufliche Tätigkeit. Um seine Kräfte nicht zu verzetteln, will er sich nicht mit Optionen anderer Tätigkeiten beschäftigen. Als Konsequenz haben die Vertreter dieses Typus beim Loslassen oft ein Problem. Weil sie nicht wissen, was sie nach der Übergabe machen, zögern sie

---

[296] Vgl. Ebnöther, R. / Schaffner, M. (2007), S. 58.
[297] Vgl. Baumann, H. (2007), S. 323.
[298] Vgl. z. B. Rutishauser, W. oder Baumann, U., zit. in: Cash spezial (2007), S. 10-12.
[299] Vgl. Schuppli, P. (2004), S. 23.

die Regelung der Nachfolge hinaus, was die Handlungsfreiheit stark schmälert.

- *Umsteigebereich:* Der Umsteiger schiebt während seiner beruflichen Tätigkeit immer einen „Traum" vor sich her, so dass ihm das Loslassen leicht fällt. Die Planbarkeit in zeitlicher Hinsicht ist kurzfristiger anzusetzen als im Komfortbereich, aber immer noch ausreichend.
- *Aussteigebereich:* Dieser Typ scheint seine Haupttätigkeit oft abrupt aufzugeben, um sich fortan zumindest für eine gewisse Zeit seiner Leidenschaft hinzugeben. Eine Kontinuität zur früheren beruflichen Tätigkeit ist dabei meistens nicht ersichtlich. Dieser Typ hat zwar keine Mühe loszulassen, tut sich in der Planung der Nachfolge aber schwer.[300]

Abb. 39: Portfolio der Eigner-Typologie [301]

Anzahl Optionen		
gross	**Aussteigebereich**	**Komfortbereich**
klein	**Problembereich**	**Umsteigebereich**
	klein Möglichkeit, Option wahrzunehmen *gross*	

5.1.2 Die Subsysteme Familie und Unternehmen

Der Unternehmer bewegt sich in der Regel permanent in einem der beiden verbundenen Subsysteme Familie und Unternehmen. Während das Unternehmen das materielle Überleben der Familie sichert, aber auch den Familienalltag bestimmt, stellt die Familie das Kapital zur Verfügung und prägt die Vision zur

---

[300] Vgl. Knobel, H. (2006), S. 8-10.
[301] In Anlehnung an Knobel, H. (2006), S. 9.

Unternehmensführung über Jahre. Zuweilen zählt das Unternehmen zur erweiterten Familie und die Familie wird dessen Forderungen verpflichtet.[302]
Diese enge Verknüpfung verdeutlicht, dass der Unternehmer eine Nachfolgeentscheidung nicht ohne Rücksicht auf seine Familie und deren Tradition fällen kann, prägt diese doch den unternehmerischen Zielkorridor. Sie bildet oft die Grundlage für die Unternehmensstrategie, die letztlich durch die Geschäftsleitung und den Verwaltungsrat des Unternehmens zu entwickeln ist.[303] Zentrale Fragen hinsichtlich der Nachfolge sollten demzufolge im Kreis der Familie diskutiert werden, zumal die Interessen innerhalb der Familie auch divergieren können. Insbesondere drohen Zielkonflikte zwischen den subjektiven emotionalen Wertvorstellungen einerseits und den konkreten finanziellen Interessen anderseits. Ob gerade bei einer Nachfolgelösung eine eher ideelle oder finanzielle Wertmaximierung im Vordergrund steht, ist in jedem Fall eine schwere Entscheidung.[304]

Je nach Art des Familienunternehmens gestaltet sich die Ausgangslage für das Angehen der Nachfolge gänzlich unterschiedlich. SALVATO (2004) unterscheidet drei Typen von Familienunternehmen:

- *Gründer-zentrierte Familienunternehmen:* In diesen etablierten Unternehmen spielt der Gründer nach wie vor eine gewichtige Rolle. Entweder wurde dabei noch nie eine Nachfolge vorgenommen oder der Gründer ist immer noch Mehrheitsaktionär. Die Macht ist dabei hochkonzentriert auf den Gründer und die Entscheidungen sind direkt auf ihn zurückzuführen.

- *Geschwister-Konsortien Familienunternehmen:* Bei dieser Art ist der Besitz bereits auf die zweite oder dritte Generation verteilt. Externe Manager können im Unternehmen aktiv sein, haben jedoch keinen gewichtigen Einfluss auf die Entscheidungen. Diese hängen primär von der Kommunikation und Zusammenarbeit der Geschwister resp. Cousins ab, die das Unternehmen prägen.

---

[302] Vgl. Bellefeuille-Burri, S.(2007), S. 18-19.
[303] Vgl. Fopp, L. (2007b), S. 14.
[304] Vgl. UBS Outlook (2002a), S. 6-7.

- *Offene Familienunternehmen:* In offenen Familienunternehmen ist der Besitz auf mehrere Familien und externe Manager verteilt. Der Familieneinfluss ist dabei gering und das Management entscheidet primär betriebswirtschaftlich und nicht in Abhängigkeit der Familie.[305]

Eine gute und offene Kommunikation im Rahmen des Nachfolgeprozesses ist zwischen allen Beteiligten anzustreben. Schlechte Kommunikation kann negative Emotionen wecken und bremsend wirken, während ein ehrlicher und respektvoller Dialog einen rationalen Fokus erhalten lässt. Kommunikationswege bestehen innerhalb der Familie selbst, aber auch zwischen dem Management und der Familie.[306]

5.1.3 Zusammenfassung

Das Ziel dieses Kapitels war es, aufzuzeigen, welche Charakteristika den Unternehmer prägen und in welchem Spannungsfeld zwischen Unternehmen und Familie er sich in der Regel bewegt. Die Charakterisierung wird psychologisch nicht vertieft, stellt aber dennoch dar, dass das Loslassen für den Unternehmer eine emotionale Belastung ist. Der Unternehmer übernimmt allzu oft verschiedene Rollen in seinem Unternehmen, die ihn sehr eng mit ihm verbinden. Das führt dazu, dass er darin oft sein Lebenswerk sieht und seine ganze Persönlichkeit darauf beruht. Dieser gefühlsmässigen Bindung gilt es entsprechende Beachtung zu schenken.

Je nach dem, wie fest der Unternehmer seine Existenz im Unternehmen alleine aufbaut, oder inwiefern er noch andere Tätigkeiten innehat, tut er sich mehr oder weniger schwer, die Nachfolge vorzubereiten. Im Komfortbereich ist der Unternehmer in der Lage, die Nachfolge langfristig zu planen, was ihm einen grossen Handlungsspielraum ermöglicht. Im Problembereich hingegen klammert er sich an seiner Tätigkeit fest und sieht sich dann gezwungen, in kurzer Zeit eine geeignete Nachfolgelösung zu erarbeiten, was die Anzahl möglicher Optionen verkleinert.

Neben seiner Persönlichkeit prägen auf normativer Ebene auch die Familie und ihre Verbindung zum Unternehmen den Nachfolgeentscheid. Zum einen wird der Unternehmer massgeblich von den Werten und Traditionen der Familie

---

[305] Vgl. Salvato, C. (2004), S. 69.
[306] Vgl. Barrett, R. / Dunemann, M. (2004), S. 11-18.

geprägt. Dieses Umfeld kann letztlich einen entscheidenden Einfluss auf den Entschluss ausüben.

Verschiedene Typen der Familienunternehmen haben eine unterschiedliche Ausgangslage für die Nachfolgeregelung zur Folge. Während Gründerzentrierte Unternehmen auf einer omnipräsenten Funktion des Unternehmers basieren und deshalb oft nur schwerlich übertragbar sind, ist die Nachfolge in Geschwister-Konsortien oder offenen Familienunternehmen im Normalfall einfacher zu regeln.

5.2 Strategische Ebene

Das vorhergehende Kapital hat aufgezeigt, in welchem Spannungsfeld der Unternehmer sich bewegt und wie der Nachfolgeprozess stark von emotionalen Aspekten beeinflusst wird. An oberster Stelle steht nicht unbedingt das Ausnutzen möglicher Geschäftspotenziale oder das Streben nach Wachstum, sondern oft drängen Faktoren wie der Unternehmensfortbestand oder der verbleibende Bezug zur Familie finanzielle Interessen in den Hintergrund. Es ist deshalb verständlich, wenn der Unternehmer geneigt ist, die Nachfolgelösung als strategische Massnahme zur Sicherung des Fortbestands des Unternehmens mit Übertragung der ideellen Werte zu verstehen.[307]

In diesem Kapitel wird die Entwicklung der Eignerstrategie aufbauend auf den verschiedenen Möglichkeiten der Nachfolgeplanung mit einem Schwergewicht auf der Nachfolgelösung mittels Private Equity aufgezeigt.

5.2.1 Planung der Unternehmensnachfolge

„Was gut für das Unternehmen ist, ist auch gut für mich!"[308] – dies bezeichnete Unternehmer FREDY LIENHARD als oberstes Gebot für die Standortanalyse und Nachfolgeplanung der Lista Betriebs- und Lagereinrichtungen Holding AG.[309] Gelingt es dem Unternehmer, losgelöst von seiner emotionalen Gefühlslage die Nachfolgeproblematik im Sinne der nachhaltigen Unternehmenserhaltung anzugehen, sind die Voraussetzungen für eine erfolgreiche Nachfolge gut. Am An-

---

[307] Vgl. Huydts, H. (1992), S. 28-29.
[308] Lienhard, F. (2006), S. 9.
[309] Im Juli 2006 übernahm Capvis im Rahmen eines IBO (siehe dazu Kapitel 7.2.1.1) einen 75%-Anteil an der Lista Betriebs- und Lagereinrichtungen Holding AG (vgl. ZEPHYR).

fang der geordneten Nachfolgeplanung und -strategieentwicklung steht der Entscheid, das Unternehmen abzugeben.

Die Studien der ZKB (2005) und von PWC (2005) ergeben beide, dass die Planung der Unternehmensnachfolge mit überwältigender Mehrheit aufgrund des Alters des Unternehmers angegangen wird. Die Studie der ZKB nennt dies bei 92% als Hauptgrund, während es bei derjenigen von PWC in über 81% der Fall ist. Wirtschaftliche Probleme (5%, resp. 4%), lukrative Übernahmeangebote (2%, resp. 13%) sowie andere Faktoren – wie beispielsweise der Wunsch nach mehr Freizeit oder gesundheitliche Probleme – spielen dabei nur eine untergeordnete Rolle.[310]

Obschon die Nachfolge aus Altersgründen auf lange Frist erkennbar und somit planbar ist, ergeben empirische Untersuchungen ein anderes Bild: Gemäss der Studie der ZKB planen lediglich knapp ein Drittel (31%) der Übergeber die Nachfolge mehr als fünf Jahre im Voraus; die überwiegende Mehrheit (61%) bereitet sich nur während einem bis fünf Jahre auf die Übergabe vor, während sich der Rest nach einer kurzfristigen Lösung umsieht.[311] Auch die Resultate der EVCA-Umfrage zeigen, dass die Nachfolge oft nur kurzerhand angegangen wird. 22% der untersuchten Unternehmen haben die Nachfolge überhaupt nicht geplant, rund 45% innerhalb eines Jahres und lediglich 4% planten länger als vier Jahre im Voraus.[312] Dies erscheint nur schon insofern zu kurz, als hinsichtlich der Steuerpraxis Umschichtungen vom Geschäfts- ins Privatvermögen notwendig sind, die Halteperioden von fünf Jahren erfordern.

Experten schätzen die optimale Vorbereitungszeit gar auf zehn Jahre resp. raten, sich ab dem 55. Altersjahr ernsthaft mit dem Generationenwechsel zu beschäftigen.[313] Dabei geht es in einer ersten Phase um das Schaffen des Bewusstseins, dass die Nachfolge in den kommenden fünf bis zehn Jahren geregelt werden muss. Erst in einem zweiten Schritt gilt es die individuellen Bedürfnisse und Vorstellungen des Unternehmers und seiner Familie festzuhalten und mögliche Optionen zu prüfen, bevor dann aufgrund möglicher Szenarien Entscheidungen gefällt werden.[314]

---

[310] Vgl. PWC (2005), S. 14; ZKB (2005), S. 20.
[311] Vgl. ZKB (2005), S. 21-22.
[312] Vgl. EVCA (2005c), S. 10-11.
[313] Vgl. Nägeli, M. / Schmid, M. (2006), S. 9.
[314] Vgl. Frey, U. / Halter, F. / Zellweger, T. (2006), S. 10-11.

Die langfristig angelegte Entwicklung der Nachfolgestrategie erfordert eine frühzeitige Zielsetzung und eine sorgfältige Situationsanalyse. Bei der Zielsetzung geht es darum, sich grundlegend über die Ziele des Unternehmers und den Zweck des Unternehmens klar zu werden. Geht es primär um die Erzielung des Geldertrags durch Betätigung im Wirtschaftsleben ist das Unternehmen ein Mittel zur Erzielung eines Einkommens und dient nicht zur Verfolgung von Eigeninteressen. Es können sich jedoch Restriktionen aufgrund bestehender Familieninteressen ergeben, da beispielsweise die Einbindung von Nachkommen im Unternehmen nicht nur betriebswirtschaftlich motiviert sein muss.[315] Als wichtigste Ziele der Unternehmensübergabe gemäss der Studie von PWC gelten die langfristige Sicherung, die Selbständigkeit sowie die Unabhängigkeit des Unternehmens.[316] Dieses Resultat ist einheitlich und breit abgestützt, obschon auch andere Ziele wie die finanzielle Absicherung der Familie oder die Vermeidung familieninterner Streitereien gerade in der Deutschschweiz von Bedeutung sind.[317]

Um nach der Festlegung der Ziele die Eignerstrategie zu entwickeln, ist zunächst eine Analyse der Ausgangssituation erforderlich. Sie verschafft Klarheit über die Stärken und Schwächen des Unternehmens, über Chancen und Risken der relevanten Umwelt (Markt, Branche, Kunden) und zieht sämtliche Interessen der Eignerfamilie in Betracht. Die Transparenz, Nachvollziehbarkeit und Sorgfalt dieser Analyse sind von besonderer Bedeutung, da sie zu einem späteren Zeitpunkt der Transaktion zur Reduktion der Informationsasymmetrie zwischen Eigner und potenziellen Kaufinteressenten dienen können.[318]

Neben der Analyse der Ausgangssituation sind auch Prioritäten im Zusammenhang verschiedener Aspekte zu setzen. Es ist ein Abwägen von Geld- und Machtmaximierung, von der Sicherung des Prestiges sowie der Reputation, von der Loyalität gegenüber Mitarbeitern, Lieferanten, Kunden oder Partner und

---

[315] Vgl. Wehrli, H. / Kirenz, J. (2007), S. 319-320.
[316] Vgl. PWC (2005), S. 14-15.
[317] Vgl. Fueglistaller, U. (2006b), S. 55.
[318] Vgl. Wehrli, H. / Kirenz, J. (2007), S. 320-321.

von der Sicherung der Kontinuität im Unternehmen sowie in der Familie.[319] Da zwischen diesen Aspekten Zielkonflikte hinsichtlich subjektiven emotionalen Wertvorstellungen und konkreten finanziellen Interessen entstehen, muss sich der Unternehmer mit seiner Familie über seine Prioritäten im Klaren sein.[320]

Auf der Grundlage der strategischen Ziele und der Informationen aus der Analyse der Ausgangsituation ist es nun möglich, eine entsprechende Nachfolgestrategie zu erarbeiten. Dadurch können grundsätzliche Fragen der Nachfolge frühzeitig erkannt und beantwortet werden, so dass wichtige Voraussetzungen einer erfolgreichen Nachfolge bereits vor der Initiierung der effektiven Nachfolgeplanung geschaffen werden.

5.2.2 Möglichkeiten der Unternehmensnachfolge

Wurden vorhergehend die vorbereitenden Massnahmen zur Erarbeitung der Nachfolgestrategie aufgezeigt, so werden in diesem Kapitel die Handlungsoptionen zur Unternehmensnachfolge dargestellt. Dazu stehen dem Unternehmer grundsätzlich verschiedene Varianten offen. Bevor die Eigentumsverhältnisse geregelt werden können, steht zunächst die Grundfrage im Vordergrund, ob die Geschäftsführung künftig familienintern oder familienextern ausgeübt werden soll. Daraus ergeben sich verschiedene Kombinationsmöglichkeiten zur Modellierung der Nachfolge (vgl.Abb. 40).

Die familieninterne Nachfolge erlaubt eine mittelfristige Realisierbarkeit und es besteht die Möglichkeit, den Nachfolger auf die neue Aufgabe vorzubereiten. Die Notwendigkeit einer kompetenten Unternehmensnachfolge darf dabei nicht ausser Acht gelassen werden, weshalb der Auswahl des Nachfolgers oberste Priorität vor erbrechtlichen Gedanken beigemessen werden sollte.

Sind keine Nachkommen vorhanden oder sind sie nicht willens, die Nachfolge anzutreten, wird normalerweise der Verkauf an Dritte sowie an das interne oder externe Management angestrebt. Der Verkauf an Dritte hat in der Regel einen abrupten Führungswechsel zur Folge, da der neue Eigentümer seine eigenen Vorstellungen hat und keine schrittweise Ablösung wünscht. In der Regel sind

---

[319] Studien haben ergeben, dass personelle Kontinuität deutlich mit strategischem und finanziellem Erfolg korreliert und somit einen wichtigen Beitrag zur Zukunftssicherung leistet (Vgl. Kappler, E. (1997), S. 426-433).

veränderte Rahmenbedingungen auf den Märkten oder die kritische Grösse des Unternehmens Gründe dafür.

Der Verkauf mittels eines Buyout[321] wird dann geprüft, wenn das bisherige oder ein externes Management gute Voraussetzungen mitbringt, das Unternehmen erfolgreich weiterzuführen. Oft ist es bereits mit dem Unternehmen vertraut und kennt die spezifischen Stärken und Schwächen.[322]

Abb. 40: Nachfolgemodelle [323]

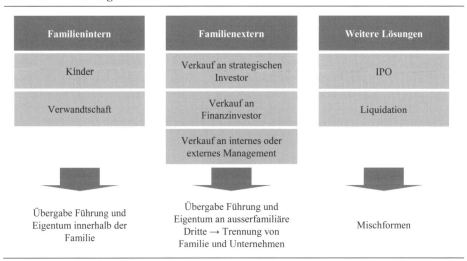

Als weitere Lösungen kommen ein IPO oder die Liquidation in Frage. Letztere ist dann ein sinnvoller Schritt, wenn das Unternehmen ohne das Wissen und den persönlichen Kontakten des Unternehmers nicht mehr fortgeführt werden kann oder die Wettbewerbsfähigkeit langfristig nicht mehr gewährleistet ist.[324]

Vor- und Nachteile der familieninternen und -externen Methoden werden in Abb. 41 gegenübergestellt.

---

[320] Vgl. UBS Outlook (2002a), S. 6-7.
[321] Zur Buyout-Begriffsabgrenzung siehe Kapitel 7.2.1.
[322] Vgl. PWC (2006), S. 7-8 und KPMG (2002), S. 25-51.
[323] In Anlehnung an KMUnext (2007).
[324] Vgl. KPMG (2002), S. 52-53.

Abb. 41: Vor- und Nachteile der Nachfolgemöglichkeiten [325]

	Vorteile	Nachteile
Familieninterne Nachfolge	Sukzessive Nachfolge möglich	Evtl. Zwang zur Unternehmensnachfolge für die Nachkommen
	Keine Suche nach Kaufinteressenten notwendig	Familieninternes Streitpotenzial bei erbrechtlicher Auseinandersetzung
	Besondere Motivation des Unternehmers, die Nachfolge in der Familie sicherzustellen	Gefahr der unklaren Kompetenzabgrenzung zwischen Nachfolger und Senior
Verkauf	Meist einfach zu realisieren	Fortbestand der bisherigen Unternehmenskultur gefährdet
	Keine Schwierigkeiten mit der erbrechtlichen Auseinandersetzung	Widerstand des Managements möglich
	Realisierung eines Kapitalgewinns möglich	Abrupter Wechsel meist ohne Übergangsfrist
MBO	Keine Aufdeckung der Geschäftsgeheimnisse gegenüber Kaufinteressenten	Evtl. tieferer Verkaufspreis als bei Verkauf an Dritte
	Kein Widerstand des Managements gegen die Nachfolgeregelung	Evtl. Finanzierungsschwierigkeiten beim übernehmenden Management

Aus den verschiedenen Befragungen hat sich ergeben, dass die Unternehmer ausgehend von der primären Zielsetzung, den Unternehmensfortbestand langfristig zu gewährleisten, nach Möglichkeit die Nachfolge in der Familie anstreben. Eine Nachfolgelösung innerhalb der Familie bedeutet in der Regel Kontinuität und bringt eine nachhaltig orientierte Ausrichtung des Unternehmens mit sich, was seinen Fortbestand am ehesten gewährleistet. Danach wird der Verkauf ans interne oder externe Management angestrebt, bevor ein strategischer Investor in Betracht gezogen wird. Die Sicherheit bezüglich der Weiterführung des Unternehmens nimmt in dieser Reihenfolge ab. Der Einbezug eines Finanzinvestors wird erst ganz am Schluss in Betracht gezogen, zumal dieser per Definition den Exit anstrebt und somit nur eine mittelfristige Perspektive innehat. Gerade umgekehrt verhält es sich in der Regel mit dem erzielbaren Preis für das Unternehmen. Normalerweise lässt sich mit dem Verkauf an einen Finanzinves-

---

[325] In Anlehnung an PWC (2006), S. 8.

tor der grösste Verkaufserlös erzielen,[326] während bei einer Übergabe innerhalb der Familie die Maximierung des Verkaufspreises nur eine kleine Rolle spielt (vgl. Abb. 42).[327]

Abb. 42: Favorisierung der Nachfolgemodelle

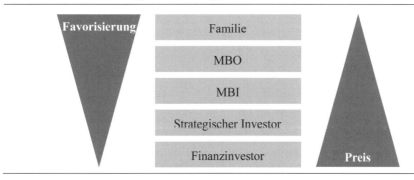

5.2.3 Motive für Private Equity

Es stellt sich nun die Frage, weshalb sich ein Unternehmer für den Einbezug einer Private Equity-Gesellschaft entscheidet, zumal die Vorurteile aus Unternehmersicht gegenüber Private Equity oft gross sind.[328]

Im Allgemeinen ist der Verkauf des Unternehmens an Dritte jeweils auf eine ganze Reihe von Motiven zurückzuführen. Deren trennscharfe Abgrenzung ist kaum möglich, üben sie ihren Einfluss doch kombiniert und mit jeweils unterschiedlicher Gewichtung aus (vgl. Abb. 43).

- *Nachfolgegeneration:* Unternehmensverkäufe erfolgen oft unter dem Deckmantel fehlender Nachfolger, obschon die Familienverhältnisse dies als Option zulassen würden. Bei näherer Betrachtung entpuppt sich der

---

[326] In Abhängigkeit des Synergiepotenzials für einen strategischen Investor ist dieser bereit, eine zusätzliche Prämie und somit den höchsten Kaufpreis zu bezahlen.

[327] Der erzielbare Erlös beträgt je nach dem mehr als doppelt so viel, wie aus den Befragungen hervorging.

[328] Hans Hess, VR-Präsident der Burckhardt Compression AG aus Winterthur, berichtet nach dem erfolgreichen Börsengang offen über seine Vorurteile gegenüber Private Equity, die sich jedoch im Laufe der Zusammenarbeit abgebaut haben. Seine aufgeführten Vorurteile werden typischerweise auch von anderen Unternehmern genannt: Massive Verschuldung des Unternehmens, kurzfristige Gewinnorientierung und ausschliesslicher Fokus auf Zahlen (vgl. Hess, H. (2007), S. 3).

Verkaufsentscheid als eine Konsequenz einer Vielzahl suboptimaler Konstellationen in Familie, Unternehmen und Umwelt.

- *Nachfolgeregelung:* Die Nachfolgeregelung als Auslösemoment kann sich auf das Fehlen einer Nachfolgelösung sowie auf das Fremdmanagement beziehen. Bei einer verspäteten oder ausgebliebenen Nachfolgeregelung wird die Führungskontinuität gefährdet und lässt keine saubere Planung für einen Generationenwechsel zu. So werden die Kompetenzen nicht klar geregelt und der abtretende Unternehmer nimmt unter Umständen auch nach seinem Abgang noch Einfluss auf operativer und strategischer Ebene. Dies kann in Frustrationen enden, so dass ein Verkauf in Betracht gezogen wird. Auf der anderen Seite kann ein geplantes Fremdmanagement eine endgültige oder befristete Lösung darstellen, wenn es darum geht, Führungsprobleme struktureller und personeller Art zu lösen.

- *Familientradition:* Wird der Einbezug von Private Equity aufgrund der Familientradition zu einem Thema, kann dies aus zweierlei Gründen geschehen. Ein allzu starkes Traditionsbewusstsein kann zu einem hemmenden Unternehmensfortgang führen, in dem ungeachtet des Wandels des Marktes eine Anpassung oder eine Neuausrichtung ausbleibt. Dies führt letztlich zu einer Erosion der Wettbewerbsfähigkeit, so dass die Anlehnung an einen starken Partner gesucht wird, der die Zukunft des Unternehmens sicherstellen soll. Anderseits gibt es Unternehmer, die ihr Unternehmen gar nicht als Familientradition bezeichnen, sondern lediglich ein temporäres KMU betreiben, um eine Produktidee möglichst ertragsreich an den Markt zu bringen. Für diese Unternehmertypen kann eine Private Equity-Lösung eine sehr lukrative Möglichkeit sein, das Unternehmen zu verkaufen.

- *Zeitliche Restriktionen:* Gewisse Umstände erfordern rasche Lösungen aufgrund zeitlicher Engpässe. Bei gesundheitlichen Beschwerden oder bei einem plötzlichen Hinscheiden des Unternehmers ist beispielsweise eine schnelle Reaktionszeit gefordert, damit das Unternehmen seine Handlungsfähigkeit nicht verliert.

- *Fehlende Finanzierbarkeit:* Ist der Handlungsspielraum aufgrund der vorhandenen eigenen Mittel der Nachfolgekandidaten begrenzt, so drängt sich eine Lösung des Finanzierungsproblems mittels Private Equity auf.

- *Umfeld und Zukunftsperspektiven:* In einem Wettbewerbsumfeld, das zunehmend höhere Investitionen erfordert, sind Familienunternehmen hinsichtlich Unternehmensgrösse, Managementkapazitäten sowie Kapital starken Restriktionen ausgesetzt. Dies kann zu einer Lücke zwischen steigender Kapitalintensität und damit einhergehendem Zwang zu wachsender Unternehmensgrösse einerseits sowie der geringen Verschuldungsfähigkeit und der damit verbundenen Wachstumshemmnisse anderseits führen. Eine mögliche Lösung zur Behebung dieses Problems ist der Einbezug eines kapitalstarken Partners.[329]

Abb. 43: Auslöseelemente für den Verkaufsentscheid [330]

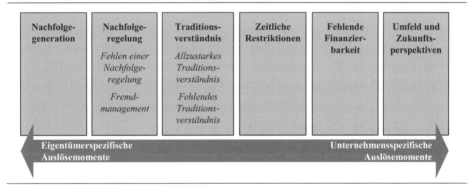

Die Studie der EVCA (2005c) über Private Equity im Generationenwechsel besagt, dass auf einer Skala von 1 (unbedeutend) bis 5 (grosse Bedeutung) kein geeigneter (2.74) oder kein verfügbarer Nachfolger (2.67) die bedeutendsten Motive für den Verkauf des Unternehmens bilden. Private Equity wird aber auch verwendet, um die Versorgung mit Wachstumskapital sicherzustellen (1.93). Wirtschaftliche Probleme sind auch bei dieser Studie nicht die entscheidenden Verkaufsmotive (1.34).[331]

---

[329] Vgl. Bergamin, S. (1995), S. 80-93.
[330] In Anlehnung an Bergamin, S. (1995), S. 79.
[331] Vgl. EVCA (2005c), S. 10.

Private Equity als Lösungsansatz bringt eine ganze Reihe operativer Vorteile mit sich. Dazu zählen typischerweise die Stärkung des Managements, die Professionalisierung der Corporate Governance und das Einbringen eines etablierten Netzwerkes der Private Equity-Gesellschaft.[332] Zudem fliessen dem Unternehmer resp. der Unternehmerfamilie beachtliche finanzielle Mittel zu, die aus dem Verkauf des Unternehmens resultieren.[333]

Der Einsatz von Private Equity ist auch mit Gefahren und Nachteilen verbunden. Offensichtlich wird die Handlungsfreiheit des Unternehmers stark eingeschränkt, sofern er noch Anteile am Unternehmen hält resp. fällt sein Einfluss gänzlich weg, wenn er sämtliche Anteile veräussert. Im ersten Fall kommt der Zusammenarbeit eine grosse Bedeutung zu, obschon sich diese nicht immer als einfach erweist. Wichtig dabei ist das Bewusstsein des Unternehmers, dass er seine Eigenständigkeit verliert und dies auch akzeptiert.

Ebenso ist mit Interessenkonflikten bezüglich der Exitvorstellungen zu rechnen. Es liegt in der Natur der Private Equity-Branche, dass die Beteiligung früher oder später weiterveräussert wird, um die getätigten Investitionen zu realisieren. Der Unternehmer muss also davon ausgehen, dass bei einem Verkauf an eine Private Equity-Gesellschaft das Unternehmen in absehbarer Zeit weiterverkauft wird, ohne dass er dann noch einen Einfluss auf den Ausgang des Unternehmens ausüben kann. Es empfiehlt sich, dieses Thema offen und ehrlich anzusprechen, um frühzeitig Lösungen finden zu können, die für alle Beteiligten zufriedenstellend sind.[334]

Um eine konstruktive Zusammenarbeit gewährleisten zu können, ist der Auswahl des richtigen Private Equity-Partners entsprechende Sorgfalt beizumessen. Es stehen dabei nicht nur objektive Kriterien wie der Track Record im Vordergrund, sondern vor allem subjektive Empfindungen hinsichtlich der Chemie zwischen Eigentümer und Kapitalpartner, der Erfahrungen des Partners mit

---

[332] Eine detaillierte Beschreibung der operativen Massnahmen im Rahmen der Value Creation zur Verbesserung der Wettbewerbsposition findet sich im Kapitel 8.1.3.
[333] Vgl. Pümpin, C. (2007), S. 352-353.
[334] Vgl. Pümpin, C. (2007), S. 353-354.

Nachfolgelösungen und vor allem des Vertrauens, das der Unternehmer in den Private Equity-Investor hat.[335]

5.2.4 Zusammenfassung

Der bei weitem häufigste Grund, weshalb die Regelung der Nachfolge angegangen wird, ist das Alter des Unternehmers. Dies würde eigentlich eine langfristige Planung erlauben und dennoch ergeben diverse Studien, dass die Nachfolge allzu oft das Resultat kurzfristiger Überlegungen ist. Experten gehen von einer Idealdauer der Planung von nahezu zehn Jahren aus – das Bewusstsein dafür scheint noch nicht etabliert zu sein
Die Planung der Nachfolge zeigt sich als langwieriger Prozess. Zunächst gilt es, ein grundlegendes Verständnis für die anstehende Nachfolge zu schaffen, bevor auf die effektive Entwicklung der Strategie eingegangen werden kann. Diese baut zunächst auf der Definition der Unternehmer- und Unternehmensziele auf. Für die Unternehmer ist dabei am wichtigsten, dass der langfristige Fortbestand des Unternehmens gewährleistet werden kann.
Um die Strategie letztlich festzulegen, ist zudem eine sorgfältige Situationsanalyse notwendig, die das Unternehmen, deren Umwelt und die Familie in der Tiefe erklärt. Dabei geht es auch um ein Abwägen der Prioritäten bezüglich Familie, Kontinuität, Geld und Interessensgruppen.

Dem Unternehmer stehen verschiedene Modelle zur Nachfolge offen. Grundsätzlich muss er dabei entscheiden, ob er eine familieninterne oder familienexterne Regelung anstrebt. Während bei der bevorzugten familieninternen Möglichkeit der sukzessive Aufbau eines Nachfolgers angestrebt werden kann, ist das Streitpotenzial aufgrund unterschiedlicher Vorstellungen und mangelhaften Kompetenzabgrenzungen zwischen Übergeber und Nachfolger nicht zu unterschätzen. Der Verkauf an Dritte oder ein Buyout hingegen ermöglichen die Realisierung des Kapitalgewinns und eine saubere Übergabe des Unternehmens – jedoch auf Kosten der Unabhängigkeit, verbunden mit der Unsicherheit über den weiteren Verlauf des Unternehmens.

---

[335] Vgl. Krebs, A. / Eckhardt, U. (2007), S. 357.

Die Motive für den Einsatz von Private Equity sind vielschichtig und oft miteinander verbunden. Gründe dafür können fehlende interne Möglichkeiten, knappe Zeitverhältnisse und auch die wirtschaftlichen Perspektiven des Unternehmens sein. Der Einsatz von Private Equity bringt primär operative Vorteile mit sich und birgt vor allem Gefahren von Interessenkonflikten über die weitere Entwicklung des Unternehmens.

Die Auswahl des Private Equity-Partners ist deshalb sehr gewissenhaft anzugehen und gerade subjektive Empfindungen sind dabei wichtig, da nur so eine konstruktive Zusammenarbeit gedeihen kann.

5.3 Operative Ebene

Die vorhergehenden Kapitel haben deutlich gezeigt: Eine Lösung für die Nachfolge erfordert viel Zeit. Der Unternehmer muss sich aber nicht nur psychisch auf das Loslassen einstellen, sondern das Unternehmen im Idealfall auch operativ entsprechend ausrichten. Ist der Entscheid für die Nachfolge frühzeitig erfolgt, gilt es das Unternehmen für die Übergabe „fit zu trimmen",[336] denn nur ein Unternehmen mit Potenzial kann übertragen werden.[337] Dies erfordert Massnahmen bezüglich der Wettbewerbsposition, der Bilanzstruktur und des Aufbaus eines entsprechenden Managements

5.3.1 Wettbewerbsposition

Investoren binden sich im Gegensatz zum Unternehmer weniger emotional und orientieren sich deshalb primär an den Rendite- und Risikoerwartungen des Unternehmens im Vergleich zu anderen Anlagemöglichkeiten. Entsprechend muss die Rendite die Risikoprämie abdecken, damit das Engagement in einem Unternehmen für einen Investor ausreichend attraktiv ist.[338]

Dazu ist zum einen eine gute Wettbewerbsposition auf dem Markt notwendig. Das Unternehmen muss ein konstantes Umsatz- und Gewinnwachstum sowie weiteres realistisches Wachstumspotenzial aufweisen, da zur Tilgung der Schulden eine solide Cash Flow-Basis benötigt wird. Der ideale Übernahmekandidat ist zudem Marktleader in seiner Nische oder seinem Kernsegment und

---

[336] Nägeli, M. (2006), S. 19.
[337] Vgl. Halter, F. (2007), S. 4-5.
[338] Vgl. Fopp, L. (2007b), S. 14.

schafft so hohe Eintrittsbarrieren für mögliche neue Marktteilnehmer.[339] Ebenso sind allfällige neue Geschäftsfelder gezielt aufzubauen oder vorzubereiten.[340]

Da der Nachfolgewert des Unternehmens auch massgeblich vom Ertragspotenzial bestimmt wird, sind Massnahmen zur Steigerung der Ertragskraft zu unternehmen. Diese sollen sich auf die erfolgsrelevanten Kernkompetenzen und besonders ertragsstarke Geschäftsfelder konzentrieren.[341] Auf der anderen Seite suchen gerade Private Equity-Gesellschaften nach Unternehmen, die operatives Wertsteigerungspotenzial aufweisen, um die geforderte IRR erzielen zu können. Im Weiteren ist das Image des Unternehmens zu pflegen und aufzubauen. Damit sind nicht nur ein sauberes Erscheinungsbild (Corporate Design) und gepflegte Immobilien zu verstehen, sondern auch der Aufbau einer funktionsfähigen Corporate Governance. Die Governance-Regeln für Familienunternehmen[342] beschreiben beispielsweise in einem separaten Kapitel, wie die Unternehmensübergabe zu planen und durchzuführen ist, um dem Unternehmen selbst einen nachhaltigen Nutzen zu ermöglichen.[343]

5.3.2 Bilanzstruktur

Weitere operative Vorbereitungsmassnahmen beziehen sich auf die Bereinigung der Bilanzstruktur. Viele Unternehmen haben über die Jahre nichtbetriebsnotwendige Vermögensbestandteile durch Diversifikation und Gewinnthesaurierung angehäuft. Eine Ausrichtung auf die erfolgreichsten Geschäftsbereiche ermöglicht eine Erleichterung der Bilanz auf Bereiche, die einen Wertbeitrag leisten.[344] Denn substanzschwere Unternehmen sind in der Regel schwer übertragbar, weshalb es betriebliches und nichtbetriebliches Vermögen aufzuteilen gilt.[345] Allfällige Mittelentnahmen sind langfristig zu realisieren[346] und privat

---

[339] Vgl. AFIC (2003), S. 14.
[340] Vgl. Schuppli, P. (2004), S. 23.
[341] Vgl. UBS Outlook (2002a), S. 14.
[342] Siehe dazu Kapitel 2.3.4.
[343] Vgl. Fopp, L. / Prager, T. (2006), S. 18-19.
[344] Vgl. PWC (2005), S. 36.
[345] Bei familieninternen Übertragungen sind z. B. Pflichtteilsansprüche von anderen Nachkommen zu beachten, die entsprechend abgegolten werden müssen.
[346] Vgl. Schuppli, P. (2004), S. 23.

gewährte Darlehen frühzeitig abzulösen oder umzufinanzieren.[347] Private Equity-Gesellschaften benutzen hingegen solche nichtbetrieblichen Vermögenswerte zur Besicherung des Fremdkapitals. So werden von Finanzinvestoren in der Regel substanzstarke Unternehmen bevorzugt.

Die Studie von PWC zeigt, dass hinsichtlich der Vorbereitung der Bilanz die Trennung von betrieblichem und nichtbetrieblichem Vermögen am wichtigsten ist (39% haben diese Massnahme vorbereitend getroffen). Weitere Massnahmen wurden hinsichtlich des Controlling und Reporting (38.1%), der Bereinigung der Kapitalstruktur (29.2%), der Dividendenpolitik (15.3%) und der Anpassung des Rechnungslegungsstandards (9.3%) gefällt.[348]

Die Massnahmen zielen also einerseits darauf ab, das Unternehmen von belastendem, nicht operativ notwendigem Vermögen zu befreien sowie anderseits Transparenz zu schaffen, damit das Unternehmen im Verlauf der Übergabe nachvollziehbar bewertet werden kann.

5.3.3 Managementstruktur

Vorbereitungen hinsichtlich des Managements sind notwendig, um eine selbständige interne Organisation aufzubauen, die ein übertragbares Wissen sicherstellt und die Person des Unternehmers selbst in den Hintergrund stellt.[349] Dies ist insbesondere für kleinere Unternehmen ein Problem, da das interne Knowhow dort wesentlich stärker beim Inhaber liegt als in grösseren Unternehmen.[350]

Dafür ist die persönliche Einstellung des Unternehmers entscheidend. Es ist zentral, dass der Unternehmer sich so vorbereitet, dass er sich emotional vom Unternehmen lösen kann. Das bedingt, dass er klare Vorstellungen von der Nachfolge hat, ohne dass er darin festgefahren ist.[351] Zudem sollte er eine Trennung der Subsysteme Familie und Unternehmen anstreben, um Wünsche und Realitäten auseinander zu halten. Erhofft sich der Vater beispielsweise den Einstieg seiner Tochter oder seines Sohnes in das Unternehmen, würde der Unter-

---

[347] Vgl. Nägeli, M. (2006), S. 18.
[348] Vgl. PWC (2006), S. 18-19.
[349] Dabei soll insbesondere verhindert werden, dass das Ausscheiden des Unternehmers Kundenabgänge oder Umsatzeinbussen zur Folge hat (vgl. AFIC (2003), S. 14).
[350] Vgl. Nägeli, M. (2006), S. 19.
[351] Vgl. PWC (2005), S. 35-36.

nehmer in einem objektiven Assessment möglicherweise anders entscheiden. Mit der entsprechenden Vorbereitung kann diesem Konfliktpotenzial vorgebeugt werden.[352]

Ausserdem ist ein qualifiziertes und starkes Kaderteam von Bedeutung und hat einen erheblichen Einfluss auf die Verkäuflichkeit des Unternehmens. Obschon die Loyalität bestehender Mitarbeiter sehr wertvoll ist, sind Kompetenz und Leistung für kommende Herausforderungen erfolgsentscheidend und daher für das Unternehmen wichtiger. Im Weiteren gilt es Wissensverluste aufgrund von Personalwechsel im Zuge der Nachfolge zu vermeiden. Dafür hilft eine funktionierende Personalpolitik, Teamarbeit und ein konsequent geförderter interner Erfahrungsaustausch.[353]

5.3.4 Zusammenfassung

Vorbereitende Massnahmen sind hinsichtlich der Wettbewerbsposition, der Bilanzstruktur und des Managements zu treffen. Dabei geht es darum, eine kompetitive Position im Markt sicherzustellen, um weiteres Gewinn- und Ertragswachstum zu ermöglichen. Nur ein Unternehmen, das Potenzial aufweist, eignet sich für den Verkauf.

Im Weiteren ist die Bilanz so zu strukturieren, dass nichtbetriebsnotwendige Vermögenswerte klar erkennbar werden und so zu beeinflussen, dass die nötige Transparenz gewährleistet ist, um das Unternehmen nachvollziehbar zu bewerten.

Zudem ist ein starkes mittleres Management notwendig, welches das Unternehmen auch nach dem Ausscheiden des Unternehmers weiterführen kann. Frühzeitige Regelung der Stellvertretung, Übertragung wichtiger Kundenkontakte und die Sicherstellung eines funktionierenden Know-how-Tranfers sind dafür zentral und gilt es rechtzeitig aufzusetzen.

5.4 Auswertung der Fallstudien

Im Folgenden werden die Fallstudien hinsichtlich der Voraussetzungen auf Seite der Unternehmen ausgewertet.

---

[352] Vgl. Bellefeuille-Burri, S. (2007), S. 18-19.
[353] Vgl. UBS Outlook (2002a), S. 15.

5.4.1 Kriterien für Fallstudien

Die Kriterien für die Auswertung halten sich an die vorhergehende Erarbeitung der Voraussetzungen auf Seite der Unternehmer. Die Analyse der erwähnten Aspekte soll deren Bedeutung kritisch hinterfragen und relevante Punkte hervorheben.

Auf der normativen Ebene werden zunächst die verschiedenen Rollen des Unternehmers betrachtet, um dessen Status im Betrieb zu eruieren. Zudem wird versucht, den Unternehmer in einen Zusammenhang mit der Eigner-Typologie zu stellen und den Effekt auf die Anzahl Nachfolgemöglichkeiten zu beurteilen. Im Weiteren wird auf den Einfluss der Familie hingewiesen, indem nach Möglichkeit die Position weiterer Familienmitglieder geschildert wird.

In strategischer Hinsicht werden die Vorbereitung der Nachfolge sowie deren langfristige Planung betrachtet. Dabei geht es insbesondere um die Anzahl der Nachfolgemöglichkeiten in Abhängigkeit der Planungsdauer und der Position des Unternehmers. Ausserdem wird das Auslöseelement für den Verkaufsentscheid eruiert und die Auswahl der Private Equity-Gesellschaft begründet.

Im operativen Bereich werden die Aspekte Wettbewerbsposition, Bilanz- und Managementstruktur des Unternehmens beurteilt, obschon diese ein sehr heterogenes Bild ergeben und in Abhängigkeit zur Investitionsstrategie der Private Equity-Gesellschaft stehen (vgl. Abb. 44).

Abb. 44: **Kriterien für die Fallstudien bezüglich der Voraussetzungen auf Unternehmerseite**

Normative Ebene	Strategische Ebene	Operative Ebene
Rollen des Unternehmers	Planung der Nachfolge	Wettbewerbsposition
Eigner-Typologie	Möglichkeiten der Unternehmensnachfolge	Bilanzstruktur
Einfluss der Familie	Auslöseelemente für den Verkaufsentscheid	Managementstruktur

5.4.2 Fallstudie 1

5.4.2.1 Normative Ebene
Rollen des Unternehmers
Unternehmen 1 wurde bereits in zweiter Generation von Unternehmer 1 geführt. Dieser übernahm es anfangs der 90er Jahre gemeinsam mit seinem Bruder von seinem Vater, der das Unternehmen gegründet hatte. Einige Jahre später verliess der Bruder das Unternehmen[354] und der Unternehmer übernahm die alleinige Geschäftsführung sowie das Verwaltungsratspräsidium. Das Unternehmen war zum Zeitpunkt der Transaktion zu 55% im Besitz des Unternehmers und zu 45% des Bruders.

Eigner-Typologie
Da der Unternehmer bereits früh das Bedürfnis hatte, sich aus dem aktiven Geschäftsleben zurückzuziehen, ist er innerhalb der Eigner-Typologie im Umsteigebereich anzusiedeln. Das Loslassen bereitete ihm keine Mühe, jedoch rechnete er damit, das Unternehmen erst fünf Jahre später zu verkaufen, als er es dann effektiv tat.

Einfluss der Familie
Die Tatsache, dass der Unternehmer und der Bruder am Unternehmen beteiligt waren, lässt auf ein Geschwister-Konsortium Familienunternehmen schliessen. Aufgrund der dominanten Rolle des Unternehmers und der spärlichen Einflussnahme des Bruders war das Unternehmen dennoch stark auf die Person des Unternehmers fokussiert. Er prägte die Unternehmenskultur und die Entscheidungsfindung war auf ihn zugeschnitten.

5.4.2.2 Strategische Ebene
Planung der Nachfolge und Möglichkeiten der Unternehmensnachfolge
Wie bereits erwähnt tat sich der Unternehmer nicht schwer, die Nachfolgeregelung anzugehen. Rund ein Jahr vor der Transaktion begann er mit der Planung, da er das Unternehmen fünf bis sechs Jahre später verkaufen wollte. Er sah dies

---

[354] Er blieb mit einem Verwaltungsratsmandat dem Unternehmen verbunden.

als den geeigneten Zeitpunkt, da der EBIT damals unter hohen Investitionskosten[355] litt und er das Unternehmen bis zum Verkaufszeitpunkt wieder zur Konkurrenzfähigkeit führen wollte.[356] In diesem Zusammenhang plante er, einen Geschäftsleiter aufzubauen, der zunächst seine operative Nachfolge und zum geeigneten Zeitpunkt das Unternehmen im Rahmen eines MBO übernehmen würde. Diese Variante stand jedoch nach sechs Monaten ausser Frage, da der eingesetzte Geschäftsleiter nicht die dafür nötigen Fähigkeiten aufwies. Der Unternehmer stieg darauf wiederum in die Position des Geschäftsleiters ein und fand sich damit ab, das Unternehmen bis zum geplanten Verkauf zu führen.

Da die Möglichkeiten der internen Nachfolgeregelungen ausgeschöpft waren,[357] entschied sich der Unternehmer, bis zum optimalen Verkaufszeitpunkt eine familien- und unternehmensexterne Lösung anzustreben. Im Zusammenhang mit der geplanten Veräusserung der Maschinenfabrik trat er bereits in Kontakt mit Private Equity-Gesellschaften, so dass er eine feste Vorstellung von deren Vorgehen hatte. Die Private Equity-Gesellschaften hatten jedoch kein Interesse an der Maschinenfabrik, da sie zu klein war und zu wenig Ertragspotenzial aufwies. Dies führte dazu, dass der Unternehmer gegenüber den Private Equity-Investoren eine negative Haltung aufbaute und deshalb den Verkauf an einen strategischen Investor bevorzugte.[358]

Zum Kontakt mit PEG Alpha kam es durch eine Indiskretion des Rechtsanwalts des Unternehmers, der gleichzeitig auch im VR des Unternehmens war. Dieser lernte im Rahmen der Verhandlungen um die Maschinenfabrik PEG Alpha kennen, welcher er ohne Wissen des Unternehmers die Unterlagen zur Prüfung zukommen liess. Erst nachdem sich PEG Alpha interessiert zeigte, informierte der Rechtsanwalt den Unternehmer, der sich dann bereit erklärte, in die Verhandlungen einzusteigen.

Entgegen seiner Grundhaltung hatte der Unternehmer bei PEG Alpha von Anfang an ein gutes Gefühl und konnte den Verkaufsentscheid ohne Druck fällen,

---

[355] Ein Neubau am deutschen Standort forderte entsprechende Kapitalressourcen.
[356] Der Unternehmer ging zudem davon aus, dass er einen höheren Verkaufserlös erzielen würde, sobald sich der EBIT wieder etwas erholt haben würde.
[357] Eine Rückkehr seines Bruders stand nicht mehr zur Diskussion und die direkten Nachkommen des Unternehmers waren noch zu jung.
[358] Der Unternehmer bemängelte, dass sich die Interessenten nicht wirklich mit dem Unternehmen auseinandersetzen und Entscheide lediglich aufgrund der Zahlen fällen würden.

zumal er die Veräusserung erst einige Jahre später suchte. Wichtig war ihm, dass er im Vergleich zu den angelsächsischen Investoren, die er zuvor kennengelernt hatte, echtes Interesse spürte und Potenzial für Managementkapazitäten sah, welche das Unternehmen nötig hatte. Als bedeutendsten Faktor bezeichnete der Unternehmer aber den Kaufpreis, der ihn für den frühzeitigen Unternehmensverkauf angemessen entschädigte.

Auslöseelemente für den Verkaufsentscheid
Die Planung der Unternehmensnachfolge wurde sorgfältig und gewissenhaft angegangen, aber das Angebot kam letztlich fünf Jahre zu früh, so dass der Unternehmer eine Lösung wählte, die sich sehr kurzfristig ergab. Als Auslöseelement für den Verkaufsentscheid kann deshalb einerseits die Nachfolgeregelung genannt werden und anderseits ergaben sich durch den frühzeitigen Einstieg der PEG Alpha Zukunftsperspektiven, die Investitionen im fernen Asien ermöglichten.

5.4.2.3 Operative Ebene

Wettbewerbsposition
Da die Anpassungen auf operativer Ebene auf den späteren Zeitpunkt angestrebt wurden, war das Unternehmen in verschiedener Hinsicht noch nicht auf die Übergabe vorbereitet.
Während die Wettbewerbsposition im europäischen Raum ansprechend war, fehlten die Mittel und das Know-how für die fällige Expansion in den asiatischen Raum. Zudem galt es zunächst, die Kosten des Neubaus zu finanzieren.

Bilanzstruktur
Obschon das Kapital zu einem grossen Teil durch Immobilien gebunden war, eignete sich insbesondere die zur Veräusserung vorbereitete Maschinenfabrik zur Besicherung des Fremdkapitals. Grundsätzliche Vorbereitungen wurden jedoch auch im Bereich der Bilanz noch nicht getroffen.

Managementstruktur
Die Managementstruktur stellte sich – auch retrospektiv – als grösste Problemstellung für die Übergabe heraus. Das mittlere Management war zu sehr abhän-

gig von der Führungspersönlichkeit des Unternehmers und entsprechend unselbständig. Aus Sicht von PEG Alpha war die fehlende Unabhängigkeit des mittleren Managements eine grosse Herausforderung.

5.4.2.4 Zusammenfassende Erkenntnisse aus Fallstudie 1

Aus der Analyse der Aktivitäten auf Seite des Unternehmers 1 lassen sich verschiedene Erkenntnisse ziehen. Zum einen zeigt sich, dass ein Unternehmenseigner im Umsteigebereich sehr wohl zu einer Nachfolgemöglichkeit gelangt, die Auswahl dann aber relativ klein ist. Der Unternehmer wurde mehr oder weniger überrascht vom Angebot der PEG Alpha und es war das einzige Angebot, da er die Nachfolge erst für Jahre später vorgesehen hatte. So konnte er keine Auswahl vornehmen, sondern musste ohne Vergleichsmöglichkeiten beurteilen, ob ihn das Angebot zufriedenstellte.

Zum anderen erwies sich die rationale Betrachtung der Familiensituation als Vorteil. Anstatt eine familieninterne Lösung zu erzwingen, entschied sich der Unternehmer frühzeitig für eine externe Lösung. Dies verhalf neben der monetären Entschädigung für den Unternehmer und den Bruder ebenso zu einer nachhaltigen Lösung für das Unternehmen.

Auf der strategischen Ebene zeigt sich, dass die Nachfolgeplanung zwar langfristig angedacht wurde, aufgrund des unerwarteten Angebots jedoch nicht länger als ein Jahr dauerte. Obwohl die Planung über fünf Jahre als vorteilhaft gilt, hat sich im Fall des Unternehmens 1 die kurzfristige und flexible Evaluation des Angebotes gut entwickelt.

Hinsichtlich der Bewertung der Faktoren, welche die Auswahl der Private Equity-Gesellschaft begünstigen, hat sich neben dem ansprechenden Kaufangebot erwiesen, dass das Vertrauen der entscheidende Faktor war. Das Gefühl, dass die Investoren sich effektiv für die Hintergründe des Unternehmens interessierten und sie nachhaltig weiterführen wollten, hat den Unternehmer letztlich überzeugt.[359]

Die mangelnde Vorbereitung des Unternehmens bezüglich der Übergabe zeigte sich am deutlichsten beim unselbständigen mittleren Management. Die Kader-

---

[359] Im Gespräch betonte der Unternehmer mehrmals die grundlegenden Unterschiede der PEG Alpha im Vergleich zu den Gesellschaften, die er im Rahmen des geplanten Maschinenverkaufs kennengelernt hat-

mitglieder hatten sich an die starke Persönlichkeit des Unternehmers gewöhnt. Eine frühzeitige Delegation der Kompetenzen hätte diese Problematik wohl entschärfen können.

5.4.3 Fallstudie 2

5.4.3.1 Normative Ebene

Rollen des Unternehmers
Unternehmen 2 war zu 100% im Besitz des Gründers und des geschäftsführenden Unternehmers 2, der zusätzlich das Amt des Verwaltungsratspräsidenten innehielt. Er führte also sämtliche wichtigen Rollen in Personalunion und prägte das Unternehmen entsprechend.

Eigner-Typologie
Da er das Unternehmen zu einem Zeitpunkt gründete, als er bereits über viel Arbeitserfahrung verfügte, war ihm von Anfang an bewusst, dass er die Nachfolge rechtzeitig regeln musste. Der Verkauf seines Unternehmens fand deshalb gewollt und geplant statt. In der Ausgangslage befand sich der Unternehmer deshalb im Komfortbereich, was der Nachfolge entgegen kam.

Einfluss der Familie
Obschon die Nachfolge rechtzeitig in Betracht gezogen wurde, war das Unternehmen vor der Transaktion in typischer Form gründerzentriert. Das Unternehmen war insofern eng mit der Familie verbunden, als auch die Ehefrau des Unternehmers darin tätig war und sie vor allem in der Anfangsphase grosse Unterstützung leistete.

5.4.3.2 Strategische Ebene

Planung der Nachfolge und Möglichkeiten der Unternehmensnachfolge
Der Unternehmer plante die Nachfolge auf den Abschluss seines 60. Altersjahres, weshalb er sie von Beginn an entsprechend ausrichtete. Bereits nach der

---

te. Hätte er kein derartiges Vertrauen zur PEG Alpha aufbauen können, hätte er das Unternehmen nicht verkauft.

Gründung war es für ihn das Ziel, das Unternehmen auf seinen Ausstieg vorzubereiten.

Für die Nachfolge kam nur eine externe Lösung in Frage, da sich eine familieninterne Regelung mangels Interesse der Nachkommen nicht eignete und das Management das Kapital für eine Übernahme nicht aufzubringen vermochte. Da er zunächst zu einem Verkauf an einen strategischen Investor tendierte, evaluierte er zuerst deren Angebote. Dabei realisierte er, dass diese seinen Vorstellungen nicht gerecht wurden, weil sie primär die Absorption seines Unternehmens anstrebten, ohne Rücksicht auf die Unternehmenskultur und mit Inkaufnahme von Entlassungen. Für den Unternehmer war die Erhaltung der Kultur[360] zentral, zumal er die starke Kundenorientierung des Unternehmens als erfolgsentscheidend erachtete.

In Absprache mit seinem Treuhänder entschied er sich deshalb rund ein Jahr vor der Transaktion gegen einen Verkauf an einen strategischen Investor und begann mit der Suche nach einer Private Equity-Gesellschaft. Er engagierte dafür einen M&A-Berater, um einen Finanzinvestor zu finden, der das weitere Wachstum schnell und erfolgreich vorantreiben würde.

Er hatte das Gefühl, dass die meisten potenziellen Investoren das Unternehmen sanieren wollten, obschon es nach seiner Meinung keine Sanierungsmöglichkeiten gab. Er erhoffte sich sehr wohl neue Inputs des Investors, wollte aber verhindern, dass „der Motor ausgebaut und das Schiff weiterverwendet werde." Zudem hätten die meisten Private Equity-Gesellschaften mit dem Management verhandeln wollen und sich nicht für ihn und seine Unternehmensphilosophie interessiert, was ihm ein schlechtes Gefühl hinterliess. Ebenso hatte er starke Vorbehalte, wie diese Investoren mit den Kunden umgehen würden.

Anders verhielt es sich mit PEG Alpha, die sich von Anfang an viel Zeit nahm, das Unternehmen zu verstehen. Gemäss Aussagen des Unternehmers interessierten sie sich stark dafür, wie der Kunde denke und hätten die Einsicht gehabt, die „Spezialisten machen zu lassen." Die Unterstützung, die er seitens PEG Alpha spürte und das Vertrauen, das er deren Schlüsselpersonen gegenüber aufbaute, waren letztlich entscheidend für ihn, die Verhandlungen in eine weite-

---

[360] Die Unternehmenskultur war nach Meinung von PEG Alpha ein wesentlicher Bestandteil der guten Positionierung des Unternehmens.

re Phase zu führen. Nach Angabe des Unternehmers hätte er das Unternehmen noch nicht verkauft, wenn er nicht PEG Alpha gefunden hätte.

Auslöseelemente für den Verkaufsentscheid
Da die Veräusserung des Unternehmens ein bewusster und langfristig aufgesetzter Entscheid war, gilt als Auslöseelement die Nachfolgeregelung. Zudem versprach sich der Unternehmer von PEG Alpha die Erfüllung von Zukunftsperspektiven, da er primär das Wachstum vorantreiben wollte.

5.4.3.3 Operative Ebene

Wettbewerbsposition
Auf operativer Ebene war Unternehmen in fast jeder Hinsicht gut auf die Übergabe vorbereitet. Die Wettbewerbsposition des Unternehmens war sehr gut, zumal sie über ansprechendes Ertrags- und Wachstumspotenzial verfügte. Das Unternehmen steigerte seinen Umsatz innerhalb von acht Jahren auf 55 Mio. CHF und erzielte dabei einen EBITDA von 4.5 Mio. CHF (8.2%), was für die Branche in dieser Phase des Unternehmenslebenszyklus vielversprechend war.

Bilanzstruktur
Da das Unternehmen keine Produktionsstätte zu betreiben hatte und die Arbeiten jeweils vorausfinanzieren liess,[361] konnte die Bilanzstruktur sehr leicht gehalten werden. Die Tatsache, dass keine betrieblichen Vermögenswerte zur Besicherung von Fremdkapital vorhanden waren, war nicht weiter problematisch, da das Unternehmen vor der Transaktion bis auf kurzfristige Kreditoren schuldenfrei war.

Managementstruktur
Das Management konnte sich über einen längeren Zeitraum damit auseinandersetzen, dass es mittelfristig einen Wechsel im Eigentum geben würde, weshalb es sich entsprechend vorbereiten konnte. Da der Unternehmer gezielt auf ein selbständiges Management hinarbeitete, wies das Management bereits eine an-

---

[361] Die Kunden leisteten jeweils Vorauszahlungen, da sich die Auftragsausführung über rund zwei Jahre hinweg zog. Diese Vorleistungen in der Höhe von ca. 13 Mio. CHF liessen die Bruttobilanzsumme stark wachsen, obschon davon lediglich der Kassenbestand betroffen war.

sprechende Unabhängigkeit auf. Dennoch hinterliessen die Omnipräsenz und starke Persönlichkeit des Unternehmers ihre Spuren und es galt sein Know-how nach Möglichkeit im Unternehmen zu binden.

5.4.3.4 Zusammenfassende Erkenntnisse aus Fallstudie 2

Im Rahmen der Typologisierung des Unternehmenseigners zeigt sich in Fallstudie 2, dass der Unternehmer, der im Komfortbereich angesiedelt werden kann, tatsächlich mehrere Alternativen zur Auswahl hatte. Diese evaluierte er sorgfältig und entschied sich letztlich für die Lösung, welche seiner Unternehmensphilosophie am meisten entsprach.

Die langfristige und durchdachte Planung der Nachfolge zeigte sich in jeder Hinsicht als wertvoll.[362] Durch seine Bereitschaft, rechtzeitig loszulassen, schaffte er dem Unternehmen die Voraussetzungen für weiteres Wachstum und legte den Grundstein zur Sicherung dessen Fortbestandes. Die Tatsache, dass der Unternehmer über mehrere Jahre verschiedene Varianten evaluierte und sich letztlich mit Sicherheit für eine entscheiden konnte, verdeutlicht noch einmal die Notwendigkeit und die Bedeutung der Weitsicht in der Nachfolgeplanung.

Das Unternehmen traf die Auswahl der PEG Alpha anhand des Faktors Vertrauen, welches durch deren spürbares Interesse am Unternehmen aufgebaut werden konnte. Da der Unternehmer die Unternehmenskultur stark prägte und ihr entsprechende Bedeutung beimass, kam für ihn nur PEG Alpha in Frage. Andere Kriterien spielten für ihn vernachlässigbare Rollen.

Auch auf der operativen Ebene schlug sich die gute Vorbereitung nieder. Die Wettbewerbsposition des Unternehmens war für Finanzinvestoren ansprechend attraktiv, so dass sich verschiedene Interessenten meldeten. Der vorzeitige Einbezug des Managements erwies sich nach Aussage der PEG Alpha als zentral, zumal es vorbereitet war, das Unternehmen auch nach dem Verkauf voranzutreiben.

5.4.4 Fallstudie 3

5.4.4.1 Normative Ebene

Rollen des Unternehmers

---

[362] Auch die PEG Alpha sprach von einem „Musterfall" der Nachfolgeplanung.

Unternehmer 3 kaufte – nachdem er 50% der Unternehmensanteile von seinem Vater geerbt hatte – die andere Hälfte der Aktien nach seinem Einstieg in Unternehmen 3 von seinem Cousin unter Einbezug von Fremdkapital ab. Vor der Transaktion besass er somit 100% des Unternehmens, amtete als Verwaltungsratspräsident und war Geschäftsführer.

Eigner-Typologie
Die Absicht, das Unternehmen zu veräussern, entstand primär auf Druck der Fremdkapitalgeber – sonst hätte der Unternehmer wohl noch zugewartet mit der Planung der Nachfolge. Von dem Moment an, als sich jedoch ein Verkauf abzeichnete, plante er den Verkauf, indem er systematisch mögliche Lösungen prüfte. Eine Einordnung in die Eignertypologie nach KNOBEL (2006) fällt deshalb schwer, wobei er am ehesten im Umsteigebereich anzusiedeln wäre: Der Verkauf an sich bereitete ihm weniger Mühe als das spätere Verlassen des Unternehmens und die Planung war ausreichend, jedoch kurzfristig angesetzt.

Einfluss der Familie
Bezüglich der Art des Familienunternehmens lässt sich das Unternehmen ebenfalls nicht eindeutig einordnen. Da es über mehrere Generationen in Familienbesitz war, zeigte es sich vor dem Einstieg des Unternehmers als typisches Geschwister-Konsortium Unternehmen. Zum späteren Zeitpunkt, als der Unternehmer sämtliche Anteile übernommen hatte, zeichneten es wohl eher die Eigenschaften des Gründer-zentrierten Unternehmens aus, da er einen starken Einfluss auf das Unternehmen ausübte.

5.4.4.2   Strategische Ebene

Planung der Nachfolge und Möglichkeiten der Unternehmensnachfolge
Der Unternehmer fasste aufgrund der hohen Fremdkapitalkosten den Entschluss, die Nachfolgeregelung anzugehen. Dabei suchte er primär nach einer Lösung, die es ihm zunächst ermöglichte, die Anteile des Unternehmens abzugeben, ohne jedoch operativ aus dem Unternehmen auszuscheiden. Den vollständigen Ausstieg strebte er erst in einer zweiten Phase an, nach Abschluss des Wissenstransfers.

Eine familieninterne Lösung sowie ein MBO kamen von Anfang an nicht in Frage, da Familie wie auch Management den Kredit nicht ohne fremde Hilfe hätten ablösen können. Auch wenn die Gründung einer Auffanggesellschaft eine zusätzliche Variante gewesen wäre, war dies für den Unternehmer aus moralischen Gründen keine Option.

Er präferierte einen Verkauf an einen strategischen Investor, weshalb er sich mangels Alternativen in der Schweiz zunächst an Mitbewerber auf der ganzen Welt richtete. Die Anzahl Möglichkeiten hielt sich jedoch auch global in Grenzen, weil das Unternehmen in einer Nische tätig ist, die nicht viele Mitbewerber kennt. So wurden während drei Jahren die verschiedenen Möglichkeiten geprüft, wobei sich keine geeignete darunter finden liess. Obschon einige strategische Investoren Interesse zeigten, waren die kulturellen und finanziellen Rahmenbedingungen für jeweils nicht so zufriedenstellend, als dass der Unternehmer darauf hätte eingehen können. Vor allem befürchtete er, dass die weitere Unternehmensführung nicht seinen Wertvorstellungen entsprechen würde und das Unternehmen im Rahmen der Übernahme untergegangen wäre.

Erst als sich abzeichnete, dass kein strategischer Investor zu finden war, setzte sich der Unternehmer mit dem Verkauf an eine Private Equity-Gesellschaft auseinander. Er kontaktierte M&A-Spezialisten, die ihn unter anderem an PEG Beta vermittelten. Im Vergleich zu anderen Investoren überzeugte ihn PEG Beta mit dem unternehmerischen Ansatz, den sie an den Tag legte. Sie hätten ein hohes Verantwortungsbewusstsein gezeigt und eine strategische Absicht deutlich gemacht, die dem Unternehmer nachhaltig erschien. Dieses gute Gefühl habe ihn zum Entschluss geführt, die Zusammenarbeit mit PEG Beta voranzutreiben.

Auslöseelemente für den Verkaufsentscheid
Der Verkauf des Unternehmens geschah aufgrund des finanziellen Drucks.[363] Der Unternehmer nahm dies erst in zweiter Linie zum Anlass, seine Nachfolge anzugehen. Als Auslöseelement gilt deshalb primär die fehlende Finanzierbarkeit und erst dann die Regelung der Nachfolge.

---

[363] Die Fremdkapitalkosten beliefen sich aufgrund der hohen Verschuldung und des hohen Zinses jährlich auf rund 2.8 Mio. CHF.

5.4.4.3 Operative Ebene

Wettbewerbsposition

Die Wettbewerbsposition vor der Transaktion war auf einem ansprechenden Niveau. Obwohl das Wachstumspotenzial in den 90er Jahren weitgehend ausgeschöpft wurde und sich die EBITDA-Marge in der Vergangenheit sehr volatil zeigte, hatte das Unternehmen eine gesunde Position im Markt.

Bilanzstruktur

Als Hauptproblem zeigte sich die Zusammensetzung der Bilanz. Das Eigenkapital wurde durch Verlustvorträge im Verlaufe der Jahre aufgebraucht, so dass sich die Bilanzsumme von 16 Mio. CHF zu etwa 75% aus langfristigen Bankkrediten zusammensetzte.[364] Da das Unternehmen als Sanierungsfall galt, hatte es mit 8% p. a. Fremdkapitalzinsen eine hohe Risikoprämie zu zahlen.

Managementstruktur

Wie erwähnt plante der Unternehmer, auch nach Verkauf der Anteile im Unternehmen zu bleiben, weshalb der Wissenstransfer nicht im Vordergrund stand. Viel problematischer war die psychische Verfassung des Managementteams, zumal im Rahmen der turbulenten Jahre vor der Transaktion die Verantwortlichen unter dem enormen Druck litten und in einem verunsicherten Zustand arbeiteten.

5.4.4.4 Zusammenfassende Erkenntnisse aus Fallstudie 3

Die Fallstudie zeigt, dass eine Unternehmenskrise zu einer Regelung der Nachfolge führen kann. Die hohe Kapitalkostenbasis zwang den Unternehmer, die Planung der Nachfolge anzugehen, obschon er eigentlich noch operativ hätte tätig bleiben wollen. Die Suche nach einer geeigneten Lösung dauerte über drei Jahre, zumal zunächst kein passender strategischer Investor gefunden werden konnte und erst in einer späteren Phase der Kontakt zu Private Equity-Gesellschaften gesucht wurde.

Als entscheidende Faktoren zur Auswahl von PEG Beta wurden deren unternehmerisches Denken und die nachhaltige strategische Absicht erwähnt. Letztlich waren das gute Gefühl und das Vertrauen ausschlaggebend.

Neben der Ablösung des Kredits erwies sich die Verunsicherung des Managements als kritisch. Die psychische Ausgangslage des Teams zeigte sich als bedeutender Faktor für weitere Aktivitäten.

5.4.5 Fallstudie 4

5.4.5.1 Normative Ebene

Rollen des Unternehmers
Wie in der Ausgangslage bereits geschildert wurde, erlebte Unternehmen 4 zwei Jahre vor der beschriebenen Transaktion eine erste Nachfolgeregelung. Zum Zeitpunkt der zweiten Transaktion war Unternehmer 4 in Besitz von 15% der Aktien, während der Finanzinvestor 85% besass. Der Unternehmer war zudem Verwaltungsratspräsident und Geschäftsführer der Holding.

Eigner-Typologie
Die Typologisierung des Eigentümers ist insofern schwirig, als der Unternehmer bereit war, die Planung der Nachfolge frühzeitig anzugehen, die Umstände dies jedoch kaum ermöglichten. Erschwerend kam hinzu, dass der Unternehmer nie Mehrheitsbesitzer des Unternehmens war, sondern im Rahmen des MBO lediglich Minderheitsanteile erwarb. Dennoch ist er in der Ausgangslage im Komfortbereich anzusiedeln, da ihm das Loslassen keine Mühe bereitete.

Einfluss der Familie
Das Unternehmen war vor der ersten Transaktion ein Geschwister-Konsortium Familienunternehmen, das zwar in erster Generation geführt wurde, jedoch aus den Geldern der Familienstiftung finanziert wurde. In der zweiten Phase wurde es sehr wohl vom Unternehmer geprägt, aber das Eigentum lag mehrheitlich beim Finanzinvestor.

5.4.5.2 Strategische Ebene

Planung der Nachfolge und Möglichkeiten der Unternehmensnachfolge
Die Planung der Nachfolge wurde in der zweiten Phase sehr kurzfristig angegangen, da das Unternehmen zum Zeitpunkt der zweiten Transaktion unter star-

---

[364] Die Bilanz wies zusätzlich ein Aktionärsdarlehen von Unternehmer 3 über rund 8 Mio. CHF auf.

kem Druck war. Obschon die erste Nachfolgelösung mittels des MBO geregelt schien, führte die Neuausrichtung des Finanzinvestors erneut zu einem Handlungs- resp. Nachfolgebedarf. Der Finanzinvestor fand sich im Wesentlichen damit ab, das Unternehmen in die Insolvenz zu führen,[365] während der Unternehmer dies mit allen Mitteln verhindern wollte.

Familieninterne Alternativen existierten keine, da das Unternehmen nicht mehr in Familienbesitz war. Ein MBO lag ebenso nicht im Bereich des Möglichen, da ein solcher bereits zwei Jahre zuvor durchgeführt wurde und der Unternehmer bereits am Unternehmen beteiligt war. Zudem erübrigte sich die Suche nach einem strategischen Investor, da das Unternehmen zum einen zu gross für eine horizontale oder vertikale Integration und zum anderen zu stark diversifiziert war, als dass ein strategischer Investor Interesse an der ganzen Holding gehabt hätte.

Die Auswahlmöglichkeiten beschränkten sich somit von Anfang an auf Finanzinvestoren, wobei sich nur PEG Beta als Übernahmekandidat meldete. Dennoch schätzte der Unternehmer die unternehmerische Haltung und das persönliche Engagement der Investoren und konnte sich rasch mit der Lösung zufriedenstellen.[366]

Auslöseelemente für den Verkaufsentscheid
Als Auslöseelemente sind neben der Regelung der Nachfolge auch die fehlende Finanzierbarkeit sowie zeitliche Restriktionen zu nennen, da der Handlungsspielraum des Unternehmers aufgrund der misslichen Umstände um das Unternehmen stark eingeschränkt wurde und das notwendige Kapital nicht erhältlich war.

---

[365] Nach Aussage des Unternehmers beschäftigten sich deren Mitarbeiter bereits mit neuen Projekten und hätten sich nicht mehr mit dem Unternehmen auseinander gesetzt.

[366] Interessant dabei ist, wie stark der Unternehmer die Unterschiede zwischen dem Finanzinvestor und PEG Beta hervorhebt. Während er den Einsatz der Mitarbeiter des Finanzinvestors als betriebsfremd und distanziert erlebte, empfand er die deutlich kleinere PEG Beta als viel geeigneter für ein mittelständisches Unternehmen, da es so deutlich stärker von den Persönlichkeiten und den Erfahrungen des Investors profitieren könne.

5.4.5.3 Operative Ebene

Wettbewerbsposition

Das Unternehmen befand sich in dieser Wendephase in einer operativen Misslage. Abb. 45 zeigt die Entwicklung der Kennzahlen für die gesamte Unternehmensgruppe.

Abb. 45: Kennzahlen des Unternehmens 4 vor der zweiten Transaktion (in Mio. CHF)

	Jahr -4	Jahr -3	Jahr -2	Jahr -1	Jahr 0
In Besitz von	Unternehmerfamilie	Unternehmerfamilie	Finanzinvestor und Unternehmer 4	Finanzinvestor und Unternehmer 4	Ab Mitte Jahr PEG Beta
Umsatz	69.6	76.3	77.7	72.1	66.2
EBITDA	6.8	7.8	4.4	1.0	0.7
EBIT	2.3	2.5	-2.3	-4.7	-5.4

Es wird ersichtlich, dass der Umsatz in den beiden Jahren nach der ersten Übernahme um knapp 15% auf 66.2 Mio. CF sank und die EBITDA-Marge auf 1% schrumpfte. Zudem war die Unternehmensgruppe strategisch nicht klar positioniert und es fehlte eine konsistente Führung, was die Ertrags- und Wachstumserwartungen weiter dämpfte.[367]

Bilanzstruktur

In einem kritischen Zustand zeigte sich auch die Struktur der Bilanz. Mit einem Eigenkapitalanteil von rund 22% war der Kapitalzugang ausgereizt und die Tilgung der Schuldzinsen belastete das Unternehmen schwer.

Managementstruktur

Das Management wurde durch die verschiedenen Wechsel verunsichert. Dennoch war es aufgrund der Holdingstruktur in der nötigen Unabhängigkeit und Selbständigkeit.

---

[367] Siehe dazu Kapitel 4.4.

5.4.5.4 Zusammenfassende Erkenntnisse aus Fallstudie 4

Die Erkenntnisse sind einerseits von der Kooperation mit Finanzinvestor und anderseits von der schlechten operativen Ausgangslage geprägt. Zunächst gilt es festzuhalten, dass die Zusammenarbeit des Unternehmers mit dem Finanzinvestor nicht funktionierte. Dies ist zum einen auf divergierende Interessen zurückzuführen und zum anderen auf ein grundlegend verschiedenes Geschäftsverständnis. Als Folge daraus blockierte der Finanzinvestor jegliche weitere Engagements, um nicht zusätzliches Kapital zu verlieren, und der Unternehmer bemängelte eben dies, da er an einen Turnaround glaubte. Die Eigenschaften, die er in PEG Beta fand – Unternehmergeist, Interesse und Engagement – waren letztlich ausschlaggebend für die konstruktive Zusammenarbeit nach der zweiten Transaktion.

Die schlechten operativen Resultate des Unternehmens sowie die kurzfristige Vorbereitungszeit für die zweite Transaktion führten dazu, dass die Auswahl an Nachfolgemöglichkeiten sehr klein war. Lediglich das Angebot von PEG Beta stand im Raum, so dass es für den Unternehmer und den Finanzinvestor keine Möglichkeit zur Evaluation von Varianten mehr gab.

5.4.6 Fallstudie 5

5.4.6.1 Normative Ebene

Rollen des Unternehmers
Seit seinem Einstieg stand der Familienbetrieb im Zentrum des Unternehmers 5. Er war Eigentümer zu 100%, Verwaltungsratspräsident und Geschäftsführer zugleich sowie eine kommunal bekannte Grösse, da Unternehmen 5 ein bedeutender Arbeitgeber in der Region war.

Eigner-Typologie
Auf dem Portfolio der Eigner-Typologie ist der Unternehmer im Problembereich anzusiedeln. Er betrachtete das Unternehmen als sein Lebenswerk und tat sich mit dem Loslassen entsprechend schwer. Dies zeigt sich insbesondere daran, dass er nach Aussage seiner Tochter mit 65 noch nicht an einen Ausstieg

dachte und erst nach gesundheitlichen Rückschlägen im Alter von über 80 Jahren zur Aufgabe des Geschäftes bewegt werden konnte.[368]

Einfluss der Familie
Obschon der Unternehmer den Betrieb in zweiter Generation führte, ist das Unternehmen als Gründer-zentriertes Unternehmen zu bezeichnen. Sämtliche Entscheidungswege führten über den Unternehmer und entsprechend konzentriert lagen die Machtverhältnisse.

5.4.6.2 Strategische Ebene

Planung der Nachfolge und Möglichkeiten der Unternehmensnachfolge
Der Unternehmer führte das Unternehmen bis ins 78. Altersjahr. Da dann altersbedingt gesundheitliche Probleme einsetzten, begann die Familie Druck auszuüben, die Nachfolgeregelung anzugehen. Zudem stand das Unternehmen zu diesem Zeitpunkt bereits vor grossen wirtschaftlichen Herausforderungen, da sich die Branche in einer Restrukturierungsphase befand und im Unternehmen seit mehreren Jahren dringend notwendige Investitionen anstanden.
Zunächst setzte der Unternehmer den vorhergehenden Betriebsleiter[369] als Geschäftsführer ein, dessen Fähigkeiten fachlich sehr wohl ausreichten, aber für die Führung des patriarchisch geprägten Unternehmens nicht genügten.[370] In einem weiteren Schritt wurde sein Sohn zum Betriebsleiter nominiert, der jedoch zwei Jahre später wieder aus dem Unternehmen ausstieg, nachdem seine Vorstellungen über die Weiterführung des Unternehmens zu stark mit denjenigen des Vaters divergierten.
Die Tatsache, dass keine absehbare Nachfolgelösung gefunden werden konnte und dass der Unternehmer das defizitäre Unternehmen mit privaten Mitteln finanzierte, führte dazu, dass die Tochter zur Regelung der Nachfolge hinzugezogen wurde.[371] Als Ausgangslage präsentierte sich ihr ein Unternehmen, das

---

[368] Die Nachfolge wurde zwischenzeitlich zwar angegangen, jedoch wurde keine Lösung gefunden, die Bestand hatte (siehe weiter unten).
[369] Der Betriebsleiter war bereits über 65 Jahre alt.
[370] Zudem verfügte er weder über die Mittel noch die Motivation, das Unternehmen im Rahmen eines MBO zu übernehmen.
[371] Die Tochter des Unternehmers verfügte über eine entsprechende Ausbildung und berufliche Erfahrung im Bereich von Unternehmenstransaktionen.

bereits seit mehreren Jahren rote Zahlen schrieb und dessen Management es an der Fähigkeit mangelte, das Unternehmen aus der Krise zu führen.
Nachdem familieninterne Varianten und ein MBO gescheitert waren, standen nur noch der Verkauf an einen strategischen oder Finanzinvestor zur Diskussion, zumal eine Liquidation abgewendet werden sollte.[372] Die Veräusserung an einen strategischen Investor stellte insofern keine Lösung dar, als der Unternehmer sein Unternehmen nicht an die ihm bekannten Mitbewerber verkaufen wollte, auch wenn eine Konsolidierung der Branche unter Umständen eine Entspannung hätte herbeiführen können.[373]
Aus ihrer vergangenen Tätigkeit hatte die Tochter Kontakte zu M&A-Beratern, welche sie nach interessierten Investoren anfragte. Neben PEG Gamma meldeten sich primär Immobilieninvestoren, die eine Umnutzung resp. Entwicklung der Liegenschaft bei gleichzeitiger Einstellung des Betriebes anstrebten. Da für die ganze Familie jedoch die Weiterführung des Betriebes im Vordergrund stand, entschied man sich per se gegen diese Investoren und nahm die Verhandlungen mit PEG Gamma auf. Letztlich ausschlaggebend für die Auswahl war deren Konzept, wovon sich die Tochter den Turnaround des Unternehmens durch entsprechende Investitionen versprach. Zudem überzeugte die Familie der Hands-on-Ansatz[374] von PEG Gamma, die operative Unterstützung in Aussicht stellte.

Auslöseelemente für den Verkaufsentscheid

Das Unternehmen stand vor der drohenden Insolvenz aus finanziellen Gründen, die nicht zuletzt auch auf der mangelnden Nachfolge basierten. Auslöseelemente gab es einige, zumal sich die Nachfolge in vielerlei Hinsicht aufdrängte. Dazu gehörten etwa die Nachfolgegeneration, welche die Führung nicht antreten wollte, die Nachfolgeregelung, die seit mehreren Jahren anstand, die zeitlichen Restriktionen, die ein rasches Handeln erforderten, die Finanzierbarkeit der notwendigen Investitionen sowie die Zukunftsperspektiven, die ohne externen Investor nicht mehr hätten gewährleistet werden können.

---

[372] Da der Unternehmer emotional stark mit seinem Betrieb verbunden war und sein Lebenswerk damit verband, wollte er eine Liquidation in jedem Fall vermeiden.
[373] Siehe dazu Kapitel 8.3.6.2.
[374] Siehe dazu Kapitel 8.1.2.1.

5.4.6.3 Operative Ebene

Wettbewerbssituation

Die Ausgangslage des Unternehmens in operativer Hinsicht wurde bereits mehrfach angesprochen. Die Wettbewerbssituation war nicht nur aufgrund der angespannten Marktsituation schlecht, sondern auch, weil das Unternehmen mit Inventar aus den 70er Jahren ausgestattet war, was Ersatzinvestitionen notwendig machte. Das Kerngeschäft war defizitär, einzig die Herstellung eines Nischenproduktes fand guten Absatz auf dem Markt.

Bilanzstruktur

Während die überalterten Anlagen seit geraumer Zeit bereits abgeschrieben waren, drückten die Zinsen des Betriebskredits – die Immobilie diente zwar u. a. als Besicherung – auf das ohnehin schon schlechte operative Ergebnis.[375]

Managementstruktur

Das Middle Management war nach Aussage von PEG Gamma inexistent. Der Unternehmer war die unumstrittene Führungspersönlichkeit im Betrieb, die sämtliche Kompetenzen vereinte, was zur Folge hatte, dass die Mitarbeiter entsprechend unselbständig waren.

5.4.6.4 Zusammenfassende Erkenntnisse aus Fallstudie 5

Die Fallstudie zeigt, wie die verschiedenen Verkettungen zu einer Konstellation führen können, die eine erfolgreiche Nachfolge von Beginn an scheitern lassen. Zunächst verpasste der Unternehmer die rechtzeitige Regelung seiner Nachfolge, indem er sich bis ins hohe Alter nicht mit dem Gedanken befasste, sie anzugehen. Die mangelnde Bereitschaft loszulassen hatte zur Folge, dass sich sowohl die Anzahl Möglichkeiten wie auch die Wahrscheinlichkeit, überhaupt eine zufriedenstellende Lösung zu finden, verkleinerten – analog zur Typologisierung im Problembereich.

Auch das Festhalten an einer familieninternen Lösung in einer ersten Phase, ohne die Interessen und Fähigkeiten der Nachkommen zu evaluieren, erschwerte die Situation, da wertvolle Zeit bis zum notwendigen Turnaround und Kapitaleinschub verloren ging. Eine rationale und langfristige Planung hätte diese

Variante wohl bereits zu einem früheren Zeitpunkt als ungeeignet erkennen lassen.

Zu der nicht geregelten Nachfolge kam hinzu, dass sich der Markt wie auch das Unternehmen in einer Krisensituation befanden, was den Zeitdruck zusätzlich erhöhte. Als mögliche Lösung, die sich mit den Interessen der Familie vereinbaren liess, blieb nur noch PEG Gamma, welche das Vertrauen der Familie primär durch ihre operative Erfahrung und strategische Absicht gewann.

Auf der operativen Ebene zeigte sich, dass das unselbständige Management mit der Nachfolgesituation überfordert war und sich deshalb im kritischen Moment nicht in der Lage sah, unterstützend zu wirken. Der Betriebsleiter, der als Nachfolger in Frage gekommen wäre, wies keine entsprechenden Fähigkeiten auf, obschon er jahrelange Erfahrung im Betrieb sammeln konnte.

5.4.7 Fallstudie 6

5.4.7.1 Normative Ebene

Rollen des Unternehmers

Unternehmer 6 übernahm Unternehmen 6 in den 80er Jahren und war seither Eigentümer und Verwaltungsratspräsident. Die Geschäftsleitung lag von Anfang an bei einem von ihm eingestellten Manager.

Eigner-Typologie

Der Unternehmer war zwar Besitzer des Unternehmens, übte jedoch parallel andere Tätigkeiten aus. Obschon der Verkauf des Unternehmens erst auf Anfrage von PEG Delta zu einem Thema wurde, hatte er letztlich keine Mühe damit, das Unternehmen abzugeben. Innerhalb der Eigner-Typologie ist er deshalb im Aussteigebereich anzusiedeln.

Einfluss der Familie

Die Familie des Unternehmers hatte keinen speziellen Bezug zum Unternehmen, zumal sich der Unternehmer Anteile aneignete, ohne je operativ darin tätig gewesen zu sein. Das Unternehmen ist deshalb als offenes Familienunternehmen zu bezeichnen.

---

[375] Siehe dazu Kapitel 4.5.

5.4.7.2 Strategische Ebene

Planung der Nachfolge und Möglichkeiten der Unternehmensnachfolge

Obschon die Wettbewerbssituation das Unternehmen unter Druck setzte, beschäftigte sich der Unternehmer noch nicht konkret mit der Regelung der Nachfolge. Eine Planung oder Evaluation der verschiedenen Möglichkeiten fand deshalb nicht statt.

PEG Delta kam im Rahmen der Buy and Build-Strategie aktiv auf den Unternehmer zu und bekundete das Interesse am Unternehmen als Add-on Investment. Da der Unternehmer mit dieser Anfrage überrascht wurde und zunächst noch keinen Grund sah, das Unternehmen zu verkaufen, lehnte er das Angebot ab. Rund vier Monate später spitzte sich der Preiskampf weiter zu, so dass der Unternehmer zur Meinung gelangte, das Unternehmen könne durch die Veräusserung und den anschliessenden Zusammenschluss zu einer Holding besser weitergeführt werden. In der Folge meldete er sich bei PEG Delta und stieg in die Verhandlungen ein.

Auslöseelemente für den Verkaufsentscheid

Als Auslöseelemente lassen sich primär die Nachfolgeregelung und die Zukunftsperspektiven nennen. Auch wenn die Nachfolgeregelung erst eine Folge des Angebots von PEG Delta war, nutzte der Unternehmer das Angebot dennoch, um die Besitzübergabe zu vollziehen. In erster Linie waren jedoch die mangelnden Zukunftsperspektiven ohne den Zusammenschluss zur Holding ausschlaggebend für den Verkaufsentscheid.

5.4.7.3 Operative Ebene

Wettbewerbssituation

Der Markt litt unter dem erhöhten Preisdruck. Das Unternehmen hatte zwar eine solide Basis, war jedoch ein Unternehmen von vielen, die ähnliche Probleme aufwiesen. So war die Wettbewerbsposition zu schwach, um die anstehenden Herausforderungen alleine anzugehen.

Bilanzstruktur

Zur Bilanz des Unternehmens wurden keine Angaben gemacht.

Managementstruktur

Da das Transaktionsangebot ungeplant kam, war das Management nicht spezifisch auf die anstehende Übernahme vorbereitet. Dies war jedoch nicht weiter problematisch, zumal der Unternehmer die Geschäftsleitung ohnehin nicht selbst innehatte und lediglich als Eigentümer und VR-Präsident amtete.

5.4.7.4 Zusammenfassende Erkenntnisse aus Fallstudie 6

Da mit dem Unternehmer selbst kein Gespräch geführt wurde, führen die Angaben zu den Determinanten auf Unternehmensseite vor der Transaktion nicht ins Detail. Dennoch zeigt die Fallstudie, dass die emotionale Bindung zum Unternehmen auf Unternehmerseite nicht immer gleich stark ist. So strebte der Unternehmer die Nachfolgeregelung zwar noch nicht an, nahm aber die Opportunität wahr, die sich durch das Kaufangebot von PEG Delta ergab. Er tat sich letztlich nicht schwer damit, das Unternehmen loszulassen, obschon er kommende Herausforderungen noch hätte angehen können.

5.4.8 Erkenntnisse

5.4.8.1 Zusammenfassung

Die Voraussetzungen vor der Transaktion auf Seite der Unternehmen werden im Folgenden übersichtlich gezeigt (vgl. Abb. 46).

Abb. 46: Zusammenfassung der Fallstudien bezüglich der Voraussetzungen auf Unternehmensseite

	Fallstudie 1, Unternehmen 1	Fallstudie 2, Unternehmen 2	Fallstudie 3, Unternehmen 3	Fallstudie 4, Unternehmen 4	Fallstudie 5, Unternehmen 5	Fallstudie 6, Unternehmen 6
Normative Ebene						
Rollen des Unternehmers	Eigentümer zu 55%, VR-Präsident, Geschäftsführer, Vater mehrer Kinder	Eigentümer, VR-Präsident, Geschäftsführer, Vater mehrerer Kinder	Eigentümer, VR-Präsident, Geschäftsführer	Eigentümer zu 15%, VR-Präsident, Geschäftsführer	Eigentümer, VR-Präsident, Geschäftsführer, Vater mehrerer Kinder	Eigentümer, VR-Präsident
Eigner-Typologie	Umsteigebereich	Umsteigebereich	Umsteigebereich	Komfortbereich	Problembereich	Aussteigebereich
Typologie des Familienunternehmens	Geschwister-Konsortium Familienunternehmen	Gründerzentriertes Familienunternehmen	Gründerzentriertes Familienunternehmen	Ursprünglich Geschwister-Konsortium Familienunternehmen	Gründerzentriertes Familienunternehmen	Offenes Familienunternehmen

Strategische Ebene

Planung der Nachfolge	Langfristig angedacht, kurzfristige Umsetzung	Langfristig geplant	Über drei Jahre, aufgrund des Kostendrucks des Fremdkapitals	Die zweite Transaktion wurde kurzfristig und unter Druck durchgeführt	Nachfolgeplanung wurde erst im hohen Alter unter erschwerten Bedingungen angegangen	Kaufangebot kam überraschend, da PEG Delta aktiv auf Unternehmen 6 zuging
Möglichkeiten der Unternehmensnachfolge	MBO und Verkauf an strategischen Investor bevorzugt	Nach Evaluation aller Möglichkeiten Entscheid für Finanzinvestor	Verkauf an strategischen Investor bevorzugt	Verkauf an Private Equity-Gesellschaft als einzige Variante vor der drohenden Insolvenz	Nachdem ein MBO und eine familieninterne Lösung scheiterten, wurde der Verkauf an eine Private Equity-Gesellschaft angestrebt	Keine Evaluation
Auslöseelemente für den Verkaufsentscheid	Nachfolgeregelung und Zukunftsperspektiven	Nachfolgeregelung und Zukunftsperspektiven	Fehlende Finanzierbarkeit und sekundär Nachfolgeregelung	Nachfolgeregelung, zeitliche Restriktionen und fehlende Finanzierbarkeit	Nachfolgegeneration, Nachfolgeregelung, zeitliche Regelung, fehlende Finanzierbarkeit und Zukunftsperspektiven	Nachfolgeregelung und Zukunftsperspektiven

Operative Ebene

Wettbewerbsposition	Fehlende Mittel für Expansion nach Asien, Mittelabflüsse für Neubau	Ertrags- und Wachstumspotenzial sehr gut	Ansprechend, volatile EBITDA-Basis in der Vergangenheit	Ertragslage in den Jahren zuvor stark gesunken, keine Konsistenz in der Strategie	Da der Markt sich in einer Krisensituation befand und das Unternehmen mit veralteten Anlagen operierte, wurden über mehrere Jahre schlechte Resultate erzielt	Unternehmen 6 litt mit dem ganzen Markt unter dem Preiskampf
Bilanzstruktur	Relativ schwere Bilanz, Maschinenfabrik leicht veräusserbar	Leichte Bilanz ohne Fremdkapital	Stark verschuldet zu hohen Kapitalzinsen	Stark verschuldet, jedoch einige Immobilien zur Besicherung	Schuldzinsen belasteten das ohnehin schon schlechte operative Ergebnis, wobei die Liegenschaft als Besicherung diente	Keine Angaben
Managementstruktur	Unselbständiges Middle Management	Gut vorbereitetes Management, welches notwendige Unabhängigkeit aufwies	Verunsichert durch Unternehmenskrise in den Jahren zuvor	Intakt, jedoch stark verunsichert	Stark abhängiges und unselbständiges Management	Selbständig, da Unternehmer 6 nicht Geschäftsführer war

Erkenntnisse	• Umsteigebereich ergibt nur wenige Alternativen • Rationale Betrachtung der Familiensituation ermöglicht nachhaltige Lösung • Flexibilität trotz langfristiger Planung • Vertrauen resp. Bauchgefühl als entscheidender Faktor • Befähigung des Middle Managements als kritischer Faktor	• Komfortbereich ermöglicht Auswahl aus Alternativen • Die langfristige Planung zeigte sich als wichtiger Faktor • Vertrauen und spürbares Interesse der Private Equity-Gesellschaft als entscheidende Auswahlkriterien • Gute Wettbewerbsposition steigerte Attraktivität des Unternehmens • Unabhängiges Management als Ausgangslage für unproblematische Übergabe	• Finanzieller Druck kann zur Regelung der Nachfolge zwingen • Die Dauer zwischen Verkaufsabsicht und effektivem Verkauf dauerte über drei Jahre • Als Kriterien für die Auswahl der Private Equity-Gesellschaft galten deren unternehmerischer Ansatz und die strategische Absicht • Der Zustand des Managements als heikler Faktor für weitere Aktivitäten	• Gemeinsames Geschäftsverständnis und funktionierende Kommunikation ist essentiell für eine konstruktive Zusammenarbeit • Unternehmerisches Engagement und Interesse als entscheidende Auswahlkriterien • Schlechte operative Ergebnisse und demzufolge kurzfristige Planung führen zur Reduktion von Auswahlmöglichkeiten	• Das Verpassen einer frühzeitigen Nachfolgeregelung schränkte die Möglichkeiten ein • Das Forcieren einer Lösung führte zu familieninternen Zeitverlust und weiterem operativen Schaden • Strategischer Investor wurde nach Möglichkeit vermieden • Auswahlkriterien für Private Equity-Gesellschaft war der operative Ansatz und das Strategiekonzept • Unselbständiges Management war nicht in der Lage, die nötige Unterstützung zu leisten	• Unternehmer 6 nahm Übernahmeangebot opportunistisch wahr

5.4.8.2 Beurteilung der Voraussetzungen auf Seite der Unternehmen

Normative Ebene

Bereits bei der Betrachtung der Identität des Unternehmers und seiner Rolle innerhalb des Unternehmens wird die Notwendigkeit der individuellen Betrachtung der Transaktionen ersichtlich. Wie die Fallstudien zum Ausdruck bringen, ändert die Ausgangslage vor der Transaktion in Abhängigkeit des Unternehmertyps jeweils stark. Im Zusammenhang mit dem Portfolio der Eigner-Typologie zeigt sich, dass die Anzahl der Möglichkeiten zur Nachfolge im Problem- und Umsteigebereich gering ist, wie die Fallstudien 1, 3 und 5 andeuten. Während Unternehmer 1 die Möglichkeit im Umsteigebereich eher opportunistisch nutzte, verzögerte Unternehmer 5 die Nachfolge so lange, bis eine Übergabe unvermeidbar wurde.

Strategische Ebene

Im Wesentlichen bestätigen die Fallstudien das Bild der Favorisierung der Nachfolgemodelle durch die Unternehmer.[376] In allen Fällen war Private Equity zur Regelung der Nachfolge nicht von Beginn an die präferierte Methode. Vielmehr kam Private Equity erst zum Zug, nachdem sich herausgestellt hatte, dass keine anderen Methoden durchführbar waren. So war die Nachfolgeregelung mittels Private Equity jeweils nicht ein bewusster Entscheid, sondern eher die Folge aus dem systematischen Ausscheiden von Alternativen.

Dennoch zeigt sich im Zusammenhang mit der Planung der Nachfolge, dass eine rationale Betrachtungsweise und ein nachhaltiger Ansatz vorteilhafte Voraussetzungen sind. Weil Unternehmer 5 nicht bereit war, die Nachfolge rechtzeitig und objektiv anzugehen, litt das Unternehmen stark darunter. Hingegen hatte die langfristige Planung im Unternehmen 2 zur Folge, dass die Nachfolge reibungslos abgewickelt werden konnte.

Als wichtigste Voraussetzung zur Auswahl der Private Equity-Gesellschaft erweist sich das Vertrauen in die Investoren. Alle befragten Unternehmer gaben an, das unternehmerische Denken und das ehrliche Interesse der Private Equity-Gesellschaften am Zielunternehmen sei von entscheidender Bedeutung für den Verkauf gewesen. Im Gegensatz dazu äusserten sie sich mehrmals kritisch ge-

---

[376] Siehe Abb. 42.

genüber denjenigen Investoren, die es verpasst hätten, unternehmenskulturelle Aspekte aufzunehmen und den Fokus lediglich auf die Zahlen gelegt hätten.

Operative Ebene
Im Rahmen der operativen Ebene wurden die Voraussetzungen hinsichtlich der Wettbewerbsposition, der Bilanz- sowie der Managementstruktur beurteilt. Die Wettbewerbsposition zeigt sich in den Fallstudien jeweils sehr unterschiedlich und ist wohl in Abhängigkeit mit der Investitionsstrategie der Private Equity-Gesellschaft zu betrachten. Grundsätzlich bleibt festzuhalten, dass die Position im Markt vor der Transaktion weniger bedeutend ist als das Vorhandensein eines gesunden Kerns, auf dem die Private Equity-Gesellschaft ihre Strategie aufbauen kann.[377]
Auch hinsichtlich der Struktur der Bilanz unterscheiden sich die Fallstudien. Während in den Fallstudien 1, 4 und 5 die Maschinenfabrik resp. die Immobilien als Besicherung dienten, wiesen Unternehmen 2 und 3 wenig leicht liquidierbare Anlagen auf.
Die Managementstruktur erwies sich jedoch über alle Fallstudien als zentrales Element. Der Abgang der starken Persönlichkeit des Unternehmers hinterliess jeweils seine Spuren und das verbleibende Management litt in allen Fällen unter dem Verlust der Identifikationsfigur. Dieser Tatsache gilt es Rechnung zu tragen: Es erfordert auf der einen Seite vor der Transaktion eine entsprechende Vorbereitung sowie Training zur Sicherstellung des Wissenstransfers und auf der anderen Seite ist der Investor nach der Transaktion gefordert, das Ausscheiden des Unternehmers mittels neuen starken Persönlichkeiten zu kompensieren.

---

[377] Dieser gesunde Kern war in Unternehmen 5 wohl nicht mehr vorhanden, weshalb der Turnaround letztlich scheiterte.

6 Voraussetzungen auf Seite der Investoren

Während auf der einen Seite die Voraussetzungen auf Unternehmerseite für ein erfolgreiches Gelingen einer Transaktion gegeben sein müssen, gibt es auch auf Investorenseite Prämissen, die für das Zustandekommen eines Abschlusses bestimmend sind.

Wiederum wird versucht, zunächst mittels des St. Galler-Ansatzes einen ganzheitlichen Überblick über die Voraussetzungen im Rahmen des Investitionsprozesses auf Investorenseite zu verschaffen (vgl. Abb. 47). Zum Schluss des Kapitels dienen die Fallstudien dazu, die Grundlagen zu vertiefen.

Abb. 47: Voraussetzungsebenen auf Investorenseite

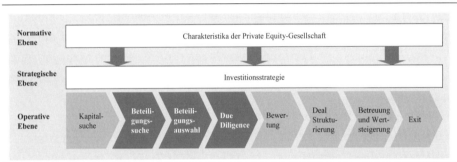

Um auf die grundlegende Form der Private Equity-Gesellschaft einzugehen, werden auf der normativen Ebene die verschiedenen Charakteristika der Investoren vorgestellt. Auf diesen Eigenschaften baut die Investitionsstrategie auf, anhand welcher eine Private Equity-Gesellschaft ihre Investitionen tätigt. Diese wird auf der strategischen Ebene analysiert.

Die Umsetzung der Investitionsstrategie ist Teil der operativen Ebene. Betrachtet werden insbesondere die Investitionsschritte Beteiligungssuche, Beteiligungsauswahl und Due Diligence.

6.1 Normative Ebene

So vielfältig wie die Strukturierungsmöglichkeiten einer Transaktion sind die Charakteristika und Wertvorstellungen der Private Equity-Gesellschaften. Das Zusammentragen eines idealtypischen Bildes einer Private Equity-Gesellschaft ist deshalb kaum sinnvoll, da Ausprägungen der verschiedenen Faktoren jeweils in der Summe zu betrachten sind.[378] Dennoch wird versucht, einen Überblick über die Private Equity-Gesellschaften und ihre Ausprägungen zu geben.

Private Equity-Gesellschaften befinden sich in einer Position, in der sie sich einerseits für potenzielle Investoren interessant zu zeigen haben und anderseits auch den Deal Flow[379] hochhalten müssen, um genügend Selektionsmöglichkeiten zu gewährleisten. Dabei gilt es zum einen zu beachten, dass die Eigenschaften einer Private Equity-Gesellschaft sehr wohl eine gewisse Signalwirkung ausüben – vor allem gegenüber potenziellen Investoren.[380] Eine Studie von RAMON (2003) zeigt beispielsweise, dass die Fähigkeit, Transaktionen abzuschliessen signifikant positiv mit dem Fundraising korreliert.[381] In diesem Sinne dient allein die Anzahl Abschlüsse bereits zum Aufbau einer Reputation. Gleichzeitig befürchten die Investoren aber eine weniger intensive Betreuung, wenn das Verhältnis von Portfoliounternehmen pro Investment Manager steigt. Dies zeigt sich, indem das geäufnete Kapital mit der Steigerung dieses Verhältnisses abnimmt.[382]

Zum anderen unterstreichen Private Equity-Gesellschaften oft den unternehmerischen Geist, den sie mit dem Engagement eigener Mittel zu pflegen wissen.[383] Damit werden den Unternehmern deutliche Signale gesendet, die zu einem vertrauensvollen Verhältnis dienen können. Die angesprochenen emotionalen Aspekte auf Unternehmerseite gilt es mit dem nötigen Respekt zu beachten, um die psychologischen und sozialen Komponenten nicht zu unterschätzen.[384]

---

[378] Vgl. AFIC (2003), S. 18.

[379] Unter dem Deal Flow versteht man die Anzahl Unternehmen, die von einem Fonds während einer bestimmten Zeitperiode geprüft werden (vgl. Center for Private Equity and Entrepreneurship (2006), S. 8).

[380] Hinsichtlich der Einhaltung von Transparenz- und Corporate Governance-Normen besteht ein Handlungsbedarf. 68% der britischen Investoren wünschen sich z. B. grössere Transparenz (vgl. BVCA (2003a), S. 31). Siehe dazu auch AFIC (2006).

[381] Das Investitionsvolumen hat einen signifikanten positiven Einfluss auf das Fondsvolumen im darauf folgenden Jahr.

[382] Vgl. Ramon, M. (2003), S. 26.

[383] Siehe dazu z. B. Krebs, A. (2006), S. 10.

[384] Z. B. wird die Güte des Fremdverkaufs oft anhand des verbleibenden Geldwerts gemessen, obschon die monetäre Komponente nur sekundär ist. Die aufgezeigte emotionale Komponente, die den Unternehmer bei der Bewertung seines Unternehmens beeinflusst spielt dabei eine wichtige Rolle. Sowohl Käufer wie

6.1.1 Eigenschaften von Private Equity-Gesellschaften

Nachfolgend werden Eigenschaften von Private Equity-Gesellschaften aufgezeigt. Dabei geht es um solche Gesellschaften, die Direkt- und Mehrheitsinvestitionen tätigen, da primär diese für Nachfolgefinanzierungen in Frage kommen. Das Diversifikationspotenzial dieser Gesellschaften ist deshalb relativ gering,[385] das Gewinn- wie auch das Verlustrisiko dafür entsprechend hoch.[386]

6.1.1.1 Organisationsform

Private Equity-Gesellschaften organisieren ihre Vehikel überwiegend mittels Limited Partnerships, welche mit der Schweizer Kommanditgesellschaft zu vergleichen sind.[387] Es existieren aber durchaus auch andere Organisationsformen, welche sich in der Praxis jedoch nur selten finden lassen. Davon seien nachfolgend zwei erwähnt, ohne deren Eigenschaften im Detail aufzuzeigen.

Einerseits existiert die Möglichkeit, in keiner direkten rechtlichen Verbindung zum Investor zu stehen. Die Private Equity-Gesellschaft beteiligt sich mit eigenem Kapital selbst am Zielunternehmen,[388] was dem Investorenpartner der Gesellschaft als Signal für seine Direktinvestition dient. Zwischen der Gesellschaft und dem Investor besteht formell keine Beziehung, ausser dass sie an derselben Zielgesellschaft beteiligt sind. Investitionen werden in dieser Form fallweise angegangen und entsprechend sind für jede einzelne Investition Investoren zu suchen.[389]

Anderseits lassen sich Private Equity-Gesellschaften vermehrt kotieren, obschon diese Organisationsform sich erst entwickelt und noch nicht weitläufig etabliert ist. Die jüngsten Entwicklungen – beispielsweise in den USA[390] – las-

---

auch Verkäufer sollten sich bei der Preisverhandlung dessen bewusst sein (vgl. Bergamin, S. (1994), S. 113-116).

[385] Investoren in Fund of Funds können ihr Kapital deutlich besser diversifizieren.
[386] Vgl. Pedergnana, M. (2006), S. 10.
[387] Siehe dazu Kapitel 3.1.3.1.
[388] Analog zu dem General Partner der Limited Partnership.
[389] Diese Form eignet sich für Private Equity-Gesellschaften, die in enger Beziehung zu den Investoren stehen. Da die Zusammenarbeit stark vertrauensbasiert ist, gehen die Private Equity-Gesellschaften jeweils nur auf einen kleinen, ihnen gut bekannten Investorenkreis zu.
[390] Zu dem (geplanten) IPO der Private Equity-Gesellschaften Blackstone Group und KKR siehe z. B. NZZ, 17.03.2007, S.23; 23.03.2007, S. 23; 21.06.2007, S. 27; 23.06.2007, S. 35 oder 05.07.2007, S. 29.

sen aber vermuten, dass sich diese Form weiter verbreiten wird und zeigen zudem verschiedene Varianten der Kotierung.[391] Welche regulatorischen Konsequenzen dieser Trend mit sich zieht, wird an dieser Stelle nicht vertieft.[392] Als jüngstes Beispiel der Schweiz hat die BV Holding AG per 05.04.2007 ihre Aktien an der BX Berne eXchange kotieren lassen.[393]

Die Bewertung der kotierten Beteiligungsgesellschaften erfolgt anhand des Net Asset Value (NAV), welcher von der Bewertung der einzelnen Portfoliounternehmen abhängig ist. Der NAV wird in der Regel periodisch veröffentlicht. Da Private Equity-Investitionen nur schwer bewertbar sind, können die Schätzwerte, welche zum NAV führen, erheblich von denjenigen Werten abweichen, die erzielt werden könnten, wenn ein aktiver Markt bestehen würde. Die Aktien werden deshalb und aufgrund der drohenden Illiquidität oft zu einem Discount gehandelt.[394]

Die Vorteile der kotierten Private Equity-Vehikel liegen in der höheren Liquidität – da die Anteile auf dem Sekundärmarkt gehandelt werden können – in den normalerweise tieferen Gebühren, in den höheren Transparenzvorschriften und in dem zu einem Discount gehandelten Kaufpreis. Zudem besteht ein geringerer Druck zum Exit, da das einbezahlte Kapital mit dem Ablauf der Investition nicht ausgeschüttet werden muss und permanenten Charakter hat. Das Fundraising erweist sich aufgrund dieser Eigenschaft jedoch als deutlich schwieriger.[395]

6.1.1.2 Trägerschaft

Private Equity-Gesellschaften werden hinsichtlich der Bereitstellung der Fondsmittel in unabhängige (Independents), abhängige (Captives) und teilabhängige (Semi-Captives) Gesellschaften differenziert. Die Independents kennzeichnen sich dadurch, dass sie weder eine Tochtergesellschaft eines Kapitalgebers noch von einem Gesellschafter dominiert sind.[396] Die Captives befinden

---

[391] Die Blackstone Group z. B. hat lediglich ein Zehntel der Managementgesellschaft (General Partner) der Öffentlichkeit angeboten, während die Äufnung der Fonds nach wie vor von institutionellen Investoren und reichen Privatanlegern vorgenommen wird (vgl. NZZ, 24.03.2007, S. 25).
[392] Z. B. hat die Umgehung der Einkommenssteuer auf dem Carried Interest mittels Ausschüttung von Dividenden in den USA zu Diskussionen geführt (vgl. NZZ, 16.06.2007, S. 25).
[393] Vgl. BV Group (2007), S. 2.
[394] Vgl. BV Group (2007), S. 12-16.
[395] Vgl. Cazenove (2007), S. 5-11.
[396] Zudem wird zwischen börsennotierten und privaten, also Public und Private Independents unterschieden.

sich mehrheitlich bis vollständig im Eigentum eines Kapitalgebers. So sind dies meistens Tochtergesellschaften von Finanzdienstleistern oder anderen institutionellen Anlegern.[397] Unter Semi-Captives werden Mischformen der beiden Extrempositionen verstanden. In der Regel gehören sie mehreren Gesellschaftern im Verhältnis ihrer Kapitalanteile, wobei das Management von einem der Kapitalgeber gestellt wird (vgl. Abb. 48).[398]

Abb. 48: Segmentierung der Private Equity-Gesellschaften nach Trägerschaft [399]

	Unabhängig (Independent)	Halbabhängig (Semi-Captive)	Abhängig (Captive)
Eigentümerstruktur	Kein Gesellschafter hält Anteile über 20%	Mindestens ein Gesellschafter hält Anteile zwischen 20% und 50%	Ein Gesellschafter hält Anteil über 50% (i.d.R. Muttergesellschaft)
Entscheidungsfindung	Selbständiger und unabhängiger Anlageausschuss	Dominierende Kapitalgeber haben Sitz im Anlageausschuss	Entscheidungsgremium der Muttergesellschaft
Kapitalakquisition	Fundraising oder Kapitalerhöhung	Bereitstellung durch die Eigentümer	Bereitstellung durch die Muttergesellschaft

Die Höhe des zur Verfügung gestellten Kapitals variiert stark. So verwalten die rund 20 Private Equity-Gesellschaften, die sich aus dem SECA Yearbook 2007[400] und deren Homepages als Investoren eruieren lassen, die sich für den Schweizer Mittelstand interessieren, Portfolios in der Grösse von unter 30 Mio. CHF[401] bis über 25 Mia. CHF.[402] Der Median liegt bei rund 500 Mio. CHF.[403]

---

[397] Banken, Versicherungen, Pensionskassen oder andere Institutionen des Finanzsektors.
[398] Vgl. Bredeck, T (2002), S. 66-67.
[399] In Anlehnung an Bredeck, T. (2002), S. 66.
[400] Vgl. SECA (2007b), S. 134-289.
[401] Die Schwelle liegt wohl noch tiefer, jedoch veröffentlichen nicht alle Gesellschaften die Assets under Management.
[402] Davon ist aber lediglich ein Teil in der Schweiz investiert.
[403] Siehe dazu Kapitel 3.3.3.

6.1.1.3 Investment-Team

Die Grösse und die Zusammensetzung des Investment-Teams unterscheiden sich jeweils stark. Oft verfügen die Gesellschafter über Branchen- oder Finanzierungserfahrung, was das Vertrauen der Investoren stärkt. Häufig binden rechtliche Individualmechanismen Schlüsselmitglieder des Teams an die Laufzeit einer Investition, die finanzielle Konsequenzen für die Investment-Manager im Fall eines Abgangs oder die Sistierung einer Investition vorsehen.[404] Zudem werden Interessenkonflikte mittels verschiedener Anreizmechanismen verhindert: So wird der Carried Interest beispielsweise erst beim Erreichen einer Mindestrendite (Hurdle Rate) fällig.[405]

Der Blick auf die erwähnten Schweizer Private Equity-Gesellschaften zeigt, dass die durchschnittliche Teamgrösse etwa bei knapp acht Investment-Managern und die Anzahl der Investitionen bei knapp elf Beteiligungen pro Gesellschaft liegt. Das Betreuungsverhältnis beträgt knapp 1.4 Beteiligungen pro Investment-Manager, obschon sich dieses Verhältnis zwischen 0.3 und 3.25 verteilt. Die Ratio ist aber in jedem Fall sehr tief, was wiederum auf die enge Zusammenarbeit des Finanzinvestors mit dem Portfoliounternehmen hinweist.

6.1.1.4 Track Record

Auf die Bedeutung des Track Record wurde bereits hingewiesen, weshalb er hier nicht noch einmal vertieft wird. Dieser ist die entscheidende Grundlage für jedes weitere Fundraising, da das Vertrauen der Investoren in die Private Equity-Gesellschaft darauf beruht. Er ist wohl der wichtigste Anhaltspunkt für die langfristig investierenden Anleger in ein Private Equity-Vehikel.[406]

Grundsätzlich bleibt festzuhalten, dass die Schweizer Private Equity-Gesellschaften meistens noch relativ jung sind, so dass kein grosser Track Record besteht. Nur ein Drittel der erwähnten Gesellschaften ist älter als zehn Jahre, wobei auch nur drei Gesellschaften seit weniger als fünf Jahren aktiv sind. Somit ist der grösste Teil seit fünf bis zehn Jahren im Private Equity-Markt tätig.

---

[404] Vgl. Davidson, J. (2005), S. 39.
[405] Vgl. Fenn, G. / Liang, N. / Prowse, S. (1995), S. 38-39.
[406] Vgl. Steck, B. (1998), S. 66.

6.1.2 Zusammenfassung

Obschon sich auf der normativen Ebene kein Idealbild für eine Private Equity-Gesellschaft, die Nachfolgeinvestitionen tätigt, zeichnen lässt, wurden in diesem Kapitel einige grundlegende Merkmale von Private Equity-Gesellschaften gezeigt. Dabei sind insbesondere die Organisationsform, die Trägerschaft des Vehikels, das Investment-Team und der Track Record von Bedeutung.

Es zeigt sich, dass die Private Equity-Gesellschaften, die in Nachfolgesituationen Schweizer KMU aktiv sind, primär in relativ kleinen Teams operieren und ein enges Betreuungsverhältnis führen. Meistens können die Investment-Teams auf eine langjährige Erfahrung aus Tätigkeiten in der Industrie zählen und dürfen somit auf ein breites Fachwissen zurückgreifen.

Vorwiegend organisieren sie sich als Limited Partnership und sind in der Regel unabhängig resp. generieren ihre Mittel aus einem breiten Investorenkreis.

6.2 Strategische Ebene

Die Ausrichtung der Strategie auf die Unternehmensnachfolge ist offensichtlich eine notwendige Voraussetzung auf Seite der Investoren. Diese wird im Rahmen der strategischen Ebene definiert, welche sich mit der effektiven Konzeption der Strategie befasst, während die normativen Charakteristika die Grundlage dazu schaffen. Dafür werden zunächst die Elemente der Investitionsstrategie aufgezeigt, bevor strategische Formen im Zusammenhang mit Nachfolgeinvestitionen aufgezeigt werden.

6.2.1 Dimensionen der Investitionsstrategie

Die Konzeption der Investitionsstrategie beschreibt die Grundvoraussetzungen, die an ein Zielunternehmen gestellt werden, um in den Interessenraum einer Private Equity-Gesellschaft zu geraten. Die Investitionsstrategie umfasst nach vorherrschender Meinung vier Dimensionen,[407] welche nachfolgend beschrieben werden (vgl. Abb. 49).

Es gilt jedoch darauf hinzuweisen, dass trotz des durch die Investitionsstrategie vorgegebenen Rasters in der Praxis festgestellt wird, dass sich Private Equity-

---

[407] Vgl. dazu Bader, H. (1996), S. 121, der als fünfte Dimension das Finanzierungsinstrument hinzuzieht, was in vorliegender Arbeit Teil des Kapitels 7 ist, Spielberger, K. (1996), S. 88-92 und Kraft, V. (2001a), S. 99-100.

Gesellschaften überwiegend opportunistisch verhalten. Lassen sich Investitionsobjekte mit einem interessanten Ertragspotenzial erkennen, werden diese selten abgelehnt, auch wenn die strategischen Präferenzen andere Zielunternehmen vorsehen.

Abb. 49: Dimensionen der Investitionsstrategie

[Diagramm: Zentrales Element "Investitionsstrategie" umgeben von den Dimensionen Branchenzugehörigkeit, Unternehmensgrösse, Geographische Lage, Unternehmensnachfolge im Rahmen der Finanzierungsstufe, sowie Organisationsform, Trägerschaft, Track Record und Investitionsteam.]

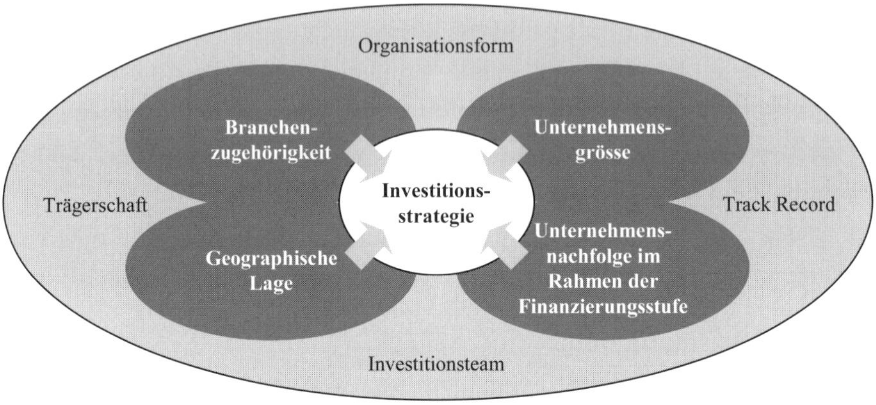

6.2.1.1 Branchenzugehörigkeit

Eine erste Dimension der Strategie ist die Ausrichtung auf eine oder bestimmte Branchen. Viele Private Equity-Gesellschaften sind jedoch offen für sämtliche Branchen, was die Frage aufwirft, inwiefern spezifische Kenntnisse der Investoren notwendig sind oder nicht. Andere wiederum spezialisieren sich auf einige wenige Branchen, sei es aufgrund des Wachstumspotenzials[408] oder sei es, weil die Investment-Manager über einen grossen Erfahrungsschatz in diesem Gebiet verfügen. Einige Private Equity-Gesellschaften schliessen anstelle einer Fokussierung auf bestimmte Branchen gewisse Wirtschaftszweige grundsätzlich aus.[409]

Die Branchenverteilung amerikanischer Transaktionen über die Zeit zeigt aber, dass jeweils Branchenpräferenzen auf den aktuellen Wachstumsbranchen liegen, die sich im steilsten Bereich des Lebenszyklus befinden. Die Auswahl

---

[408] Primär Unternehmen aus Branchen der Hightech-Industrie.
[409] Insbesondere Betriebe des Finanzsektors werden häufig ausgeschlossen.

erfolgt also nicht willkürlich, sondern orientiert sich primär an den Ertrags- und Wachstumsmöglichkeiten einer Branche.[410]

Mehrheitlich sind jedoch Investitionen in die produzierende Industrie präferiert, wie in den Befragungen geäussert wurde. Die Erkenntnisse von SPIELBERGER (1996) bestätigen dieses Bild. Er führt dies darauf zurück, dass einerseits ein grösserer und liquider Markt für produzierende Unternehmen besteht, was den Exit vereinfacht, anderseits die Lagerstruktur oft Handlungspotenzial offenbart sowie die Organisationsstruktur in der Regel klar ausgeprägt ist, was externe Massnahmen ermöglicht.[411]

Bei der Betrachtung der ausgewählten Schweizer Private Equity-Gesellschaften lassen sich keine klaren Präferenzen herauskristallisieren. Knapp zwei Drittel sind offen für alle Branchen, während sich der andere Drittel vorwiegend auf produzierende Betriebe der Oldtech-Industrie beschränkt.

6.2.1.2 Unternehmensgrösse

Die Definition einer gewissen Unternehmensgrösse der Zielunternehmen ist ein weiteres Element der Investitionsstrategie. Diese ergibt sich in Abhängigkeit des verfügbaren Kapitals und der vorhandenen Managementkapazitäten. Während sich die grösseren Private Equity-Gesellschaften kaum mit Transaktionen unter 100 Mio. CHF beschäftigen, sehen kleinere Gesellschaften gerade im Bereich des Schweizer Mittelstandes ein grosses Potenzial.[412] Investitionen in lokales Gewerbe werden jedoch vermieden, zumal diese kaum die Minimalgrösse oder das notwendige Wachstumspotenzial aufweisen können.

6.2.1.3 Geographische Lage

Zur Definition der Investitionsstrategie gehört auch die Bestimmung der geographischen Lage der Zielunternehmen. Diese wird einerseits durch den effektiven Standort sowie anderseits durch das Ausmass des Zielgebietes festgelegt.

---

[410] Vgl. Kraft, V. (2001a), S. 101.
[411] Vgl. Spielberger, K. (1996), S. 89-90.
[412] Die BV Holding AG positioniert sich z. B. klar im Bereich von Unternehmen mit einem Umsatz zwischen 15 und 150 Mio. CHF. Da sich nur wenige Private Equity-Gesellschaften so deutlich auf mittelständische Unternehmen fokussieren, geht die BV Holding AG davon aus, dass sie „mit dieser Strategie (…) in der Schweiz einzigartig positioniert" ist und „sich klar von reinen Finanzinvestoren differenziert" (BV Group (2007), S. 8).

CUMMING und JOHAN (2006) stellen fest, dass nahezu 85% der kanadischen Private Equity-Gesellschaften ihre Investitionen innerhalb ihrer Provinz tätigen.[413] Private Equity-Investoren neigen also dazu, in Unternehmen zu investieren, die innerhalb ihres regionalen Umfeldes tätig sind.

Dieser Trend wird durch die geographische Ausrichtung der Schweizer Private Equity-Gesellschaften bestätigt. Die geographische Ausrichtung der Deutschschweizer Gesellschaften ist mehrheitlich auf den deutschsprachigen Raum beschränkt, während die Westschweizer Gesellschaften entsprechend ihren Interessenraum auch in den benachbarten Ländern Frankreich und Italien haben. Nur rund ein Drittel tätigt Investitionen in ganz Europa. Zum einen wird dadurch die Bedeutung des Vertrauens und des kulturellen Verständnisses unterstrichen, zum anderen legen operative Gründe eine kurze Distanz zwischen Investor und Portfoliounternehmen nahe.[414]

Die Dimension der geographischen Ausbreitung ist primär auf die bevorzugte Finanzierungsstufe, auf die Fondsgrösse und die Mittelherkunft der Gesellschaften zurückzuführen. Während Investoren in junge Unternehmen tendenziell auf einem kleineren Zielgebiet agieren, decken Investoren, die sich auf reife Unternehmen fokussieren, einen grösseren Rayon ab. Dies lässt sich auf das notwendige Betreuungsniveau zurückführen, welches bei Jungunternehmen intensiver ist.

Hinsichtlich der Fondsgrösse bestätigt sich die naheliegende Vermutung, dass grössere Gesellschaften offensichtlich ein weiteres geographisches Spektrum abdecken. Dies lässt sich nicht nur mit der Notwendigkeit erklären, in eine grössere Anzahl Unternehmen investieren zu müssen, sondern auch durch den höheren Bekanntheitsgrad sowie durch das grössere Netzwerk. Der dritte Faktor, die Mittelherkunft, beeinflusst das Zielgebiet insofern, als Gesellschaften, die öffentliches Geld investieren, regionaler agieren als diejenigen, die private Gelder verwenden.[415]

---

[413] Vgl. Cumming, D. / Johan, S. (2006), S. 394-395.
[414] Eine kurze Anfahrzeit ermöglicht z. B. dem Investor ein rasches Eingreifen vor Ort.
[415] Vgl. Gupta, A. / Sapienza, H. (1992), S. 359-360.

6.2.1.4 Finanzierungsstufen im Rahmen der Nachfolgestrategie

Als viertes Element der Investitionsstrategie wird in der Regel eine Finanzierungsstufe definiert. Analog Abb. 21 investieren Private Equity-Gesellschaften in Pionier-, Wachstums-, Reife- oder Wendeunternehmen und richten analog ihre Strategie aus.

Die Finanzierungsstufe ist für die vorliegende Arbeit aber weniger entscheidend als die Tatsache, dass in ein Unternehmen investiert wird, um die Nachfolge zu regeln. Im Prinzip ist dies in sämtlichen Stadien des Unternehmenszyklus ausser der Early Stage vorstellbar. Lediglich Jungunternehmen fallen grundsätzlich weg, da es dort primär um die Unterstützung des Unternehmens mit Erfahrung und Kapital bei bleibendem Management geht. Im Rahmen einer Nachfolgeinvestition ist aber normalerweise mit einer Form eines Buyout zu rechnen, da dieser einen Managementwechsel mit sich bringt.[416]

Somit sind Nachfolgeinvestitionen nicht abhängig von den Finanzierungsstufen, sondern können sich in Form eines Buyout innerhalb verschiedener Finanzierungsstufen zeigen, wie im folgenden Abschnitt beschrieben wird.

6.2.2 Strategische Formen von Nachfolgeinvestitionen

Die strategischen Formen, die zu Nachfolgeinvestitionen führen können, umfassen verschiedene Phasen des Unternehmenszyklus. Nachfolgeinvestitionen können ebenso im Zusammenhang mit einer Buy and Build-Strategie durchgeführt werden, die sich weniger auf eine Finanzierungsstufe als auf die grundsätzliche Nutzung von Synergien ausrichtet.

Im Anschluss werden diese strategischen Formen im Zusammenhang mit Nachfolgelösungen vorgestellt.

6.2.2.1 Nachfolgeinvestitionen in Reifeunternehmen

Die „reine" Form der Nachfolgeinvestition ist die Investition in Reifeunternehmen. Sie beschränkt sich auf die Übernahme interessanter Zielunternehmen mit entsprechendem Ertragspotenzial, in welchen eine Übernahme ansteht. Normalerweise sind dies Unternehmen in einem etablierten Markt und einer starken Wettbewerbsposition, die auf einen gut diversifizierten Produktebereich zählen können. Ebenso generieren Reifeunternehmen in der Regel einen hohen Cash

---
[416] Zur Begriffbestimmung des Buyout siehe Kapitel 7.2.1.

Flow und verfügen über ein stabiles Geschäftsvolumen. Die Möglichkeiten zur Erweiterung der Aktivitäten verlieren dabei an Attraktivität und die Innovationstätigkeit nimmt tendenziell ab.[417]

Typischerweise sind dies langjährige Familienunternehmen, in denen eine Nachfolge ansteht. Für den Unternehmer ist diese Situation auf lange Zeit planbar, was eine klassische Lösung der Nachfolge erlauben sollte. Gerade in dieser Phase des Unternehmens dürfte aber ein Loslassen entsprechend schwierig sein, da das Unternehmen gesunde Cash Flows generiert und der Unternehmer einen funktionierenden Betrieb führen kann.

Die Verhandlungsmacht ist zu diesem Zeitpunkt relativ ausgeglichen. Das heisst, der Unternehmer sieht sich noch nicht unter Zeitdruck, ist sich jedoch bewusst, dass er über kurz oder lang eine Lösung finden muss. So ist er in der Lage, den richtigen Partner zu suchen, ohne auf den womöglich einzigen Kandidaten eingehen zu müssen. Der Investor hingegen ist sich sehr wohl bewusst, dass eine Nachfolgelösung ansteht und er mit dem entsprechenden Feingefühl auf diese Dringlichkeit hinweisen kann.

6.2.2.2 Nachfolgeinvestitionen in Wachstumsunternehmen

Nachfolgeinvestitionen können auch in Kombination mit Wachstumsunternehmen getätigt werden. In der Wachstumsphase erstreben die Unternehmen die Erschliessung neuer Märkte, den Vertrieb neuer Produkte oder die Entwicklung einer Geschäftsidee, wofür sie Kapital benötigen. Die Ausrichtung des Unternehmens verlagert sich damit zu der Multiplikation der Geschäftsaktivitäten, die sich in kleinerem Massstab bewährt haben.[418] Wird dazu ein Finanzinvestor zur Unterstützung engagiert, kann dies gleichzeitig auch zu einer Nachfolge im Management führen.

Nachfolgelösungen in dieser Form der strategischen Ausrichtung sind eher selten anzutreffen. Dennoch gibt es Unternehmer, die den bewussten Entscheid treffen, ihre Nachfolge auch während einer Wachstumsphase zu lösen, zumal die finanzielle Entschädigung so optimiert werden kann. Die Problematik des Loslassens ist in diesem Fall zu vernachlässigen, ist es doch ein Entschluss, den der Unternehmer ohne Druck fällen kann.

---

[417] Vgl. Pümpin, C., Prange, J. (1991), S. 108-122.
[418] Vgl. Pümpin, C., Prange, J. (1991), S. 97-108.

Entsprechend sind auch sämtliche Vorteile in der Verhandlung auf Seite des Unternehmers. Sein Unternehmen ist gut positioniert, hat sich unter Umständen bereits in einem Markt etabliert und er muss nicht, sondern kann sein Unternehmen veräussern. Gelingt es dem Finanzinvestor während der Verhandlungen nicht, das Vertrauen des Unternehmers zu gewinnen, kann sich der Unternehmer durchaus eine Absage erlauben, da weitere Interessenten leicht zu finden sind.

6.2.2.3   Nachfolgeinvestitionen in Wendeunternehmen

Investitionen in Wendeunternehmen erfolgen im Rahmen von Distressed oder Turnaround-Strategien. Wendeunternehmen befinden sich in einer Krisensituation und sehen sich mit finanziellen, operationellen oder rechtlichen Schwierigkeiten konfrontiert. Langfristig leidet das Unternehmen unter einem Mittelabfluss und die stillen Reserven werden aufgezehrt. Wendeunternehmen leiden ebenso an einem Innovationsmangel und unbeweglichen Strukturen.[419]

Die Gründe, weshalb Unternehmen in eine Krisensituation geraten, sind vielfältig und werden an dieser Stelle nicht weiter erörtert. Im Rahmen von Nachfolgesituationen hängt dies jedoch oft damit zusammen, dass der Unternehmer keine geeignete Lösung gefunden hat und so dem Unternehmen langfristig Schaden zuführt. In diesem Fall tut sich der Unternehmer mit dem Loslassen sehr schwer, hat er es doch während Jahren verpasst, eine geeignete Nachfolge zu organisieren.

Die Verhandlungsmacht liegt deutlich auf Seite der Finanzinvestoren. Da das Unternehmen in der Regel stark verschuldet und mehr oder weniger wertlos ist, kommt der Investor unter Umständen zu einem Zero Cost Equity Investment und verhandelt mit den Banken über die Bewertung der Verbindlichkeiten.[420] Der Unternehmer hat kaum eine Auswahl von Interessenten, sondern sieht sich vielmehr gezwungen, das Unternehmen dem interessierten Finanzinvestor abzutreten.

---

[419] Vgl. Pümpin, C., Prange, J. (1991), S. 122-131.
[420] Vgl. Krasoff, J. / O'Neill, J. (2006), S. 19.

6.2.2.4 Nachfolgeinvestitionen im Rahmen einer Buy and Build-Strategie

In keinem direkten Zusammenhang mit der Finanzierungsstufe stehen Investitionen im Rahmen einer Buy and Build-Strategie. Diese Strategie wird oft von Private Equity-Gesellschaften verfolgt, die in KMU investieren. Dabei erwirbt die Gesellschaft ein Unternehmen, das als Plattform fungiert,[421] und stellt diesem typischerweise die Mittel zur Finanzierung weiterer gezielter Akquisitionen von Mitbewerbern[422] zur Verfügung.

Dieses Vorgehen wird dahingehend begründet, dass bei Transaktionen für grössere Unternehmen weitläufig höhere Wertmultiplikatoren angewendet werden als für kleinere. So können kleine Unternehmen zu einem bestimmten Multiplikator erworben sowie integriert und im Anschluss das Grossunternehmen zu einem höheren Bewertungsmultiple wieder veräussert werden.[423]

Die Position des Unternehmers hinsichtlich eines Verkaufs im Rahmen einer Buy and Build-Strategie ist verschieden und hat entsprechend unterschiedliche Konsequenzen auf die Verhandlungen.

6.2.3 Zusammenfassung

Auf der strategischen Ebene bestimmt die Private Equity-Gesellschaft die Investitionsstrategie, deren Ausrichtung auf mittelständische Unternehmen eine notwendige Voraussetzung für Private Equity-Investitionen im Rahmen einer Nachfolgeregelung ist.

Grundsätzlich setzt sich die Investitionsstrategie aus den Ebenen Branchenzugehörigkeit, geographische Lage, Unternehmensgrösse und Finanzierungsstufe zusammen. Obschon die meisten Private Equity-Gesellschaften eine Strategie definieren, verhalten sie sich oft opportunistisch und engagieren sich auch in Unternehmen ausserhalb des Zielsegmentes, wenn die erwartete Rendite entsprechend hoch ist.

Im Zusammenhang mit Nachfolgeinvestitionen kommen verschiedene Finanzierungsstufen in Frage. Grundsätzlich sind Investitionen, die eine Nachfolge zur Folge haben in Wachstums-, Reife und Wendeunternehmen möglich. Je nach

---

[421] Dieses Unternehmen wird als Initial Investment bezeichnet.
[422] Sogenannte Add-on Investments.
[423] Vgl. Handelszeitung, 18.01.2006, S. 53.

Phase im Unternehmenszyklus ändert sich die Position des Unternehmers resp. die Verteilung der Verhandlungsmacht. Liegen die Vorteile bei Investitionen in Wachstumsunternehmen noch auf Seite des Unternehmers, verfügt der Finanzinvestor im Fall von Turnaround-Investitionen über die bessere Ausgangslage.
Oft werden Investitionen in KMU im Rahmen einer Buy and Build-Strategie getätigt. Dabei werden basierend auf einem Initial Investment weitere Unternehmen akquiriert und anschliessend integriert. Der Mehrwert wird letztlich durch die höhere Bewertung der Multiples bei Grossunternehmen geschaffen.

6.3 Operative Ebene

Auf Stufe der operativen Ebene geht es um die Umsetzung der Strategie und somit um die effektive Auswahl des Investitionsobjektes. Grundsätzlich lassen sich die Voraussetzungen für eine Private Equity-Investition nur schwer in eine Reihe starrer Anforderungen fassen. Die in der Literatur anzutreffenden Aufzählungen sind vielmehr als Maximalforderungen zu verstehen, die in der Praxis kaum je vollständig erfüllt werden. Je nach Private Equity-Gesellschaft resultieren jedoch aus der Erfahrung eine Reihe spezifischer Anforderungen an eine Zielgesellschaft und an das entsprechende Management, welche durchaus zweckmässig ist.[424]

Ausgangslage für die Anforderungen an Zielunternehmen ist die strategische Ausrichtung der Private Equity-Gesellschaften. Diese stehen unter einem besonderen Druck, wenn man berücksichtigt, dass nur in einen kleinen Teil aller geprüften Unternehmen investiert wird und letztere das Potenzial möglichst auszuschöpfen haben, um der erwarteten IRR gerecht zu werden.
Im Zentrum jedes Private Equity-Projektes steht also das zu übernehmende Unternehmen selbst, das mit seinen Stärken und Schwächen, mit seinem Produktportfolio und mit den aus dem Marktumfeld resultierenden Chancen und Risiken einzigartig ist. Im Hinblick auf eine erfolgreiche Transaktion gilt es umso mehr, diese Einzigartigkeit zu analysieren und zu überprüfen.
Dazu dienen die Investitionsschritte Beteiligungssuche, Beteiligungsauswahl und Due Diligence, welche im Anschluss näher erläutert werden.

---

[424] Vgl. Luippold, T. (1991), S. 55.

6.3.1 Beteiligungssuche

Anlässlich der Beteiligungssuche werden potenzielle Targets identifiziert, die den in der Strategie festgelegten Grundvoraussetzungen entsprechen. In diesem Zusammenhang ist der Deal Flow der entscheidende Faktor. Vor dem Hintergrund eines hohen Deal Flow ist die Wahrscheinlichkeit höher, die Zielrenditen zu übertreffen, da die Entscheidung für eine Beteiligung auf der Basis einer grösseren Anzahl Unternehmen gefällt werden kann.

In der Praxis wird zwischen der aktiven und der passiven Strategie unterschieden. Gesellschaften, die ihre Investitionen überwiegend durch eine systematische Marktanalyse erkennen, verfolgen den aktiven Ansatz, während Beteiligungsgesellschaften, die ihren Deal Flow durch die Eigeninitiative kapitalsuchender Unternehmen generieren, die passive Strategie vertreten.[425]

6.3.2 Beteiligungsauswahl

Der Beteiligungsauswahl kommt eine hohe Bedeutung zu, da die Private Equity-Investitionen ausgesprochen illiquide Anlageformen sind. So kann eine einmal getroffene Investitionsentscheidung nur schwer oder unter dem Risiko hoher Verluste rückgängig gemacht werden. Der Selektionsschritt gestaltet sich aber aufgrund der hohen Informationsasymmetrien und des damit verbundenen Problems der Adverse Selection als besonders schwierig.

Bei der Beteiligungsauswahl hat sich in der Praxis ein dreistufiger Auswahlprozess durchgesetzt. In der ersten Phase werden die Investitionsvorschläge einem Screening unterzogen, um festzustellen, ob die Zielunternehmen mit der Investitionsstrategie kompatibel sind. Nach einem Vorentscheid werden in der zweiten Phase anhand einer vertieften Analyse[426] mit einer Reihe von Entscheidungs- und Auswahlkriterien die verschiedenen Dimensionen des Business Plans beurteilt. Diese Prüfung eliminiert noch einmal rund zwei Drittel der verbliebenen Unternehmen, so dass nur rund 8% der Unternehmen in die dritte Phase der umfassenden Due Diligence gelangen. Letztlich münden rund 2.5% der Investitionsvorschläge in einer Transaktion.[427]

---

[425] Vgl. Kraft, V. (2001a), S. 112-132.
[426] Diese wird auch Pre-Due Diligence genannt (vgl. Golland, F. (2003), S. 178).
[427] Vgl. Kraft, V. (2001b), S. 134-138.

6.3.3 Due Diligence

Unter der Due Diligence[428] ist der Prüfungsprozess der Investoren zu verstehen, der durchgeführt wird, um die Brauchbarkeit einer potenziellen Investition und die Richtigkeit der Informationen des Target zu testen.[429] Dieser Prüfung der potenziellen Investition ist insbesondere Beachtung zu schenken, da im Private Equity-Markt nur sehr wenige öffentlich zugängliche Informationen erhältlich sind und der Investor in der Regel auf keine langjährige Geschäftsbeziehung mit dem Zielunternehmen zurückblicken kann. So muss der Investor anhand von Angaben entscheiden, die er von Grund auf erarbeitet.[430]

Die Due Diligence findet auf verschiedenen Ebenen statt und hat letztlich zum Ziel, den Preis der Investition zu erhärten. Normalerweise werden das geschäftliche, finanzielle und rechtliche Umfeld geprüft, auf deren Basis dann die Preisverhandlungen geführt werden.[431] Von zunehmender Bedeutung sind ökologische Faktoren, um Umweltrisiken an sämtlichen Standorten des Unternehmens zu erkennen und zu vermeiden.[432]

Im Rahmen der Due Diligence des geschäftlichen Umfelds werden primär die erzielbaren Umsätze und Margen verifiziert. Dabei werden Kunden- und Lieferantenreferenzen eingeholt, Marktstudien vorgenommen und die Positionierung des Unternehmens genau beleuchtet. Ein Schwergewicht liegt auch auf den Zukunftsaussichten der Märkte, bzw. der Produkte sowie Produktideen.[433]
Von grosser Bedeutung ist diesbezüglich die Evaluation des bestehenden (Middle) Managements und der Entscheid, inwiefern Schlüsselpositionen neu besetzt oder beibehalten werden.[434]

---

[428] Für den Begriff Due Diligence hat sich kein Deutscher Ausdruck durchgesetzt. Frei übersetzt ist darunter die „gebührende Sorgfalt" zu verstehen.
[429] Vgl. Center for Private Equity and Entrepreneurship (2006), S. 10.
[430] Vgl. Fenn, G. / Liang, N. / Prowse, S. (1995), S. 30.
[431] Siehe dazu z. B. Kusio, D. (2007), S. 23.
[432] Die Entsorgung von Altlasten auf einem Grundstück kann sehr teuer werden, weshalb im Rahmen der Due Diligence teilweise Probebohrungen vorgenommen werden.
[433] Vgl. Golland, F. (2003), S. 178.
[434] Vgl. Hoenig, M. (1998), S. 134.

In finanzieller Hinsicht werden sowohl aus einer statischen wie auch aus einer dynamischen Perspektive die finanziellen Chancen und Risiken abgeschätzt. So ermöglicht die statische Struktur der Bilanz vorzugsweise eine massgebliche Fremdfinanzierung des Kaufpreises. Dabei interessiert vor allem die Zusammensetzung und die Qualität der Aktiven, welche auch aus einem hohen Anteil an nichtbetriebsnotwendigen Vermögen bestehen kann.[435] Dinglich unbelastete Aktiven eignen sich als Besicherungswerte, eröffnen einen Verhandlungsspielraum oder lassen sich in der Regel zu Marktpreisen veräussern. Der daraus resultierende Mittelzufluss kann allenfalls zu ausserordentlichen Schuldenzahlungen verwendet werden. Gut unterhaltene Liegenschaften oder moderne Anlagen sind dazu besser geeignet als beispielsweise immaterielle Werte.[436]

Weit bedeutender ist jedoch die dynamische Sicht, d. h. die Fähigkeit des Unternehmens, mittels operativer Massnahmen Mittel zur Verzinsung und Tilgung zur Verfügung zu stellen. Die entscheidende Kennzahl in diesem Zusammenhang stellt der operative Free Cash Flow dar. Dieser sollte nicht nur dazu verwendet werden, mittels Reinvestitionen die Ertragskraft zu erhalten und zu stärken. Bei Private Equity-Investitionen in Reifeunternehmen, deren Cash Flow-Risiko und Investitionsbedarf gering ist, kann sich das Unternehmen auf die Maximierung des Free Cash Flow konzentrieren und diesen für den Schuldenabbau verwenden. Bei Wachstums- oder Turnaround-Finanzierungen hingegen benötigen die Unternehmen einen hohen Mitteleinsatz und müssen den Cash Flow für Investitionen verwenden. Diese Transaktionen erfolgen demzufolge unter Inkaufnahme höherer finanzieller Risiken und einer geringeren Fremdfinanzierung.[437]

Dem Liquiditätspotenzial kommt offensichtlich eine grosse Bedeutung zu. Es ist hinsichtlich der Zusammensetzung der Finanzierungsmöglichkeiten entscheidend, da daraus abgeleitet wird, wie und wann die Verschuldung verzinst und getilgt wird. Das Liquiditätspotenzial ergibt sich sowohl aus der statischen Sicht der Bilanz und andererseits auch aufgrund der künftigen Leistungserstellung (dynamische Sicht).

---

[435] Siehe dazu Kapitel 5.3.2.
[436] Vgl. Luippold, T. (1991), S. 60.
[437] Vgl. Krebs A. / Studer, T. (1998), S. 29-31.

Im Rahmen der Legal Due Diligence werden die rechtlichen Risiken abgeschätzt. Im sogenannten Datenraum[438] werden sämtliche relevanten Dokumente studiert und ausgewertet. Die Abklärungen betreffen das Gesellschafts-, Vermögens-, Vertrags- sowie Arbeitsrecht und es werden auch prozessuale Risiken betrachtet.

Über allem steht im Rahmen der Due Diligence jedoch die Vertrauensbildung. Sie bildet die Grundlage für sämtliche weiteren Schritte und ist für eine konstruktive Zusammenarbeit sowie die Aufbereitung der Informationen unerlässlich. Zur Vertrauensbildung sind persönliche Gespräche und Erfahrungsaustausch,[439] der Einbezug externer Meinungen sowie die gemeinsame Definition der Ziele und des weiteren Vorgehens anzustreben.[440] Letztlich sind es diese weiche Faktoren, die das Gelingen einer Transaktion wesentlich mitbestimmen.

6.3.4 Zusammenfassung

Die operativen Voraussetzungen für eine Private Equity-Investition im Rahmen einer Unternehmensnachfolge lassen sich anhand der Investitionsschritte Beteiligungssuche, Beteiligungsauswahl und Due Diligence aufzeigen.

Während der Beteiligungssuche geht es darum, mittels eines möglichst hohen Deal Flow aktiv oder passiv geeignete Kandidaten herauszufiltern, um diese während der Beteiligungsauswahl vertiefter zu prüfen (Screening, Pre-Due Diligence). Lediglich jedes zwölfte Unternehmen, das betrachtet wird, unterliegt dann einer detaillierten Prüfung – der Due Diligence.

Die Due Diligence überprüft sämtliche Aspekte des Unternehmens und fokussiert auf geschäftliche, finanzielle, rechtliche sowie vermehrt auch auf ökologische Faktoren. Der Markt, die Positionierung des Unternehmens und die Zukunftsperspektiven werden genau überprüft, nicht ohne die Qualifikation des Managements einzuschätzen. Ebenso werden finanzielle Chancen und Risiken sowohl statischer wie auch dynamischer Natur untersucht sowie rechtliche Risiken abgewägt.

---

[438] Im Datenraum werden sämtliche Dokumente (Statuten, Reglemente, Geschäftsberichte, etc.) zur Ansicht aufbereitet. Der Übernahmeinteressent hat dann während einer beschränkten Zeitdauer Zugang zum Raum.
[439] Vgl. ZKB (2005), S. 48-49.
[440] Vgl. Kusio, D. (2007), S. 18.

Obschon die gewissenhafte Überprüfung sämtlicher Unterlagen eine rein rationale Entscheidungsgrundlage liefert, ist die Bedeutung des Vertrauens nicht zu unterschätzen. Eine gesunde Vertrauensgrundlage versichert die Informationstransparenz und ist die Basis für jegliche weitere Zusammenarbeit.

6.4 Auswertung der Fallstudien

Im Anschluss werden wiederum die Fallstudien betrachtet, um die Ausprägungen und Voraussetzungen auf Seite der Investoren zu vertiefen.

6.4.1 Kriterien für Fallstudien

Auch bei dieser Betrachtung richten sich die Kriterien zur Auswertung der Fallstudien an der vorhergehenden Kapitelstruktur. Zum einen bestehen die Kriterien aus einem nicht transaktionsspezifischen Teil, der die Charakteristika der jeweiligen Private Equity-Gesellschaft allgemein beschreibt und zum anderen werden die Investitionsschritte in Abhängigkeit der Transaktion analysiert.

So wird im Zusammenhang mit der normativen Ebene zunächst auf die Eigenschaften der Private Equity-Gesellschaft eingegangen. Dabei stehen die Aspekte der Organisationsform, der Trägerschaft, des Investment-Teams und des Track Record im Vordergrund. Diese Ausprägungen sollen zeigen, inwiefern sich Private Equity-Teams unterscheiden und wie der Hintergrund der einzelnen Partner Investitionsentscheidungen beeinflussen kann.

Abb. 50: Kriterien für die Fallstudien bezüglich der Voraussetzungen auf Investorenseite

Normative Ebene	Strategische Ebene	Operative Ebene
Organisationsform	Branchenzugehörigkeit	Beteiligungssuche
Trägerschaft	Unternehmensgrösse	Beteiligungsauswahl
Investment-Team	Geographische Lage	Due Diligence
Track Record	Finanzierungsstufe	

Auf der strategischen Ebene wird die Investitionsstrategie der Investoren betrachtet. Diese dient zur Verdeutlichung der Möglichkeiten der strategischen Ausrichtung hinsichtlich der Branchenzugehörigkeit, der Unternehmensgrösse, der geographischen Lage und der Finanzierungsstufe. Da PEG Alpha und Beta jeweils an zwei Fallstudien[441] beteiligt sind, werden auf der normativen und der strategischen Ebene nur vier Investoren vorgestellt.

Im Rahmen der operativen Ebene die Investitionsschritte Beteiligungssuche, Beteiligungsauswahl und Due Diligence untersucht und in Zusammenhang mit den jeweiligen Portfoliounternehmen gebracht (vgl. Abb. 50).

6.4.2 Fallstudie 1

6.4.2.1 Normative Ebene

Organisationsform

Die Anlagevehikel der PEG Alpha sind in Form einer Limited Partnership organisiert. Da die Gesellschaft ihre Fonds nach deutschem Recht gestaltet, gliederte sie sich zum Zeitpunkt der Transaktion als Kommanditgesellschaft auf Aktien[442] und betreute die Beteiligungen durch die eigene Managementgesellschaft.[443]

Trägerschaft

Das geäufnete Kapital von rund 140 Mio. EUR wird von 62 Investoren getragen. Davon sind 35-40 individuelle Investoren, die in der Regel durch ihre Family Offices investieren und einen unternehmerischen Hintergrund aufweisen. Der Anteil institutioneller Investoren setzt sich aus Geldern von Fund of Funds, Pensionskassen und Banken resp. Versicherungen zusammen. Als selbständige Gesellschaft ohne einen Mehrheitsinvestor ist PEG Alpha im unabhängigen Segment anzusiedeln. Zum Zeitpunkt der Transaktion war rund die Hälfte des Kapitals investiert, während noch rund 70 Mio. EUR für weitere Investitionen zur Verfügung standen.

---

[441] Fallstudie 1 und 2, resp. 3 und 4.
[442] Während sich die Kommanditaktionäre lediglich mit dem Grundkapital binden, haften die Komplementäre voll.
[443] Aus steuerlichen Überlegungen änderte die Gesellschaft einige Jahre später die Gesellschaftsform zu einer Kommanditgesellschaft, die als Personengesellschaft gilt und somit der Einkommenssteuer unterliegt. Diese Änderung der Organisationsform hatte zur Folge, dass der Fonds liquidiert werden musste, weshalb sämtliche Beteiligungen veräussert wurden, obschon sie noch nicht reif für einen Exit waren. Für die betroffenen Unternehmer 1 und 2 war dies eine unglückliche Entwicklung, zumal beide mit den nachfolgenden Investoren unzufrieden sind.

Investment-Team
Das Investment-Team setzt sich aus sechs Partnern zusammen, die jeweils ein Projekt in Doppelbesetzung betreuen. Die Investment Professionals weisen primär Erfahrung in Beratung sowie Investment Banking auf. Zwei Partner sammelten ihre Erfahrung zusätzlich in operativen und führenden Tätigkeiten in Produktionsunternehmen.

Track Record
Zum Zeitpunkt der Transaktion verfügte PEG Alpha noch über keinen eigentlichen Track Record, zumal sie noch keine Beteiligung wieder veräussert hatte. Dennoch dienten die vier Beteiligungen, die PEG Alpha zum Zeitpunkt der Transaktion führte, als Hinweis auf die seriöse Vorgehensweise der Investoren. Insofern hatten die bestehenden Beteiligungen auch ohne Realisierung bereits einen Einfluss auf die Reputation von PEG Alpha.

6.4.2.2 Strategische Ebene

Branchenzugehörigkeit
Die strategische Ausrichtung von PEG Alpha fokussiert primär auf Mehrheitsbeteiligungen an mittelständischen Unternehmen. Hinsichtlich der Branchenzugehörigkeit investiert PEG Alpha in strukturell gesunde, stabile und wachsende Branchen, wobei sie offen für Produktion, Handel und Dienstleistung ist. Entscheidend dabei ist für sie ihre Einschätzung, inwiefern die Partner die Branche effektiv verstehen und somit die Portfoliounternehmen entsprechend unterstützen können.

Unternehmensgrösse
Die Grösse der Transaktionen variiert je nach Zielunternehmen, doch strebt PEG Alpha einen Eigenkapitalbeitrag von 10-30 Mio. CHF an. Bezüglich der Umsatz- und Bilanzgrösse schränkt sich die Gesellschaft nicht ein, wobei der Fokus klar im mittelständischen Segment liegt. Betrachtet man die bestehenden Beteiligungen, so zeigt sich, dass die Anzahl Mitarbeiter jeweils zwischen 50 und 250 liegt.

Geographische Lage
Geographisch richtet sich PEG Alpha auf das deutschsprachige Europa aus.[444] Diese Einschränkung wird insofern begründet, als PEG Alpha grossen Wert auf das Verständnis der Unternehmenskultur legt und zur Antizipation der Mentalität keine sprachlichen Barrieren schaffen will.

Finanzierungsstufe
Hinsichtlich der Finanzierungsstufe ist die Strategie nicht abschliessend definiert. PEG Alpha strebt primär Investitionen in Unternehmen an, bei denen eine Nachfolge ansteht, eine Internationalisierung des Marktes feststellbar ist oder die eine Finanzierung nötiger Wachstumsschritte suchen. Die Strategie schliesst jedoch Investitionen in Restrukturierungs- oder Sanierungsunternehmen aus und betrachtet lediglich solide Unternehmen, die eine führende Marktposition zumindest in einer Marktnische sowie Potenzial für eine Wertsteigerung aufweisen.

PEG Alpha, welche sich als stark unternehmerisch ausgerichtete Gesellschaft betrachtet, unterstreicht mehrfach die Bedeutung kultureller Aspekte, den Erhalt von Arbeitsplätzen und die wichtige und respektvolle Zusammenarbeit mit dem bestehenden Management.

6.4.2.3 Operative Ebene

Beteiligungssuche
Zur Sicherung eines ansprechenden Deal Flow pflegt PEG Alpha ihr Netzwerk aktiv. Mögliche Projekte werden in ca. zwei Drittel aller Fälle von M&A-Beratern, Banken oder Rechtsanwälten als Folge der regen Kontaktpflege unaufgefordert zugetragen, während rund ein Drittel der Projekte durch eigene Nachfrage entstehen. Auf diese Art und Weise generieren sie einen Deal Flow von jährlich rund 100 interessanten Kaufobjekten, wovon 40-50 in der Schweiz liegen.

---

[444] Deutschland, Österreich und Schweiz.

Zum ersten Kontakt zwischen PEG Alpha und Unternehmen 1 kam es aufgrund einer Indiskretion des Rechtsanwaltes des Unternehmers, der den Kontakt unaufgefordert herstellte.[445]

Beteiligungsauswahl
Im Rahmen der Beteiligungsauswahl prüft PEG Alpha gewisse Eckpunkte der Zielunternehmen, was je nach dem eine formelle Absichtserklärung zur Folge hat. Dabei steht neben der Unternehmensstrategie, der Finanz- sowie der Ertragslage insbesondere der Veräusserungsanlass im Vordergrund. Weil unternehmenskulturelle Aspekte für PEG Alpha von grosser Bedeutung sind, suchen sie Unternehmen, die aus einem nachhaltigen Grund zum Verkauf stehen.[446] Unternehmensangebote, die primär auf private Interessen zurückzuführen sind, erachten sie dabei als weniger interessant, da die Plausibilität der Investment Story in Frage gestellt wird. Hinsichtlich des Unternehmens 1 war die Glaubwürdigkeit des Verkaufsanlasses insofern gegeben, als der Unternehmer den Kontakt zu PEG Alpha nicht selbst suchte und somit auch keinen verdeckten Interessen nachgehen konnte.

PEG Alpha rangiert die einzelnen Faktoren nicht, sondern betrachtet vielmehr das Gesamtbild aller Faktoren. Als Grundvoraussetzungen gelten neben dem erwähnten Verkaufsanlass die Wachstumsperspektiven und die Margenstabilität, die ein Ertragspotenzial gewährleisten. Letztlich „können die guten Fälle gar nicht übersehen werden," da der Sachverhalt jeweils schnell erkennen lasse, ob ein Unternehmen entsprechendes Potenzial aufweise oder nicht, äussert sich ein Partner von PEG Alpha.

Due Diligence
Nach erfolgter Selektion des Zielunternehmens erfolgt die Detailprüfung in Form einer Due Diligence. PEG Alpha arbeitet dazu mit externen Beratern zusammen, welche die Bereiche Finanzen, Steuern, Recht, Markt, Wettbewerb und Umwelt prüfen. Um den Prozess zu koordinieren zu wirken, wird er mit dem Unternehmer abgesprochen.

---

[445] Siehe Kapitel 5.4.2.2.
[446] Dazu zählen z. B. die erwähnten Faktoren Nachfolgeregelung, Internationalisierung, Wachstum sowie eine Kombination sämtlicher Faktoren.

Die Due Diligence wurde von rund zehn Sitzungen mit dem Unternehmer innerhalb von drei Monaten begleitet. In dieser intensiven Zeit war es für den Unternehmer schwierig, die Vertraulichkeit der Prüfung zu gewährleisten. Da er die Belegschaft nicht informieren wollte, bevor der Verkauf entschieden war, wollte er eine offene Due Diligence vermeiden, um keine Verunsicherung entstehen zu lassen.

Die Tatsache, dass der Unternehmer vom Angebot von PEG Alpha überrascht wurde, deckt sich mit dem Eindruck des Investors, das Unternehmen sei unvorbereitet auf die Übernahme gewesen. Wie erwähnt spielte dabei das mittlere Management eine wichtige Rolle, dessen Struktur zu stark von der starken Persönlichkeit des Unternehmers abhängig war.

6.4.2.4 Zusammenfassende Erkenntnisse aus Fallstudie 1

Die allgemeine Betrachtung von PEG Alpha sowie die spezifischen Zusammenhänge mit der Fallstudie 1 lassen einige Erkenntnisse zu. Zunächst zeigen die Charakteristika von PEG Alpha bereits die unternehmerische Ausrichtung. Zum einen sind mehr als die Hälfte der Investoren Privatpersonen oder deren Family Offices, die mehrheitlich einen unternehmerischen Hintergrund haben und entsprechende Aktivitäten im Mittelstand suchen. Zum anderen deutet die Grösse und Herkunft des Managementteams darauf hin, dass PEG Alpha Wert auf eine persönliche sowie nachhaltige Betreuung der Portfoliounternehmen legt.

Die Strategie verdeutlicht die Ausrichtung auf unternehmerisch geführte Unternehmen weiter. PEG Alpha sucht primär Unternehmen, mit denen sie eine partnerschaftliche Beziehung aufbauen kann, weshalb das Verständnis für das Unternehmen für sie zentral ist. Diese Tatsache widerspiegelt sich in der Beteiligungsauswahl, wo die Plausibilität des Veräusserungsanlasses als zentral betrachtet wird. Rein wirtschaftliche Faktoren sind dabei nach wie vor von grosser Bedeutung, dem unternehmerischen Gedankengut kommt jedoch eine ebenso hohe Gewichtung zu. Diese Ausrichtung deckt sich mit den Empfindungen des Unternehmers, der das Interesse von PEG Alpha sehr schätzte und die Zusammenarbeit als angenehm empfand.

Im Rahmen der Due Diligence zeigt sich, dass ein behutsames Vorgehen gerade in mittelständischen Unternehmen notwendig ist. Da das Interesse eines Investors in einem überschaubaren Betrieb schnell erkannt wird, kann dies ungewollt zu einer grossen Unsicherheit in der Belegschaft führen, die letztlich dem Vertrauen schaden oder zu einer erhöhten Fluktuation führen kann.

6.4.3 Fallstudie 2

6.4.3.1 Normative Ebene und strategische Ebene

Da die Fallstudie 2 auf einer weiteren Investition von PEG Alpha basiert, wird auf eine identische Beschreibung der normativen sowie der strategischen Ebene verzichtet.

Track Record

Ein Unterschied lässt sich hinsichtlich des Track Record ausmachen, da PEG Alpha zum Zeitpunkt der Transaktion zuvor nur eine Investition getätigt hat, so dass Unternehmer 2 sich auf keinen Erfahrungswert stützen konnte. Dies war für ihn jedoch unproblematisch, da das durch die persönlichen Gespräche gewonnene Vertrauen von grösserer Bedeutung war.

6.4.3.2 Operative Ebene

Auch auf operativer Ebene decken sich die Aussagen weitgehend mit denjenigen im vorhergehenden Kapitel.

Beteiligungssuche

Der Kontakt wurde in diesem Fall durch einen M&A-Berater vermittelt, der vom Unternehmer engagiert wurde.[447] Obschon der Unternehmer anfänglich eine Auswahl von ca. 25 Interessenten hatte, führte er nur in zwei Fällen weitere Gespräche – weil er rasch Vertrauen in PEG Alpha aufbauen konnte und er deren Unterstützung spürte.[448]

---

[447] Siehe Kapitel 5.4.3.2.
[448] Der Unternehmer geht davon aus, dass er bei einem Verkauf an einen anderen Investor wohl einen höheren Verkaufspreis hätte erreichen können. Aufgrund des mangelnden Vertrauens spielte dies für ihn jedoch keine Rolle.

Beteiligungsauswahl
Hinsichtlich des Verkaufsanlasses hinterliess der Unternehmer einen glaubwürdigen Eindruck, zumal er die Nachfolge langfristig anging und das Unternehmen „musterhaft" vorbereitet gewesen sei.

Due Diligence
Nach der Beteiligungsauswahl führte PEG Alpha diverse Gespräche mit dem Unternehmer und überzeugte ihn so von ihrem nachhaltigen Interesse. Dies war notwendig, da der Unternehmer aufgrund der guten Marktposition und langfristigen Vorbereitung aus mehreren Angeboten eine Auswahl treffen konnte.[449] Da das Unternehmen auf die Übergabe vorbereitet wurde, konnten sich die Mitarbeiter frühzeitig damit auseinandersetzen. Die Gespräche konnten deshalb offen geführt werden, ohne dass ein verdecktes Vorgehen angestrebt werden musste, um eine Verunsicherung der Mitarbeiter zu vermeiden.

6.4.3.3 Zusammenfassende Erkenntnisse aus Fallstudie 2

Die Fallstudie zeigt wiederum, dass dem Track Record der Beteiligungsgesellschaft im Rahmen von Transaktionen in mittelständische Unternehmen wohl nur eine geringe Bedeutung zukommt. Viel grösseres Gewicht hat dabei das Vertrauen, das der Investor zwischen dem Unternehmer und ihm aufbauen kann, während der Track Record primär dazu dient, potenzielle Investoren anzuwerben.

Zudem wird ersichtlich, dass aufgrund der guten Vorbereitung des Unternehmens die Verhandlungsmacht auf Unternehmerseite lag. Der Unternehmer konnte eine Auswahl aus mehreren Angeboten treffen, so dass die Investoren ihn überzeugen mussten. Die Due Diligence wurde dabei durch sein offenes Kommunikationsverhalten vereinfacht und beschleunigt.

---

[449] Der Unternehmer schätzte dabei insbesondere, dass PEG Alpha spürbares Interesse am Unternehmen selbst zeigte und der Fokus nicht ausschliesslich – wie bei anderen Investoren – auf den Zahlen lag.

6.4.4 Fallstudie 3

6.4.4.1 Normative Ebene

Organisationsform

PEG Beta führt keinen Fonds, sondern äufnet das Kapital jeweils hinsichtlich eines spezifischen Projektes. Dazu dient jeweils eine AG als Übernahmeholding,[450] deren Kapital von den Investoren liberiert wird. Die eigene Managementgesellschaft ist daran ebenso beteiligt und wird mit einem Beratungsmandat vertraut.

Trägerschaft

Zur Äufnung des Kapitals geht PEG Beta jeweils direkt auf 20-30 ihr bekannte, sowohl private[451] wie auch institutionelle[452] Investoren zu. So ist in der Regel das geäufnete Kapital jederzeit investiert und es entsteht kein unmittelbarer Investitionsdruck. Aufgrund der ausgeglichenen Eigentümerstruktur und der selbständigen Entscheidungsfindung ist auch PEG Beta als unabhängige Gesellschaft zu betrachten.

Investment-Team

Die Gesellschaft setzt sich aus drei Partnern zusammen, die sich bezüglich ihrer Erfahrung in Beratung, Finanzen und Industrie ergänzen. Insbesondere die industrielle Erfahrung verbunden mit einer unternehmerischen Gesinnung des Investment-Teams war für Unternehmer 3 ein wichtiges Kriterium, um sich für PEG Beta zu entscheiden.

Track Record

Über einen eigentlichen Track Record verfügte auch PEG Beta nicht. Die Investition in das Unternehmen war ihre zweite Beteiligung, so dass sich der Unternehmer nicht wirklich auf vergangene Resultate stützen konnte. Nach seinen

---

[450] Siehe dazu Kapitel 7.2.3.1.
[451] Primär Family Offices.
[452] Primär kleinere Banken.

Äusserungen war letztlich das hohe Mass an Verantwortungsbewusstsein viel entscheidender als das Aufweisen vergangener Erfolge.

6.4.4.2 Strategische Ebene

Branchenzugehörigkeit
PEG Beta legt ihre strategische Ausrichtung auf mittelständische Unternehmen fest und strebt Mehrheitsbeteiligungen an, da nur so die Kontrolle über das Unternehmen gewährleistet ist. Spezifische Branchen werden nicht definiert, jedoch Beteiligungen an Unternehmen der Oldtech-Industrie bevorzugt. Dennoch muss die Branche Zukunftspotenzial aufweisen, um ins Interessenfeld von PEG Beta zu gelangen.

Unternehmensgrösse
Hinsichtlich der Grösse der Unternehmen liegt der Fokus auf solchen mit einem Umsatz von über 20 Mio. EUR, wobei das investierte Eigenkapital jeweils zwischen 2 und 20 Mio. EUR liegt.

Geographische Lage
Ähnlich wie PEG Alpha interessiert sich PEG Beta für Unternehmen aus dem deutschsprachigen Europa, um sprachliche und mentalitätsbezogene Barrieren zu umgehen.

Finanzierungsstufe
Bezüglich der Finanzierungsstufe wird die Strategie wiederum nicht klar festgelegt. Vielmehr fokussiert PEG Beta Unternehmen in Spezialsituationen. Dazu zählen etwa anstehende Nachfolgeregelungen, Wachstumsprobleme aufgrund nicht angepasster Strukturen, Veränderungen im Umfeld aufgrund der Internationalisierung des Marktes oder Krisensituationen, deren Lösung weiterer Ressourcen bedarf. Junge Unternehmen werden jedoch nicht in Betracht gezogen, zumal ein Mindestalter von fünf Jahren, marktfähige Produkte und ein bestehender Kundenstamm gefordert wird.

Zusammengefasst sucht PEG Beta mittelständische Unternehmen mit einem stabilen Kern, die operatives Potenzial aufweisen und eine sehr aktive Rolle des Investment-Teams zulassen.

6.4.4.3 Operative Ebene

Beteiligungssuche

Den Deal Flow generiert PEG Beta primär durch ein breit verankertes Netzwerk. Die qualitativ besten Angebote stammen daher von dem Investment-Team bekannten M&A-Beratern, von Rechtsanwälten oder in seltenen Fällen von Banken. Quantitativ am meisten Angebote werden durch Blindanfragen via Homepage an sie herangetragen,[453] worunter sich jedoch oft Anfragen befinden, die sich innert wenigen Minuten als uninteressant erweisen.

In der Fallstudie 3 wurde PEG Beta durch eine kleine Bank auf das Unternehmen aufmerksam gemacht und suchte im Anschluss den Kontakt zum M&A-Berater, der im Auftrag des Unternehmers nach potenziellen Interessenten suchte.[454]

Beteiligungsauswahl

Von den jährlich knapp 200 Kaufanfragen werden lediglich 10-20% weiter geprüft. Im Rahmen der Beteiligungsauswahl geht es darum, zu erkennen, inwiefern operative Verbesserungsmöglichkeiten aufgrund des gesunden Kerns bestehen und auch umsetzbar sind. Dabei stellt sich das Investment-Team oft die Grundsatzfrage, ob das Zielunternehmen eine langfristige Berechtigung am Markt hat oder nicht. Zudem wird bereits zu diesem Zeitpunkt der Exitperspektive Beachtung geschenkt. Eine Rangierung qualitativer Faktoren ist aber nicht möglich, zumal wiederum das Zusammenspiel verschiedener Aspekte entscheidend ist.

Das Unternehmen der Fallstudie 3 war insbesondere deshalb von Interesse für PEG Beta, da die Struktur und die schlechten Konditionen der Bilanz hinsichtlich Restrukturierungsmöglichkeiten aus Sicht der Investoren grosses Potenzial eröffneten.

---

[453] Wöchentlich sind dies etwa drei bis fünf Angebote.
[454] Siehe Kapitel 5.4.4.2.

Due Diligence
Die Due Diligence erfolgt bei PEG Beta immer nach demselben Muster. Im Rahmen der Market Due Diligence geht es um Kunden, Wettbewerb, Lieferanten und Zahlen der Vergangenheit. Dabei werden interne Diskussionen geführt, Expertengespräche mit Bekannten aus dem eigenen Netzwerk gesucht und nach Möglichkeit bereits Gespräche mit den Kunden und den Lieferanten angestrebt.[455]

Die Finance & Tax Due Diligence dient der Kontrolle der Liquidität, des Zustandes von Sozialversicherungen, Verlustvorträgen oder der Evaluation von Möglichkeiten bezüglich der Sanierungsbesteuerung. Im Rahmen einer erweiterten Prüfung konsultiert das Investment-Team den Datenraum, führt Gespräche mit dem Revisor und geht die kantonalen Steuerbehörden um Rulings in Bezug der Sanierung an.

Die Business Due Diligence wird durchgeführt, um den Business Plan bis zur letzten Position zu durchleuchten und hinterfragen. Das Ergebnis dieser Prüfung ist schliesslich der eigene Business Plan von PEG Beta, der auf der Einschätzung des Investment-Teams basiert und der als Grundlage für die Transaktionsstrukturierung resp. Finanzierung dient.

Die Legal Due Diligence lässt PEG Beta von einem Anwalt durchführen, da das Haftpflichtrisiko sonst zu gross wäre. Die Daten hinsichtlich gesellschafts-, vermögens-, vertrags- und arbeitsrechtlicher Aspekte finden sich ebenso im Datenraum oder ergeben sich aus den Gesprächen mit dem Eigentümer sowie dem Management.

Ein wichtiger Bestandteil der umfassenden Prüfung ist für PEG Beta die Environmental Due Diligence, um Umweltrisiken zu kennen und zu vermeiden. In diesem Zusammenhang werden sämtliche Standorte überprüft, um nicht Produktionsstätten mit Altlasten zu übernehmen, deren Reinigung und Entsorgung mit hohen Kosten verbunden ist. Dazu wird ein Risikokatalog im Gespräch mit Experten und dem Altlastenkatasteramt erstellt.

---

[455] Gespräche mit Kunden und Lieferanten sind insbesondere dann ein delikates Unterfangen, wenn die Verkaufsabsicht nicht offensichtlich ist oder noch andere Käufer Interesse zeigen.

6.4.4.4 Zusammenfassende Erkenntnisse aus Fallstudie 3

Auch bei PEG Beta fällt die unternehmerische Ausrichtung bereits auf der normativen Ebene auf. Nicht nur äufnet sie ihr Kapital zu einem bedeutenden Anteil von privaten Investoren, die selbst als Unternehmer aktiv sind, sondern auch der persönliche Hintergrund des Investment-Teams weist unternehmerische Eigenschaften auf. Diese Tatsache wurde vom Unternehmer mehrmals erwähnt, da er Investoren suchte, die ähnlich agierten wie er.

Die Bedeutung des Track Record spielte in der Fallstudie 3 erneut keine grosse Rolle. Wiederum lag das Gewicht vielmehr beim gegenseitigen Vertrauen als auf dem Erfolg vergangener Beteiligungen.

Die unternehmerische Ausrichtung zeigt sich in der Strategie von PEG Beta insofern, als die vollumfängliche Kontrolle angestrebt wird, um selbst aktiv eingreifen zu können. Das Investment-Team vertritt also einen Hands-on-Ansatz, um direkten Einfluss auf das Tagesgeschäft nehmen zu können.

Im Rahmen der Beteiligungsauswahl und -prüfung zeigt sich, dass PEG Beta primär nach einem Unternehmen mit einem gesunden Kern sucht, das jedoch operatives Verbesserungspotenzial aufweist. Dies führt dazu, dass zu einem grossen Teil Unternehmen in Krisensituationen evaluiert werden, was das Ausfallrisiko entsprechend vergrössert. Das Verbesserungspotenzial bestand im Fall des Unternehmens gemäss Fallstudie 3 insbesondere in der Sanierung der Bilanz.

6.4.5 Fallstudie 4

6.4.5.1 Normative Ebene und strategische Ebene

PEG Beta tritt ebenso in Fallstudie 4 als Investor auf, weshalb wiederum auf die identische Beschreibung auf normativer sowie strategischer Ebene verzichtet wird. Speziell hervorzuheben gilt die industrielle Erfahrung, die das Investment-Team aufweist und im Zusammenhang mit der Fallstudie 4 von besonderer Bedeutung war, zumal sich Unternehmen 4 in einer Krisensituation befand. Dies brachte der Unternehmer auch deutlich zum Ausdruck, obschon er aufgrund der schlechten Geschäftslage keine grossen Auswahlmöglichkeiten mehr hatte.

6.4.5.2 Operative Ebene

Beteiligungssuche und Beteiligungsauswahl

Der Kontakt mit dem Unternehmen erfolgte durch Vermittlung eines M&A-Beraters. Obwohl das Unternehmen unter starkem Druck war, weckte das Angebot das Interesse der PEG Beta, da in den Augen der Investoren der gesunde Kern vorhanden war. Das Investment-Team war überzeugt, mittels Restrukturierungsmassnahmen bei den „gesunden Teilen" und der Veräusserung der „kranken Teile" den Turnaround zu erreichen und das Unternehmen noch retten zu können.

Due Diligence

Da PEG Beta der einzige Interessent war, lag eine sehr profunde Due Diligence im Bereich des Möglichen, da man auf sämtliche Stakeholder zugehen konnte.[456] So wurden bereits während der Due Diligence wichtige Verträge mit den Lieferanten für die Zeit nach der Übernahme abgeschlossen,[457] da diese ein grosses Interesse an einem zahlungsfähigen Unternehmen hatten, um die Lieferantenkredite zurückerstattet zu bekommen.

Zudem lag die Verhandlungsmacht vollumfänglich beim Investor, da er der einzige Interessent war und für den Unternehmer der Fortbestand des Unternehmens vom Erfolg der Verhandlungen abhängig war.

6.4.5.3 Zusammenfassende Erkenntnisse aus Fallstudie 4

Auch Fallstudie 4 zeigt die Bedeutung unternehmerischer und industrieller Erfahrung bei Investitionen in mittelständische Unternehmen. Die Unternehmer schöpfen rasch Vertrauen, wenn sie das Gefühl haben, der Investor vertrete ähnliche ethische Grundsätze und übernehme auch soziale Verantwortung. Fallstudie 4 zeigt dies insbesondere, weil der Unternehmer aufgrund seiner schlechten Erfahrungen mit dem Finanzinvestor eine grundsätzlich negative Einstellung gegenüber Investoren aufwies. Der unabhängige und unternehmerische Ansatz, den PEG Beta vertritt, überzeugte ihn trotz seiner ablehnenden Haltung.

---

[456] Der Ablauf war im Grundsatz derselbe wie in Fallstudie 3.
[457] Eine geleaste Maschine wurde zurückgegeben, während die Konditionen für die Beschaffung einer neuen Anlage vereinbart wurden.

Aus Fallstudie 4 geht ebenso hervor, dass die Due Diligence den Umständen der Übernahme angepasst werden muss. Da PEG Beta die letzte Chance für das Unternehmen darstellte, konnte sie mit der Unterstützung sämtlicher Stakeholder inklusive der Belegschaft rechnen und wurden von allen Beteiligten als „Retter" betrachtet. Diese Position ermöglichte eine vertiefte Due Diligence unter Einbezug der Lieferanten, was bereits vor Abschluss der Transaktion den Weg nach dem Kauf definierte.

6.4.6 Fallstudie 5

6.4.6.1 Normative Ebene

Organisationsform
Ähnlich wie PEG Beta gründet PEG Gamma jeweils pro Investition eine AG, die als Übernahmeholding eingesetzt wird. Dabei wird auf eine Fondsstruktur verzichtet und das Aktienkapital der Holding von den Investoren sowie der Managementgesellschaft liberiert.

Trägerschaft
PEG Gamma ist eine unabhängige Gesellschaft, da die Trägerschaft aus mehrheitlich privaten Investoren besteht, die primär durch ihre Family Offices investieren. Einige institutionelle Investoren ergänzen den Kreis, wobei keine Gelder von Fund of Funds aufgenommen werden.

Investment-Team
Das Investment-Team besteht aus drei Partnern, die branchenübergreifendes Industrie-Know-how aufweisen. Die Fähigkeiten dieses Teams waren für die Entscheidungsfindung der Tochter des Unternehmers von grosser Bedeutung, da sie sich entsprechende Branchenkenntnisse erhoffte.

Track Record
Obschon PEG Gamma zum Zeitpunkt der Transaktion bereits über mehrere Beteiligungen verfügte, hatten diese keinen Einfluss auf das Projekt. Der Track Record diente ihr somit nicht als Entscheidungsgrundlage.

6.4.6.2 Strategische Ebene

Branchenzugehörigkeit

Wie PEG Alpha und Beta fokussiert auch PEG Gamma grundsätzlich auf Mehrheitsbeteiligungen an mittelständischen Unternehmen. Dabei stehen keine besonderen Branchen im Mittelpunkt, wobei nur produzierende Betriebe in Frage kommen und keine Beteiligungen an Handels- und Dienstleistungsunternehmen gehalten werden. Inwiefern eine aktive Beteiligung jeweils sinnvoll ist, wird fallweise beurteilt.

Unternehmensgrösse

Hinsichtlich der Unternehmensgrösse legt sich PEG Gamma auf Unternehmen mit einem Umsatz von 5 bis 50 Mio. CHF fest. Die Investitionsgrösse beträgt in der Regel zwischen 0 und 7 Mio. CHF. PEG Gamma beschränkt sich also effektiv auf kleine und mittlere Unternehmen.

Geographische Lage

Bezüglich der geographischen Orientierung zieht PEG Gamma primär Unternehmen aus der Schweiz in Betracht, wobei sich das Einzugsgebiet im Allgemeinen im ganzen deutschsprachigen Raum bewegt.

Finanzierungsstufe

PEG Gamma betrachtet lediglich Reife- oder Wendeunternehmen. Unternehmen, die ausschliesslich an einer Wachstumsfinanzierung interessiert sind, werden nicht weiter betrachtet. In der Regel werden dabei Unternehmen in Spezialsituationen gesucht, wozu Nachfolge-, Turnaround-Situationen sowie Spin-offs gezählt werden.

Grundsätzlich legt PEG Gamma grossen Wert auf gegenseitiges Vertrauen und konstruktive Zusammenarbeit mit den Partnern. Betont wird wiederum das unternehmerische Denken und Handeln, während man sich von der Position eines reinen Finanzinvestors differenzieren möchte.

6.4.6.3 Operative Ebene

Beteiligungssuche

Im Rahmen der Beteiligungssuche generiert PEG Gamma den Deal Flow weitgehend über ihr Netzwerk von M&A-Beratern und Investment Banken. So werden ihr jährlich rund 100-150 Kaufvorschläge zugetragen, wovon rund ein Drittel Schweizer Unternehmen sind.

Den Kontakt zum Unternehmen stellte PEG Gamma durch einen M&A-Berater her, den die Tochter aus vergangener Tätigkeit bereits kannte.[458]

Beteiligungsauswahl

PEG Gamma vertieft mit zunehmender Beteiligungswahrscheinlichkeit die Prüfungstätigkeiten, wobei gewisse Voraussetzungen bei den Unternehmen vorhanden sein müssen. Dazu zählen etwa die Etablierung in einem Markt, die Bereitschaft des Verkäufers, die unternehmerische Führung abzugeben sowie das Vorhandensein möglicher Restrukturierungsansätze. Während in der Regel rund 80% der angebotenen Unternehmen den Schritt in die Beteiligungsauswahl nicht erreichen, weckte das Unternehmen gemäss Fallstudie 5 das Interesse von PEG Gamma. Dies vor allem deshalb, weil das Unternehmen einerseits eine etablierte Position im Markt hatte und man sich durch eine Marktkonsolidierung eine gewisse Entspannung erhoffte. Anderseits war das Unternehmen derart unter Nachfolgedruck, dass sich die Übergabe der Geschäftsleitung offensichtlich aufdrängte. Ausserdem sah PEG Gamma im Umnutzungspotenzial der Immobilie eine grosse Chance.

Due Diligence

Im Anschluss an die Beteiligungsauswahl folgt die detaillierte Due Diligence. Diese findet in der Regel im üblichen Rahmen statt: Eine Prüfung in ökonomischen, marktgerichteten, juristischen und technologischen Bereichen. Der ganze Prozess erstreckte sich über sechs bis acht Monate, wobei aus der Sicht der Tochter des Unternehmers vor allem das Restrukturierungskonzept von PEG Gamma überzeugte, da es eine Weiterführung der betrieblichen Tätigkeiten

---

[458] Siehe Kapitel 5.4.6.2.

vorsah.[459] Zudem gewann sie rasch Vertrauen gegenüber dem Mitglied des Investment-Teams, das die Verhandlungen vorwiegend führte. Letztlich war es dessen aktiver und vielversprechender Eindruck, der den Verkauf ermöglichte.

6.4.6.4 Zusammenfassende Erkenntnisse aus Fallstudie 5

Wiederum ist festzuhalten, dass sich die Ausrichtung von PEG Gamma bereits auf der normativen Ebene manifestiert. Die Investoren setzen sich überwiegend aus privaten Geldgebern zusammen, während institutionelle Investoren lediglich einen kleinen Anteil äufnen. Auch ist die Zusammensetzung des Investment-Teams entscheidend, um rasch das Vertrauen der Verkäufer zu gewinnen, da die weichen Faktoren den Entscheid ausschlaggebend beeinflussen. So war der Erfolg der Verhandlungen primär auf einen Partner zurückzuführen, der mit seiner Erfahrung und seinem Engagement die verkaufende Partei überzeugen konnte.

6.4.7 Fallstudie 6

6.4.7.1 Normative Ebene

Organisationsform
PEG Delta organisiert ihre Anlagevehikel in der typischen Form der Limited Partnership.[460] Der Sitz des Vehikels ist in Jersey, als General Partner waltet das Management von PEG Delta und die Investoren bilden die Limited Partner.[461] Die Gebühren halten sich ebenfalls an die marktüblichen Grössen, so dass die Management Fee auf 2.5%[462] und der Carried Interest auf 20% festgesetzt wurden.[463]

Trägerschaft
Die Trägerschaft besteht primär aus institutionellen Anlegern, die 92% des geäufneten Kapitals zur Verfügung stellen, während private Investoren 8% der

---

[459] Im Vergleich dazu strebten andere Interessenten primär einen Immobiliendeal an.
[460] Siehe dazu Abb. 22.
[461] Das Commitment des Managements betrug 2%, während die Investoren 98% des Kapitals zur Verfügung stellten.
[462] Mit einer jährlichen Reduktion nach der Investitionsperiode um 10%.
[463] Die Hurdle Rate beträgt 5%.

Gelder einbringen. So verfügte PEG Delta im Rahmen des für Fallstudie 6 relevanten Fonds über ein Investitionskapital von knapp 60 Mio. CHF, wovon rund 50 Mio. CHF investiert wurden.

Investment-Team
Im Investment-Team finden sich drei Partner, die alle über eine fundierte Erfahrung aus vergangenen Tätigkeiten aufweisen. Der Hintergrund basiert auf Managementaktivitäten in industriellen Grosskonzernen und auf Sanierungen kleinerer Technologiebetriebe. Diese Erfahrungswerte haben dem Managementteam ein breites Netzwerk verschaffen. Die starke industrielle Vergangenheit ermöglicht zudem eine fundierte Vorgehensweise bei der Prüfung interessanter Unternehmen.

Track Record
Zum Zeitpunkt der Investition in Unternehmen 6 hatte PEG Delta noch keinen Track Record aufzuweisen, da es sich um den ersten Fonds der Gesellschaft handelte. Aufgrund der grossen Erfahrung war dieser aber letztlich nicht entscheidend, um Unternehmer 6 zur Veräusserung des Unternehmens zu bewegen. Der Track Record dieses ersten Fonds – der in der Zwischenzeit teilweise realisiert wurde – zeigt sich jedoch sehr erfolgreich und wird entsprechend zur Äufnung des zweiten Fonds verwendet.[464]

6.4.7.2 Strategische Ebene

Branchenzugehörigkeit
PEG Delta verfolgt grundsätzlich eine Buy and Build-Strategie in verschiedenen Industrien.[465] Dazu werden fragmentierte Branchen bevorzugt, die keinen klaren Marktführer aufweisen und in denen das Investment-Team auf operativer sowie auf Ebene des Verwaltungsrats Erfahrungen sammeln konnte. Zu diesen Branchen zählen sowohl Wachstumsindustrien wie auch solche mit Konsolidierungsbedarf, die primär zu der technologieintensiven Hightech-Industrie zählen.

---

[464] Die IRR brutto beträgt knapp 15% (netto rund 9%), der Multiple (total) mehr als 2.4 (realisiert 1.4).
[465] Siehe dazu Kapitel 6.2.2.4.

Unternehmensgrösse
Die angestrebte Grösse der Zielunternehmen unterscheidet sich zwischen Initial und Add-on Investments. Während für Initialinvestitionen Unternehmen mit einer Umsatzgrösse von 50-80 Mio. CHF im Vordergrund stehen, werden Add-on Investments mit einem Umsatz von 10- 40 Mio. CHF gesucht. Den Fokus auf diese mittelständischen Unternehmen begründet PEG Delta darin, dass diese Grösse für strategische Investoren oft zu klein ist und sie erst in der Summe zu interessanten Zielunternehmen für Käufer werden, sowie dass Unternehmen dieser Grösse nach Auffassung des Investment-Teams häufig Raum für substanzielle Ertrags- und Wertsteigerungen offen lassen.

Geographische Lage
Die geographische Ausrichtung für die Initial Investments liegt in der Schweiz und den deutschsprachigen Nachbarländern. PEG Delta argumentiert, dass das Netzwerk in dieser Region am stärksten ist und sich der persönliche sowie kulturelle Hintergrund der Partner mit diesem Zielmarkt deckt. Dies sei insofern von Bedeutung, als die Erfahrung des Investment-Teams zeige, dass im Bereich der mittelständischen Unternehmen der Preis selten das Schlüsselkriterium für einen Verkauf sei. Die Add-on Investments würden in ganz Europa getätigt, zumal die Fertigung und Produktion in osteuropäischen Staaten ungemein weniger Kosten verursache.

Finanzierungsstufe
Im Rahmen der Buy and Build-Strategie fokussiert PEG Delta weniger auf eine Finanzierungsstufe, obschon es sich bei den getätigten Investitionen primär um Reifeunternehmen handelt,[466] sondern vielmehr auf Unternehmen, die Synergiepotenzial bezüglich einer Cluster-Bildung aufweisen. Dazu eignen sich in der Regel Underperformer mit einem positiven Cash Flow. So wird jeweils aus drei bis fünf Unternehmen ein Cluster gebildet, der als Ganzes mehr Wert hat als die Summe der einzelnen Unternehmen.
Die Ausrichtung dieser Strategie basiert vor allem auf den erhofften Skalenerträgen, auf der verstärkten Visibilität im Markt, auf der stärkeren Position in der

---

[466] Unter speziellen Bedingungen werden auch Wendeunternehmen berücksichtigt.

Beschaffung, auf Synergieeffekten, auf geringeren Risiken durch breiter diversifizierte Kundenbasis und Märkte sowie auf attraktiven Exitperspektiven bezüglich strategischen Investoren.

6.4.7.3 Operative Ebene

Beteiligungssuche

Aufgrund der strategischen Ausrichtung investiert PEG Delta weniger opportunitätsgetrieben, sondern agiert aktiv in der Suche nach passenden Investitionen. Insofern wird der eigentliche Deal Flow primär durch gezielte Marktanalysen gewährleistet, die integrierbare Unternehmen identifizieren, während weitere Targets durch das umfangreiche Netzwerk angeboten werden. Insgesamt schätzt PEG Delta, rund 2'600 Unternehmen im In- und nahen Ausland erkannt zu haben.

Beteiligungsauswahl

Nach einem ersten Screening wird davon jedoch schnell der überwiegende Teil eliminiert,[467] so dass letztlich nur noch rund 50 Unternehmen ausgewählt werden. Diese werden jeweils gezielt angesprochen, wie dies auch bei Unternehmen 6 der Fall war. Obschon Unternehmer 6 zunächst kein Interesse am Verkauf hatte, meldete er wenige Monate später seine Verkaufsbereitschaft an, da er diese Möglichkeit zur Regelung der Nachfolge wahrnehmen wollte.

Due Diligence

Erfüllt ein Unternehmen die Basiskriterien für eine potenzielle Investition,[468] wird im Anschluss die vertiefte Due Diligence durchgeführt. In dieser standardisierten Prüfung werden sämtliche Unterlagen im Datenraum analysiert und die nötigen Gespräche geführt. Dabei muss eine EBITDA-Marge von 12-15% und ein EBIT-Level von 10-12% erreichbar sein und ein grosses Ertragspotenzial erkennbar werden. Da die Zielunternehmen vor der Transaktion in der Regel stabile Betriebe sind, können noch keine Gespräche mit Kunden und Liefe-

---

[467] Das Ausscheiden erfolgt entweder aufgrund dessen, dass das Unternehmen nicht erhältlich oder dass es in Bezug auf das Potenzial, die Finanzen oder die Organisation nicht interessant ist.

[468] Neben der Eignung für den angestrebten Cluster muss eine EBITDA-Marge von 3 bis 10% sowie Entwicklungspotenzial vorhanden sein.

ranten geführt werden, um nicht Unruhe im Umfeld des Unternehmens zu stiften.

6.4.7.4 Zusammenfassende Erkenntnisse aus Fallstudie 6

Fallstudie 6 zeigt die Dimensionen im Zusammenhang einer Buy and Build-Strategie auf. Die unterschiedliche Ausrichtung zeigt sich bereits auf der normativen Ebene, zumal die Gelder in einem Fonds und nicht fallweise geäufnet werden und diese primär von institutionellen und nicht privaten Investoren stammen. Der industrielle Hintergrund des Investment-Teams ermöglicht dieses gezielte Vorgehen, da weniger Opportunitäten, sondern vielmehr identifizierte Unternehmen angegangen werden.

Zudem ist die Begründung des Fokus auf mittelständische Unternehmen in erster Linie durch Synergiepotenziale in der Cluster-Bildung zu sehen, um eine für strategische Investoren interessante Grösse zu erreichen. Das Wachstums- und Restrukturierungspotenzial eines einzelnen Unternehmens spielt dabei nur eine sekundäre Rolle.

Ebenso ändert sich die Ausgangslage mit einer gezielten Anfrage von Zielunternehmen hinsichtlich der Verhandlungsmöglichkeiten. Zum einen ist es für den Verkäufer einfacher, gewisse Forderungen zu stellen, zumal er nicht auf den Verkauf angewiesen ist. Zum anderen erhält PEG Delta eine sehr starke Verhandlungsposition, sobald sich ein Zielunternehmen in der Entstehung eines Clusters seiner direkten Mitbewerber in der Existenz bedroht sieht und verfügt in der Regel über genügend Alternativen zur Auswahl.

6.4.8 Erkenntnisse

6.4.8.1 Zusammenfassung

Abb. 51 zeigt die Voraussetzungen vor der Transaktion auf Seite der Private Equity-Investoren in tabellarischer Übersicht.

Abb. 51: Zusammenfassung der Fallstudien bezüglich der Voraussetzungen auf Investorenseite

	Fallstudie 1, Unternehmen 1	Fallstudie 2, Unternehmen 2	Fallstudie 3, Unternehmen 3	Fallstudie 4, Unternehmen 4	Fallstudie 5, Unternehmen 5	Fallstudie 6, Unternehmen 6
Normative Ebene						
Organisationsform	Kommanditgesellschaft auf Aktien nach deutschem Recht	Siehe Fallstudie 1	Keine Fondsstruktur, AG als Holding	Siehe Fallstudie 3	Keine Fondsstruktur, AG als Holding	(Jersey) Limited Partnership
Trägerschaft	Rund 60 Investoren, davon 35-40 Private	Siehe Fallstudie 1	Rund 20-30 Investoren	Siehe Fallstudie 3	Primär private Investoren	92% institutionelle, 8% private Investoren
Investment-Team	Sechs Partner mehrheitlich mit Erfahrung in Beratung und Banking	Siehe Fallstudie 1	Drei Partner mit Erfahrung in Beratung, Finanzen und Industrie	Siehe Fallstudie 3	Drei Partner mit branchenübergreifendem Know-how	Drei Partner mit starkem industriellen Hintergrund
Track Record	Keine realisierten Beteiligungen zum Zeitpunkt der Transaktion	Unternehmen 2 war erst die zweite Beteiligung von PEG Alpha	Unternehmen 3 war erst die zweite Beteiligung von PEG Beta	Unternehmen 4 war die erste Investition von PEG Beta	Mehrere Beteiligungen zum Zeitpunkt der Transaktion ohne entscheidenden Einfluss	Zum Zeitpunkt der Transaktion nicht vorhanden, in der Zwischenzeit sehr erfolgreiche Teilrealisierung

Strategische Ebene					
Branchenzugehörigkeit	Strukturell gesunde, stabile und wachsende Branchen	Siehe Fallstudie 1	Oldtech-Industrie mit Zukunftspotenzial	Siehe Fallstudie 3	Produzierende Branchen	Fragmentierte Hightech-Industrien
Unternehmensgrösse	Transaktionsgrösse (Eigenkapital) zwischen 10 und 30 Mio. CHF	Siehe Fallstudie 1	Transaktionsgrösse (Eigenkapital) zwischen 2 und 20 Mio. EUR	Siehe Fallstudie 3	Umsatz zwischen 5 und 50 Mio. CHF	Umsatzgrösse des Initial Investments zwischen 50 und 80 Mio. CHF, Add-on Investment 10-40 Mio. CHF
Geographische Lage	Deutschsprachiges Europa	Siehe Fallstudie 1	Deutschsprachiges Europa	Siehe Fallstudie 3	Primär Schweiz, sekundär deutschsprachiges Europa	Initial Investment im deutschsprachigen Raum, Add-on Investments in ganz Europa
Finanzierungsstufe	Keine Restrukturierungs- und Sanierungsfälle	Siehe Fallstudie 1	Unternehmen in Spezialsituationen, die älter als fünf Jahre sind	Siehe Fallstudie 3	Reife- und Wendeunternehmen	Reifeunternehmen, die sich zur Cluster-Bildung eignen

Operative Ebene

Beteiligungssuche	Durch aktive Pflege des Netzwerkes wird ein Deal Flow von 100 Unternehmen jährlich generiert; der Kontakt wurde durch eine Indiskretion des Rechtsanwaltes hergestellt	Der Kontakt wurde durch einen M&A-Berater hergestellt, der von Unternehmer 2 damit beauftragt wurde	Qualitative Kontakte werden primär durch M&A-Berater hergestellt; PEG Beta wurde durch Bank auf Unternehmen 3 aufmerksam gemacht	Kontakt wurde durch M&A-Berater hergestellt	Durch aktive Pflege des Netzwerkes wird ein Deal Flow von 100-150 Angeboten jährlich generiert; der Kontakt wurde durch M&A-Berater hergestellt	Mittels gezielten Marktanalysen und einem umfangreichen Netzwerk werden rund 2'600 Unternehmen identifiziert
Beteiligungsauswahl	Abklärung der Eckpunkte – insbesondere des Verkaufsanlasses	Verkaufsanlass aufgrund der langfristigen Nachfolgeplanung nachvollziehbar	Abklärung, ob Unternehmen operatives Verbesserungspotenzial und eine langfristige Berechtigung am Markt aufweist	Potenzial wurde in der Veräusserung der „kranker" Unternehmensteile und Investitionen in die gesunden Teile erkannt	Abklärung der möglichen Zusammenarbeit anhand entscheidender Fragen; das Potenzial wurde insbesondere in der Umnutzung der Immobilie erkannt	Nach Abklärung der Basiskriterien werden noch rund 50 Unternehmen gezielt angesprochen
Due Diligence	In der Regel durch externe Berater, während die Gespräche mit dem Unternehmer direkt geführt werden und entscheidend sind	Stark vereinfacht durch offenes Kommunikationsverhalten und gute Vorbereitung des Unternehmers 2	Die Prüfung umfasst die Market, Finance & Tax, Legal und Environmental Due Diligence	Profunde Due Diligence, da alle Stakeholder ein Interesse an der Übernahme durch PEG Beta hatten	Standardisierte Due Diligence, wobei für Tochter die Position eines Mitglieds des Investment-Teams entscheidend war	Standardisierte Due Diligence ohne Möglichkeit von Kunden- oder Lieferantengesprächen

| Erkenntnisse | • Die unternehmerische Ausrichtung zeigt sich bereits in den Investoren und der Zusammensetzung des Investment-Teams
• Die Strategie beinhaltet auch weiche Faktoren wie kulturelle Aspekte
• Der Verkaufsanlass dient als Indiz für die Nachhaltigkeit der Investition
• Die Due Diligence ist ein delikates Vorhaben, das ein behutsames Vorgehen notwendig macht | • Der Track Record ist im Vergleich zum Vertrauensaufbau von geringer Bedeutung
• Eine langfristige Vorbereitung und eine gute Marktposition ergibt eine starke Verhandlungsposition auf Verkäuferseite | • Die unternehmerische Ausrichtung zeigt sich bereits an den Investoren und der Zusammensetzung des Investment-Teams
• PEG Beta wird selbst unternehmerisch aktiv
• Operatives Verbesserungspotenzial muss vorhanden sein, um eine nachhaltige Wertsteigerung anstreben zu können | • Industrielle Erfahrung des Investment-Teams bringt Vorteile mit sich
• Die Due Diligence muss den spezifischen Eigenschaften der Transaktion angepasst werden
• Die Verhandlungsmacht lag aufgrund des schlechten Geschäftsgangs auf Seite der Investoren | • Die unternehmerische Ausrichtung zeigt sich bereits in den Investoren und der Zusammensetzung des Investment-Teams
• Der Verhandlungserfolg ist primär auf die visionäre und strategische Überzeugungskraft eines Partners zurückzuführen | • Organisationsform und Trägerschaft sind bereits auf Strategie ausgerichtet
• Begründung für Ausrichtung auf mittelständische Unternehmen primär aufgrund Synergiepotenzial in der Cluster-Bildung
• Verhandlungspositionen ändern sich, da das Angebot nachfragegetrieben ist und sich das Zielunternehmen in einem Mitbewerber-Cluster bedroht sehen kann |

6.4.8.2 Beurteilung der Voraussetzungen auf Seite der Investoren

Normative Ebene

Bereits auf der normativen Ebene werden wichtige Voraussetzungen für Investitionen in mittelständische Unternehmen auf Investorenseite deutlich. Dies zeigt sich zum einen bei der Trägerschaft, die sich in den Fallstudien zu einem wesentlichen Teil aus privaten Investoren zusammensetzt.[469] Diese sind oft selbst ehemalige Unternehmer und prägen die Ausrichtung der Private Equity-Gesellschaft. Zum anderen deutet der unternehmerische Hintergrund der Investoren jeweils auf einen grossen Erfahrungsschatz hin. So führen primär diejenigen Partner die Gespräche, die eine entsprechende industrielle Führungserfahrung aufweisen. Dies ermöglicht einen besseren Vertrauensaufbau mit dem verkaufenden Unternehmer.

Die Bedeutung des Track Record hingegen ist für die Auswahl von Zielunternehmen gering. Nur Unternehmer 1 sprach den Track Record u. a. als Grund zur Auswahl der Private Equity-Gesellschaft an, während er für die anderen Unternehmer mehr oder weniger bedeutungslos war. Obschon der Track Record für die Kapitaläufnung entscheidend ist, hat im Zusammenhang mit der Auswahl des Zielunternehmens das Vertrauen mehr Gewicht.

Strategische Ebene

Bezüglich der Investitionsstrategie dienen die Fallstudien primär dazu, exemplarisch die verschiedenen Ausrichtungsmöglichkeiten aufzuzeigen. Insbesondere PEG Delta unterscheidet sich im Rahmen der Buy and Build-Strategie von den anderen Private Equity-Gesellschaften, da sie aktiv mögliche Zielunternehmen anfragt, während PEG Alpha, Beta und Gamma ihre Zielunternehmen zum grossen Teil opportunistisch auswählen.

Zudem richten sich die beobachteten Private Equity-Gesellschaften auf den deutschsprachigen Raum aus. Dies unterstreicht die Bedeutung weicher Faktoren wie Mentalität, kultureller Hintergrund sowie die Sprache an sich.

---

[469] Siehe dazu Kapitel 3.1.3.3. Im Durchschnitt stellen in Europa private Investoren nur 9% des Kapitals zur Verfügung, während dieser Anteil bei den in den Fallstudien beschriebenen Private Equity-Gesellschaften deutlich höher ist.

Operative Ebene

Der Mangel an Transparenz im KMU-Bereich erweist sich im Zusammenhang mit der Beteiligungssuche als unproblematisch. Keine beobachtete Private Equity-Gesellschaft äusserte Probleme bezüglich des Deal Flow, sondern alle gaben an, eine genügend grosse Auswahl zur Verfügung zu haben. Der Kontakt zu den Zielunternehmen wurde in den meisten Fallstudien durch M&A-Berater hergestellt. Diese scheinen deshalb bezüglich der Beteiligungsauswahl grosses Potenzial zu haben, so dass sich eine genauere Betrachtung deren Position aufdrängt.

Die Beteiligungsauswahl und die Due Diligence basieren wiederum auf dem Vertrauen. Während die Private Equity-Gesellschaft ihr Vertrauen beispielsweise durch einen glaubwürdigen Verkaufsgrund schöpft, ist für das Unternehmen ein angepasstes Vorgehen notwendig, das den Umständen des Verkaufes entspricht. So erfolgt die Due Diligence in einem Unternehmen, das auf die Nachfolge vorbereitet ist, deutlich offener als in einem Unternehmen, in dem weder Belegschaft, Kunden noch Lieferanten über die Nachfolgepläne informiert sind. Ausserdem ändern sich die Position von Käufer und Verkäufer in Abhängigkeit des Verkaufgrundes und der Investitionsstrategie. Wird die Nachfolge langfristig geplant, schafft sich der Unternehmer eine Auswahlmöglichkeit und verbessert seine Position, wie sich dies beispielsweise in Fallstudie 2 zeigt. Auf der anderen Seite überrascht das aktive Vorgehen im Fall einer Buy and Build-Strategie die Zielunternehmen, so dass diese in der Regel nur ein Angebot zur Auswahl haben.

Teil III: GESTALTUNG UND AUSWIRKUNGEN DER TRANSAKTION

7 Möglichkeiten der Transaktionsstrukturierung

Wenn die Private Equity-Gesellschaft nach der Due Diligence an der potenziellen Investition interessiert bleibt, wird im Weiteren eine Einigung hinsichtlich der finanziellen und führungsbezogenen Aspekte des Abschlusses angestrebt. Betreffend der finanziellen Verhandlungen geht es insbesondere um die Beurteilung des Unternehmenswerts sowie um das Ausmass und die Form des Anteils am Unternehmen, während es bei den führungsbezogenen Themen primär um Anreize für das Management und den Einfluss der Private Equity-Gesellschaft auf das Unternehmen geht.[470]

Das Ziel der Strukturierung ist es, die unterschiedlichen Interessen derart zu berücksichtigen, dass die resultierende Lösung von allen Parteien als befriedigend erachtet wird. Dies ist angesichts der divergierenden Interessen aller involvierten Parteien ein komplexes Unterfangen, so dass Kompromisse auf beiden Seiten notwendig sind.[471]

Abb. 52: Die Investitionsschritte des Investitionsprozesses

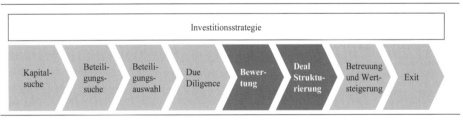

Dieses Kapitel vertieft die Schritte der Bewertung und der Deal Strukturierung des Investitionsprozesses (vgl. Abb. 52). Dazu werden zunächst Formen der Unternehmensbewertung vorgestellt, bevor auf die effektiven Aspekte der Strukturierung einer Transaktion eingegangen wird. Im dritten Teil des Kapitels

---

[470] Vgl. Fenn, G. / Liang, N. / Prowse, S. (1995), S. 31.
[471] Vgl. Bader, H. (1996), S. 123-132.

werden die theoretisch vorgestellten Möglichkeiten anhand der Fallstudien validiert und die entscheidenden Faktoren herausgeschält.

7.1 Bewertung des Kaufobjektes

Der Kaufentscheid ist letztlich davon abhängig, ob eine Einigung hinsichtlich des Kaufpreises erzielt werden kann. Der Bewertung des Kaufobjektes kommt somit eine entscheidende Bedeutung bezüglich des Gelingens der Transaktion zu. In diesem Abschnitt werden zuerst verschiedene Methoden der Unternehmensbewertung vorgestellt und anschliessend wird auf spezifische Schwierigkeiten und Gefahren hingewiesen.

7.1.1 Überblick über Bewertungsmethoden

Um den Anforderungen von IFRS für das periodische Reporting von Private Equity-Fonds gerecht zu werden, hat die EVCA Guidelines für die Bewertung von Private Equity-Anlagen herausgegeben. Das Ziel dieser Richtlinien ist es, Best Practice-Methoden schriftlich festzusetzen, damit die Anlagen entlang des Fair Value-Prinzips[472] bewertet werden können. Die Ermittlung eines zuverlässigen Fair Value stellt aber gerade bei Private Equity-Fonds ein Problem dar, da sie durch die hohen Investitionsrisiken, das Fehlen öffentlich notierter Preise sowie die eingeschränkte Anwendbarkeit von Bewertungsmodellen stark erschwert wird. Die Implementierung eines Prozesses, welcher der zentralen Problematik und der gleichzeitig hohen Bedeutung der Bewertung von Portfoliounternehmen angemessen Rechnung trägt, ist unerlässlich.[473]

Bei der Auswahl der Bewertungsmethode[474] rät die EVCA, nach Abwägung der folgenden Faktoren die Geeignete auszuwählen:

- Anwendbarkeit der Methode unter Berücksichtigung der Branche und der Marktbedingungen;

- Qualität und Verlässlichkeit der vorhandenen Daten, die für die jeweilige Methode benötigt werden;

---

[472] Die EVCA definiert den Fair Value als den Wert, zu dem zwei Parteien mit demselben Wissen ein Gut zu Marktkonditionen austauschen würden (vgl. EVCA (2006d), S. 7).
[473] Vgl. Böhler, C. (2004), S. 1113.
[474] Anstelle einer isolierten Betrachtung von nur einer ausgewählten Methode empfiehlt sich der parallele Einsatz mehrerer Methoden (vgl. Hail, L. / Meyer, C. (2001), S. 678).

- Vergleichbarkeit der Daten des Unternehmens oder der Transaktion;
- Finanzierungsstufe des Unternehmens;
- Spezifische Eigenschaften, die das zu bewertende Unternehmen betreffen.[475]

Im Weiteren beschreiben die Richtlinien der EVCA die sechs am meisten verwendeten Methoden, welche im Folgenden kurz dargestellt werden.[476]

7.1.1.1 Price of Recent Investment

Bei der Anwendung dieser Methode werden die Kosten, die innerhalb einer limitierten Zeitspanne vor der Investition für das Unternehmen aufgebracht worden sind, und allfällige signifikante Zusatzinvestitionen verwendet, um den Wert des Unternehmens zu berechnen. Diese Methode lässt sich nur dann benützen, wenn das Zielunternehmen kürzlich einer Bewertung unterzogen wurde und wenn sich in der Zwischenzeit keine grossen Änderungen im Unternehmens- und Marktumfeld ergeben haben.

7.1.1.2 Earnings Multiple

Die Verwendung von Earnings Multiples berücksichtigt die Objektivität des Marktes, indem der Wert eines Unternehmens durch Vergleich mit den Marktpreisen von (kotierten) Gesellschaften anhand von Multiplikatoren bestimmt wird. Diese Methode wird vor allem bei etablierten Unternehmen angewendet, deren erwartete Entwicklung konstant bleibt. Einige Finanzinvestoren verwenden jedoch auch Multiples, die auf ihrer Erfahrung oder Branchenkenntnissen beruhen, ohne dass diese auf die Multiples grosser Unternehmen abgestützt sind.

Die Auswahl des geeigneten Multiple erfolgt nach einer Prüfung der Angemessenheit und der Reliabilität. Es gilt dabei insbesondere der Glaubwürdigkeit und Vergleichbarkeit der Daten anderer Unternehmen Beachtung zu schenken. Die geläufigsten Multiplikatoren sind die Verhältnisse von Price/Earnings, Enterprise Value/EBIT oder Entreprise Value/EBITDA.

---

[475] Vgl. EVCA (2006d), S. 13.
[476] Es werden die in den Richtlinien verwendeten englischen Originalausdrücke verwendet, da diese in der Regel die gebräuchlichen Bezeichnungen sind.

Je nach Einflussmöglichkeit des Private Equity-Fonds oder nach Verkaufsmöglichkeit des Unternehmens wird der Bewertung der sogenannte Marketability Discount abgezogen.

7.1.1.3 Net Assets

Bei der Bewertung des Unternehmens nach dem Substanzwert (entspricht den Net Assets) handelt es sich um einen bestandesorientierten Ansatz. Dabei werden die Vermögen eines Unternehmens in der Regel zu Wiederbeschaffungs- oder Reproduktionskosten um den aufgelaufenen Wertverzehr korrigiert und als Basis für den Unternehmenswert verwendet. Dieser Wert gibt an, welche Vermögenswerte zur Generierung künftiger Erträge und Aufwendungen zur Verfügung steht und dient normalerweise als untere Preisgrenze resp. als minimale Sicherheit für die übernehmende Gesellschaft – in Bezug auf die Unternehmensfortführung.[477]

7.1.1.4 Discounted Cash Flows or Earnings (of Underlying Business)

Im Gegensatz zu den bestandesorientierten Verfahren zählt die Ertragswertmethode (DCF-Methode) zu den flussorientierten Ansätzen. Die Eigenschaft der DCF-Methode für das Underlying Business ist, dass sich die Berechnung des Unternehmenswerts auf die zukünftigen Erträge des Zielunternehmens stützt. Im Normalfall wird der Ertragswert durch eine Prognose der unmittelbaren Zukunftsentwicklung in Kombination mit einer Schätzung des Residualwerts für die Folgeperioden erreicht. Das Problem dieser Methode ist die grosse Subjektivität in der Erarbeitung der Prognosen, so dass sich diese Methode vor allem als Plausibilitätskontrolle für andere Ansätze eignet.[478]

7.1.1.5 Discounted Cash Flows (from the Investment)

Diese Methode unterscheidet sich von der obengenannten nur insofern, als sie den Ertragswert aller Geldströme berechnet, die dem Investor aus der Investition zufliessen. Sie eignet sich demzufolge vor allem für Investitionen, die auf Fremdkapital- oder mezzaninen Instrumenten beruhen. Auch diese Methode

---

[477] Im Fall einer Liquidation kann durchaus ein tieferer Wert als die ausgewiesene Substanz gelöst werden (vgl. Hail, L. / Meyer, C. (2002b), S. 576).
[478] Vgl. Hail, L. / Meyer, C. (2002b), S. 578.

wird aufgrund der Subjektivität vor allem zur Plausibilisierung anderer Methoden verwendet.

7.1.1.6 Industry Valuation Benchmarks

In einigen wenigen Branchen bestehen brancheneigene Benchmarks,[479] die als Basis zur Schätzung des Fair Value eines Unternehmens dienen. Diese Methode wird in der Regel als Plausibilisierungsinstrument eingesetzt – vor allem dann, wenn ein Investor bereit ist, für den Umsatz oder Marktanteil zu bezahlen.

7.1.2 Schwierigkeiten und Gefahren der Unternehmensbewertung

Die Bewertung ist oftmals ein delikates Unterfangen, wird das Unternehmen doch sehr subjektiv eingeschätzt. Da der Wert von der Verwendung des Gutes abhängt und für jedes Gut unterschiedliche Nutzungen denkbar sind, kann die Bewertung von Käufer zu Käufer unterschiedlich hoch sein.[480] Gerade im Bereich von mittleren Unternehmen, die zum grössten Teil Familienunternehmen sind, spielt dies eine gewichtige Rolle.

Während der Finanzinvestor den Unternehmenswert nüchtern anhand einer Bewertungsmethode berechnet, übt für den Unternehmer der emotionale Wert einen starken Einfluss aus. Nach seiner Berechnung entspricht der totale Wert des Unternehmens dem Marktwert und dem emotionalen Wert. Eine Studie von ERNST & YOUNG (2006) ergibt, dass der emotionale Wert positiv mit dem Alter des Unternehmens korreliert; d. h. je älter das Unternehmen, desto höher ist die geforderte Entschädigung des Verkäufers dafür, dass das Unternehmen in fremde Hände gelegt wird und der Fortbestand nicht mehr gewährleistet werden kann.

Eine negative Beziehung besteht indes zwischen dem total geforderten Wert und dem persönlichen Glück des Unternehmers – glückliche Unternehmer bewerten ihre Unternehmen tendenziell weniger hoch. Dies lässt sich dadurch erklären, dass unzufriedene Unternehmer für ihre „Leiden" und ihr „Unglück" entschädigt werden wollen.[481]

---

[479] Für Kabelfernsehgesellschaften existieren z. B. Preise pro Abonnent-Benchmarks (Price per Subscriber).
[480] Vgl. Spielberger, K. (1996), S. 145-147.
[481] Vgl. Ernst & Young (2006), S. 12-13.

Die spezifischen Ausprägungen kleiner und mittlerer Unternehmen beeinflussen den Unternehmenswert je nach dem zusätzlich positiv oder negativ. So werden KMU in der Regel aufgrund ihrer Grösse mit einem Abschlag von bis zu 20% behaftet. Diese sogenannte Size Premium dient dazu, das erhöhte Risiko von KMU zu kompensieren. Zu einem zusätzlichen Abschlag führt oft auch die Illiquidität der KMU. Während kotierte Wertpapiere relativ einfach und schnell veräussert werden können, ist die Handelbarkeit von Investitionen in KMU – vor allem in Familienunternehmen – stark eingeschränkt.

Einen positiven Einfluss auf den berechneten Unternehmenswert übt im Bereich der KMU die Kontrolle über das Unternehmen aus. Gegenüber einer Minderheitsbeteiligung steigt der Wert einer Mehrheitsbeteiligung insofern, als sie Kontrolle über das Unternehmen gewährleistet. Somit kann die Unternehmenspolitik, die Lenkung der Dividendenströme sowie der Verkauf von Vermögenswerten direkt nach den Vorstellungen des Mehrheitsaktionärs gestaltet werden und unterliegt seiner Kontrolle.[482]

Gefahr in der Unternehmensbewertung besteht immer dann, wenn die bewährten Bewertungsmethoden im Rahmen einer Überhitzung des M&A-Marktes übergangen werden. Dies zeigt sich beispielsweise an steigenden Multiples, so dass für Unternehmen trotz gleich bleibender Cash Flows höhere Preise gezahlt werden.[483]

7.1.3 Zusammenfassung

Die Bewertung eines Unternehmens – insbesondere eines Familienunternehmens – ist insofern schwierig, als die emotionalen Faktoren eine gewichtige Rolle spielen. Obschon ihr Einfluss den Wert positiv oder negativ verändern kann, dürfte ihre Ausprägung den Unternehmenswert ebenso beeinflussen wie die Berechnungsmethode an sich.

---

[482] Vgl. Bucher, M. / Schwendener, P. (2007), S. 244-346.
[483] Wie z. B. im amerikanischen Buyout-Markt in den 1980-er Jahren, als die Preise im Gegensatz zu den Cash Flows stark anstiegen und immer mehr riskante Transaktionen durchgeführt wurden (vgl. Kaplan, S. / Stein, J. (1993), S. 72-88). Ob die Tendenz überbewerteter Preise im Umfeld des aktuellen Liquiditätsüberschusses vorhanden ist, bleibt offen und wird in dieser Arbeit nicht weiter vertieft. Siehe dazu z. B. Pütter, T. (2007), der weiteres Wachstum der Private Equity-Branche prophezeit und noch keine Parallelen zur New Economy Bubble erkennt.

Diese wiederum ist so auszuwählen, dass sie den spezifischen Eigenheiten des Unternehmens gerecht wird. Dabei stehen insbesondere die Frage nach der Anwendbarkeit, nach der Qualität sowie der Vergleichbarkeit der Daten im Vordergrund, da sich die Datenlage im Bereich der mittelständischen Unternehmen in der Regel sehr intransparent präsentiert.

7.2 Die Strukturierung der Transaktion

Jede Private Equity-Investition steht vor einer eigenen Ausgangslage, welche die Strukturierung der Transaktion massgeblich beeinflusst. Dabei ist besonders zu beachten, dass die Transaktionen in der Regel nicht genau einem Schema entsprechen, sondern oft in einer Mischform zu beobachten sind. Dieses Kapitel dient dazu, einen Überblick über die Gestaltungsformen und Transaktionsinstrumente zu geben. Dazu werden zunächst die Begrifflichkeiten geklärt und die finanziellen Gestaltungsformen beschrieben, bevor auf rechtliche und steuerliche Aspekte einer Transaktion eingegangen wird.

7.2.1 Begriffliche Abgrenzungen von Buyout-Finanzierungen

Nachfolgefinanzierungen im KMU-Bereich werden in der Regel in einer Buyout-ähnlichen Form durchgeführt. Obschon diese Varianten durch Wachstumsfinanzierungen oder andere Beteiligungsformen ergänzt oder ersetzt werden können, lassen sich die wesentlichen Züge und Besonderheiten der Nachfolgefinanzierung mit der Beschreibung der Buyouts erklären. In diesem Abschnitt wird deshalb nur auf die Eigenschaften von letzteren eingegangen und die detaillierte Erklärung anderer Formen vernachlässigt.

Das gesamte Buyout-Vokabular ist primär aus der Praxis entstanden und hat erst anfangs der 90er Jahre Eingang in akademische Diskussionen gefunden. Die Termini werden daher oft unterschiedlich verwendet. Grundsätzlich wird unter einem Buyout der entgeltliche Erwerb eines Unternehmens oder -teiles durch eine Person oder Personengruppe verstanden.[484] Zur Erarbeitung der für die vorliegende Arbeit relevanten Definition wird im Folgenden auf die Spezifika der verschiedenen Buyout-Formen eingegangen.

---

[484] Vgl. Huydts, H. (1992), S. 19-20.

7.2.1.1 Überblick über die verschiedenen Buyout-Formen

Management Buyout (MBO)

Als MBO wird eine Transaktion bezeichnet, in der Angehörige der bisherigen Geschäftsleitung ein Unternehmen oder Teile davon unter Beanspruchung von Fremdkapital erwerben.[485] Dabei sind folgende Eigenschaften relevant:[486]

- Das bisherige Management tritt als Käufer auf, wobei es nicht der alleinige Käufer sein muss;

- der Eigentümerwechsel findet nur dann statt, wenn das Management durch den Buyout auch eine massgebliche Beteiligung am gekauften Unternehmen erwirbt. KOCH (1997) definiert die Beteiligung als massgeblich, wenn so viele Kapital- und Stimmanteile erworben werden, dass tatsächlich die Kontrolle des Unternehmens gehalten wird. Diese Haltung ist jedoch umstritten: NADIG (1992) z. B. definiert massgeblich als Kontrolle über das Unternehmen. Unternehmenskontrolle stellt dabei das Recht dar, über die Ressourcen des Unternehmens zu verfügen;[487]

- die Zielsetzung der kaufenden Manager ist es, unternehmerische Freiheit verbunden mit langfristiger Existenzsicherung zu erlangen. Eine unmittelbare Liquidation des Unternehmens würde dem widersprechen, nicht aber ein Verkauf zu einem späteren Zeitpunkt (z. B. nach abgeschlossener Umstrukturierung oder Sanierung);

- da die Beteiligung der Käufer häufig ein wesentlicher Bestandteil des Privatvermögens ausmacht, wird die Rolle des Managers insofern verändert, dass er einen Schritt vom abhängigen Arbeitnehmer zum selbständigen Unternehmer macht;

- die limitierten Eigenmittel der Käufer führen nach einem Buyout meist zu einer niedrigen Eigenkapitalquote, was das Risiko für die Fremdkapitalgeber erhöht. Die hohe Verschuldung wird aber gerade von weiteren Eigenkapitalgebern bewusst in Kauf genommen, um den Leverage-Effekt zu be-

---

[485] Vgl. Boemle, M. / Stolz, C. (2002), S. 514.
[486] Vgl. Koch, M. (1997), S. 17-23.
[487] Vgl. Nadig, L. (1992), S. 14.

wirken[488] und damit sich das Management gezwungen sieht, den vom Unternehmen generierten Cash Flow für die Schuldentilgung einzusetzen;

- zu der Finanzierungsform eines MBO zählt die Beteiligung externer Kapitalgeber, wozu typischerweise Private Equity-Investoren zählen.

Management Buyin (MBI)
Im Gegensatz zum MBO wird beim MBI das Unternehmen mehrheitlich an ein neues Team von Managern verkauft, welche vorher noch nicht Angestellte des Unternehmens waren. Diese Form kommt häufig dann zustande, wenn das (Familien-)Unternehmen intern keine Manager hat, die willig oder fähig sind, das Unternehmen weiterzuführen. Auch bei dieser Form wird oft zusätzliches externes Eigenkapital verwendet, wobei das neue Managementteam die Mehrheit innehält.[489]

Buyin Management Buyout (BIMBO)
Die Kombination eines MBO und eines MBI führt zu einem sogenannten BIMBO. Dabei bleibt das bestehende Management im Unternehmen und wird dabei von einem neuen, externen Management unterstützt. Dies bringt den Vorteil mit sich, dass neue Kompetenzen ins Unternehmen geholt werden können und gleichzeitig die Unternehmenskenntnis im Management bleibt.[490] Offen bleibt dabei, ob das bestehende oder das externe Management einen Mehrheitsanteil erwirbt und inwiefern ein Drittinvestor involviert ist.[491]

Institutional Buyout (IBO)
Im Fall eines IBO verhandelt der Verkäufer des Unternehmens nur mit einer Vertragspartei. Der Käufer tritt als Institution auf,[492] die zu einem späteren Zeitpunkt über die Beteiligung des Managements verhandelt.[493]

---

[488] Siehe dazu Leveraged Buyout.
[489] Vgl. CMBOR (2007).
[490] Vgl. EVCA (2007c).
[491] Vgl. Davidson, J. (2005), S. 77.
[492] Z. B. eine Private Equity-Gesellschaft.
[493] Vgl. Davidson, J. (2005), S. 76-77.

Die BVCA bezeichnet den Term IBO als relativ neu und von zunehmender Bedeutung. Für die Verkäufer ist diese Methode insofern von Vorteil, als die Anzahl Parteien, mit denen zu verhandeln ist, reduziert wird.[494]

Leveraged Buyout (LBO)
Während bei den obengenannten Formen der Käuferaspekt im Vordergrund steht, ist beim LBO der Finanzierungsaspekt massgeblich. Die fundamentale Idee des LBO besteht darin, dass der Kauf eines Unternehmens zu einem grossen Anteil fremdfinanziert wird und verhältnismässig wenig Eigenkapital eingesetzt wird. Der hohe Anteil an Fremdkapital wird in der Regel durch unternehmenseigene Assets gesichert.[495] In einer etwas largen Auslegung der Definition kann jeder Buyout als LBO bezeichnet werden, der das Unternehmen letztlich zu einem höheren Leverage-Verhältnis führt.[496] In der Folge werden deshalb die Buyout-Formen als Unterklassen des LBO verstanden.

Die hohe Verschuldung wird unter Berücksichtigung des Leverage-Effekts zur Steigerung der Rendite auf dem eingesetzten Eigenkapital genutzt. Die Hebelwirkung[497] führt dazu, dass der Verschuldungsgrad (Fremdkapital/Eigenkapital) zu einer Steigerung der Eigenkapitalrendite (r_{EK}) führt, solange die Gesamtkapitalrendite (r_{GK}) über dem Fremdkapitalzins (r_{FK}) liegt. Die Hebelwirkung kann aber auch ins Negative drehen, wenn die Rendite auf dem Kapital unter die Kosten des Fremdkapitals sinkt. Formal wird der Leverage-Effekt wie folgt dargestellt:[498]

$$r_{EK} = r_{GK} + \frac{FK}{EK} \times (r_{GK} - r_{FK})$$

Weitere Begriffe
In der Literatur finden sich weitere Formen von Buyouts, welche jedoch weder in der Theorie noch in der Praxis von grosser Bedeutung sind. Dazu zählen beispielsweise der Employee Buyout,[499] der Top Management LBO oder der Be-

---

[494] Vgl. BVCA (2007b).
[495] Vgl. EVCA (2007c).
[496] Vgl. Baldi, F. (2005), S. 64.
[497] Leverage wird im Deutschen auch mit Hebelwirkung übersetzt.
[498] Vgl. Brealey, R. / Myers, S. (2000), S. 472-475.
[499] Vgl. Koch, M. (1997), S. 26 oder Luippold, T. (1991), S. 15.

legschafts-LBO.[500] Wie die Namen bereits angeben, handelt es sich dabei um einen Verkauf an eine Mehrzahl von Angestellten oder an die ganze Belegschaft.

7.2.1.2 Arbeitsdefinition

Die vorliegende Arbeit bezieht sich auf Nachfolgetransaktionen im Schweizer Mittelstand, die mittels Einsatz von Private Equity finanziert werden. Der Fokus liegt deshalb auf der Sicherung der Unternehmensnachfolge. Da in der Praxis die Übernahmeformen oft auch ineinander übergehen, wird der Begriff „Buyout" in dieser Arbeit sehr allgemein gehalten, um sämtliche relevanten Transaktionen umfassen zu können. Es ist daher eine eigene Arbeitsdefinition zu formulieren, um die Begriffe klar abzugrenzen. Die Definition lautet: „Unter einem Buyout wird die *Übernahme der Kontrolle* eines Unternehmens verstanden, deren *Finanzierung mit dem Einsatz von Investoren* gewährleistet wird. Die Begriffe *Buyout und MBO werden synonym* verwendet."

Abb. 53: Relevante Buyout-Formen

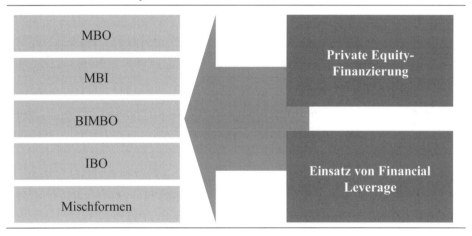

Abb. 53 zeigt die relevanten Transaktionen der vorliegenden Arbeit schematisch. Daraus wird deutlich, dass nicht die Form des Buyout, sondern die Regelung der Nachfolge im Mittelpunkt steht. Auf die Buyout-spezifischen Eigenschaften der Transaktionen wird jeweils separat hingewiesen.

---

[500] Vgl. Krebs, A. (1990), S. 10.

7.2.2 Finanzielle Gestaltungsformen

Nach den abgeschlossenen Vorüberlegungen erfolgt die finanzielle Strukturierung der Transaktion. Diese hat den unterschiedlichen Interessen der Erwerber und Dritter mit Finanzierungsfunktion Rechnung zu tragen, indem sie ein Gesamtpaket der Übernahmefinanzierung zusammenstellt, das den Möglichkeiten der Zielgesellschaft angepasst ist.[501] Dabei geht es um ein Gleichgewicht zwischen Eigen-, Hybrid- und Fremdkapital, welches die Finanzierung unter adäquaten Risikokosten ermöglicht.[502]

Abb. 54: Finanzierungsschichten eines MBO [503]

Finanzierungsbedarf	Finanzierungsquellen	Finanzierungsinstrumente
Betriebskapital	Betriebskredite	• Bankkredite • Anleihen • Lieferantenkredite • Kundenanzahlungen
Kaufpreis / Corporate Value	Senior Debt (vorrangige Bankkredite)	
	Subordinated Debt (nachrangige Kredite)	• Wandel- / Optionsanleihen • Genussrechte • Mezzanine Capital
Transaktionskosten	Equity (Eigenkapital)	• Aktien • Einlagen Management • Private Equity

Im Zentrum des Finanzierungsbedarfs steht der ausgehandelte Preis des Unternehmens – auch als Corporate oder Enterprise Value bezeichnet. Er gibt den Wert des Unternehmens unabhängig der Finanzierungsstruktur wieder. Im Weiteren sind die Transaktionskosten, welche oft einige Prozent des Enterprise Value ausmachen können,[504] und die für das operative Geschäft notwendigen

---

[501] Die stufenweise Finanzierung (Staging), welche in Form einer schrittweisen und in Abhängigkeit des Erreichens gewisser Meilensteine erfolgt, wird nicht berücksichtigt, obschon sie ein wichtiger Kontrollmechanismus für Private Equity-Gesellschaften darstellt. Sie ist jedoch vor allem bei Early Stage-Finanzierungen zu beobachten (vgl. Gompers, P. (1995), S. 1461-1486).

[502] Vgl. Luippold, T. (1991), S. 64-65.

[503] In Anlehnung an Krebs, A. / Studer, T. (1998), S. 25 und Credit Suisse (2005), S. 6.

[504] Wie aus den Interviews hervorgegangen ist, variieren die Kosten je nach Transaktionsgrösse. In der Regel setzen sie sich aus den fixen Due Diligence- und Beratungskosten (Rechts-, Steuer- und M&A-Beratung) sowie den variablen Fremdfinanzierungsgebühren und der Equity-Fee des Investors zusammen. Total

Betriebskredite zu berücksichtigen.[505] Abb. 54 zeigt den Finanzierungsbedarf und die -quellen in einer Übersicht; auf die Eigenschaften der verschiedenen Finanzierungsquellen wird im Anschluss eingegangen.

7.2.2.1 Eigenschaften der Finanzierungsquellen

Senior Debt

Unter Senior Debt werden Kredite verstanden, die im Verhältnis zu anderen Fremdkapitalgebern insolvenzrechtlich vorrangig behandelt werden und in ihrer Ausgestaltung und Besicherung konventionellen Bankkrediten nahe kommen.[506] Damit wird zum Ausdruck gebracht, dass die vorrangigen Kredite gegenüber anderen Kreditfinanzierungen den Vortritt geniessen und somit ein überschaubares Risiko eingehen.[507] Zudem wird in Abhängigkeit der Besicherungsmöglichkeit zwischen gesichertem und ungesichertem Senior Debt unterschieden, wobei sich die ungesicherten Kredite lediglich an zukünftigen Cash Flows orientieren. Senior Debt wird üblicherweise innerhalb von sechs bis acht Jahren amortisiert, weshalb die Kredite einer Bank durch Forderung der Einhaltung sogenannter Covenants[508] begleitet werden.[509]

Die Vorrangigkeit und das überschaubare Risiko machen Senior Debt zum kostengünstigsten Fremdmittel. Die Eigentümer haben deshalb in der Regel Interesse daran, einen möglichst hohen Anteil der Finanzierung mit Senior Debt zu sichern.[510] Die Finanzierung mit Senior Debt ist allerdings nur solange unproblematisch, als die Finanzkraft des Käufers zur Zins- und Schuldleistung genügt.[511]

---

können die Kosten in Abhängigkeit der Transaktionsgrösse 2 bis 4% der Transaktionssumme ausmachen. Im Rahmen der Fallstudien werden sie vernachlässigt.

[505] Vgl. Krebs, A. / Studer, T. (1998), S. 25.
[506] Vgl. Luippold, T. (1991), S. 65.
[507] Vgl. Tobler, S. (1998), S. 47-48.
[508] Ein Covenant ist eine Vereinbarung zwischen einem Kapitalgeber und dem Unternehmen betreffend bestimmter Auflagen, wie z. B. das Einhalten gewisser Bilanzkennzahlen, welche das Unternehmen während der Laufzeit der Finanzierung gewährleisten muss (vgl. Capvis (2007), S. 4).
[509] Vgl. Krebs, A. / Studer, T. (1998), S. 25.
[510] Vgl. Krebs, A. (1990), S. 55-56.
[511] Vgl. Grundler, R. (2001), S. 32. Siehe dazu auch Kapitel 7.2.1.1, Leveraged Buyouts.

Subordinated Debt oder Mezzanine Capital
Bei einem MBO reichen die Fremd- und Eigenmittel oft nicht aus, um die Summe für den Kauf des Unternehmens aufzubringen. Eine Ergänzung zur Vervollständigung des Finanzierungsmixes stellen Mezzanine-Finanzierungen dar, die eine Erhöhung des Masses an wirtschaftlichem Eigenkapital ermöglichen.[512] Mezzanine ist eine hybride Finanzierungsform, die aus Sicht des Unternehmens Fremdkapital darstellt, das rangmässig hinter alle übrigen Verbindlichkeiten tritt. Zudem wird die Nachrangigkeit durch längerfristige Laufzeiten von sieben bis zehn Jahren und der eingeschränkten Kündigungsmöglichkeit verstärkt.[513] Komponenten wie Gewinnbeteiligung, Aktienbezugsrechte oder eine Wandlungsoption verleihen der Mezzanine-Finanzierung aber ebenso eine eigenkapitalähnliche Erscheinungsform. Mezzanine Finance umfasst also alle rechtlichen Ausgestaltungsmöglichkeiten zwischen Eigen- und Fremdkapital, vom besicherten nachrangigen Darlehen bis zu Vorzugsaktien, und weist ein mittleres Risiko-Ertrags-Verhältnis auf.

Idealtypisch wird Mezzanine Kapital bei Privatplatzierungen aus drei Elementen strukturiert: Einer fixen Zinskomponente, einer Payment in Kind-Komponente[514] und einer Warrant-Komponente, die zum Bezug von Aktien der betroffenen Gesellschaft berechtigt. Diese dient jedoch nicht der Übernahme von Eigentumsrechten, sondern der „Versüssung" des risikobehafteten Fremdkapitals, weshalb sie in der Regel auch nicht ausgeübt, sondern vor dem Verfall glattgestellt wird.[515]

Da die Verzinsung von Mezzanine-Kapitel deutlich über dem vorrangigen Fremdkapital liegt,[516] wird die Mezzanine-Finanzierung vorwiegend bei Investitionen mit mittlerem Risiko-Ertrags-Profil und starken Cash Flows verwendet.[517]

---

[512] Eine vertiefte Beschreibung der Mezzanine-Finanzierung findet sich in: Müller-Känel, O. (2003).
[513] Vgl. Baumgartner, H. (2006), S. 560.
[514] Kreditart, die ähnlich einem Zero-Bond nur eine Zinszahlung bei Maturität trägt.
[515] Vgl. Müller-Känel, O. / Pedergnana, M. (2003), S. 27.
[516] Die Verzinsung liegt in der Regel erfolgsabhängig zwischen 7% und 12%.
[517] Vgl. Müller-Känel, O. (2007), S. 9-12.

Eigenkapital

Die dritte Finanzierungsschicht ist das Eigenkapital. Sie gilt als die risikoreichste und rentabelste Finanzierungsquelle für einen MBO, deren primäre Funktion in der Abdeckung des spezifischen Risikoprofils des gekauften Unternehmens besteht. Da Verluste, die das Unternehmen erleidet, zuerst das Eigenkapital aufzehren, wird es auch als Risikokapital bezeichnet. Der Anreiz zur Investition ins Eigenkapital liegt für Private Equity-Investoren nicht in der Gewinnausschüttung, da diese in den ersten Jahren ohnehin für den Abbau der Schulden verwendet werden, sondern vielmehr in der Steigerung des Corporate Value.[518]

Abb. 55: Risiko-Rendite-Profil der Unternehmensfinanzierung [519]

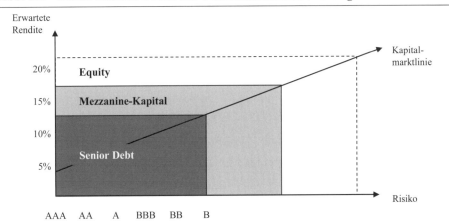

Bei einer MBO-Transaktion mit Beteiligung einer Private Equity-Gesellschaft übernimmt das Management in der Regel lediglich bis zu 10% der Beteiligung. Dieser Anteil dient primär als finanzieller Anreiz und nur in zweiter Linie der eigentlichen Finanzierung des MBO. Die Private Equity-Gesellschaft besitzt zusätzlich neben den Aktien oft noch ein Aktionärsdarlehen, welches der Kategorie von Mezzanine Kapital angehört und einem Vielfachen des Aktienkapitals entspricht. So übertrifft die Rendite des Managements diejenige des Private Equity-Partners deutlich, was den Schritt in die unternehmerische Unabhängig-

---

[518] Vgl. Luippold, T. (1991), S. 69.
[519] In Anlehnung an Müller-Känel, O. (2007), S. 7.

keit auch finanziell attraktiv gestaltet. Daher wird das vom Management gezeichnete Aktienkapital oft auch mit Sweet Equity gekennzeichnet.[520]

Abb. 55 fasst die Charakteristika der verschiedenen Finanzierungsformen noch einmal zusammen.

7.2.2.2 Die optimale Finanzierungsstruktur

Es stellt sich nun die Frage, welches das optimale Verhältnis der Finanzierungsformen ist. Zunächst bleibt festzuhalten, dass die Investitionsformen für Private Equity-Gesellschaften offen sind. Das bedeutet, dass der Einsatz der Möglichkeiten von Fall zu Fall unterschiedlich gewählt wird.

Unter streng theoretischen Annahmen gilt die Kapitalstruktur als wertneutral, so dass der Unternehmenswert lediglich durch die Aktiven bestimmt würde. Zahlreiche Einflussfaktoren führen in der Praxis jedoch dazu, dass die Finanzierungsseite dennoch einen Einfluss auf den Wert ausübt.[521] Der Ansatz zur Eruierung der optimalen Kapitalstruktur baut im Wesentlichen auf den unterschiedlichen Kapitalkosten auf. Da die erwartete Verzinsung des Eigenkapitals normalerweise deutlich über derjenigen des Fremdkapitals liegt, sinkt der durchschnittliche Gesamtkapital-Kostensatz – auch Weighted Average Cost of Capital (WACC) genannt – zunächst bei der Erhöhung des Fremdkapitals. Infolge dessen, dass der WACC als Diskontierungssatz der für die Unternehmensbewertung relevanten künftigen Cash Flows verwendet wird, steigt der Unternehmenswert, solange der WACC sinkt. Sobald der Fremdkapitalanteil jedoch so gross ist, dass das Ausfallsrisiko zu gross wird, steigen die Kapitalkosten für das Fremdkapital. Damit beginnt auch der WACC wieder zu steigen, worunter der Unternehmenswert leidet. Eben dies ist der Punkt, wo sich die optimale Kapitalstruktur befindet.

Die Verwendung der Eruierung der optimalen Kapitalstruktur erweist sich in der Praxis oft als sehr schwierig, da sie von einer Vielzahl an Variablen in gegenseitiger Korrelation abhängt. Der Unternehmer sollte dennoch in der Lage

---

[520] Vgl. Capvis (2006), S. 3.
[521] Vgl. Volkart, R. (2003), S. 447-448.

sein, je nach Lebenszyklus, Geschäftsfeld und anderen Kriterien zu erkennen, wie viel Fremdkapital zu viel resp. zu wenig ist.[522]

Einen wesentlichen Anteil an der Grössenordnung der Fremdfinanzierung hat die sogenannte Debt Capacity, mittels welcher die Banken die maximale Fremdkapitalaustattung eruieren. Unter dieser wird das Verschuldungspotenzial eines Unternehmens verstanden, welches primär vom nachhaltig erzielbaren Free Cash Flow abhängig ist. Die Berechnung wird anhand der kalkulierbaren Fremdkapitalkosten nach Steuern und unter Berücksichtigung einer angemessenen Rückzahlungsdauer[523] vorgenommen. Eine erhöhte Volatilität der Erträge hat dabei eine Kürzung der Rückzahlungsdauer zur Folge.[524] Die Berechnung der Debt Capacity dient letztlich dazu, die optimale Kapitalstruktur unter Berücksichtigung der vorhandenen Mittel zur Tilgung der Schulden festzustellen. Private Equity-Investitionen statten deshalb ihre Portfoliounternehmen oft anhand der erarbeiteten Debt Capacity aus.

7.2.3 Rechtliche Aspekte der Strukturierung

Die rechtliche Gestaltung der Transaktion hat primär Einfluss auf steuerliche Konsequenzen, die Risikohaftung sowie die Form der Anreize zur Entschärfung der Prinzipal-Agent-Problematik. Im Zentrum stehen dabei einerseits die Möglichkeiten der rechtlichen Strukturierung und anderseits die vertragliche Regelung der Transaktion. Das vorliegende Kapitel geht auf die wichtigsten rechtlichen Aspekte einer Transaktion ein.

7.2.3.1 Direkte vs. indirekte Übernahme

Auf Seite der Käufer stellt sich zunächst die Frage, in welcher Form die Private Equity-Gesellschaft und ihre Investorenpartner das Unternehmen übernehmen sollen. Grundsätzlich wird in diesem Zusammenhang zwischen dem Modell der direkten resp. der indirekten Übernahme unterschieden. Im Rahmen der direkten Übernahme veräussert der Unternehmer die Aktien seines Unternehmens unmittelbar an den Käufer oder die Käufergruppe. Beim indirekten Beteili-

---

[522] Vgl. Spielberger, K. / Zyla, M. (2006), S. 33.
[523] Die Rückzahlungsdauer beträgt in der Praxis zwischen fünf und sieben Jahre, wie aus den Befragungen hervorgegangen ist.
[524] Vgl. Boemle, M. et al. (2002), S. 289.

gungserwerb treten Manager und Drittinvestoren nicht als direkte Käufer auf, sondern übernehmen die Zielgesellschaft mit einer eigens zu diesem Zweck gegründeten Gesellschaft.[525]

Abb. 56: Direkte vs. Indirekte Übernahme

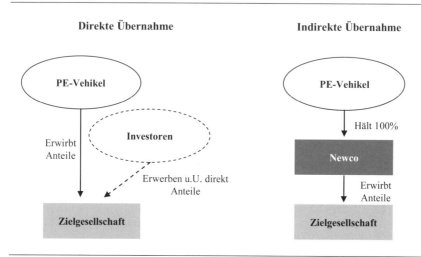

Die indirekte Form wird normalerweise bevorzugt verwendet: Einerseits lässt sich die persönliche Haftung der Manager beschränken, da in erster Linie die neu gegründete Erwerbergesellschaft als Käufer auftritt. Die persönliche Haftung bleibt lediglich im Rahmen der einzubringenden Eigenkapitalanlage bestehen. Anderseits kann beim Erwerb mittels einer Holding die Doppelbelastung der Dividenden vermieden werden, da die Kantone das Holdingprivileg anwenden.[526] Im Vergleich zum Direkterwerbsmodell kann somit ein grösserer Teil des erwirtschafteten Free Cash Flow auch zum Zweck der Kapitalamortisation eingesetzt werden – bei gleicher Partizipation am Leverage-Effekt (vgl. Abb. 56).[527]

---

[525] Diese spezielle Übernahmegesellschaft wird in der Regel nach englischem Vorbild Newco (New Corporation) bezeichnet (vgl. Krebs, A. / Studer, T. (1998), S. 24).
[526] Siehe dazu Kapitel 7.2.4.1.
[527] Vgl. Huydts, H. (1992), S. 114-125.

7.2.3.2 Asset Deal vs. Share Deal

Die zweite Dimension betrifft die Transaktionsform des Beteiligungskaufs (Share Deal) und des Vermögenskaufs (Asset Deal). Bei einem Share Deal übernimmt der Investor die Gesellschaftsanteile (Aktien) eines Unternehmens. Die übernehmende Gesellschaft tritt im Sinne einer Gesamtrechtsnachfolge in die Rechtsstellung des Verkäufers und übernimmt so alle Rechte und Pflichten. Es ändern sich nur die Besitzverhältnisse der Beteiligung, ohne dass die aktiven oder passiven Vermögenswerte neu zugeordnet werden.

Im Rahmen eines Asset Deal erwirbt der Investor wesentliche Aktiven und Passiven des Unternehmens, um damit das Unternehmensziel weiterzuverfolgen.[528] Es handelt sich dabei um eine Einzelrechtsnachfolge, da die juristische Person der Beteiligung mit ihren Rechten und Pflichten bestehen bleibt. Der grosse Vorteil eines Asset Deal besteht darin, dass beispielsweise in einem Krisenunternehmen gezielt überlebensfähige Unternehmensteile herausgekauft werden können, ohne die automatische Übernahme der bestehenden Verbindlichkeiten.[529]

Der Share Deal zeigt sich im Ablauf als unvergleichbar einfacher. Während beim Asset Deal bezüglich jedes Aktivpostens der Übertrag geregelt werden muss,[530] genügen beim Share Deal der Vertragsabschluss, die Übertragung der Aktien und die Zustimmung durch den Verwaltungsrat der übernommenen Gesellschaft im Fall der Vinkulierung.[531] Gerade bei der Veräusserung von Familienaktiengesellschaften kommt in aller Regel der Share Deal zur Anwendung. Dies insbesondere deshalb, da bei Familienunternehmen die Geschäftsanteile überwiegend zum Privatvermögen zählen und dieses im Schweizer Steuerrecht eine Sonderstellung geniesst.[532] Asset Deals hingegen kommen in der Schweiz nur selten vor (vgl. Abb. 57).[533]

---

[528] Die Gesellschaft, deren Assets akquiriert wurden, verschwindet im Anschluss häufig (vgl. Volkart, R. (2003), S. 801).
[529] Vgl. Kraft, V. (2001a), S. 208-211.
[530] Die Bewertung der Sachanlagen kann anhand historischer oder aktueller Wertansätze vorgenommen werden (vgl. Meyer, C. (2007), S. 61). Dabei hat sich in der Schweiz die Bewertung zu historischen Ansätzen (Anschaffungs- oder Herstellungskosten) durchgesetzt, da die Vergleichbarkeit der Daten verschiedener Gesellschaften eher gewährleistet ist (vgl. Meyer, C. (2000), S. 63).
[531] Vgl. Tschäni, R. (2003), S. 128.
[532] Vgl. Huydts, H. (1992), S. 112, siehe dazu auch Kapitel 7.2.4.
[533] Vgl. Krebs, A. / Studer, T. (1998), S. 24.

Abb. 57: Asset vs. Share Deal [534]

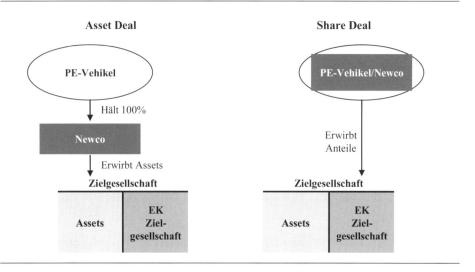

7.2.3.3 Das Vertragswerk der Transaktion

Typischerweise werden die Vereinbarungen einer Transaktion in zwei Stufen dokumentiert; zunächst im Rahmen einer rechtlich unverbindlichen vorvertraglichen Vereinbarung noch vor Abschluss der Due Diligence und den Vertragsverhandlungen[535] – in Form der Term Sheets.[536] Term Sheets sind vorausgehende Dokumente, die den anschliessenden Gesprächen ein Framework zugrunde legen. In der Regel fokussieren Term Sheets die Bewertung des Unternehmens und die hinsichtlich der Transaktion zu erfüllenden Konditionen.[537]

Das effektive Vertragswerk, welches nach Abschluss der Verhandlungen erstellt wird, umfasst eine Vielzahl von komplexen Einzelverträgen. Die zentralen Bestandteile bilden die folgenden Teilbereiche:

- *Kaufvertrag:* Zur Definition des Kaufobjektes, der Vertragspartner und der genauen Kaufbedingungen.

---

[534] In Anlehnung an Suter, R. (2003), S. 10, 12, 14.
[535] Vgl. Haberstock, O. (2003), S. 204.
[536] Oder auch Letter of Intent (LoI).
[537] Vgl. Center for Private Equity and Entrepreneurship (2005), S. 1.

- *Finanzierungsverträge:* Zur Regelung der Modalitäten der einzelnen Fremd- und Eigenkapitalinstrumente des Käufers mit den Banken und den Investoren.

- *Aktionärsvertrag:* Zur Bestimmung des Verhältnisses der neuen Aktionäre untereinander.[538]

Während die Kauf- und Finanzierungsverträge primär den Rahmen der Abwicklung und Strukturierung der Transaktion festlegen, dient der Aktionärsvertrags der Aufteilung des Risikos unter den Vertragsparteien sowie der Reduktion von Agency-Kosten.[539] Dazu werden verschiedene Vertragsklauseln verwendet, die unterschiedliche Funktionen wahrnehmen. Einerseits wird mit dem Setzen von Anreizen versucht, die Informationsasymmetrie des Managements gegenüber den Investoren abzubauen. In diesem Zusammenhang wird beispielsweise die Übernahme des Risikos durch die Managementaktionäre als Signal der Überzeugung in die eigenen Fähigkeiten verwendet. Anderseits geht es darum, die Interessen des Managements mit der Beteiligung am Eigenkapital voll auf den Erfolg der Zielgesellschaft auszurichten.[540]

Zudem wird mit entsprechenden Klauseln die beschränkte Liquidität – also die Veräusserlichkeit der Anteile – umgangen, indem das sogenannte Tag along-Recht[541] vergeben wird. Das Gegenstück dazu ist das Bring along-Recht,[542] welches den Weiterverkauf der Gesellschaft erleichtert. Weitere Auflagen schützen vor der Verwässerung durch tiefere Bewertungen,[543] regeln die Kontrolle der Zielgesellschaft oder schützen die Informationen vor Dritten.[544]

---

[538] Vgl. Krebs, A. / Studer, T. (1998), S. 23.
[539] Vgl. Von Salis-Lütolf, U. (2002), S. 30.
[540] Vgl. Von Salis-Lütolf, U. (2002), S. 109-112.
[541] Das Tag along-Recht (Mitverkaufsrecht) berechtigt den Minderheitsaktionär, seine Aktien mitzuveräussern, wenn der Mehrheitsaktionär seine Beteiligung an einen Dritten weiterverkauft (vgl. Groner, R. (2007), S. 343-344).
[542] Das Bring along-Recht (Mitverkaufspflicht) verpflichtet Minderheitsaktionäre zur Veräusserung ihrer Anteile bei einem Anteilsverkauf des Mehrheitsaktionärs (vgl. Groner, R. (2007), S. 348-349).
[543] Anti Dilution-Recht, siehe dazu Von Salis-Lütolf, U. (2002), S. 209.
[544] Vgl. Von Salis-Lütolf, U. (2002), S. 111-116.

Dennoch lässt sich festhalten, dass – so komplex das ganze Vertragswerk ist – der Aufwand zur Erarbeitung der Vertragsbestimmungen insofern abnimmt, als sich die Abläufe zunehmend standardisieren.[545]

7.2.4 Steuerliche Aspekte der Strukturierung

Die steuerliche Gestaltung der Transaktion zeigt sich als ein unübersichtlicher und vielschichtiger Vorgang. Ohne Anspruch auf Vollständigkeit befasst sich dieses Kapitel mit den wesentlichen Zügen der steuerlichen Handhabung bei Verkäufen im Rahmen der Unternehmensnachfolge und mit ausgewählten Aspekten des Schweizer Steuersystems.

7.2.4.1 Steuerliche Handhabung von Nachfolgetransaktionen

Steuerliche Themen im Zusammenhang mit der Nachfolgeregelung beziehen sich primär auf die Übertragung von im Privatvermögen gehaltenen Beteiligungen an eine Drittpartei.[546] Da Asset Deals nur bei Übertragungen von Geschäftsvermögen ins Geschäftsvermögen möglich sind,[547] wird der Fokus in diesem Kapitel auf dem direkten oder indirekten Verkauf eines Unternehmens aus dem Privatvermögen gelegt.[548]

Nach dem Schweizer Steuersystem wird der Kapitalgewinn aus dem Verkauf eines beweglichen Privateigentums steuerfrei gehalten, so dass private Aktionäre grundsätzlich ihre Beteiligung ohne steuerliche Folgen an Dritte veräussern können. Der Gewinn aus dem Verkaufserlös unterliegt weder der direkten Bundessteuer noch den meisten kantonalen Steuern.[549]

Bei der direkten Übertragung aus dem Privatvermögen des Verkäufers in dasjenige des Käufers bleiben verkäuferseitig erzielte Kapitalgewinne sowie allfällig

---

[545] Vgl. Barthold, B. (2007), S. 14.
[546] Verkäufe aus dem Geschäftsvermögen beziehen sich auf Verkäufe von Unternehmensteilen (industrielle Verhältnisse) im Rahmen eines Spin-off (Vgl. Kuhn, S. (1998), S. 80-81).
[547] Im Fall eines Verkaufes aus dem Privatvermögen erfolgt immer ein Share Deal, denn unternehmerisch genutzte Aktiven – wie dies bei einem Asset Deal der Fall ist – stellen bei natürlichen Personen Geschäftsvermögen im steuerlichen Sinn dar (vgl. Kuhn, S. (1998), S. 82).
[548] Für die Käuferschaft sind aus steuerlicher Sicht in der Regel Käufe im Rahmen eines Asset Deal attraktiver, da die Finanzierungskosten von den laufenden operativen Erträgen abgezogen werden können (vgl. Jaussi, T. / Pfirter, M. (2007), S. 391). Da der Kauf von Aktiven und Passiven ohne Rechtsträger jedoch keiner „echten" Unternehmensnachfolge entspricht, wird diese Methode vernachlässigt.
[549] Vgl. Koch, M. (1997), S. 51-52.

erlittene Kapitalverluste steuerfrei resp. unberücksichtigt. Aus Käufersicht hingegen führt diese Variante hinsichtlich der steuerlichen Geltendmachung der Zinsaufwendungen in der Regel nicht zu einer optimalen Lösung. Die Gewinne, welche das Unternehmen an die Aktionäre ausschütten muss, um die Amortisationszahlungen zu leisten, unterliegen einerseits auf Gesellschaftsebene der Ertragsbesteuerung und anderseits der Einkommenssteuer auf der Ebene des Aktionärs, obwohl dieser die Erträge für ebengenannte Zahlungen benötigt.[550] Daher erweist sich der Kauf in das Privatvermögen des Käufers auch aus steuerlicher Sicht als ungünstig.[551]

Als Basistransaktion für MBO – insbesondere für Transaktionen mit Einbezug von Private Equity-Gesellschaften – gilt der Verkauf aus dem Privatvermögen in das Geschäftsvermögen des Käufers, also ein indirekter Share Deal. Die Vorteile aus Sicht des Käufers sind dabei die Verrechenbarkeit der Zinsen mit den Gewinnen und die Möglichkeit des Holdingprivilegs bei der Rechtsform einer Holding der übernehmenden Gesellschaft.[552]

Auf Verkäuferseite ist der Verkauf ins Geschäftsvermögen nicht ganz problemlos, wenn es sich bei der Realisierung des Kapitalgewinnes um sogenannte versteuerbare geldwerte Leistungen handelt und dabei versucht wird, fällige Steuern auf einbehaltenen Gewinnen zu umgehen.[553] In diesem Zusammenhang ist insbesondere der Begriff der indirekten Teilliquidation relevant, auf den im nächsten Abschnitt eingegangen wird.[554]

7.2.4.2 Aspekte des Schweizer Steuersystems

Im Folgenden wird primär auf zwei Aspekte des Schweizer Steuersystems hingewiesen: Zum einen auf die bereits angesprochene indirekte Teilliquidation

---

[550] Obschon die Schuldzinsen auf privater Stufe grundsätzlich mit dem Einkommen verrechenbar sind – also keiner Doppelbesteuerung unterliegen –, sind die Amortisationszahlungen durch versteuerte Erträge zu begleichen (vgl. Brauchli Rohrer, B. (2007), S. 22).
[551] Vgl. Kuhn, S. (1998), S. 86-89.
[552] Vgl. Kuhn, S. (1998), S. 93-95.
[553] Vgl. Krebs, A. (1990), S. 85-86.
[554] Auf andere Konzepte wie z. B. die Transponierung oder der gewerbsmässige Wertschriftenhandel wird nicht eingegangen, da diese Konzepte im Rahmen der in dieser Arbeit untersuchten Nachfolgeregelungen kaum Anwendung finden.

und zum anderen auf die nachfolgerelevanten Punkte der kommenden Unternehmenssteuerreform II.[555]

Die Idee der indirekten Teilliquidation ist es, dass die offenen Reserven des verkauften Unternehmers oder sogar der ganze Erlös auf Seite des Verkäufers der Einkommensbesteuerung unterliegen, falls der private Verkäufer die Gesellschaftsanteile an eine juristische Person verkauft und letztere die Mittel der gekauften Gesellschaft für die Finanzierung des Objektes heranzieht. Faktisch wird der Verkäufer in diesem Konzept so behandelt, als ob er die Aktiven und Passiven aus der Gesellschaft verkauft und anschliessend die Gesellschaft zur Liquidation führt.[556] Diese Umqualifizierung von steuerfreiem Kapitalgewinn in steuerlichen Ertrag entstand als Folge von Missbräuchen. Im klassischen Fall verkaufte der Unternehmeraktionär die Aktien an eine juristische Person und erzielte dabei einen steuerfreien privaten Kapitalgewinn, anstatt die Gesellschaft zu liquidieren und die Einkommenssteuern auf dem Liquidationsertrag zu bezahlen. Die juristische Person konnte im Anschluss die Übernahmegesellschaft liquidieren, ohne auf diesen Ertrag Steuern zahlen zu müssen.[557]

Die Entwicklung des oben genannten Konzepts wurde massgeblich durch ein Urteil des Bundesgerichtes im Juni 2004[558] geprägt, das festgehalten hat, „dass nicht nur die Ausschüttung der bis zur Veräusserung erwirtschafteten Substanz zu einer Entreicherung führt, sondern auch die Ausschüttung künftiger Gewinne zur Amortisation des Kaufpreisdarlehens."[559]

Dieser Entscheid verunmöglichte im Grunde genommen, fremdfinanzierte Transaktionen zu tätigen, ohne dem Risiko ausgesetzt zu sein, den Kapitalgewinn als Einkommen versteuern zu müssen und sah sich deshalb starker Kritik ausgesetzt.[560] Vor allem aus ökonomischer Sicht war dieser Entscheid nur schwerlich nachvollziehbar, liegt es doch in der Natur einer jeden Investition, dass sie sich letztlich refinanziert. Der Entscheid wirkte sich insbesondere auf

---

[555] Die Unternehmenssteuerreform strebt insbesondere auch Verbesserungen für KMU im Bereich der Übertragung von Unternehmen an (vgl. Bundesblatt (2005), S. 4736).
[556] Vgl. Wipfli, M. (2007), S. 4.
[557] Vgl. Saupper, E. / Schmid, C. (2006), S. 16.
[558] Vgl. BGE 2A.331/2003.
[559] ESTV (2004), S. 1.
[560] Vgl. Duss, M. (2007), S. 410.

Private Equity-Investitionen aus, da sie genau auf dem Leverage-Effekt und der Amortisation mittels zukünftiger Cash Flows basieren.[561]

Mit dem Entwurfs-Kreisschreiben Nr. 14[562] kann die Nachfolgeregelung nun unter Berücksichtigung der indirekten Teilliquidation wieder geplant werden, da unerwünschte Steuerfolgen durch Nichtausschüttung bestehender Reserven vermieden werden können.[563] In diesem Zusammenhang ist aber ein Steuervorabbescheid[564] von grosser Bedeutung, um sich mit den potenziellen Bedürfnissen des Käufers von Anfang an auseinanderzusetzen.[565]

Die gesetzliche Regelung der indirekten Teilliquidation zählt zu einer der Massnahmen der Unternehmenssteuerreform II. Diese soll Rechtssicherheit für Unternehmensnachfolgen schaffen und den Fokus wieder auf Missbräuche legen. Eine andere Massnahme, welche für die Nachfolgeregelung im Schweizer Mittelstand von Wichtigkeit ist, stellt die Teilbesteuerung der Dividenden bei der Bundes- sowie Kantonssteuer für qualifizierte Beteiligungen im Privat- resp. im Geschäftsvermögen[566] dar.[567] Diese Entlastung der Dividendenbesteuerung führt zu weniger Gewinnthesaurierung, indem sie Anreize zur Gewinnausschüttung setzt. Im Zusammenhang mit der Nachfolgeplanung hat dies den Vorteil, dass die Unternehmen weniger „schwer"[568] werden, was einen Teil zur Entschärfung der Problematik beiträgt.[569]

Die anderen Massnahmen, welche die Unternehmenssteuerreform II vorsieht, haben keinen direkten Einfluss auf die Nachfolgethematik, weshalb sie nicht genauer erörtert werden.

---

[561] Vgl. Arnold, R. / Uebelhart, P. (2005), S. 281-282.
[562] Vgl. ESTV (2007).
[563] Die Auslegung des Gesetzesartikels (Art. 20a Abs. 1 lit. a DBG), der die Voraussetzungen klärt, unter welchen eine indirekte Teilliquidation anzunehmen ist, wird im Entwurfs-Kreisschreiben der ESTV definiert, was letztlich wieder etwas Klarheit verschafft hat.
[564] Auch (Steuer-)Ruling genannt. Letzteres wird in einem standardisierten Rahmen jeweils vor der Transaktion mit der Steuerbehörde ausgehandelt.
[565] Vgl. Poltera, F. / Walk, A. (2007), S. 400-401.
[566] 60%, resp. 50% bei der Bundessteuer; der kantonale Steuersatz ist von den Kantonen zu bestimmen.
[567] Vgl. Schweizer Arbeitgeber (2007), S. 4.
[568] „Schwer" im Sinne der erhöhten Bilanzsumme in Folge geäufneter Gewinne.
[569] Vgl. Bührer, G. (2007), S. 312.

7.2.5 Zusammenfassung

Dieses Kapitel gibt einen theoretischen Überblick über die verschiedenen Gestaltungsmöglichkeiten der Transaktionsstrukturierung. Die Vielseitigkeit der angeschnittenen Themen zeigt einerseits, dass jede Transaktion individuell als beliebige Kombination sämtlicher Möglichkeiten durchgeführt werden kann. Eine standardisierte Lösung trägt den einzelnen Aspekten zu wenig Rechnung und ist deshalb nicht anzustreben. Vielmehr sollten im Rahmen jeder Transaktion die Gestaltungsfreiräume genutzt und auf die spezifischen Eigenheiten angepasst werden. Anderseits verunmöglicht die Vielfältigkeit der Themen eine detaillierte Erörterung einzelner Möglichkeiten, weshalb dazu auf die angegebene Literatur verwiesen wird.

Da sich hinsichtlich der Buyouts die verschiedenen Formen nur minimal unterscheiden oder gar ineinander übergehen, wird die Begriffsabgrenzung für die vorliegende Arbeit allgemein gehalten. In vorliegender Arbeit werden Nachfolgetransaktionen betrachtet, die unter Einbezug von Private Equity-Investoren einen Wechsel der Kontrolle des Unternehmens verursachen. Die genauen Auswirkungen der Buyout-Form – das heisst, inwiefern das bestehende Management durch ein neues ersetzt resp. ergänzt, oder ein neues Management sofort oder zeitlich versetzt eingesetzt wird – werden in dieser Arbeit nur am Rande betrachtet. Der Fokus liegt vielmehr bei der Übergabe des Unternehmens aus den Händen des Unternehmers in diejenige des Finanzinvestors.

Die rechtlichen Gestaltungsformen erfordern primär Grundsatzentscheide, ob die Übernahme direkt oder indirekt sowie in Form eines Asset oder eines Share Deal durchgeführt werden soll. Dabei wird in den meisten Fällen der indirekte Share Deal angewendet. Dieser hat die Vorteile, dass er keine aufwendige Berechnung aller Einzelpositionen erfordert und die operative Haftung des Investors sich auf die Eigenkapitaleinlage beschränkt.
Auch steuerlich gesehen bringt der indirekte Share Deal Vorteile für beide Parteien. Nicht nur realisiert der Verkäufer einen steuerfreien Kapitalgewinn, sondern der Käufer profitiert zusätzlich vom Holdingprivileg und kann so die Doppelbesteuerung der Erträge umgehen.

Das Schweizer Steuersystem hat insbesondere mit der Rechtsprechung der indirekten Teilliquidation für einige Verwirrung gesorgt und wohl einige Transaktionen zum Aufschub veranlasst.[570] Mit der Unternehmenssteuerreform II wird in diesem Bereich Klarheit angestrebt. Gleichzeitig werden Anreize gesetzt, Gewinne auszuschütten, indem die Dividenden steuerlich entlastet werden. Diese Massnahmen zielen in eine nachfolgefreundliche Richtung.

Im europäischen Vergleich schneidet die Schweiz zwar leicht besser ab als der Gesamtdurchschnitt, was vor allem auf die vergleichsweise niedrigen Unternehmenssteuersätze zurückzuführen ist. Bemängelt wird hingegen, dass gerade im Bereich der KMU keine Sonderkonditionen angewandt werden und dass die Unternehmenssteuerreform zwar formuliert, aber noch lange nicht umgesetzt sei.[571]

7.3 Auswertung der Fallstudien

Nachfolgend dienen wiederum die Fallstudien zur Veranschaulichung und Vertiefung der theoretischen Grundlagen.

7.3.1 Kriterien für Fallstudien

Die Auswertung der Fallstudien erfolgt erneut entlang des Aufbaus des vorhergehenden Kapitels. Dabei gilt es speziell zu berücksichtigen, dass hinsichtlich der Bewertung und Strukturierung der Transaktion die Datenlage nicht bei allen Beispielen gleich transparent ist. Bei einigen Fallstudien wurden die Zahlen konkret genannt, während sich in anderen Fällen die Bilanzstruktur lediglich anhand einiger weniger Angaben beurteilen lässt. Der Detaillierungsgrad unterscheidet sich deshalb in Abhängigkeit der vorhandenen Aussagen.

Zunächst wird auf die Bewertung des Kaufobjektes eingegangen. Dabei wird die Methode vorgestellt, die Vorgehensweise betrachtet und auf entscheidende Punkte der Verhandlung eingegangen.

Im Rahmen der Transaktionsstrukturierung wird zuerst ein Gesamtbild der Transaktion verschafft, bevor auf die Finanzierungsinstrumente sowie rechtliche Aspekte eingegangen wird. Im Zusammenhang der rechtlichen Aspekte stehen

---

[570] Vgl. Saupper, E. / Schmid, C. (2006), S. 18.
[571] Vgl. EVCA (2007a), S. 137-141.

vor allem die erwähnten Punkte der Übernahmestrukturierung[572] im Vordergrund, während auf die Ausgestaltung des Vertragswerkes nur hinsichtlich allfälliger Anreize im Aktionärsvertrag eingegangen wird.

Auf Angaben hinsichtlich der steuerlichen Aspekte wird gänzlich verzichtet, zumal in den Fällen, in denen ein Steuerruling angestrebt wurde, jeweils eine Einigung zustande gekommen ist. Ebenso gilt es festzuhalten, dass die Problematik der indirekten Teilliquidation wohl weitgehend entschärft werden konnte, da diese in keinem der geführten Gespräche speziell erwähnt wurde (vgl. Abb. 58).

Abb. 58: Kriterien für die Fallstudien bezüglich der Möglichkeiten der Transaktionsstrukturierung

Bewertung des Kaufobjektes	Transaktionsstrukturierung
Methode	Form des Buyout
Aspekte der Verhandlung	Finanzielle Gestaltung
	Rechtliche Aspekte

7.3.2 Fallstudie 1

7.3.2.1 Bewertung des Kaufobjektes

Methode

Zur Berechnung des Unternehmenswerts machte PEG Alpha keine detaillierten Angaben.[573] Grundsätzlich verwendet der Investor jedoch Earnings Multiples zur Bestimmung des Unternehmenswerts. Während PEG Alpha die Verhandlungen mit einem EBITDA-Multiple von rund 5 eröffnete, bestand der Gegenvorschlag des Unternehmers in einem Multiple von 6.

Da der Abschluss des laufenden Jahres ein schlechteres Geschäftsergebnis prognostizierte, einigte man sich nach mehreren Verhandlungsrunden auf einem Multiple von 5.2. Zusätzlicher Verhandlungsspielraum bestand neben der effektiven Bewertung der Aktien in der Ausgestaltung des Honorars, mit welchem

---

[572] Direkte vs. indirekte Übernahme, resp. Asset vs. Share Deal.
[573] Der Gesprächspartner des Investment-Teams äusserte sich zur Bewertungsmethode wie folgt: „Der Preis ist das, worauf man sich einigt."

der Unternehmer für die weitere Ausübung des Verwaltungsratspräsidiums entschädigt wurde.[574]

Letztlich ausbezahlt wurde der Unternehmenswert abzüglich des Fremdkapitals, was einem Betrag von 36 Mio. CHF entsprach. Der Betrag wurde pauschal für die ganze Holding, d. h. inkl. AG, GmbH und Maschinenfabrik berechnet.[575]

Aspekte der Verhandlung

Da der Unternehmer sich nicht gezwungen sah, das Unternehmen sofort zu verkaufen, sondern die Nachfolge erst in einigen Jahren anstrebte, konnte er echte Verhandlungen führen. So war für ihn der angemessene Kaufpreis auch massgebend für den Verkaufsentscheid.

7.3.2.2 Strukturierung der Transaktion

Form des Buyout

Der Kauf des Unternehmens durch PEG Alpha wurde anhand eines IBO vorgenommen. PEG Alpha kaufte die Anteile zu 100% und setzte kurz darauf eine eigene Geschäftsleitung ein. So wurde zunächst der Unternehmer als Geschäftsleiter von einem neuen Geschäftsführer abgelöst und übernahm das Verwaltungsratspräsidium. Anschliessend wurde das Management um einen CFO und zwei weitere Kadermitglieder ergänzt, die aus dem Umfeld von PEG Alpha stammten. Die Gespräche mit dem neuen Management liefen ausschliesslich über den Private Equity-Investor.

Finanzielle Gestaltung

Die Transaktion wurde mittels einer indirekten Übernahme durchgeführt. PEG Alpha gründete zu diesem Zweck eine Übernahmeholding, die sämtliche Aktien im Rahmen eines Share Deal der Holding übernahm.

Die finanzielle Gestaltung der Transaktion lässt sich am besten anhand des Bilanzvergleichs darstellen (vgl. Abb. 59).[576] Vor der Transaktion war die Passivseite so strukturiert, dass ca. 57% aus Eigenkapital und rund ein Viertel aus

---

[574] Als weiteres Entgegenkommen wurde die Entschädigung erhöht, weshalb ein geringerer Multiple verwendet werden konnte.
[575] Siehe Abb. 35.
[576] Um den Fokus auf die Form der Finanzierung zu legen, werden prozentuale Grössen verwendet. Die dunkelgrauen Teile stellen jeweils das Kapital dar, das im Rahmen der Transaktion aufgenommen wurde.

nachrangigen Aktionärsdarlehen bestand. Senior Debt in Form eines Bankkredits umfasste lediglich 8% der Finanzierungsseite, deren Zinskosten verhältnismässig tief waren. Die Aktivseite enthielt die Immobilien an beiden Produktionsstandorten sowie die Anlagen der Maschinenfabrik, weshalb vor allem das grosse Anlagevermögen zur Besicherung des Fremdkapitals diente, im Besonderen die zum Verkauf stehende Maschinenfabrik.

Abb. 59: Bilanzvergleich Unternehmensgruppe 1

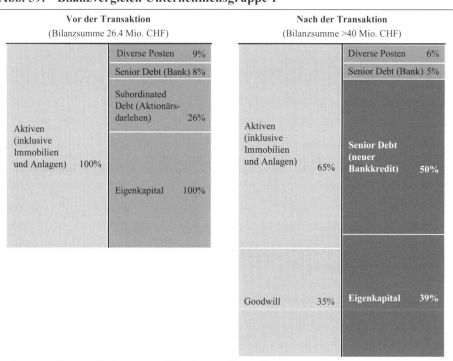

Während PEG Alpha den bestehenden Bankkredit übernahm, löste sie das Aktionärsdarlehen ab. Der Kaufpreis wurde sowohl durch den eigenen Fonds (ca. 45%) wie auch durch die Aufnahme eines weiteren Bankkredits (ca. 55%) sichergestellt. Die Finanzierungsform führte dazu, dass das Unternehmen nach der Transaktion langfristiges Fremdkapital von rund 55% aufwies, was im Vergleich zu den 8% vor der Transaktion eine deutlich stärkere Verschuldung darstellte.[577] Der Goodwill wurde aktiviert.

Rechtliche Aspekte

Die Holdingstruktur erforderte einen detaillierten Kaufvertrag, der die drei Tochterunternehmen jeweils einzeln bezifferte und die Unterschiede des Schweizer und des deutschen Rechts berücksichtigte.[578] Da der Unternehmer das Unternehmen zu 100% verkaufte, wurde er im Aktionärsvertrag nicht berücksichtigt.

7.3.2.3 Zusammenfassende Erkenntnisse aus Fallstudie 1

Hinsichtlich der Bewertungsmethode zeigt sich, dass PEG Alpha einen pragmatischen Ansatz vertritt und die Berechnung nicht anhand vertiefter Auswertungen von Business Plänen vornimmt. Sehr wohl werden die Kennzahlen im Detail analysiert, doch letztlich wird der Preis in den Verhandlungen definiert. Wie bereits erwähnt hatte der Unternehmer diesbezüglich eine starke Position, zumal er noch unter keinem Druck stand, sein Unternehmen zu verkaufen.

Betrachtet man die Finanzierung der Übernahme, fällt primär auf, dass die Verschuldung durch den Buyout stark zugenommen hat. Da die Verschuldung aber vor der Transaktion ausserordentlich tief und zudem die Besicherung aufgrund der Immobilien sowie der Anlagen der Maschinenfabrik gewährleistet war, bestand nie die Gefahr einer Überschuldung, obschon der neue Schuldzins höher war als derjenige auf dem bestehenden Bankkredit.

Die Übernahme des Unternehmens gemäss Fallstudie 1 zeigt sich somit als klassische Finanzierung unter Einbezug von Fremdkapital – in einem Rahmen, der die Liquidität des Unternehmens nicht gefährdete.

---

[577] Und entsprechend zu einem höheren Schuldzinssatz gehalten wurde.
[578] Auf den Bilanzvergleich der Tochterunternehmen wird verzichtet.

7.3.3 Fallstudie 2

7.3.3.1 Bewertung des Kaufobjektes

Methode

PEG Alpha verwendete zur Berechnung des Werts des Unternehmens wiederum einen EBITDA-Multiple. Unternehmen 2 stand zum Zeitpunkt der Transaktion mitten in einer Wachstumsphase, weshalb PEG Alpha einen EBITDA-Multiple von 7 vorschlug.[579]

Aspekte der Verhandlung

Weil der Unternehmer rasch Vertrauen in PEG Alpha gewann, war für ihn der Preis nur sekundär. Er akzeptierte das Angebot des Investors, ohne um einen höheren Preis zu verhandeln, zumal ihm die Offerte fair erschien. Intensive Verhandlungen blieben aus, da die Bewertung des Kaufobjektes nicht entscheidend war für das Gelingen der Transaktion, sondern vielmehr die zuvor gelegte Vertrauensbasis.

7.3.3.2 Strukturierung der Transaktion

Form des Buyout

Auch die zweite Transaktion von PEG Alpha fand im Rahmen eines IBO statt. Der Unternehmer führte die Gespräche lediglich mit PEG Alpha, welche die Anteile zu 100% kaufte. Die Verhandlungen mit dem Management, das dem Unternehmen erhalten blieb, wurden erst in einer zweiten Phase ohne Beteiligung des Unternehmers geführt. Zudem wurde das Managementteam um einen externen CFO ergänzt, der von PEG Alpha eingesetzt wurde.

Finanzielle Gestaltung

Wiederum wurde die Transaktion im Rahmen einer indirekten Übernahme abgewickelt. Die Übernahmegesellschaft trat als Käuferin auf und kaufte sämtliche Anteile in Form eines Share Deal.

---

[579] Abzüglich der Nettoverschuldung ergibt dies einen Wert des EK von über 27 Mio. CHF.

Das Geschäft des Unternehmens sieht langfristige Aufträge vor,[580] so dass die Bilanzsumme durch Vorauszahlungen in den Kassenbestand stark vergrössert wird, bevor die Aufträge effektiv abgewickelt werden. Damit diese Vorauszahlungen das Bild der Finanzierung nicht verzerren, werden in der Bilanz Nettowerte gezeigt (vgl. Abb. 60).[581]

Abb. 60: Bilanzvergleich Unternehmen 2 (ohne Vorauszahlungen)

Vor der Transaktion (Bilanzsumme 7.6 Mio. CHF)		Nach der Transaktion (Bilanzsumme >30 Mio. CHF)	
Kasse 40%	Diverse Posten 26%	Kasse 9%	Diverse Posten 6%
	Rückstellungen 26%		Rückstellungen 6%
Diverse Aktiven 60%	Eigenkapital 52%	Diverse Aktiven 14%	
			Senior Debt (neuer Bankkredit) 46%
		Goodwill 77%	
			Eigenkapital 42%

Da das Unternehmen keine Immobilien und nur einige wenige Anlagen auf der Aktivseite zu finanzieren hatte, war die Bilanz vor der Transaktion sehr schlank. Zudem war das Unternehmen schuldenfrei.

Den Kaufpreis finanzierte PEG Alpha wiederum rund zur Hälfte (ca. 52%) aus fremden Mitteln, während 48% aus dem eigenen Fonds bezahlt wurde. Der Senior Debt-Anteil betrug nach der Transaktion 46%, was mit erheblichen Mehrkosten verbunden war, zumal der Schuldenanteil zuvor 0% war. Der Goodwill wurde aktiviert.

---

[580] Der Auftragsbestand ist in der Regel auf ca. zwei Jahre hinaus bekannt.
[581] Die Vorauszahlungen wurden mit dem Kassenbestand verrechnet.

Rechtliche Aspekte

Obschon der Unternehmer nach der Transaktion während einigen Monaten noch Mitglied des Verwaltungsrats war, verkaufte er sämtliche Anteile und wurde deshalb im Aktionärsvertrag nicht involviert. Auch das verbleibende Management wurde in einer ersten Phase nicht mit Anteilen entlöhnt, obschon sich das zu einem späteren Zeitpunkt änderte.

7.3.3.3 Zusammenfassende Erkenntnisse aus Fallstudie 2

Die Bewertung des Unternehmens zeigt exemplarisch, wie die emotionale Komponente eine stärkere Bedeutung als der Kaufpreis erhalten kann. Der Unternehmer vertraute PEG Alpha und sah die Sicherstellung der Weiterführung seines Unternehmens gewährleistet. Deshalb war er bereit, ohne weitere Verhandlungen das Angebot anzunehmen.

Zur Finanzierung der Übernahme wurde eine deutliche Steigerung der Verschuldung in Kauf genommen. Wie in der Fallstudie 1 bedeutete diese aber keine Bedrohung des Fortbestands des Unternehmens, da das Unternehmen auf eine solide Cash Flow-Basis zählen konnte. So zeigt auch Fallstudie 2 eine klassische Form eines Unternehmenskaufs mit Unterstützung von Fremdkapital und Ausnützung des Leverage-Effekts.

7.3.4 Fallstudie 3

7.3.4.1 Bewertung des Kaufobjektes

Methode

PEG Beta berechnet den Kaufwert mittels des EBITDA-Multiple, der jedoch auf einer Rückwärtsrechnung des eigenen Business Plans basiert. So definiert PEG Beta während der Due Diligence den eigenen Business Plan der folgenden Jahre – bis zum geplanten Exit.[582] Anhand dieses Business Plans wird der Exit-EBITDA berechnet, der im Fall des Unternehmens 3 mit sechs multipliziert wurde. Um den maximalen Kaufpreis zu bestimmen wird die Debt Capacity abgezogen und so der Wert des EK errechnet.

Der berechnete Unternehmenswert entsprach bei einem durchschnittlich erwarteten EBITDA von 4.5 Mio. pro Jahr 27 Mio. CHF, womit angesichts der hohen

---

[582] Siehe dazu Kapitel 6.4.4.3.

Verschuldung nicht einmal der bestehende Bankkredit gedeckt werden konnte. Hinsichtlich der Übernahme verzichtete der Unternehmer deshalb sowohl auf das Aktionärsdarlehen wie auch auf eine Entschädigung für das abgetretene Eigenkapital. Er blieb jedoch mit einem einstelligen Prozentanteil am Unternehmen beteiligt. Mit der Bank handelte PEG Beta einen Forderungsverzicht aus, so dass nur ein Teil der Schulden übernommen werden musste.[583]

Aspekte der Verhandlung
Der Gesprächsverlauf war insofern schwierig, als der Unternehmer zum einen auf das Aktionärsdarlehen in der Höhe von über 8 Mio. CHF verzichten musste und zudem zwischen dem Signing und dem Closing[584] zur Kenntnis nehmen musste, dass er nach der Transaktion nicht mehr als Geschäftsführer vorgesehen war. Diese schwierige Situation konnte aber aufgrund der Vertrauensbasis, welche bereits zuvor gebildet wurde und einer offenen Kommunikationskultur gemeistert werden.

7.3.4.2 Strukturierung der Transaktion

Form des Buyout
Die Transaktionsform der Fallstudie 3 ist sowohl als IBO wie auch als MBI aufzufassen. Zum einen führte der Unternehmer die Verhandlungen ausschliesslich mit PEG Beta und verkaufte ihr die überwiegende Mehrheit des Unternehmens, was einem IBO entspricht. Zum anderen übernahm ein Partner des Investment-Teams ad interim die operative Geschäftsführung, da – wie erwähnt – kurzfristig entschieden wurde, dass der Unternehmer die Funktion des Geschäftsführers abgeben und als neuer Marketing-Verantwortlicher eingesetzt werden sollte. Insofern ist die Transaktionsform auch als MBI zu verstehen, zumal der geschäftsführende Partner mit PEG Beta die Beteiligung als General Partner kontrollierte.

---

[583] Es wurden keine Angaben über die Höhe des Forderungsverzichtes gemacht.
[584] Unter dem Signing wird der Vertragsabschluss mittels der Unterzeichnung (Verpflichtungsgeschäft) verstanden, während beim Closing der unterzeichnete Vertrag in Form der Aktienübergabe, resp. der Zahlung vollzogen wird (Verfügungsgeschäft). Signing und Closing können auch zusammenfallen.

Finanzielle Gestaltung

Die Transaktion wurde als Share Deal mittels einer indirekten Übernahme durchgeführt.

Im Zentrum der Transaktion stand die Ablösung des Bankkredits von rund 35 Mio. CHF, dessen Schuldzinsen von 8% das operative Ergebnis jährlich mit 2.8 Mio. CHF belasteten. Mit dem Forderungsverzicht auf diesem Kredit und der Erneuerung des Fremdkapitals durch einen Übernahmekredit zu günstigeren Konditionen[585] erreichte PEG Beta die notwendige Erleichterung der Zinsbelastung (vgl. Abb. 61).

Abb. 61: Bilanzvergleich Unternehmen 3

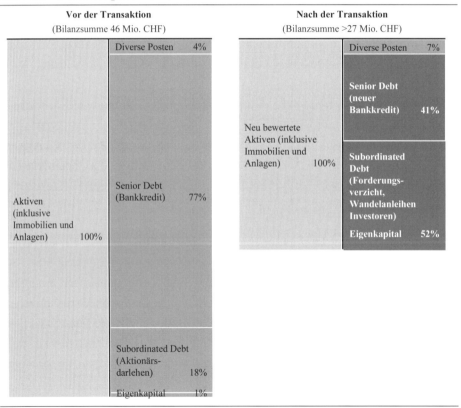

---

[585] Zu ca. 3.5% verzinst.

Anhand der Graphik wird zunächst das Ausmass der Verschuldung sowie des Aktionärsdarlehens vor der Transaktion ersichtlich. Während der Unternehmer auf eine Entschädigung für das Aktionärsdarlehen grösstenteils verzichten musste, wurden Teile des vorgängigen Kredits nach dem Forderungsverzicht übernommen. Die Finanzierung wurde durch einen neuen Bankenkredit, Wandelanleihen der Investoren und Eigenkapital der Übernahmegesellschaft sichergestellt.

Dadurch konnte der Fremdkapitalanteil entscheidend verringert und zu besseren Konditionen bezogen werden. So wurde durch die Strukturierung der Transaktion bereits ein grosser Schritt des Turnaround sichergestellt, zumal sich das Unternehmen operativ bereits vor der Transaktion erholt hatte.

Rechtliche Aspekte

Der Aktionärsvertrag betraf sämtliche involvierte Parteien. Die Investoren stellten neben dem Eigenkapital hybrides Kapital in Form von Wandelanleihen zur Verfügung. Diese werden beim Exit in Anteile umgewandelt, die mit einem Bring along-Recht versehen sind. Dieses Recht umfasst auch die Anteile des Unternehmers, der somit verpflichtet wurde, seine Anteile bei der Weiterveräusserung des Unternehmens mitzuverkaufen. Im Rahmen der Incentivierung für das Management werden dem oberen Kader Anteile in Form von gesperrten Optionen herausgegeben, die Anreize zur Wertsteigerung schaffen sollen.

7.3.4.3 Zusammenfassende Erkenntnisse aus Fallstudie 3

Der Unternehmenswert wurde anhand des standardisierten Vorgehens von PEG Beta unter Berücksichtigung des eigenen Business Plans berechnet. Diese systematische Vorgehensweise ermöglichte wenig Spielraum für Verhandlungen, zumal PEG Beta ihre Grenzen genau kannte. Für den Unternehmer war dies insofern schwierig, als er sowohl auf die Aktionärsdarlehen als auch auf eine Entschädigung für die Anteile verzichten musste, obschon ihm nur ein einstelliger Prozentanteil der Aktien blieb.

Mit der Fallstudie 3 lassen sich primär die Finanzierungsmöglichkeiten einer Private Equity-Gesellschaft zeigen, die mittels der verbesserten Konditionen bereits während der Transaktionsstrukturierung den Grundstein für eine erfolgreiche Investition legen konnten. Durch das Einsteigen einer Private Equity-

Gesellschaft konnten die Fremdkapitalgeber[586] sowohl zu einem Forderungsverzicht wie auch zu einem Kredit zu besseren Konditionen bewegt werden.

7.3.5 Fallstudie 4

7.3.5.1 Bewertung des Kaufobjektes
Methode und Aspekte der Verhandlung
Die Bewertung des Unternehmens erfolgte wiederum anhand des EBITDA-Multiple basierend auf dem eigenen Business Plan von PEG Beta. Dieser Business Plan berücksichtigte die geplanten Restrukturierungsmassnahmen, was ein Rückgang des Umsatzes auf 60-70% und einen erheblichen Abbau der Personalkosten bedeutete. Die Bewertung wurde im Anschluss mit der Liquidationsbilanz verglichen, die sich primär durch die Bewertung der Anlagen und Immobilien definierte. Nachdem sich herausstellte, dass sowohl auf eine Entschädigung für das Eigenkapital wie auch auf die Aktionärsdarlehen verzichtet werden muss, lag der Verhandlungsspielraum im Forderungsverzicht der Banken.[587] Die Verhandlungen mit den Banken führten zu einem Forderungsverzicht von 70%, was für das Gelingen der Transaktion entscheidend war.

7.3.5.2 Strukturierung der Transaktion
Form des Buyout
Auch Fallstudie 4 kann als IBO sowie als MBI verstanden werden. Grundsätzlich übernahm PEG Beta 100% der Anteile[588] von den Verkäufern und war alleiniger Verhandlungspartner – typischerweise Merkmale des IBO. Im Anschluss übernahm jedoch ein Partner des Investment-Teams über mehrere Monate die operative Geschäftsleitung und setzte die Restrukturierungsmassnahmen durch. Dies spricht insofern für einen MBI, als das neue Management gleichzeitig auch der grösste Kapitalgeber war. Die Tatsache, dass jedoch mittelfristig ein Einsatz eines externen Geschäftsleiters ohne Beteiligung am Unternehmen beabsichtigt war, entspricht nicht den Merkmalen des MBI.

---

[586] Es waren zwei verschiedene Banken (vor und nach der Transaktion) involviert.
[587] Sowohl der Finanzinvestor wie auch der Unternehmer konnten für ihr Eigenkapital und Darlehen nicht mehr entschädigt werden. Der Verkauf an PEG Beta wurde dennoch einer Liquidation vorgezogen, da sich der Unternehmer für eine Lösung einsetzte, die den Fortbestand des Unternehmens sicherstellte.
[588] Davon 15% vom Unternehmer und 85% vom Finanzinvestor.

Finanzielle Gestaltung

Zur Abwicklung der Transaktion wurde eine Übernahmeholding gegründet, die sämtliche Anteile der Holding im Rahmen eines Share Deal übernahm. Die Strukturierung der Transaktion wurde vorgängig bereits im Rahmen des Forderungsverzichts auf dem Bankkredit angesprochen. So basierte die Machbarkeit der Transaktion auf dem Resultat der Bankverhandlungen, deren Forderungsverzicht die Übernahme des Unternehmens zu ansprechenden Renditeerwartungen ermöglichte (vgl. Abb. 62).[589]

Abb. 62: Bilanzvergleich Unternehmen 4 Holding

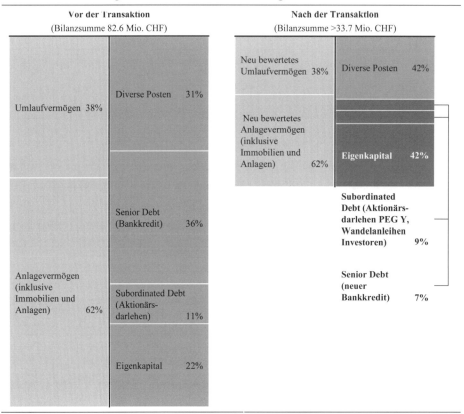

---

[589] Die Bilanz nach der Transaktion stellt die Positionen nach dem Verkauf von Bestandteilen des Anlagevermögens dar.

Der Vergleich zeigt nach der Transaktion eine deutlich entlastetere Bilanz als Konsequenz verschiedener Massnahmen. Nach der Bewertung der Aktiven zu Liquidationswerten ging es um die Sicherstellung der Ablösung des Bankkredits, dessen Summe nach dem Forderungsverzicht noch 9 Mio. CHF betrug. Diese Finanzierung wurde vor Abschluss der Transaktion mit Eigenkapital und Wandelanleihen seitens der PEG Beta und deren Investoren sowie durch den Verkauf von Anlagen und Immobilien des Tochterunternehmens b und dem Verkauf des Tochterunternehmens d sichergestellt.

Die Finanzierung wurde nach der Transaktion mit der Aufnahme eines Bankkredits zu verbesserten Konditionen – und in einer Höhe von lediglich 2.5 Mio. CHF – sowie dem weiteren Verkauf von Assets ergänzt. Dazu wurde das Tochterunternehmen e liquidiert und ihre Immobilie im Rahmen eines Asset Deal veräussert.[590]

PEG Beta konnte sich mit der Strukturierung der Transaktion und dem Verkauf von Tochtergesellschaften, Immobilien und Anlagen so positionieren, dass die notwendige Fokussierung und Kohärenz der Strategie möglich wurde.

Rechtliche Aspekte

In einer ersten Phase wurde ein Aktionärsvertrag mit den Investoren vereinbart, deren Wandelanleihen im Fall eines Verkaufs in Aktien umgewandelt werden. Diese sind jedoch mit einem Bring along-Recht versehen, um den Exit nicht zu behindern. In einem zweiten Schritt wurde das bestehende Management[591] am Unternehmen beteiligt, um Anreize zur Wertsteigerung zu schaffen. Diese Aktien unterliegen ebenfalls einem Bring along-Recht.

7.3.5.3 Zusammenfassende Erkenntnisse aus Fallstudie 4

Angesichts der schwierigen Geschäftslage sowie der drohenden Insolvenz mussten die Besitzer des Unternehmens auf eine Entschädigung verzichten. Da die einzige Alternative die Liquidierung des Unternehmens war, zog diese Tatsache keine langwierigen Verhandlungen nach sich, sondern wurde bald als gegeben betrachtet.

---

[590] Siehe dazu Kapitel 8.3.5.2.
[591] Auch neue Kadermitglieder, die zu einem späteren Zeitpunkt dem Unternehmen beitraten, wurden am Unternehmen beteiligt.

Wie bei der Fallstudie 3 wurde die Ablösung des Bankkredits durch einen Forderungsverzicht ermöglicht. Die Verkäufe der Assets, die für eine fokussierte Strategie nicht mehr notwendig waren, stellten deren Finanzierung sicher und positionierten das Unternehmen so, dass weitere operative Massnahmen zur Sicherstellung des Fortbestands ausreichten. Dadurch konnte im Prinzip bereits durch die Strukturierung der Transaktion das Überleben des Unternehmens sichergestellt werden, bevor eigentliche Massnahmen im operativen Bereich umgesetzt wurden.

7.3.6 Fallstudie 5

Da PEG Gamma und die Tochter des Unternehmers Stillschweigen über die Transaktionsstrukturierung vereinbart haben, stehen in der Fallstudie 5 keine detaillierten Angaben zur Verfügung. Dennoch wird versucht, anhand der vorhandenen Informationen ein Gesamtbild zu geben.

7.3.6.1 Bewertung des Kaufobjektes

Methode und Aspekte der Verhandlung

Die Berechnung des Unternehmenswerts erfolgte nicht anhand einer bestimmten Methode. Unternehmen 5 war defizitär, weshalb PEG Gamma als Problemlöser galt und die Entschädigung für das Aktienkapital nicht im Vordergrund stand. Für PEG Gamma diente die Liegenschaft im Dorfkern als Besicherung – vor allem für die Übernahme des Bankkredits. Diese Sicherheit begründete auch die Bereitschaft, in das Unternehmen zu investieren, obwohl die Wahrscheinlichkeit eines Scheiterns des Turnaround vor allem aufgrund der schlechten Marktentwicklungen in der Schweiz bestand.

7.3.6.2 Strukturierung der Transaktion

Form des Buyout

Die Übernahme des Unternehmens durch PEG Gamma wurde in Form eines MBI gestaltet. Ein Partner des Investment-Teams war von Anfang an für die Geschäftsleitung vorgesehen, was in den Verhandlungen entsprechend kommuniziert wurde. Die Tochter des Unternehmers führte die Verhandlungen mit dieser Person, die als Nachfolge für die Geschäftsleitung vorgesehen war.

Finanzielle Gestaltung

Zur Abwicklung der Transaktion, die mittels einer Übernahmeholding in Form eines Share Deal durchgeführt wurde, erhöhte die Bank nach Gesprächen mit PEG Gamma die Kreditlimite. Retrospektiv betrachtet brachten die Verhandlungen jedoch nicht die gewünschte Entlastung, da der Schuldzins nach wie vor zu stark auf das Betriebsergebnis drückte, wie PEG Gamma beurteilt. Abb. 63 stellt den Bilanzvergleich dar, obschon aufgrund der Datenlage keine genauen Angaben gemacht werden können.

Abb. 63: Bilanzvergleich Unternehmen 5

Vor der Transaktion (Bilanzsumme >15 Mio. CHF)		Nach der Transaktion (Bilanzsumme >15 Mio. CHF)	
Umlaufvermögen 35%	Diverse Posten 17%	Umlaufvermögen 35%	Diverse Posten 17%
Anlagevermögen 7%	Senior Debt (Bankkredit) 50%	Anlagevermögen 7%	Senior Debt (Bankkredit)
Grundstück und Immobilie 58%	Subordinated Debt (Aktionärsdarlehen) 20%	Grundstück und Immobilie 58%	Subordinated Debt (übernommenes Aktionärsdarlehen)
	Eigenkapital 13%		Eigenkapital 83%

Grundsätzlich wurde neben der Erhöhung der Kreditlimite durch die Bank das Aktionärsdarlehen[592] sowie das Eigenkapital übernommen. Wie sich aus der Bilanz erkennen lässt, stellte die unterbewertete Immobilie mit knapp 60% einen grossen Teil der Aktivseite der Bilanz dar und diente so als Sicherheit. Der Wert des veralteten Anlagevermögens eröffnete keinen grossen Handlungsspielraum mehr.

Rechtliche Aspekte

Der Aktionärsvertrag band nur den Unternehmer und PEG Gamma ein. Andere Mitglieder des Managements wurden nicht am Erfolg des Unternehmens beteiligt und hielten keine Aktien. Der Vertrag zwischen dem Unternehmer und PEG

---

[592] Im Gegenzug zur Übernahme des Aktionärsdarlehens gewährte PEG Gamma dem Unternehmer einen Besserungsschein. Unter einem Besserungsschein versteht man einen bedingten Forderungsverzicht, der wieder auflebt, wenn im Laufe der späteren Geschäftsentwicklung bestimmte Bedingungen erfüllt werden. Er entspricht somit einer bedingten Zahlungsverpflichtung des Schuldners (vgl. Boemle, M. et al. (2002), S. 173).

Gamma bezog sich primär auf den Besserungsschein, der im Fall eines erfolgreichen Geschäftsgangs zu einer Auszahlung des ursprünglichen Aktionärsdarlehens berechtigt hätte.

7.3.6.3 Zusammenfassende Erkenntnisse aus Fallstudie 5

Da die Transparenz hinsichtlich der Strukturierung der Transaktion nicht gewährleistet ist, lassen sich nur wenige Erkenntnisse aus der Fallstudie 5 ziehen. Es lässt sich festhalten, dass aufgrund der nicht den Erwartungen entsprechend verlaufenen Gespräche bezüglich des Forderungskredits der Banken die Bilanz durch die Transaktionsstrukturierung nicht saniert werden konnte. So belasteten die hohen Zinsforderungen das operative Ergebnis auch nach der Durchführung der Transaktion, was letztlich den Fortbestand des Unternehmens verunmöglichte.

Zudem zeigt sich, dass der Besserungsschein als Mittel zur Übernahme von nachrangigen Aktionärsdarlehen dient. Dadurch kann – bei voller Partizipation des Gläubigers im Erfolgsfall – ein Teil des Risikos abgetreten werden.

7.3.7 Fallstudie 6

7.3.7.1 Bewertung des Kaufobjektes

Methode
PEG Delta bewertet im Rahmen der Buy and Build-Strategie die Zielunternehmen immer nach der Methode des EBITDA-Multiple. Nach Meinung des Investment-Teams basiert diese Methode auf der operativen Entwicklung und verhindert Verzerrungen durch Spielraum in der Gestaltung der Abzüge. Zur Berechnung des relevanten EBITDA wird ein Mittelwert aus dem vergangenen, dem aktuellen und dem kommenden Jahr genommen. Anhand des Multiple[593] wird anschliessend der Enterprise Value berechnet – im Fall von der Fallstudie 6 betrug der Multiple 5. Der Kaufpreis, den PEG Delta für das Eigenkapital eines Unternehmens zu zahlen bereit ist, wird dann nach Abzug der Nettoverschuldung bestimmt.

---

[593] In Abhängigkeit des Investitionsbedarfs liegt der Multiple zwischen 4 (hoher Investitionsbedarf) und 5.5 (niedriger Investitionsbedarf).

Aspekte der Verhandlungen

Die Verhandlungen, die PEG Delta im Rahmen ihrer Strategie führt, sind insofern differenziert zu betrachten, als sie aus einer Reihe von Zielunternehmen nur drei bis fünf als Add-on Investments benötigen. Demnach können sie die Gespräche dominant gestalten, zumal sie in der Regel über genügend Alternativen verfügen. So akzeptierte der Unternehmer das Angebot, obwohl er in einem ersten Gespräch den Kaufpreis als zu niedrig empfunden hatte.

7.3.7.2 Strukturierung der Transaktion

Form des Buyout

Das Unternehmen wurde im Rahmen eines IBO gekauft. PEG Delta trat als Käuferin auf und führte die Verhandlungen mit dem Unternehmer als alleiniger Gesprächspartner. Erst nachdem der Unternehmer die Mehrheit der Aktien abgegeben hatte, wurden Verhandlungen mit dem bestehenden Management geführt.

Finanzielle Gestaltung

PEG Delta kaufte 80% der Aktien des Unternehmens im Rahmen eines Share Deal durch die dafür gegründete Übernahmeholding.

Da die Bilanzstruktur keinen Anlass zu Änderungen gab, bezieht sich die Strukturierung der Transaktion auf die Zusammensetzung des Eigenkapitals.[594] Die 80% der Anteile am Unternehmen wurden zu 5.2 Mio. CHF von PEG Delta aufgebracht, während der Leverage durch einen Fremdkapitaleinsatz in Form eines Bankkredits in der Höhe von 4.8 Mio. CHF sichergestellt wurde. Der Betrag für die 80% belief sich somit auf 10.0 Mio. CHF. Hybrides Kapital in Form von Wandelanleihen oder Aktionärsdarlehen wurden nicht verwendet.

Rechtliche Aspekte

Zum einen wurde ein Aktionärsvertrag mit dem Unternehmer für seinen Anteil von 20% ausgehandelt. Er verpflichtete sich dabei, die Aktien bei einem Verkauf der Anteile von PEG Delta ebenfalls zu verkaufen (Bring along-Recht). Zum anderen eröffnete PEG Delta zu einem späteren Zeitpunkt dem verbleibenden Management die Möglichkeit, Anteile am Unternehmen zu erwerben.

---

[594] PEG Delta machte keine Angaben zur Zusammensetzung der Bilanz von Unternehmen 6.

Dies blieb zwar bei einer freiwilligen Opportunität, jedoch erwarteten die Investoren ein entsprechendes Engagement der Kadermitglieder. Die im Rahmen dieses Partizipationsprogrammes veräusserten Aktien waren ebenfalls mit dem Bring along-Recht versehen.

7.3.7.3 Zusammenfassende Erkenntnisse aus Fallstudie 6

Die Fallstudie differenziert sich insbesondere durch das Vorgehen in den Verhandlungen. Während bei einer opportunitätsgetriebenen Transaktion die Interessen der verkaufenden Partei unter Umständen einen grossen Einfluss auf die Preisgestaltung ausüben können, legt PEG Delta im Zusammenhang mit der Buy and Build-Strategie den Preis tendenziell selbst fest. Im Fall einer ablehnenden Haltung auf Verkäuferseite kann in der Regel auf andere Unternehmen ausgewichen werden.[595]

Die Finanzierung der Transaktion wurde unter Umständen durchgeführt, die eine Übernahme der bestehenden Kredite unter Einbezug von Fremdkapital zur Finanzierung des Eigenkapitals ermöglichte.

7.3.8 Erkenntnisse

7.3.8.1 Zusammenfassung

Abb. 64 fasst die Möglichkeiten der Transaktionsstrukturierung tabellarisch zusammen.

---

[595] Je nach Interesse an den Unternehmen werden sehr wohl Anpassungen im Preisangebot vorgenommen.

Abb. 64: Zusammenfassung der Fallstudien bezüglich der Möglichkeiten der Transaktionsstrukturierung

	Fallstudie 1, Unternehmen 1	Fallstudie 2, Unternehmen 2	Fallstudie 3, Unternehmen 3	Fallstudie 4, Unternehmen 4	Fallstudie 5, Unternehmen 5	Fallstudie 6, Unternehmen 6
Bewertung des Kaufobjektes						
Methode	EBITDA-Multiple (5.2x)	EBITDA-Multiple (7x)	EBITDA-Multiple (6x)	EBITDA-Multiple (6x)	Keine Angaben	EBITDA-Multiple (5x)
Aspekte der Verhandlung	Intensive Verhandlung und grosse Bedeutung des Verkaufspreises	Verkaufspreis war sekundär und wurde deshalb nicht verhandelt	Unternehmer 3 musste sowohl auf Aktionärsdarlehen wie auch auf operative Geschäftsführung verzichten	Primär Vorgehen anhand Liquidationsbilanz; Verhandlungen mit Fremdkapitalgeber waren entscheidend	Verhandlungen mit Tochter des Unternehmers und Banken für Forderungsverzicht	Preisvorstellungen werden diktiert, ansonsten wird auf andere Zielunternehmen ausgewichen

Form des Buyout

Form des Buyout	IBO	IBO	IBO / MBI	IBO / MBI	MBI	IBO
Finanzielle Gestaltung	Finanzierung mit 45% EK und 55% FK	Finanzierung mit 48% EK und 52% FK	Finanzierung zu 41% mit FK	Ablösung des Bankenkredits nach Forderungsverzicht mit EK, Wandelanleihen und dem Verkauf von Assets	Übernahme von Teilen der Bankschuld, Umwandlung des Aktionärsdarlehen in einen Besserungsschein und Übernahme des Eigenkapitals	Finanzierung mit 52% EK und 48% FK
Rechtliche Aspekte	• Indirekte Übernahme • Share Deal • Kein Aktionärsvertrag, der Unternehmer 1 betrifft	• Indirekte Übernahme • Share Deal • Kein Aktionärsvertrag	• Indirekte Übernahme • Share Deal • Aktionärsvertrag mit Investoren, Unternehmer 3 und Management	• Indirekte Übernahme • Share Deal • Aktionärsvertrag mit Investoren und Management	• Indirekte Übernahme • Share Deal • Aktionärsvertrag hinsichtlich Besserungsschein	• Indirekte Übernahme • Share Deal • Aktionärsvertrag mit Unternehmer 6 und Management

| *Erkenntnisse* | • Pragmatisches Vorgehen zur Berechnung des Unternehmenswerts
• Klassische Private Equity-Finanzierung unter Einbezug von Fremdkapital | • Emotionale Komponente von grösserer Bedeutung als nominale Auszahlung
• Klassische Private Equity-Finanzierung unter Einbezug von Fremdkapital | • Systematische Vorgehensweise verkleinert Verhandlungsspielraum
• Strukturierungsmöglichkeiten erlauben bereits wichtige Turnaround-Massnahmen | • Ablösung des bestehenden Kredits aufgrund Forderungsverzicht des Kapitalgebers entscheidend
• Transaktionsstrukturierung als Basis für den Erfolg des Investments | • Bilanz konnte durch Transaktion nicht saniert werden, was entscheidende Auswirkungen auf den weiteren Verlauf der Beteiligung hatte
• Besserungsschein als Möglichkeit für die Übernahme von Aktionärsdarlehen | • Verhandlungen werden im Rahmen der Buy and Build-Strategie einseitig geführt
• Klassische Private Equity-Finanzierung unter Einbezug von Fremdkapital |

7.3.8.2 Beurteilung der Möglichkeiten der Transaktionsstrukturierung

Bewertung des Kaufobjektes

Die Bewertung der Kaufobjekte erfolgt in den Fallstudien sehr pragmatisch. Sofern möglich, werden jeweils in Abhängigkeit zur Wettbewerbsposition sowie den anstehenden Investitionen EBITDA-Multiple zwischen 5 und 7 verwendet. Zur Berechnung des Unternehmenswerts wird neben dem EBITDA-Multiple auch der Liquidationswert hinzugezogen, wie die Fallstudien der Wendeunternehmen 3, 4 und 5 zeigen.

Die Fallstudien 1 und 2 lassen zudem erkennen, dass die Bewertung des Kaufobjektes primär als Ausgangslage für die Verhandlungen dient. Je nach Verhandlungsposition und Gefühlslage des Unternehmers werden im Anschluss weitere Anpassungen vorgenommen.

Transaktionsstrukturierung

Die Durchführung der Transaktion erfolgt in den Fallstudien im Rahmen eines IBO oder einer ähnlichen Form.[596] Dieser Weg hat sich insofern aufgedrängt, als in keinem der beobachteten Unternehmen das Management in finanzieller sowie führungsbezogener Hinsicht in der Lage gewesen war, das Unternehmen mittels eines MBO weiterzuführen.

Die Strukturierung der Transaktion unterscheidet sich grundsätzlich in Abhängigkeit des Zustandes des Zielunternehmens. Bei einer Investition in ein Wachstums- oder Reifeunternehmen erfolgt die Finanzierung in der Regel unter Einbezug des Financial Leverage. Die Fallstudien zeigen jedoch, dass die erhöhte Fremdkapitalaufnahme bei einer entsprechend hohen Cash Flow-Basis nicht in einem Ausmass geschehen muss, das die Unternehmen bedroht.

Auf der anderen Seite zeigt sich bei Wendeunternehmen, dass mittels der Strukturierung der Transaktion bereits der Turnaround eingeleitet wird. Während dieser in den Fallstudien 3 und 4 im Anschluss erfolgreich umgesetzt werden konnte, scheiterte er in der Fallstudie 5 daran, dass die Transaktionsstrukuierung keine Verbesserung der Bilanz ermöglichte. Gelingt es mit der finanziellen Strukturierung nicht, die Liquiditätsabflüsse einzugrenzen, sind im Rahmen der

---

[596] Die Fallstudie 3,4 und 5 wurden im Rahmen eines MBI oder einer IBO/MBI-Mischform durchgeführt.

Value Creation die operativen Massnahmen derart limitiert, dass kaum noch Handlungsspielraum besteht.

Bezüglich der Beteiligung des Managements am Unternehmen unterscheiden sich die Fallstudien. So erachten es PEG Beta und Delta als wichtig und selbstverständlich, das Management zu beteiligen, während PEG Alpha eine Beteiligung des Managements nicht in jedem Fall durchsetzt. Die vertragliche Gestaltung der herausgegebenen Anteile erfolgt jeweils mittels des Bring along-Rechts.

8 Value Creation während des Beteiligungsprozesses

Der Unternehmer, welcher sein Unternehmen gegenüber einem Finanzinvestor öffnet, hat in der Regel ein Interesse daran, sein Lebenswerk weitergeführt zu sehen. Es geht ihm dabei wohl weniger um seinen persönlichen finanziellen Erfolg, sondern vielmehr um die nachhaltige Entwicklung des Unternehmens im Zusammenspiel mit seinen Mitarbeitern.

Infolge dessen bringen die im Segment von Nachfolgelösungen für mittelständische Unternehmen tätigen Private Equity-Gesellschaften zum Ausdruck, dass ihre Dienstleistung nicht nur auf dem zur Verfügung stellen von Kapital beruhe. Eine Beteiligungspartnerschaft basiert auf einer guten Zusammenarbeit mit dem Unternehmen und der Finanzinvestor gestaltet die strategische Planung aktiv mit. Die langjährige Erfahrung, der Zugang zu einem grossen Netzwerk und Kenntnisse verschiedenster Art sollen das Unternehmen weiterentwickeln[597] und unternehmerisches Potenzial freisetzen.[598] 3i als etablierte Private Equity-Gesellschaft im Bereich der Familienunternehmen fasst ihren Mehrwert beispielsweise wie folgt zusammen: *„Once we've invested, we support the management team to help the enterprise prosper, from introducing customers and suppliers to advising on corporate governance and ownership succession."*[599]

Die propagierte Dienstleistung der Finanzinvestoren steht aber im Widerspruch zu derjenigen, die in der Medienlandschaft verbreitet wird. Das Bild der Öffentlichkeit ist geprägt durch die „Heuschrecken"-Debatte, in welcher Beteiligungsgesellschaften als Profitmaximierer dargestellt werden.[600] Seither sehen sich die Private Equity-Investoren immer wieder dem Vorwurf ausgesetzt, skrupellose Rendite-Jäger und lediglich an kurzfristigen Gewinnen interessiert zu sein.[601] Obschon viele Branchenvertreter mit langfristigen Engagements teilweise ihre

---

[597] Vgl. Capvis (2007), S. 2.
[598] Vgl. Pedergnana, M. (2006), S. 20.
[599] 3i Growth Capital (2007), S. 4.
[600] Die Debatte wurde in Deutschland durch den SPD-Chef Franz Müntefering lanciert, der bestimmte Beteiligungsgesellschaften während des Wahlkampfes 2005 mit „Heuschrecken" verglich. In diesem Zusammenhang bezeichnete er die Strategien internationaler Finanzunternehmen als Gefahr für die Demokratie.
[601] Vgl. NZZ, 15.12.06, S. 35.

hohen Renditen rechtfertigen können, droht das kurzfristige Rendite-Streben einzelner Private Equity-Gesellschaften die ganze Branche in Verruf zu bringen.[602]

Der Imageschaden, den diese Schlagzeilen verursachen, führt zu einer wenig differenzierten Betrachtungsweise der Private Equity-Investoren. Hinzu kommt, dass die immer grösser werdenden Transaktionen zu einer Belastungsprobe der Finanzmärkte werden.[603] Einerseits wurden Befürchtungen, die Private Equity-Branche stelle eine Gefahr für das Finanzsystem dar, bis anhin zwar noch verworfen, obschon bereits Regulierungsmassnahmen auf der Ebene der EU in Betracht gezogen werden.[604] Anderseits setzten leichtsinnige Finanzierungsmodelle wie beispielsweise Covenant Lite-Strukturen[605] die Banken zwischenzeitlich unter Druck, die Ratings von Unternehmen nach unten anzupassen.[606]

Abb. 65: Betreuung und Wertsteigerung im Investitionsprozess

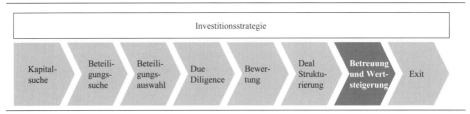

Es zeigt sich, dass die öffentliche Wahrnehmung der Private Equity-Branche und der Anspruch der Unternehmer an einen Finanzinvestor stark divergieren,

---

[602] Ein in diesem Zusammenhang als kritisch betrachtetes Beispiel ist die amerikanische Autoverleih-Gesellschaft Hertz, welche nach nur einem Jahr im Besitz der Private Equity-Gesellschaften Clayton Dubilier & Rice, Carlyle Group und Merrill Lynch Global Private Equity an die Börse gebracht wurde. Merrill Lynch fungierte dabei nicht nur als Eigentümerin, sondern mit anderen Instituten auch als Kreditgeberin und schliesslich auch als IPO-Beraterin. Dies führt offensichtlich zu Interessenkonflikten (vgl. NZZ, 11./12.11.06, S. 25).

[603] Die Äufnung der grössten Fonds (Blackstone, KKR, Texas Pacific, Permira) reicht mit dem entsprechenden Anteil Fremdkapital für Transaktionen in Unternehmen mit einer Marktkapitalisierung von über 50 Mrd. USD aus, so dass weltweit wohl nur noch 100 bis 200 Unternehmen zu gross für eine Private Equity-Investition sind (vgl. NZZ am Sonntag, 29.10.06, S. 47).

[604] Vgl. NZZ, 22.05.07, S. 27.

[605] Bei Covenant Lite-Strukturen verzichten die Kreditgeber weitgehend auf eine Überwachung der finanziellen Situation beim Kreditnehmer mittels Covenants. Die Zunahme sogenannter „Cov-Lite"-Strukturen wird von der Presse kritisch begutachtet und als Zeichen übertriebenen Risikos gedeutet. (vgl. NZZ, 19.05.2007, S. 32).

[606] Vgl. NZZ, 22.05.07, S. 29.

obschon die Branchenvertreter selbst die nachhaltigen Aktivitäten hervorheben. Daher drängt es sich auf, die wertvermehrenden Massnahmen und Möglichkeiten im Rahmen einer Private Equity-Beteiligung genauer zu betrachten und deren Auswirkungen zu analysieren.

Bevor die Fallstudien Einblicke und Erkenntnisse aus der Praxis aufzeigen, werden dafür zunächst die beeinflussenden Faktoren dargestellt und die wesentlichen herausgeschält. Im Vordergrund steht dabei der Investitionsschritt Betreuung und Wertsteigerung (vgl. Abb. 65). Ein Überblick über die existierenden Studien dient dazu, den Stand der Empirie und das europäische Ausland zu beleuchten.

8.1 Faktoren der Value Creation

8.1.1 Equity Value Appreciation

„True value in a company is created only when that value is lasting, or in other words: sustainable"[607] – Ausgangspunkt der Faktorenanalyse bildet die Unterscheidung der Steigerung des Unternehmenspreises und derjenigen des Unternehmenswerts. Aus dem Blickwinkel der Nachhaltigkeit ist vor allem die Steigerung des Werts des Unternehmens von Interesse, da diese auf tatsächlichen Massnahmen und Verbesserungen im Portfoliounternehmen beruht und auch zu besseren Performancekennzahlen sowie einem höheren Level des Free Cash Flow führt. Wird das Unternehmen jedoch zu einem höheren Preis weiterverkauft, bedeutet das noch nicht, dass der Wert effektiv gesteigert wurde.[608] Ein Preisanstieg kann auch die Folge exogener Faktoren sein, welche die Attraktivität des Portfoliounternehmens in den Augen des Käufers steigert und deshalb seine Zahlungsbereitschaft erhöht.[609]

---

[607] Pütter, T. (2006), S. 31.

[608] Die Wertsteigerungslogik im Private Equity-Markt hat sich in den letzten zwei Jahrzehnten stark verändert. Bis Anfang der 90er Jahre bildete der Leverage-Effekt den wichtigsten Wertsteigerungshebel, bis einige fremdfinanzierte Transaktionen spektakulär scheiterten. Nachdem die Multiple Arbitrage vor allem die 90er Jahre prägte, gilt seit Ende der 90er Jahre die Ergebnissteigerung mit einem Gewicht von über 60% als wichtigster Hebel zur Wertsteigerung (vgl. Kraft, V. (2001a), S. 288-299).

[609] Typischerweise werden Unternehmen in Zeiten hoher Liquidität, tiefer Zinsen und einer zunehmenden Allokation von Kapital in Investitionsfonds aufgrund der Regeln von Angebot und Nachfrage zu höheren Preisen gehandelt. Diese Tatsache sagt aber noch nichts über die nachhaltige Veränderung des Unternehmenswerts aufgrund einer besseren Wettbewerbsposition aus (vgl. Pütter, T. (2006), S. 28).

Der Fokus auf einen Anstieg des Preises als Garant für eine Rendite greift jedoch zu kurz. Lassen sich in Zeiten der Hochkonjunktur noch hohe Erträge generieren, werden in Phasen grosser makroökonomischer Risiken mit exogen bestimmten Faktoren keine entsprechenden Renditen mehr realisiert. Fundamentale Anpassungen am Business Model des Portfoliounternehmens ermöglichen jedoch eine Rendite für den Finanzinvestor, die deutlich weniger direkt mit den gesamtwirtschaftlichen Entwicklungen korreliert.[610] Britische Finanzinvestoren erkennen deshalb auch eine wachsende Bedeutung der operativen Massnahmen, die den fundamentalen Teil ihrer Arbeit darstellen. Sie schätzen den Anteil ihres direkten Einflusses auf das Portfoliounternehmen auf rund zwei Drittel ihres Ertrags.[611]

Abb. 66: Faktoren mit Einfluss auf die Private Equity-Rendite [612]

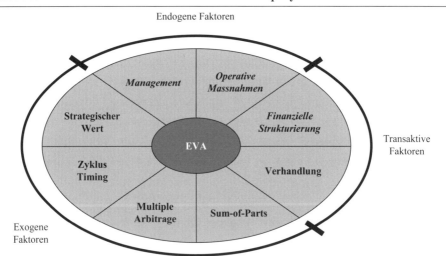

In seinem Modell kategorisiert PÜTTER (2006) die Faktoren, die einen Einfluss auf die Equity Value Appreciation (EVA)[613] ausüben anhand dieser Kriterien.

---

[610] Vgl. Dresdale, R. (2005b), S. 2.
[611] Vgl. BVCA (2003b), S. 21.
[612] In Anlehnung an Pütter, T. (2006), S. 29.
[613] PÜTTER versteht unter Equity Value Appreciation die Aufwertung des Eigenkapitals vom Moment des Kaufs bis zum Verkauf (vgl. Pütter, T. (2006), S. 29).

Er unterscheidet die beeinflussenden Grössen grundsätzlich in die drei Kategorien endogener, transaktiver und exogener Faktoren (vgl. Abb. 66).

Endogene Faktoren beziehen sich ganz spezifisch auf das Portfoliounternehmen und stehen für diejenigen Faktoren, die den effektiven Wert des Unternehmens tangieren. Die transaktiven Faktoren beschreiben diejenigen Faktoren, die im Rahmen des Kaufs und des Verkaufs einmalig die Aufwertung des Eigenkapitals beeinflussen. Die übrigen Faktoren, welche einen Einfluss auf den Preis haben, der beim Exit aus einem Portfoliounternehmen erzielt werden kann, werden unter den exogenen Faktoren subsumiert.

Die exogenen Faktoren und das Segment „Verhandlung" haben gemeinsam, dass der Investor sie nicht vollumfänglich beeinflussen kann. Ihre Signifikanz liegt hauptsächlich in der Fähigkeit des Investors, ihre Relevanz zu erkennen und die Opportunität zu identifizieren, wann welcher dieser Faktoren den grössten positiven oder negativen Einfluss auf das Eigenkapital ausübt. Die kursiv dargestellten Faktoren „Management", „Operative Massnahmen" und „Finanzielle Struktur" hängen hingegen direkt vom Investor ab. Das Modell suggeriert, dass im Wesentlichen nur die endogenen Faktoren den Unternehmenswert tangieren, da die anderen Segmente mit Verhandlungsgeschick oder Marktkenntnissen den Verkaufs- im Vergleich zum Kaufpreis maximieren.[614]

Die folgenden Abschnitte widmen sich daher einer genauen Betrachtung der Faktoren, die das Eigenkapital eines Portfoliounternehmens beeinflussen. Das Schwergewicht liegt bei der Analyse der endogenen Faktoren, die den Unternehmenswert nachhaltig beeinflussen.

8.1.1.1 Exogene Faktoren

- *Sum-of-Parts:* Diese Bewertungen basieren auf den analytischen Fähigkeiten des Finanzinvestors, Unternehmen zu erkennen, deren Summe der Einzelteile mehr Wert hat als das Unternehmen als Ganzes.[615] In ultimativer

---

[614] Vgl. Pütter, T. (2006), S. 28-31.
[615] Die Buy and Build-Strategie basiert grundsätzlich auf diesem Prinzip.

Konsequenz führt diese Art von Value Creation zu Asset Stripping – der Zerschlagung des Unternehmens durch den Verkauf von Teilbereichen.[616]

- *Multiple Arbitrage:* Multiple Arbitrage beruht ebenfalls auf der analytischen Kompetenz des Private Equity-Investors, Bewertungsdifferenzen auf dem Markt zu erkennen, welche aufgrund von verschiedenen Marktpsychologien oder unterschiedlicher Erfahrenheit in gewissen Industrien entstehen können. Lapidar ausgedrückt nutzt der Investor diese Differenzen aus, indem er Portfoliounternehmen günstig erwirbt und diese zu einem höheren Verkaufspreis weitervermittelt. Obschon der Finanzinvestor in der Regel die Ausrichtung des Unternehmens während des Beteiligungsprozesses ändern und so eine Reevaluation auf dem Markt erzwingen kann, beruht die Wertvermehrung darauf, dass diese Neuausrichtung vom Markt akzeptiert werden muss, weshalb dieser Faktor zu den exogenen gezählt wird.[617]

- *Zyklus-Timing:* Dieser Faktor ist darauf ausgerichtet, den richtigen Zeitpunkt der Investition im Zusammenhang mit verschiedenen Zyklen zu finden. Zu diesen zählen solche makroökonomischer Natur hinsichtlich der Entwicklung des BSP, der Zinsen sowie der Wechselkurse oder solche mit industriebezogenem Charakter, wie beispielsweise der Abbau von Überkapazitäten in einer Branche. Unternehmensspezifische Zyklen umfassen regionale und lokale Einflüsse, die nur schwer zu beeinflussen sind. Der Produktlebenszyklus ändert den Wert des Eigenkapitals ebenso. Er ist geprägt von der Wettbewerbsintensität, der Nachfrage und von den Investitionen in F&E. Somit ist er auch direkt abhängig von dem Management und nur bedingt exogen beeinflusst.[618]

- *Strategischer Wert:* Dieser Faktor berücksichtigt Versuche, Unternehmen zu identifizieren, die resultierend aus einer regionalen oder globalen Konsolidierung der Trends für einen strategischen Investor von Bedeutung sind, um seine regionale Präsenz, seine Produktpalette oder sein technologisches

---

[616] Dieses Vorgehen führt zur totalen oder teilweisen Stilllegung der Geschäftstätigkeit. Dabei werden insbesondere Grundstücke oder rentable Beteiligungen substanzträchtiger Unternehmen veräussert (vgl. Boemle, M. et al. (2002), S. 79).
[617] Vgl. Pütter, T. (2006), S. 30.
[618] Vgl. Pütter, T. (2006), S. 30.

Know-how zu erweitern. Der strategische Investor ist dann in der Regel bereit, das Unternehmen mit einer Synergieprämie zu kaufen.[619]

8.1.1.2 Transaktive Faktoren

Die transaktiven Faktoren wurden bereits im Rahmen des Kapitels 7.2 behandelt. In der Folge wird deshalb nicht mehr vertieft darauf eingegangen.

- *Finanzielle Strukturierung:* Dieser Aspekt bezieht sich auf die finanziellen Strukturierungsmöglichkeiten und ist vom Finanzinvestor beeinflussbar. Dabei geht es um die optimale Allokation des Kapitals, den effizienten Einsatz von finanziellen Ressourcen und einen ansprechenden Ertrag für die Halter des Eigenkapitals.

- *Verhandlung:* Das Verhandlungsgeschick kommt bei Private Equity-Investitionen immer wieder zum Tragen. Dabei geht es beispielsweise um die optimale Gestaltung des Kaufvertrags, der finanziellen Vereinbarungen, der Corporate Governance-Richtlinien oder der Incentivierungspläne für das Management. Die Bedeutung der Ausgestaltung der Verträge ist zentral: Insbesondere die Definition des Preises und die rechtliche Aufteilung des Risikos werden wesentlich vom Verhandlungsgeschick der Vertragspartner beeinflusst. Da der erfolgreiche Abschluss aber von beiden Parteien abhängt, wird der Ausgang der Verhandlung ebenso von der Gegenpartei beeinflusst. Dies ist der Grund, weshalb PÜTTER (2006) das Verhandlungsgeschick zu den transaktiven, aber ebenso exogenen Faktoren zählt.[620] Die Verhandlungsthematik wird im Zusammenhang mit sogenannten Club Deals[621] vermehrt kritischen Fragen hinsichtlich der Wettbewerbsbehinderung ausgesetzt, liegt der Vorwurf von Preisabsprachen zur Umgehung kostentreibender Auktionen doch relativ nahe.[622] Der Branchenverband EVCA bestreitet jedoch, dass Club Deals Auktionen umgehen können und weist

---

[619] Vgl. Pütter, T. (2006), S. 30-31. Auch dieser Faktor ist Teil der Buy and Build-Strategie.
[620] Vgl. Pütter, T. (2006), S. 29-30.
[621] Unter einem Club Deal wird die Investition von zwei oder mehreren Private Equity-Gesellschaften in dasselbe Zielunternehmen verstanden (vgl. Center for Private Equity and Entrepreneurship (2006), S. 6).
[622] Vgl. NZZ, 11./12.11.06, S. 25.

auf die Notwendigkeit von Syndikatsfinanzierungen zwecks Risikodiversifikation hin.[623]

8.1.1.3 Endogene Faktoren

- *Management:* Gutes und effektives Management, die Implementierung wirkungsvoller operativer Massnahmen mit einer wirkungsvollen Kommunikation und die richtige Incentivierung des leitenden Managements führen letztlich zu einer nachhaltigen Wertsteigerung des Unternehmens.

- *Operative Massnahmen:* Basierend auf einer angemessenen Finanzierungsstruktur und auf einem fähigen Management entscheiden die operativen Massnahmen über den Erfolg einer Investition.[624]

Da die Aspekte der endogenen Faktoren zur nachhaltigen Wertsteigerung im Sinne des verkaufenden Unternehmers führen und da deren Gestaltungsmöglichkeiten vielseitig sind, widmen sich die folgenden beiden Kapitel einer vertieften Analyse deren Facetten.

8.1.2 Management als Faktor der Value Creation

Der Faktor Management, der endogen die Wertvermehrung im Unternehmen beeinflusst, wird in diesem Kapitel basierend auf drei Säulen aufgezeigt. Zum einen geht es um die Form, in welcher der Finanzinvestor seinen Einfluss auf das Unternehmen ausübt. Zum anderen wird auf den funktionierenden Informationsaustausch als Grundlage für die Umsetzung der eingeleiteten Massnahmen und auf die Angleichung der Interessen der Investoren mit denjenigen des Managements hingewiesen.

8.1.2.1 Formen der Einflussnahme durch den Investor

Je nach Vorgehen des Finanzinvestors variiert die Einflussnahme auf das Portfoliounternehmen. Obschon die führenden Private Equity-Gesellschaften ihre

---

[623] Vgl. EVCA (2007d), S.9.
[624] Insbesondere bei Turnaroundinvestitionen in Krisenunternehmen haben Massnahmen innerhalb der ersten 100 Tage zu greifen. Ist dies nicht der Fall, so sind die Aussichten auf eine Rettung des Unternehmens und auf eine erfolgreiche Investition schlecht. So die Aussage von Dr. Michael Keppel, Managing Director bei Alvarez & Marsal anlässlich eines Panelgesprächs zum Thema „Liquidity, Bidding-up Effects and the Importance of Operational Management" an der WHU Private Equity Conference im April 2007.

Strategien routinemässig verwenden, existieren keine Branchenstandards, die in der Literatur verankert sind. Dennoch werden in diesem Abschnitt die verschiedenen Möglichkeiten zusammengefasst.

Die Ansätze lassen sich im Grundsatz auf einem Spektrum des Engagements in Form direkter und indirekter Kontrolle darstellen (vgl. Abb. 67). Im Fall der indirekten Kontrolle, welche einem Hands-off-Ansatz entspricht, wird in der Regel ein passives und reaktives Vorgehen gewählt. Der Investor nimmt seine Aufgabe primär wahr, indem er die Beteiligung immer wieder überwacht und wird erst dann aktiv, wenn vereinbarte Ziele nicht erreicht werden oder die getroffenen Massnahmen nicht greifen. Der Ausgestaltung der Anreize für das Management kommt in diesem Ansatz eine besondere Bedeutung zu, da diese deren Aktivitäten steuern sollen.

Die direkte Kontrolle, also ein Hands-on-Ansatz, basiert auf dem unmittelbaren Einfluss auf das Management, um auf die Performance des Portfoliounternehmens einzuwirken. Die Private Equity-Gesellschaft agiert dann als Business Partner des Unternehmens. Indem sie Einsitz im Verwaltungsrat nehmen, selbst einen neuen Geschäftsleiter nominieren oder dem Management Berater zur Seite stellen, können die Investoren die strategische Stossrichtung und richtungsweisende Entscheidungen direkt beeinflussen.[625] Den Informationsfluss gewährleisten sie mit regelmässigen Verwaltungsratssitzungen, finanziellem Reporting und mit informellen Kontakten zum mittleren Kader, welche sie im Rahmen der Due Diligence aufgebaut haben.[626]

Abb. 67: Spektrum des Engagements [627]

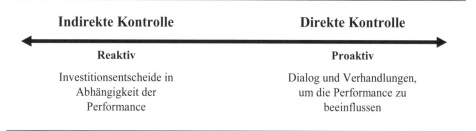

---

[625] Vgl. Nisar, T. (2005), S. 23-26.
[626] Vgl. Fenn, G. / Liang, N. / Prowse, S. (1995), S. 34.
[627] In Anlehnung an Nisar, T. (2005), S.24.

Die Unterstützung, die ein Portfoliounternehmen erfährt, ist zudem stark abhängig von der Phase im Unternehmenslebezyklus. Während die Unterstützung in Form von Coaching bei Jungunternehmen normalerweise am intensivsten ist, nimmt sie mit zunehmender Reife des Unternehmens ab. Stehen jedoch strategisch wichtige und einmalige Entscheide an, wie beispielsweise Akquisitionen oder die Vorbereitung eines IPO, so kommt die Erfahrung des Investors vermehrt zum Tragen und sein Einfluss steigt erneut.[628]

Die Praxis des Beteiligungsmanagements im Mittelstand ist stark Hands-on-orientiert, wobei wiederum Unterschiede in der Interpretation existieren. So steuern beispielsweise die meisten Investoren im britischen Mid Market die Portfoliounternehmen aus einer Position im Verwaltungsrat und vermeiden es, direkten operativen Einfluss auszuüben. Andere hingegen sehen eine Involvierung auf operationeller Stufe als Möglichkeit, rascher und nachhaltiger einzugreifen.[629]

Die Befragungen mit Vertretern Schweizer Private Equity-Investoren in mittelständische Unternehmen haben ein sehr ähnliches Bild ergeben. Alle Gesprächspartner verfolgen einen Ansatz, der das Unternehmen eng begleitet und der eine proaktive Unterstützung bietet. Die Private Equity-Gesellschaften interpretieren den Hands-on-Ansatz wiederum insofern unterschiedlich, als einige aus dem Verwaltungsrat wirken, während andere selbst die Geschäftsführung übernehmen, eine eigene oder externe Geschäftsführung einsetzen oder das bestehende Management direkt unterstützen.

8.1.2.2 Informationsaustausch während des Beteiligungsprozesses

Die Erhöhung des Unternehmenswerts mit einem nachhaltigen Hands-on-Ansatz ist ein zeit- und ressourcenintensiver Prozess. Es erfordert Hingabe, Wissen und Erfahrung, um die wertsteigernden Initiativen und Massnahmen umzusetzen. Die Führungsfähigkeiten, die für das Anpassen der Strategie, das Erreichen von Wachstum und einer erhöhten Produktivität notwendig sind, setzen oft den geschickten Einsatz von Diplomatie voraus.[630]

---

[628] Vgl. Wood, B. (2003), S. 147-151.
[629] Vgl. BVCA (2003b), S. 23-24.
[630] Vgl. Dresdale, R. (2005a), S. 5.

Grundlage dafür ist ein reibungsloser Informationsaustausch zwischen den Investoren und dem Management.[631] Je besser diese Verflechtung ist, desto mehr können Interessenkonflikte vermieden und eine konstruktive Zusammenarbeit aller Beteiligten gewährleistet werden. Im Zuge eines proaktiven Ansatzes wird eine besondere Verflechtung zwischen Investor und Unternehmer realisiert.[632]

Die Bedeutung eines diplomatischen Vorgehens und einer offenen Kommunikation wird durch kulturelle Eigenschaften von Portfoliounternehmen nach der Transaktion unterstrichen.[633] Einerseits sehen sich gerade Familienunternehmen, die oft auf gewachsenen Strukturen basieren, mit Problemen der strategischen und finanziellen Starrheit konfrontiert. Dies kann vor allem dann schädlich sein, wenn strategisch wichtige Entscheide herausgeschoben werden oder sich eine finanzielle Trägheit aufgrund falscher Sicherheitsgefühle breit macht.[634] Anderseits sind die Mitarbeiter nach dem Einstieg eines Finanzinvestors zu Beginn in der Regel stark verunsichert. Die Angst vor kommenden Veränderungen löst bei der Belegschaft grosse Skepsis aus und erschwert einen problemlosen Eintritt in ein neues Unternehmen.[635]

Neben den benötigten kommunikativen Fähigkeiten im Umgang mit den kulturellen Aspekten kann der Finanzinvestor mit einem guten Zugang zu der Belegschaft auch ineffiziente Prozesse durch neue Sichtweisen rasch korrigieren. Mit der nötigen Distanz und ohne emotionale Bindung an die Vergangenheit hat er einen anderen Zugang zu bestehenden Problemen, bringt neue Aspekte ein und hält eine neutralere Perspektive.[636]

Vor diesem Hintergrund ist der funktionierende Informationsaustausch unabdingbar, um verkrustete Strukturen aufzubrechen, verunsicherte Mitarbeiter zu motivieren und um neue Lösungen durchzusetzen. Dieser Aspekt der Kommunikation wird unter dem Kapitel Management aufgeführt, da der Finanzinvestor mit seiner Haltung entscheidend zum regen Austausch beiträgt. Da der wirksa-

---

[631] In den ersten Monaten suchen Private Equity-Gesellschaften teilweise täglich den Austausch mit dem Management (vgl. Ernst & Young (2005a), S. 2).
[632] Vgl. Bergamin, S. (1994), S. 274-275.
[633] Kulturelle Themen werden im Rahmen von Akquisitionen häufig unterschätzt. In einer von KPMG durchgeführten Studie geben 80% der befragten Unternehmen an, nicht genügend vorbereitet auf unternehmenskulturelle Differenzen gewesen zu sein (vgl. KPMG (2006), S. 5).
[634] Vgl. Ernst & Young (2005b), S. 14-15.
[635] Vgl. BVK (2007), S. 56-57.
[636] Vgl. Tourtellot, P. (2004), S. 68-69.

me Informationsaustausch massgebend für das Gelingen der operativen Massnahmen ist, trägt er letztlich auch zur Value Creation im Portfoliounternehmen bei.

8.1.2.3 Incentivierung des leitenden Managements

Ein weiterer Punkt, welcher unter den Faktor Management zur Value Creation fällt, ist die Ausgestaltung wirkungsvoller Anreize für das leitende Management. Um die typische Prinzipal-Agent-Problematik zu vermeiden, geht es darum, die Interessen des Managements denjenigen des Investors mit geeigneten Massnahmen anzugleichen.[637]

Beispiele aus der Praxis zeigen, dass ungenügende Anreizsysteme zu Fehlverhalten und übermässiger Risikofreudigkeit auf der Seite des Managements geführt haben. Damit das Management wirtschaftlich und im Sinne des Investors handelt, ist eine eigene finanzielle Beteiligung am Unternehmen erforderlich.[638]

Der Incentivierung kommt somit auch im Rahmen der Value Creation eine grosse Bedeutung zu, da sie als Voraussetzung dient, damit das Management im Interesse einer nachhaltigen Unternehmensentwicklung handelt.

8.1.3 Operative Massnahmen zur Wertsteigerung

Geeignete Managementstrukturen legen die Grundlage zur Implementierung operativer Massnahmen. Entscheidend für die nachhaltige Wertsteigerung ist deren wirkungsvolle Umsetzung, welche je nach Unternehmen und Situation unterschiedlich ausfallen kann. In diesem Kapitel wird die Vielseitigkeit möglicher operativer Massnahmen aufgezeigt. Diese werden im Anschluss kategorisiert, damit die Value Creation im Rahmen der Fallstudien in einem ähnlichen Raster analysiert werden kann.

Die Gliederung der Kategorien, auf welche im Weiteren eingegangen wird, erfolgt analog einer Studie des französischen Branchenverbandes *Association Française des Investisseurs en Capital* (AFIC), welche diese auf einer Studie von 20 befragten Unternehmen und deren Portfoliounternehmen aufbaute (vgl. Abb. 68).[639]

---

[637] Auf die wichtigsten Möglichkeiten der Ausgestaltung solcher Anreize wurde bereits im Kapitel 7.2.3 hingewiesen.
[638] Vgl. EVCA (1998), S. 16.
[639] Vgl. AFIC (2005), S. 20-23.

Abb. 68: Kategorisierung der operativen Massnahmen

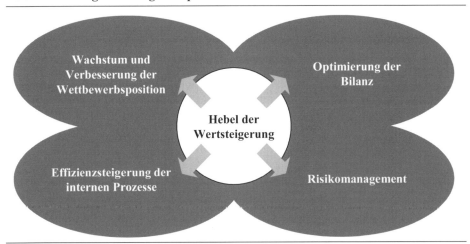

Das Überlappen der vier Felder weist darauf hin, dass eine saubere Abgrenzung der Kategorien nicht in jedem Fall möglich ist. Je nach Art und Weise der Massnahme kann es sein, dass verschiedene Hebel der Wertsteigerung benutzt werden.

Bevor operative Massnahmen formuliert und implementiert werden können, bedarf es zunächst einer klaren Ausrichtung der Strategie und eines konkreten Investment Plans. Oft werden Strategien verfolgt, die den aktuellen Wettbewerbs- und Rahmenbedingungen nur ungenügend gerecht werden oder zu wenig auf Wachstum ausgerichtet sind. Der Finanzinvestor ist dann gefordert, mit einer umsetzbaren Strategie mögliches Geschäftspotenzial zu erschliessen und im Kerngeschäft einen nachhaltigen Wettbewerbsvorteil zu schaffen.[640] Zur erfolgreichen Gestaltung der Strategie wird ferner ein klarer Investment Plan benötigt, der die Wertvermehrung während der folgenden drei bis fünf Jahren auf wenigen fundamentalen Massnahmen aufbaut. Die Erfahrung zeigt, dass Pläne, die ebenso auf langfristig orientiertes Wachstum statt ausschliesslich auf kurzfristige Kostenreduzierung ausgerichtet sind, letztlich zu grösseren Erfolgen führen.[641]

---

[640] Vgl. Dresdale, R. (2005b), S. 3.
[641] Vgl. Haas, D. / Holland, T. / Rogers, P. (2002), S. 96-97.

8.1.3.1 Wachstum und Verbesserung der Wettbewerbsposition

Das Anregen des Wachstums und die Stärkung der Wettbewerbsposition kann durch Massnahmen in verschiedenen Bereichen angestrebt werden. Mit dem grössten Hebel auf das Wachstum eines Unternehmens wirken Innovationen auf allen Ebenen des Unternehmens, Internationalisierungsbestrebungen mit darauf folgender Erschliessung neuer Märkte, die Professionalisierung des Humankapitals und gezielte externe Akquisitionen.

Auf die Bedeutung von Innovationen für Unternehmen im Schweizer Mittelstand wurde bereits hingewiesen.[642] Massnahmen bezüglich Innovationen in einem Portfoliounternehmen sind daher naheliegend. Innovationen können sich auf eine Aktivität, einen Prozess oder ein Produkt selbst beziehen und sind folglich nicht alleine auf F&E zurückzuführen, sondern vielmehr auf ein Innovationssystem, das sämtliche Ebenen einer Organisation umfasst. Um dies zu erreichen, ist ein langfristig geplanter, standardisierter Prozess notwendig, der eine innovative Haltung in der Unternehmenskultur verankert. Ein solcher Prozess beginnt damit, dass die Geschäftsleitung die Entwicklungen sowie Ideen der Mitarbeiter unterstützt und wertschätzt und mit einer entsprechenden Organisation die nötigen Ressourcen zur Verfügung stellt. So werden die kulturelle Verankerung und der funktionierende Prozess zur logischen Folge und vom ganzen Unternehmen getragen.[643]

Finanzinvestoren können mit Massnahmen die Förderung einer innovativen Grundhaltung vorantreiben und mit dem nötigen Kapital[644] dazu beitragen, dass neue Produkte[645] oder Dienstleistungen[646] entwickelt werden.

Die Internationalität und das Exportverhalten der mittleren Unternehmen in der Schweiz wurden ebenfalls bereits thematisiert.[647] Dabei geht es darum, im glo-

---

[642] Siehe Kapitel 2.3.1.
[643] Vgl. Gupta, P. (2006), S. 57-60.
[644] Siehe dazu z. B. BVK (2007), S. 60-61: In einem traditionellen Optikunternehmen mit Investitionen in einen neuen Geschäftsbereich konnten neue Techniken auf den Markt gebracht werden.
[645] Siehe dazu z. B. EVCA (2001a), S. 5: In einem Softwareentwicklungsunternehmen wurden eigene Softwarelösungen hergestellt und mussten nicht mehr eingekauft werden.
[646] Siehe dazu z. B. BVK (2007), S. 58: In einem Automobilzulieferer wurde nicht nur die Produktion, sondern auch in das Angebot an Dienstleistungen erweitert.
[647] Siehe Kapitel 2.3.2.

balen Wettbewerb neue regionale Absatzmärkte zu definieren und anzugehen, deren Zugang aus verschiedenen Gründen noch nicht gesucht oder gefunden wurde. Finanzielle Investoren, welche die wesentlichen internationalen Märkte und deren Gegebenheiten kennen, können bei der Entscheidung, ob und wie das Geschäft internationalisiert werden soll, einen wesentlichen Beitrag leisten.[648]

Ein mittelständisches Unternehmen hat in der Regel begrenzte finanzielle Ressourcen, um neue Märkte innerhalb einer ansprechenden Zeitspanne zu erreichen und es fehlen häufig Kontakte und Know-how, um ein lokales Management zu finden oder rechtliche sowie bürokratische Schwierigkeiten abzubauen. Entsprechende Unterstützung der Private Equity-Gesellschaften hilft dann, mittels ihres Netzwerkes und globalen Wissens diese Hürden vor der Expansion ins Ausland zu überwinden.[649]

Eine weitere Massnahme zur Verbesserung der Marktposition ist die Professionalisierung des Humankapitals. Stagnierende Portfoliounternehmen haben oft das Problem, dass sie keine Ressourcen für Investitionen ins Humankapital in Form von Training on-the-job, off-the-job, Verkaufsschulungen oder Seminarien aufbringen können, weshalb viele Mitarbeiter nicht mehr vollständig mit den neuesten fachlichen Entwicklungen vertraut sind.[650]

Um dem entgegenzuwirken, professionalisieren Private Equity-Investoren das Humankapital entweder, indem sie neue Mitarbeiter aus ihrem Umfeld rekrutieren, die fachlich auf dem aktuellsten Stand sind, oder durch Finanzierung von Ausbildungen der im Unternehmen tätigen Mitarbeiter.[651]

Im Weiteren ergeben sich externe Wachstumsmöglichkeiten durch gezielte Akquisitionen von Lieferanten oder Konkurrenten zur Synergieausnutzung.[652] Der

---

[648] Vgl. Manger, R. (2003), S. 156.
[649] Siehe dazu z. B. BVK (2007), S. 52-53 oder EVCA (2001a), S. 15-19, 23-24: Ein Automobilzulieferer, ein Elektronikhersteller, ein Sanitärunternehmen und eine Cateringgesellschaft zeigen auf, wie sie mit Hilfe eines Private Equity-Investors den Markteintritt im und die Expansion ins Ausland geschafft haben. Die erfahrene Unterstützung lag bei allen im Bereich der vorhandenen Expertise in der Expansion, dem Ausnutzen des Netzwerkes zur Etablierung von Partnerschaften in anderen Ländern und im Vermitteln von Kontakten zur Rekrutierung von lokalem Personal.
[650] Vgl. Tourtellot, P. (2004), S. 70.
[651] Vgl. Nisar, T. (2005), S. 29.
[652] Dieses Vorgehen ist z. B. Bestandteil der Buy and Build-Strategie.

Beitrag des Finanzinvestors liegt dabei nicht nur in den Finanzierungskenntnissen, die zu steuerlich und hinsichtlich der Liquidität optimierten Transaktionen verhelfen, sondern ermöglicht den Zugang zu Fremdkapital mit günstigen Konditionen und vermittelt Kontakte durch sein umfangreiches Netzwerk. Hat der Investor bereits in ähnliche Bereiche investiert, verfügt er über wichtige Erfahrungen derselben Branche, die dem Unternehmen ebenso zu Gute kommen.[653]

Aus den oben genannten Massnahmen bezüglich Innovationen, Internationalität, Investitionen ins Humankapital und Akquisitionen wird die Bedeutung des Netzwerkes der Private Equity-Gesellschaft ersichtlich. Der Zugang zu Kontakten und Know-how wird durch die Verknüpfungen des Finanzinvestors wesentlich vereinfacht und ermöglicht den Portfoliounternehmen neue Dimensionen – sofern ein solches Netzwerk vorhanden ist und ausgenützt werden kann. Im globalen Wettbewerb kann nur dieses Unternehmen seine Chancen nutzen, das operativ gut aufgestellt ist und eben über entsprechende Partner und Kontakte verfügt.[654]

8.1.3.2 Effizienzsteigerung der internen Prozesse

Grundsätzlich gibt es in allen Unternehmen – insbesondere aber in schnell wachsenden – Möglichkeiten zur Effizienzsteigerung. Prozesse, die über den Lauf der Zeit gewachsen sind, haben oft einen modularen Aufbau und sind nicht vollständig integriert. Das kann dazu führen, dass die Kommunikation intern, aber auch mit Kunden und Lieferanten darunter leidet, da sich beispielsweise die verschiedenen Abteilungen eines Unternehmens nicht optimal absprechen.[655]

Ein Private Equity-Investor analysiert diese Prozesse mit einer neuen Sichtweise, um unnötige Ausgaben zu reduzieren, alternative Beschaffungsmöglichkeiten zur Qualitätssteigerung und Kostensenkung aufzusuchen und die Produktivität mit schlanken Herstellungsprozessen zu erhöhen.[656] Die rationale Betrachtungsweise des Investors kann dabei zu einer Professionalisierung des Portfoliounternehmens und somit zu effektiver Value Creation führen.

---

[653] Vgl. BVK (2007), S. 26.
[654] Vgl. Manger, R. (2003), S. 155.
[655] Vgl. Tourtellot, P. (2004), S. 70.

Dabei geht es darum, die Organisation eines Unternehmens so anzupassen, dass die Prozesse effizient ablaufen. Eigentümerorientierte Unternehmen tendieren zu zentralisierten Abläufen, was die Prozesse wenig flexibel gestaltet. Durch die Investoren initiierte Neueinstellungen und Verstärkungen in der mittleren Führungsebene verbessern nicht nur den Prozessablauf, sondern entlasten den Geschäftsführer, damit dieser sich vermehrt der Geschäftsleitung und -entwicklung widmen kann.[657]

Potenzial zur Kostensenkung der Prozesse liegt aber auch im Abwägen von Beschaffungsalternativen und Verhandeln neuer Verträge mit bestehenden Lieferanten und Kunden. Finanzinvestoren können mit einer unvoreingenommenen Haltung neue Gespräche mit den Stakeholdern eines Unternehmens führen. Diese Kommunikation führt oft zu Verbesserungen in Bezug auf Preise oder Dienstleistungen.[658]

Andere Massnahmen beziehen sich auf die Gestaltung der Prozesse an sich. In diesem Zusammenhang wird häufig auf die Logistik verwiesen, worin oft das grösste Potenzial zur Kostenreduktion steckt. Eine zentral organisierte und integrierte Logistik vereinfacht viele Prozesse und legt Synergiepotenzial offen.[659]

8.1.3.3 Risikomanagement

Operative Massnahmen bezüglich des Risikomanagements richten sich an die Ausgestaltung der Corporate Governance im Portfoliounternehmen.[660] Die entscheidenden Faktoren liegen dabei im Bereich des Reporting und in der Zusammensetzung des Verwaltungsrats.

Im Fall schwacher Reporting-Mechanismen ist die Geschäftsleitung nicht in der Lage, notwendige Gegenmassnahmen in Problemsituationen zu treffen, da die

---

[656] Vgl. Dresdale, R. (2005b), S. 3.
[657] Vgl. BVK (2007), S. 57.
[658] Vgl. Dresdale, R. (2005b), S. 3.
[659] Siehe dazu z. B. EVCA (2001a), S. 5, 7, 17: Verschiedene Beispiele zeigen, wie in unterschiedlichen Branchen die Prozesse durch Verbesserung der Logistik optimiert wurden.
[660] Auf die Bedeutung der Corporate Governance für mittelständische Unternehmen wurde im Kapitel 2.3.4 hingewiesen.

Information nicht rechtzeitig zur Verfügung gestellt wird. Dauert die Zusammenstellung des Monatsabschlusses beispielsweise zwei Monate, so hat das Management keine Möglichkeit, das Tagesgeschäft zu verstehen und entsprechend zu lenken.[661] Finanzinvestoren setzen deshalb oft ein Schwergewicht auf einem Reporting-System, das zeitgerecht und umfassend aufbereitet wird. Dies verschafft dem Management und Verwaltungsrat nicht nur ein aktuelles Bild der Geschäftslage, sondern lässt auch Rückschlüsse auf die Liquiditätsplanung zu, so dass beispielsweise die Tilgung der Schulden nachhaltig angegangen werden kann.[662] Die Transparenz, welche das Reporting mit sich bringt, ermöglicht zudem eine dezentrale Organisation. So basieren Entscheidungen vielmehr auf objektiven Kriterien, die dem ganzen Managementteam zugänglich sind.[663]

Es besteht jedoch die Gefahr, dass der Fokus durch ein intensiviertes Reporting-System zu stark auf den Zahlen liegt. Gerade bei KMU kann ein zu umfassendes Kennzahlensystem mehr Verwirrung stiften als für Klarheit sorgen. Die Aussagekraft wird vor allem dann verfehlt, wenn die Kennzahlen nicht den spezifischen Gegebenheiten des Unternehmens und der Branche angepasst, sondern pauschal über alle Portfoliounternehmen verwendet werden.[664]

Weitere Massnahmen zur Verstärkung der Corporate Governance beziehen sich auf die Nominierung des Verwaltungsrats. Dabei übt die Private Equity-Gesellschaft ihren Einfluss primär über ein Verwaltungsratsmandat aus – in der Regel über das Präsidium.[665] Neben den üblichen Eigenschaften wie Leadership, kommunikative Stärke oder generelles Know-how über Corporate Governance und der Führung eines Verwaltungsrats sollte der Verwaltungsratspräsident eines Portfoliounternehmens insbesondere über eine grosse Erfahrung, Empathie sowie Courage verfügen, um einen effektiven Einfluss auszuüben.

Die Auswahl der weiteren Mitglieder des Verwaltungsrats erfolgt in der Regel aus dem Umfeld des Investors oder des Unternehmens selbst. Die Qualitäten und Fähigkeiten sollten möglichst breit verteilt sein, damit sowohl fachliche und operative Kenntnisse wie auch finanzielles und rechtliches Know-how vertreten

---

[661] Vgl. Tourtellot, P. (2004), S. 70.
[662] Vgl. EVCA (2001), S. 35-36.
[663] Vgl. BVK (2005), S. 64-65.
[664] Vgl. Haas, D. / Holland, T. / Rogers, P. (2002), S. 97-98.
[665] Siehe dazu Kapitel 8.1.2.1.

sind. Letztlich entscheidend für einen Beitrag zur Wertsteigerung durch den Verwaltungsrat ist aber seine Fähigkeit, durch beharrliches Vorgehen seine Vorstellungen basierend auf dem Wissen und der Erfahrung effektiv umzusetzen.[666]

8.1.3.4 Optimierung der Bilanz

Private Equity-Investitionen basieren auf der Finanzierung mit Fremdkapital, was den Fokus der Investoren auf den Cash Flow zur Tilgung der Schulden legt.[667] Die flüssigen Mittel werden somit zu einem entscheidenden Faktor, den es in der Bilanz zu berücksichtigen gilt. Zudem führt die aktive Bewirtschaftung des Eigenkapitals zu einer dynamischen Ausgestaltung der Bilanz.[668] Der Wert eines Unternehmens wird bei Massnahmen im Bereich der Bilanzoptimierung einerseits durch eine effizientere Ausgestaltung des Umlauf- und des Anlagevermögens und anderseits durch verbesserte Konditionen bei der Vergabe von Fremdkapital gesteigert.[669]

Die Effizienzsteigerung im Umlaufvermögen wird in der Regel durch dessen Reduktion angestrebt, um die teure Fremdfinanzierung minimieren zu können. Dazu werden beispielsweise Produktionsprozesse mit neuen Fachkräften vereinfacht, die Debitorenfristen in Gesprächen mit Kunden verkürzt oder das Lager abgebaut.[670]

Die Effizienz im Anlagevermögen wird primär mit der Liquidation der nichtbetriebsnotwendigen und der Optimierung der betriebsnotwendigen Assets gesteigert. Massnahmen im Bereich von In- und Outsourcing, der Ausgestaltung des Maschinenparks und insbesondere der Nutzung der Immobilien stehen dabei im Vordergrund.[671]

---

[666] Vgl. Wolfe, H. (2006), S. 53-55.
[667] Die Berechnung der Debt Capacity basiert in der Regel auf dem verfügbaren Free Cash Flow, siehe dazu Kapitel 7.2.2.2.
[668] Vgl. Haas, D. / Holland, T. / Rogers, P. (2002), S. 98.
[669] Die Optimierung der Bilanz bezieht sich weniger auf die finanzielle Strukturierung, als auf die Verhandlungsmacht der Private Equity-Gesellschaften, die in der Regel über gute Kontakte in die Bankenwelt verfügen.
[670] Vgl. BVK (2005), S. 52-53.
[671] Vgl. Pütter, T. (2006), S. 31.

Im Weiteren können massive Kosteneinsparungen durch verbesserte Konditionen im Bezug des Fremdkapitals erreicht werden. Da Private Equity-Investoren über ein gutes Finanz-Know-how verfügen, sind sie nicht nur in der Lage, die Möglichkeiten der Fremdfinanzierung optimal auszunützen, sondern erhalten auch bessere Schuldzinssätze. Die Befragungen mit den Bankenvertretern haben ergeben, dass der Track Record bekannter Private Equity-Gesellschaften und deren professionelles Vorgehen oft zu einer deutlichen Reduktion der Zinssätze führen.[672]

Abb. 69: Überblick über operative Massnahmen im Portfoliounternehmen

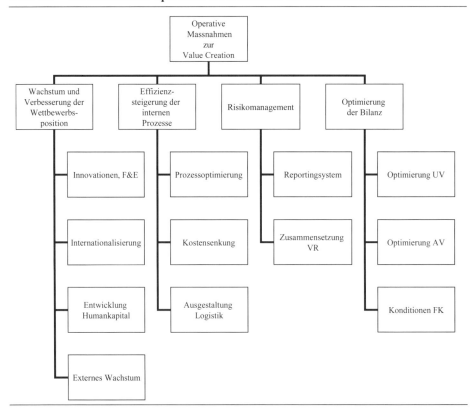

---

[672] Auf die Bedeutung des Kapitalzugangs für mittelständische Unternehmen wurde im Kapitel 2.3.3 hingewiesen.

8.1.4 Zusammenfassung der operativen Massnahmen

Die Möglichkeiten im operativen Bereich zur Value Creation in Portfoliounternehmen sind zahlreich, so dass die besprochenen Beispiele keinen Anspruch auf Vollständigkeit erheben. Die Auflistung verschiedenster Massnahmen dient dazu, eine konkrete Vorstellung dessen zu geben, was Private Equity-Gesellschaften effektiv an Mehrwert generieren können (vgl. Abb. 69).

8.2 Value Creation in Europa

Die bisherigen Ausführungen haben verschiedene Möglichkeiten aufgezeigt, wie Private Equity-Gesellschaften den Unternehmenswert steigern können. Es drängt sich nun die Frage auf, inwiefern die Investitionen generell nachhaltig im Wert gesteigert werden und welche Faktoren die entscheidenden sind. Dazu gibt dieses Kapitel einen Überblick zu den bestehenden Studien und zieht Erkenntnisse daraus.

8.2.1 Empirische Studien über die Value Creation in Europa

Die kritische Haltung der Medien und der regulatorischen Behörden hat dazu geführt, dass der Messung der Auswirkungen von Private Equity-Investitionen in der letzten Zeit eine grössere Bedeutung zukommt. Damit verbunden ist, dass verschiedene Studien in Europa über die ökonomischen und sozialen Effekte der Private Equity-Investitionen durchgeführt wurden, zumal die Debatte bisher grösstenteils auf Annahmen beruhte (vgl. Abb. 70).[673]

Da die Value Creation an sich nur schwer messbar ist, werden primär die Kennzahlen verglichen, die von gesamtwirtschaftlichem Interesse sind. Zu diesen zählen Messungen des Umsatzes, der Profitabilität und der Anzahl Arbeitsplätze.[674]

---

[673] Vgl. Cumming, D. et al. (2007), S. 1.
[674] Vgl. Ball, R. et al. (2006), S. 20.

Abb. 70: Zusammenfassung der Studien über Value Creation in Europa

Nr.	Quelle	Beobachtete Region	Durchführung der Studie	Vorgehen	Datensatz	Umsatz	Profit
1	Asociacion Espanola de Entidades de Capital-Riesgo: Economic and Social Impact of Venture Capital & Private Equity in Spain 2007, Madrid 2007.	Spanien	2007	Untersucht wurden spanische Unternehmen, die in den Jahren 1993-2001 Private Equity-finanziert waren, während den ersten drei Jahren der Beteiligung. Die Daten wurden aus einer Datenbank des Branchenverbandes verwendet.	Von den 1'453 identifizierten zählten 1'299 zu den relevanten Unternehmen. Davon waren von 1'047 Unternehmen Daten verfügbar, wovon letztlich nur 802 Datensätze verwendet wurden, um die Vergleichbarkeit zu gewährleisten.	Das durchschnittliche Jahreswachstum des Umsatzes wurde auf 24.7% bemessen.	
2	BVCA: The Economic Impact of Private Equity in the UK, London 2006.	UK	Mai bis August 2006	Unternehmen, die einst oder nach wie vor Private Equity-finanziert waren, wurden per Post oder e-mail angeschrieben. Um den Rücklauf zu erhöhen, wurde telefonisch nachgehakt.	Von den 5'700 potenziellen Unternehmen gingen bis anfangs September 2006 1'457 Antworten ein.	Während der Jahre 2001-2005 wurde ein durchschnittliches Wachstum von 9% p. a. eruiert. Der durchschnittliche Umsatz ist von 30 auf 46 Millionen GBP angestiegen.	

Nr.	Arbeitsplätze	Internationalität	Andere Kennzahlen	Unterstützung des Managements	Operative Unterstützung	Performance ohne Private Equity	
1	Die beobachteten Unternehmen erhöhten die Arbeitsplätze durchschnittlich um 14.7% pro Jahr.		Das Anlagevermögen stieg im Durchschnitt in den ersten drei Jahren der Beteiligung um 23.4%, die intangiblen Assets um 37.1%.				Nur 14 der 802 ausgewerteten Unternehmen überlebten die beobachteten drei Jahre der Beteiligung nicht.
2	Während den Jahren von 2001-2005 wurde ein durchschnittliches Wachstum von 9% p. a. berechnet; knapp drei Viertel der befragten Unternehmen gaben an, dass das Wachstum der Arbeitsplätze organisch sei und nicht auf Akquisitionen beruhe. Schätzungen gehen davon aus, dass in UK rund 2.8 Millionen Arbeitnehmer in Private Equity-finanzierten Unternehmen tätig sind.	Exporte sind in den Jahren 2001-2005 durchschnittlich um 6% p. a. gewachsen.	Jährlich sind die F&E-Ausgaben der MBO-Unternehmen im Durchschnitt um 21% angestiegen.	71% der Buyout-finanzierten Unternehmen gaben an, dass die Beratung im finanziellen Bereich die wertvollste Unterstützung war. Andere wichtige Faktoren waren der Zugang zu neuen Kontakten und die strategische Unterstützung.		92% der Antworten gaben an, dass das Unternehmen ohne Private Equity nicht mehr existieren würde oder weniger rasch gewachsen wäre.	Bemerkungen

Nr.	Quelle	Beobachtete Region	Durchführung der Studie	Vorgehen	Datensatz	Umsatz	Profit
3	Associazione Italiana del Private Equity e Venture Capital: The economic impact of Private Equity and Venture Capital in Italy, Mailand 2006.	Italien	2006	Es wurden Devestitionen der Jahre 2002 bis 2004 beobachtet.	Von 202 durchgeführten Devestitionen wurden 70 (davon 32 Buy-outs) untersucht.	Der Umsatz wuchs jährlich im Durchschnitt um 10.0%.	Der EBITDA stieg jährlich um 14.3% an.
4	Association Française des Investisseurs en Capital: La création de valeurs, résultat d'une alchimie entre entrepreneurs & investisseurs en capital, Paris 2005.	Frankreich	Frühling 2005	Qualitative Studie, die auf jeweils zweistündigen Interviews mit dem Unternehmen und dem Private Equity-Gesellschaft basiert. Die Studie hat keinen Anspruch auf statistisch relevante Resultate, sondern ist primär qualitativ. Alle betrachteten Unternehmen wurden während der Transaktion von Ernst & Young betreut.	Es wurden Gespräche mit jeweils 20 Unternehmern und 20 Private Equity-Gesellschaften durchgeführt.		

Nr.	Arbeitsplätze	Internationalität	Andere Kennzahlen	Unterstützung des Managements	Operative Unterstützung	Performance ohne Private Equity	Arbeitsplätze
3	Private Equity-finanzierte Buyouts hatten ein durchschnittliches Jahreswachstum der Arbeitsplätze von 10.7%.						
4				Zunehmende Bedeutung der Unterstützung im Bereich der Strategieentwicklung, Aktionsplanung und Wachstumsunterstützung. Zudem werden strengere und transparentere Prozesse durchgesetzt.	Die wichtigsten Faktoren der operativen Unterstützung liegen in der Vorbereitung auf den Exit, der Verbesserung des Reporting und in der Optimierung des Umlaufvermögens.		Die Aufteilung der erarbeiteten operativen Massnahmen wurden als Ausgangslage für Kapitel 8.1.3 verwendet.

Nr.	Quelle	Beobachtete Region	Durchführung der Studie	Vorgehen	Datensatz	Umsatz	Profit
5	EVCA: Employment contribution of Private Equity and Venture Capital in Europe, Brüssel 2005.	Europa (Frankreich, Deutschland, Italien, Holland, Spanien, Schweden, UK)	Frühling 2005	Auswertung von Statistiken der EVCA und den Verbänden der jeweiligen Länder mit anschliessender Online-Umfrage, in der Private Equity-Gesellschaften über ihre Portfoliounternehmen befragt wurden.	Es wurden über 1'000 Fonds angeschrieben, wovon 114 Buyout- und 116 Venture-Fonds antworteten. Davon konnten 99 resp. 102 verwertet werden.		
6	BVK: Der Einfluss von Private Equity-Gesellschaften auf die Portfoliounternehmen und die deutsche Wirtschaft, Berlin 2007a.	Deutschland	2005	Versand von Fragebogensets an sämtliche BVK-Mitglieder und andere Beteiligungsgesellschaften mit der Aufforderung, einen Fragebogen für ihr Portfoliounternehmen auszufüllen. Die Portfoliounternehmen wurden dann wiederum ebenfalls zu einer Stellungnahme aufgefordert, um eine gegenseitige Beurteilung vornehmen zu können.	198 der 218 versendeten Fragebogen wurden zurückgeschickt; von den Portfoliounternehmen wurden 128 verwertbare Datensätze ausgefüllt.	Aufteilung der Umsatzzahlen in die Kategorien Expansions- (+42.3), Turnaround-Investitionen (+159.5%) und Buyouts (+10.9%). Das Wachstum wurde für die Jahre 2000 bis 2004 berechnet, was einer durchschnittlichen jährlichen Wachstumsrate der genannten Kategorien von ca. 6.0% entspricht.	Das Wachstum des EBIT verteilt sich wiederum auf die Kategorien Expansion (+43.5%), Turnarounds (+56.7%) und Buyouts (-1.9%) über die Jahre 2000 bis 2004. Dies entspricht einem jährlichen Durchschnittswachstum der genannten Kategorien von ca. 5.1%.

Nr.	Arbeitsplätze	Internationalität	Andere Kennzahlen	Unterstützung des Managements	Operative Unterstützung	Performance ohne Private Equity	
5	Das jährliche Durchschnittswachstum der Arbeitsplätze in den Buyout-finanzierten Unternehmen betrug 2,4% zwischen 1997 und 2004. Familienunternehmen und Unternehmen mit 1-99 Mitarbeiter sind mit 7% am stärksten gewachsen.						
6	73.6% der Unternehmen geben an, dass sich die Anzahl der Beschäftigten während der Beteiligung erhöht hat. Das jährliche Durchschnittswachstum über die drei Segmente liegt bei rund 3.1% (Expansion (+25.0%), Turnarounds (-28.6%) und Buyouts (+4.4%)).		58.2% der Unternehmen geben an, dass sich die F&E-Ausgaben erhöht haben.	Als bedeutendste Faktoren der Unterstützung wurden die Vermittlung von Kontakten, die Beratung des Managements und die Entscheidungshilfe angegeben.	Die finanzielle Beratung und der Zugang zu weiteren Kapitalquellen gelten als die wichtigsten Faktoren der operativen Unterstützung.	Über zwei Drittel der Portfoliounternehmen gehen davon aus, dass sich ihr Unternehmen ohne einem Private Equity-Investor langsamer entwickelt hätte.	Von den untersuchten Unternehmen waren 32.8% Expansions-, 1.5% Turnaround-Investitionen und 15.9% Buyouts. Die Repräsentatitivät der Turnarounds und Buyouts ist somit in Frage zu stellen.

Nr.	Quelle	Beobachtete Region	Durchführung der Studie	Vorgehen	Datensatz	Umsatz	Profit
7	EVCA: Private Equity and Generational Change, Brüssel 2005.	Europa	Juni bis September 2004	Versand von einem schriftlichen Fragebogen mit anschliessender telefonischer Befragung an Familienunternehmen, die vor der Transaktion zu über 50% der Stimmanteile einer Familie oder mehreren Familien gehörten.	1645 Private Equity-finanzierte Familienunternehmen wurden angeschrieben, 117 antworteten, was einem Rücklauf von 7.1% entspricht.	Durchschnittliches Wachstum 15.4% pro Jahr.	Durchschnittliches Wachstum des EBIT von 11.3% pro Jahr.
8	EVCA: Survey of the Economic and Social Impact of Management Buyouts & Buyins in Europe, Brüssel 2001.	Europa	April bis September 2000	Aus der Datenbank von CMBOR wurden sämtliche Private Equity-finanzierten Buyouts der Jahre 1992-1997 eruiert, um genügend Beobachtungsraum für die Post Buyout-Phase zu gewährleisten. Den ausgewählten Unternehmen wurde ein Fragebogen zugesandt.	Von den 2'359 angeschriebenen Unternehmen gingen 300 Antworten ein (Rücklauf 12.7%).	Das durchschnittliche Wachstum des Umsatzes betrug jeweils ca. 15.1%.	Das durchschnittliche EBIT-Wachstum betrug pro Jahr jeweils knapp 7%.

Nr.	Arbeitsplätze	Internatio-nalität	Andere Kennzahlen	Unterstützung des Managements	Operative Unterstützung	Performance ohne Private Equity	
7	Durchschnittliches Wachstum um 67.3% von 263 auf 440 Angestellte; das grösste Wachstum wurde bei Unternehmen mit 50 oder weniger Angestellten festgestellt (+388%), gefolgt von Unternehmen mit mehr als 500 Angestellten (+151%).	Der Anteil der Unternehmen, die im Export tätig waren, wuchs im Laufe der Beteiligung durchschnittlich von 73% auf 80%. Der Anteil des Exportes am Umsatz wuchs von 23.9% auf 28.4% (vor allem aber stiegen die Exporte ausserhalb der EU um 32% nach dem Buyout).		Die wichtigste Unterstützung konnte der Investor in als Sounding Board für Ideen des Managements, als Quelle für wichtige Kontakte, als Hilfe bei der Rekrutierung und Entwicklung des Managements bieten.	Operative Unterstützung wurde insbesondere in den Bereichen Monitoring, Flexibilisierung der Prozesse und in der Verbesserung der Reporting-Systeme gegeben.	In 32.7% der Fälle wäre das Unternehmen nicht unabhängig geblieben ohne die Private Equity-Gesellschaft.	
8	Durchschnittlich nahm die Anzahl Arbeitsplätze um 46.9% (über 3 Jahre) zu, also rund 13.7% p. a. Dies verteilt sich auf 61.4% der Unternehmen, während 13.1% gleich viele und 25.5% weniger Arbeitnehmer beschäftigen.	Der Anteil der exportierenden Unternehmen stieg von 72.6% auf 83.8% an.	Anstieg der Ausgaben in Prozent des Umsatzes: Weiterbildung +54%, Marketing +59%, F&E +66%.	Das Management wurde insbesondere im Bereich des finanziellen Know-how und Kapitalzugang unterstützt. Ebenso wichtig waren das Prüfen der Ideen des Managements und die Beratung hinsichtlich der strategischen Ausrichtung.	Als wichtigste drei Faktoren zur Value Creation wurden die Effizienzsteigerung der Prozesse, die Verbesserung der Kundenorientierung und das verbesserte Liquiditätsmanagement angegeben.	84% der Teilnehmer an der Umfrage gaben an, ohne Private Equity nicht mehr zu existieren oder langsamer gewachsen zu sein.	Der Familienbesitzer ist in einem Drittel der Fälle während der Beteiligung nicht involviert in die Planung. Dies lässt Raum für eine Verbesserung der Interaktion offen.

8.2.2 Zusammenfassung und Kritik der empirischen Studien

8.2.2.1 Zusammenfassung der Studien

Der Überblick über die Studien der verschiedenen Private Equity-Verbände europäischer Staaten zeigt, wie vielfältig und dennoch schwierig die Möglichkeiten sind, die Value Creation und Auswirkungen von Private Equity-Investitionen zu messen. Die meisten Studien basieren auf Umfragen bei Unternehmen, deren Private Equity-Finanzierung registriert ist oder war. Während die Fragebogen den Vorteil aufweisen, auch qualitative Schlüsse ziehen zu können, ist der Rücklauf jeweils relativ tief, was das Datensample stark verkleinert. Auswertungen von bestehenden Datenbanken ermöglichen hingegen grössere Datensätze, doch die Tiefe und Vollständigkeit der Angaben ist häufig nicht gegeben. Eine Untersuchung basiert auf Fallstudien, wobei nur 20 Unternehmen derselben Beratungsgesellschaft betrachtet werden können, dafür in der entsprechenden (qualitativen) Tiefe.

Sämtliche Kennzahlen lassen einen positiven Einfluss der Private Equity-Gesellschaften auf ihre Portfoliounternehmen vermuten. Durchschnittlich steigen alle Kennzahlen an – schneller als ihr jeweiliger Benchmark. Bezüglich des Umsatzwachstums schwanken die Resultate zwischen 6% und 24.7%; der Median liegt zwischen 10% und 15.1%. Auch das Wachstum des Profits, der nicht immer konsistent gemessen wird (EBIT oder EBITDA), ist in allen Studien mit einer Streuung von 5.1% bis 14.3% deutlich positiv.
Auch eruieren alle Untersuchungen einen positiven Effekt von Private Equity-Investitionen auf die Arbeitsplätze. Im Durchschnitt wächst die Anzahl Mitarbeiter in Portfoliounternehmen jährlich zwischen 2.4% und 14.7%, mit dem Median bei knapp 10%. Obschon sich Private Equity-Gesellschaften oft dem Vorwurf ausgesetzt sehen, radikalen Stellenabbau zu betreiben, resultiert ein anderes Bild. Inwiefern diese Resultate das Bild der Öffentlichkeit beeinflussen, bleibt abzuwarten. Es wird geschätzt, dass Private Equity-finanzierte Unternehmen in Europa rund sechs Millionen Arbeitsplätze zur Verfügung stellen,

wovon knapp fünf Millionen in Buyout-Unternehmen tätig sind und der Rest in Jung- und Expansionsunternehmen.[675]

Im Weiteren kann ein überdurchschnittliches Wachstum im Exportverhalten sowie einen starken Anstieg der F&E-Ausgaben (rund 20%) erkannt werden.

Bezüglich der qualitativen Beurteilung der Unterstützung werden die Hilfe in der Strategieentwicklung, das Vermitteln von Kontakten – also das Ausnützen des Netzwerkes – und die Erfahrung als Entscheidungshilfe am meisten genannt. Diese Antworten bestätigen im Wesentlichen die im vorhergehenden Kapitel erarbeiteten Varianten.

Im Bereich der operativen Massnahmen werden primär die Reporting-Systeme verbessert, sowie die Prozesse und das Umlaufvermögen optimiert. Auch diese Angaben wurden vorhergehend entsprechend beschrieben und sind deshalb nicht überraschend.

Nicht zu unterschätzen ist die Tatsache, dass jeweils ein Grossteil der befragten Unternehmen angibt, sie wären bezüglich Wachstum, Ertragslage und Wettbewerbssituation ohne der Private Equity-Gesellschaft nicht so weit gekommen oder hätten gar ihre Unabhängigkeit verloren. Dieser subjektiven Bewertung ist insofern Bedeutung zuzumessen, als sie die positiven Kennzahlen bestätigt und letztlich mit der Private Equity-Gesellschaft verknüpft.

Andere Studien, welche nicht von europäischen Branchenverbänden durchgeführt wurden, ergeben ein weniger einheitliches Bild über Private Equity-gehaltene Unternehmen ab. Zum einen überprüft eine amerikanische Studie die Performance von 496 Reverse Leverage Buyouts[676] zwischen 1980 und 2002. Der Einfluss der Investoren erscheint auch hier als positiv, zumal die Gesellschaften über alle Perioden profitablere und konstantere Zahlen liefern als andere IPO.[677]

---

[675] Vgl. EVCA (2005a), S. 6.
[676] Unter Reverse Leveraged Buyouts werden Transaktionen in Unternehmen verstanden, die zuvor mittels eines LBO von der Börse geholt wurden und nach einer Restrukturierungsphase wieder einen IPO erlebten.
[677] Vgl. Cao, J. / Lerner, J. (2007), S. 19.

Zum anderen wurden in Frankreich 161 Leveraged Buyouts der Jahre 1988 bis 1994 ausgewertet. Das Resultat dieser Studie kann den positiven Einfluss professioneller Investoren jedoch nicht bestätigen: Einerseits sank die Profitabilität der Unternehmen während der Beteiligung und anderseits stieg aufgrund der höheren Verschuldung das Risiko, welches somit nicht kompensiert werden konnte.[678] Die Aktualität dieser Untersuchung leidet jedoch sowohl unter der Tatsache, dass der französische Buyout-Markt vorher inexistent war, wie auch unter den etwas veralteten Transaktionen, die untersucht wurden.

Eine weitere Studie wurde in Italien vorgenommen. Dabei wurden 21 der 44 registrierten Private Equity-finanzierten Buyouts von Familienunternehmen in den Jahren 1995 bis 2000 untersucht – mit sehr unterschiedlichen Resultaten. Es konnten keine statistisch relevanten Aussagen hinsichtlich des Umsatzes und des Ertrags eruiert werden, zumal rund ein Drittel der untersuchten Unternehmen deutlich bessere Zahlen erwirtschaftete und ein weiterer Drittel sich verschlechterte.[679]

8.2.2.2 Kritische Würdigung der Studien

Die Auswertung der empirischen Untersuchung über die Value Creation von Private Equity-Investitionen in Europa ergibt einen deutlich positiven Einfluss auf Umsatz, Ertragslage und Arbeitsplätze. Die Private Equity-Branche erscheint somit besser, als es ihr Ruf erwarten lässt. Anderseits sind an dieser Stelle einige kritische Aspekte zu erwähnen, die bei der Betrachtung der Resultate in Erwägung gezogen werden müssen.

Es gilt zu beachten, dass die Rücklaufquoten bei den weiträumig gestreuten Umfragen teilweise sehr gering waren und bei fallstudienbasierten Untersuchungen die Repräsentativität nicht gewährleistet ist. Dies hat zur Folge, dass sich eine gewisse Verzerrung einschleichen kann, da tendenziell vor allem erfolgreiche Unternehmen den Fragebogen ausfüllen oder für Fallstudien in Frage kommen. Bei gescheiterten Transaktionen ist die Bereitschaft zur Transparenz in der Regel geringer und die Aufbereitung für Fallstudien gestaltet sich schwieriger.

---

[678] Vgl. Desbrières, P. / Schatt, A. (2002), S. 700-723.
[679] Vgl. Buttignon, F. / Vedovato, M. / Bortoluzzi, P. (2005), S. 1-4.

Der Tatsache, dass die Untersuchungen, welche nicht von den Branchenverbänden durchgeführt wurden, zu durchzogenen Resultaten führen, gilt es ebenso Beachtung zu schenken. Der Fokus der Verbände liegt wohl auf den positiven Erkenntnissen der Studien, zumal es deren Interesse ist, die positiven Einflüsse von Private Equity-Investionen auf die Gesamtwirtschaft zu betonen. Unabhängige Studien weisen hingegen vielmehr auch auf kritische Feststellungen hin und lassen Raum für weitere Forschung offen.

Im Weiteren sind allgemeingültige Aussagen aus der Zusammenfassung sämtlicher Studien vorsichtig zu formulieren. Die Untersuchungen definieren die Datengrundlage jeweils unterschiedlich, so dass die Vergleichbarkeit nicht in jedem Fall vollumfänglich gewährleistet ist. Einzelne Studien fokussieren auf Buyouts von Familienunternehmen und andere auf Private Equity- sowie Venture Capital-Beteiligungen im Allgemeinen. Auch die Unterschiede in den verschiedenen Ausgangslagen der Portfoliounternehmen bezüglich Grösse, Zustand vor der Transaktion oder Branche werden teilweise nur unpräzise gehandhabt. Zudem wird in der vorliegenden Arbeit nicht auf Unterschiede zwischen den einzelnen Ländern eingegangen – wobei zumindest in Kontinentaleuropa die Märkte vergleichbar sind und einige Studien den gesamteuropäischen Markt abdecken.

Allgemeine Aussagen sind auch daher kritisch zu begutachten, als die Standardabweichung der Resultate häufig sehr gross ist. Oft gibt es einige sehr positive Beispiele, die einen Durchschnittswert stark nach oben treiben, so dass dieser nicht breit abgestützt ist. Ein grosser Teil der Daten liegt dann beispielsweise unter dem Wert und das arithmetische Mittel wird durch wenige „Ausreisser" geprägt. Einzelne Studien weisen auf dieses Phänomen und die damit verbundene beschränkte Aussagekraft hin.[680]

8.3 Auswertung der Fallstudien

8.3.1 Kriterien für Fallstudien

Da sich die zentrale Frage nicht um die Rendite der Private Equity-Gesellschaft auf ihrer Investition nach dem Exit dreht, liegt der Fokus im Rahmen der Ana-

---

[680] Vgl. z. B. BVK (2007a), S. 11.

lyse der Fallstudien auf den Faktoren, welche die nachhaltige Wertentwicklung beeinflussen. Das bedeutet, dass die Auswertung der Massnahmen die endogenen Faktoren beurteilt und die exogenen Faktoren vernachlässigt.

Dazu wird in einem ersten Teil der Auswertung auf den Einfluss auf der Managementebene eingegangen. Im Vordergrund stehen insbesondere die Form der Einflussnahme sowie der Informationsaustausch zwischen dem Beteiligungsunternehmen und der Private Equity-Gesellschaft im Vordergrund.

Die Massnahmen der Private Equity-Gesellschaften werden anhand des in Kapitel 8.1.3 erarbeiteten Überblicks eingeordnet.[681] Obschon aus den Fallstudien keine verallgemeinerten Aussagen zur Entwicklung der Kennzahlen von Private Equity-Beteiligungen gemacht werden können, werden abschliessend die wichtigsten Kennzahlen und ihre Trends beurteilt – sofern dies möglich ist. Dabei gilt es zu beachten, dass der Zeitraum zwischen dem Abschluss der Transaktion zum Zeitpunkt der Interviews in einigen Fallstudien zu klein war, als dass die Massnahmen bereits den gewünschten Effekt mit sich bringen konnten (vgl. Abb. 71).

Abb. 71: Kriterien für die Fallstudien bezüglich der Value Creation

Massnahmen auf Ebene des Managements	Operative Massnahmen zur Wertsteigerung	Entwicklung der Kennzahlen
Form der Einflussnahme	Wachstum und Verbesserung der Wettbewerbsposition	Umsatz
Aspekte der Kommunikation	Effizienzsteigerung der internen Prozesse	EBITDA
	Risikomanagement	Anzahl Mitarbeiter
	Optimierung der Bilanz	

8.3.2 Fallstudie 1

8.3.2.1 Massnahmen auf Ebene des Managements

Form der Einflussnahme

PEG Alpha ist um eine proaktive, direkte Kontrolle bemüht, obschon sie selbst nicht operativ tätig wird. Der gesprächsführende Partner der Gesellschaft setzte sich auch nach Abschluss der Transaktion für eine gute Beziehung ein und hielt

---

[681] Siehe Abb 69.

regen Kontakt zum Management. Der unmittelbare Einfluss von PEG Alpha zeigt sich in den operativen Massnahmen, die sie zum grossen Teil selbst initiierte und umsetzte. Zudem kümmerte sich der verantwortliche Partner um Kunden- und Produktkenntnisse, indem er sich stark für das Geschäft interessierte und bei Kunden vorstellig wurde. Um das Projekt in China zu unterstützen, reiste er zweimal mit dem Management nach China und half vor Ort mit.

Aspekte der Kommunikation
Das echte Interesse und die aktive Partizipation wurden vom Unternehmer, der seinen Sitz im VR behielt, sehr geschätzt. Der gegenseitige Respekt ermöglichte einen guten Informationsfluss und somit eine konstruktive Zusammenarbeit. Das diplomatische Geschick hinsichtlich der Kommunikation war insbesondere im Umgang mit der Belegschaft wichtig, wo unmittelbar nach der Transaktion einiges an Überzeugungsarbeit zu leisten war. Der Private Equity-Partner zeigte dabei sehr wohl Präsenz, hielt sich aber zurück, da der Unternehmer zunächst noch einen engen Kontakt zu den Mitarbeitern pflegte.

Der Unterschied in den Betreuungsansätzen wird beim Unternehmen in Fallstudie 1 insofern deutlich, als PEG Alpha das Unternehmen aus steuerlichen Gründen früher als ursprünglich geplant verkaufte.[682] Der neue Investor verfolgt einen passiven Betreuungsansatz und pflegt keinen regelmässigen Austausch mit dem Unternehmen. So befürchtet der Unternehmer, dass das Unternehmen zu klein sei für die neuen Investoren und diese sich deshalb zu wenig dafür interessierten. Als Folge daraus sei das Management zunehmend demotiviert, die Glaubwürdigkeit der Investoren in Frage gestellt und die Identifikation mit dem Unternehmen stark gesunken.

8.3.2.2 Operative Massnahmen zur Wertsteigerung

Wachstum und Verbesserung der Wettbewerbsposition
Im operativen Bereich stellt sich zunächst die Frage, welche Massnahmen zum Wachstum und zur Verbesserung der Wettbewerbsposition getroffen wurden. Bezüglich Innovationen investierte PEG Alpha vor allem im Bereich der Pro-

---

[682] Siehe Kapitel 6.4.2.1.

duktveredelung,⁶⁸³ indem die Spezialisierung des deutschen Standortes vorangetrieben wurde, was wiederum Investitionen ins Anlagevermögen mit sich brachte.

Die wohl grösste Unterstützung wurde im Zusammenhang mit der nötigen Expansion in China geschaffen. Aufgrund des hohen Wachstums des chinesischen Marktes und des stärker werdenden Konkurrenzdrucks aus dem asiatischen Raum hat sich eine entsprechende Expansion immer mehr aufgedrängt. Der Unternehmer gibt aber an, dass er selbst weder die dafür notwendigen Ressourcen noch das Know-how dazu gehabt hätte, weshalb die Unterstützung von PEG Alpha entscheidend war. So reisten der Unternehmer und der Investor gemeinsam nach Asien, konnten Kontakte mit Personen aus dem Netzwerk von PEG Alpha knüpfen und entschieden sich für eine Investition von über 10 Mio. CHF in eine neue Produktionsstätte. Die Finanzierung des Projektes wurde zu einem grossen Teil von PEG Alpha getragen.

Die Entwicklung des Humankapitals als nächste Massnahme zur Verbesserung der Wettbewerbsposition wurde im Wesentlichen durch neue, externe Mitglieder des Managements sichergestellt. Der Unternehmer wurde kurz nach der Transaktion als Geschäftsführer abgelöst, ein neuer CFO eingestellt sowie zwei weitere Mitarbeiter für den Verkauf verpflichtet. Diese neuen Kadermitglieder wurden allesamt aus dem Netzwerk von PEG Alpha rekrutiert, so dass die Beteiligung unmittelbar zu einer Verstärkung des Managementteams führte.

Effizienzsteigerung der internen Prozesse

Die Effizienzsteigerung der internen Prozesse ergab sich primär aus der Folge anderer Massnahmen. So wird die Investition in China mit einer Rückwärtsintegration verbunden, was eine Verlängerung der Wertschöpfungskette mit sich bringt. Zusätzlich brachte der Verkauf der nichtbetriebsnotwendigen Maschinenfabrik⁶⁸⁴ eine erhebliche Reduktion der Kosten mit sich, da deren Finanzierung zuvor das Ergebnis belastete.

---

⁶⁸³ Rund 1 Mio. CHF.
⁶⁸⁴ Siehe weiter unten.

Risikomanagement

Der Unternehmen war vor der Transaktion stark patronal geführt, weshalb sämtliche Entscheidungswege über den Unternehmer liefen. Mit dem Einfluss von PEG Alpha haben sich diese Prozesse professionalisiert, um den „Wechsel von einem Familienbetrieb in ein mittelständisches internationales Unternehmen" zu vollziehen.

So führte der neue CFO ein verfeinertes Reporting Cockpit ein und erstellt den Geschäftsabschluss neu nicht mehr nach OR sondern nach Swiss GAAP FER. Zudem wurden die Kollektivunterschrift für sämtliche Dokumente sowie das Vier-Augen-Prinzip auf allen Stufen eingeführt, um die Entscheidungskompetenz weniger zentral zu gestalten.

Die Zusammensetzung im Verwaltungsrat hat sich insofern geändert, als er um den Partner von PEG Alpha ergänzt wurde.

Optimierung der Bilanz

Hinsichtlich der Bilanzoptimierung ist vor allem der Verkauf der Maschinenfabrik an einen Lieferanten zu erwähnen. Der Unternehmer strebte zuvor über längere Zeit vergeblich den Verkauf an, welchen PEG Alpha schliesslich ermöglichte. Obschon der Verkaufspreis unter den Erwartungen lag, trieben die Investoren die Veräusserung voran und fanden in einem Lieferanten einen Käufer für die Maschinenfabrik.

Im Rahmen des Übernahmekredits stieg der Anteil des Senior Debt von unter 10% auf rund 50%.[685] Obschon PEG Alpha über gute Kontakte zu den Banken verfügt, konnte man eine Erhöhung des Zinssatzes bei dieser Erhöhung der Verschuldung nicht vermeiden. So haben sich die Kapitalkonditionen letztlich verschlechtert, was aber im Kontext nachvollziehbar ist.

8.3.2.3 Entwicklung der Kennzahlen

Im Fall dieses Unternehmens ist die Entwicklung der Kennzahlen nur wenig aussagekräftig. Zum einen wurde das Unternehmen nach kurzer Dauer wieder veräussert, weshalb die Zahlen sich noch nicht stark verändert haben und zum anderen wurden die Massnahmen – insbesondere die Investition in China – sehr

---

[685] Siehe Kapitel 7.3.2.2.

wohl initiiert, jedoch noch nicht soweit umgesetzt, dass die Konsequenzen im Geschäftsabschluss sichtbar waren.

Umsatz / EBITDA / Anzahl Mitarbeiter
Nichtsdestotrotz blieb der Umsatz in etwa gleich hoch,[686] der EBITDA bewegt sich nach einem kurzen Abstieg wieder auf demselben Niveau und auch die Anzahl Mitarbeiter hat sich nicht wesentlich verändert.[687]

8.3.2.4 Zusammenfassende Erkenntnisse aus Fallstudie 1

Die Fallstudie 1 zeigt, dass im Zusammenhang des Betreuungsverhältnisses eine enge Kooperation anzustreben ist. Während PEG Alpha einen proaktiven Ansatz verfolgte, fehlt beim nachfolgenden Investor das nötige Interesse. Die Folgen daraus sind noch nicht abzuschätzen, jedoch beurteilt der ursprüngliche Unternehmer die Situation als gefährlich. Gerade in einem mittelständischen Unternehmen sei eine starke Identifikationsfigur wichtig, damit die Belegschaft erkenne, für wen man arbeite und welches dessen Vision sei. Fehle diese, leide die Glaubwürdigkeit der Besitzer und die Motivation nehme stark ab.

Dennoch dient die Fallstudie im Fall der Expansion nach China und der Veräusserung der Maschinenfabrik exemplarisch für die Unterstützung einer Private Equity-Gesellschaft. Zum einen hätte das Unternehmen die Ausweitung der Produktion nach China (noch) nicht gewagt, wenn nicht die Sicherheit und die Ressourcen von PEG Alpha zur Verfügung gestanden hätten. Zum anderen ermöglichte das professionelle Vorgehen der Investoren einen raschen Verkauf der Maschinenfabrik, wozu dem Unternehmer die Zeit, das Know-how und das Netzwerk gefehlt hatten.

8.3.3 Fallstudie 2

8.3.3.1 Massnahmen auf Ebene des Managements

Form der Einflussnahme
Auch bei diesem Beispiel strebte PEG Alpha eine proaktive und direkte Kontrolle an. Ihren Einfluss übten die Investoren wiederum durch den Verwaltungs-

---

[686] Nach Abzug des Anteils der Maschinenfabrik.
[687] Mit der Eröffnung des Standortes in China werden rund 150 Arbeitsplätze geschaffen.

rat aus, wobei sie neben dem Präsidium noch einen weiteren Sitz hielten. Aufgrund der starken Positionierung des Unternehmens wurde jedoch primär beratend agiert und das Schwergewicht auf direkte Gespräche mit dem Management gelegt.[688]

Aspekte der Kommunikation
Unternehmer 2 schätzte diesen Beitrag sehr und bezeichnete den Einfluss als „positive moralische Unterstützung". Da die Belegschaft gut vorbereitet war auf die Übernahme, mussten neben den notwendigen Informationsveranstaltungen keine speziellen Gespräche mit den Mitarbeitern geführt werden. Vielmehr sah man sich regelmässig anlässlich der Verwaltungsratssitzung[689] und einmal jährlich im Rahmen eines zweitägigen Workshops. Das Management schätzte auch die Tatsache, dass PEG Alpha nicht zu stark ins Tagesgeschäft eingriff und „die Experten machen liess", wie der Unternehmer meinte.

Da auch dieses Unternehmen frühzeitig veräussert wurde, erlebte der Unternehmer, der zum Zeitpunkt der zweiten Transaktion noch im Verwaltungsrat aktiv war, einen Wechsel des Finanzinvestors. Wie für den Unternehmer in Fallstudie 1 war dies für ihn eine negative Erfahrung, zumal der neue Investor die Unternehmenskultur nicht mehr berücksichtigte. Dieser wolle Einfluss auf funktionierende Strukturen nehmen und fokussiere zu stark auf die Zahlen, ohne dabei die Kunden verstehen zu wollen.

8.3.3.2 Operative Massnahmen zur Wertsteigerung
Obschon diverse operative Massnahmen ergriffen wurden, gab es keine einzelne, die den Verlauf des Unternehmens entscheidend beeinflusste. Da das Unternehmen an sich aufgrund der guten Positionierung weiterhin stark wuchs und die Bilanz wenig Optimierungspotenzial bot,[690] drängten sich zudem keine einschneidenden Aktionen auf.

---

[688] Der Interviewpartner der PEG Alpha schätzt, dass rund 60% der Zeit für Gespräche mit dem Management eingesetzt wurde.
[689] Die VR-Sitzung fand viermal jährlich statt.
[690] Das Anlagevermögen war sehr klein gehalten, zumal keine Immobilien oder Anlagen notwendig waren (siehe Kapitel 7.3.3.2).

Wachstum und Verbesserung der Wettbewerbsposition
Um das Wachstum noch mehr anzukurbeln, wurde im Bereich der Internationalisierung versucht, den Verkauf in Deutschland und Österreich zu verstärken, was jedoch nach Meinung des Unternehmers nicht den gewünschten Effekt brachte. Man sei sehr wohl gewachsen, doch der Ausbau des Schweizer Geschäftes sei deutlich intensiver gewesen.

Das Humankapital wurde um einen CFO und einen Marketing-Leiter ergänzt, während das ganze bestehende Management im Unternehmen blieb. Nach Aussage von PEG Alpha versuchte man, das Management weiter zu emanzipieren, sei doch der Unternehmer zuvor trotz der Nachfolgevorbereitungsbemühungen omnipräsent gewesen. So gelang es mit Hilfe der Investoren, die Gesellschaft unabhängiger aufzustellen, was den Exit erleichtern sollte.

Effizienzsteigerung der internen Prozesse
Eine Effizienzsteigerung der Prozesse wurde primär im Verkauf angestrebt. Mit dem neuen Marketing-Leiter setzte man eine Marketing-Initiative um, die das erwähnte Wachstum im benachbarten Ausland fördern sollte und den Verkaufsprozess umstrukturierte.

Risikomanagement
Im Bereich des Risikomanagements führte der CFO ein neues, verbessertes Reporting ein. Zudem erfuhr das Unternehmen durch die neue Gliederung des Verwaltungsrats eine Verbesserung der Corporate Governance, zumal auch eine Trennung der Geschäftsleitung und des VR-Präsidiums erfolgte.

Optimierung der Bilanz
Hinsichtlich der Bilanz gab es keine Optimierungsmöglichkeiten im Bereich des UV oder AV, da sie ohnehin schon schlank gehalten wurde. Vielmehr musste der neu aufgenommene Bankkredit finanziert werden, während das Unternehmen zuvor keinen geführt hatte. Diese Kosten belasteten das Betriebsergebnis offensichtlich, stellten jedoch nie die Liquidität in Gefahr, zumal der Cash Flow die anfallenden Zahlungen jederzeit decken konnte.

8.3.3.3 Entwicklung der Kennzahlen

Der Verlauf der Kennzahlen lässt wiederum keine vertiefte Analyse zu, da das Unternehmen zu wenig lang gehalten wurde, um eine Beurteilung vornehmen zu können. Dennoch zeigt zumindest der kurzfristige Verlauf, dass das Wachstum anhielt und das Unternehmen weiterhin profitabel wirtschaften konnte.

Umsatz / EBITDA / Anzahl Mitarbeiter
Während sich der Umsatz auf knapp 110 Mio. CHF verdoppelte, konnte die EBITDA-Marge in etwa gleich hoch gehalten werden. Zudem wurden weitere Arbeitsplätze geschaffen, so dass beim Exit 115 Mitarbeiter angestellt waren.

8.3.3.4 Zusammenfassende Erkenntnisse aus Fallstudie 2

Die Fallstudie 2 zeigt zunächst wiederum die Bedeutung der partnerschaftlichen Zusammenarbeit. Während PEG Alpha als verlässlicher Partner geschätzt wurde, gelang es dem nachfolgenden Investor nicht, das Vertrauen des Managements und des Unternehmers[691] zu gewinnen. Obschon die Auswirkungen zurzeit noch offen sind, bleibt festzuhalten, dass die Auswahl des Partners ein entscheidender Faktor ist, damit die Transaktion für alle Beteiligten zufriedenstellend verlaufen kann.

In Bezug auf die operativen Massnahmen bot das Unternehmen keine Möglichkeit, einschneidende Aktionen zu lancieren. Die gute Positionierung ermöglichte es PEG Alpha, vielmehr beratend zu wirken, während das Unternehmen „inhaltlich nicht vorangetrieben wurde", wie sich ein Partner von PEG Alpha äusserte. Im Fall des Unternehmens 2 lässt sich somit nicht feststellen, inwiefern die Private Equity-Gesellschaft effektiv zur Value Creation beigetragen hat.

8.3.4 Fallstudie 3

8.3.4.1 Massnahmen auf Ebene des Managements

Form der Einflussnahme
PEG Beta ist ein sehr aktiver Partner, der seine Tochterunternehmen direkt kontrolliert. Nicht nur sind alle drei Partner der Gesellschaft im Verwaltungsrat – der zusätzlich um ein bisheriges Mitglied und um einen Anwalt ergänzt wird –,

---

[691] Dieser stand zwar in keinem direkten Zusammenhang mit dem Unternehmen mehr.

sondern auch die Geschäftsleitung wurde ad interim von einem Partner übernommen.[692]

So gewährleistete PEG Beta, dass die wichtigen Massnahmen der ersten Monate in ihrem Sinne umgesetzt wurden. Der geschäftsführende Partner konnte zudem die notwendige Kommunikation mit der Belegschaft führen, die aufgrund der vorherrschenden Verunsicherung von grosser Bedeutung war. Seit der Einstellung eines neuen Geschäftsleiters führt PEG Beta regelmässige Sitzungen mit dem Management und sieht die Belegschaft zwei bis drei Mal jährlich an Anlässen. Im Rahmen der Verwaltungsratssitzungen werden monatlich intensive Diskussionen über die künftige Ausrichtung der Gesellschaft geführt, so dass die Dauer der Sitzungen oft die Länge eines Tages übertrifft.

Aspekte der Kommunikation
Unternehmer 3 schätzt den unternehmerischen und aktiven Ansatz von PEG Beta. Obschon ihm sehr kurzfristig mitgeteilt wurde, dass er früher als ursprünglich geplant die Geschäftsführung abgeben müsse, respektierte er den Entscheid und anerkannte den geschäftsführenden Partner. In seiner neuen Rolle als Marketing-Leiter sah er sich noch in der Lage, ansprechende Inputs zu liefern und entschied sich deshalb entgegen diverser Warnungen aus seinem Umfeld, im Unternehmen zu bleiben.

Die Situation änderte sich, als einige Monate später der externe Geschäftsführer den Partner von PEG Beta ablöste und dieser wenig Wert auf die Erfahrung des Unternehmers 3 als ehemaligen Patron legte. Für den Unternehmer war dies eine zunehmend schwierige Situation, da er das Unternehmen gerne auch im strategischen Bereich unterstützt hätte. Als Unternehmer tat er sich zudem schwer, in seinem ehemaligen Unternehmen, Entscheide umsetzen zu müssen, die er selbst nicht gefällt hätte. Aufgrund dieser Konstellation entschied er sich, das Unternehmen ganz zu verlassen.

8.3.4.2   Operative Massnahmen zur Wertsteigerung

PEG Beta definierte ihre operativen Massnahmen zur Wertsteigerung im Projekt „Neustart". Darin wurden die wichtigsten Schritte definiert, die kurzfristig angegangen wurden, um dem Portfoliounternehmen günstige Voraussetzungen

---

[692] Siehe Kapitel 7.3.4.

für die zukünftige Positionierung zu verschaffen. Nachdem jedoch im Rahmen der Transaktionsstrukturierung der Bankkredit abgelöst werden konnte,[693] war das Unternehmen im Wesentlichen gut aufgestellt, so dass keine einschneidenden Massnahmen notwendig waren.

Wachstum und Verbesserung der Wettbewerbsposition
Im Rahmen der Massnahmen zur Ankurbelung des Wachstums und zur Verbesserung der Wettbewerbsposition gab es keine wesentlichen Aktionen. Der Innovationsprozess sei sehr wohl ein ständiges Traktandum der Verwaltungsratssitzung, wobei die Beteiligung noch zu jung sei, um diesen anzupassen.
Da das Unternehmen schon seit mehreren Jahren im globalen Markt aktiv ist, waren auch keine Massnahmen zur weiteren Expansion ins Ausland notwendig. Dennoch wurde die Strategie insofern angepasst, als die Länder in verschiedene Kundensegmente eingeteilt wurden, welche nun spezifisch bearbeitet werden.
Im Bereich der Entwicklung des Humankapitals wurde primär auf externe Ressourcen gesetzt. So löste wie erwähnt nach einigen Monaten ein neuer Geschäftsleiter den geschäftsführenden Partner ab, dessen Start im Unternehmen jedoch problematisch verlief. Der Geschäftsführer wurde durch einen Headhunter rekrutiert – er stammte also nicht direkt aus dem Umfeld von PEG Beta.

Effizienzsteigerung der internen Prozesse
Der Fokus der Massnahmen lag in der Effizienzsteigerung der internen Prozesse, deren unkoordinierte Auslegung zuvor zur Verschuldung des Unternehmens geführt hatte.[694] So wurden zunächst die Prozesse optimiert, indem die Implementierung des neuen IT-Systems abgeschlossen und die Raumaufteilung der Produktion überarbeitet wurde. Im Weiteren wurden zur Senkung der Kosten nicht nur die Verhandlungen mit den bestehenden Lieferanten aufgenommen, sondern auch ein Teil des Einkaufs in den fernen Osten verlagert.
Die Ausgestaltung der Logistik zeigte sich nach wie vor als ungelöst.[695] Obwohl das eigene Lager leer stand, wurde in der Zwischenzeit das Lager an ein externes Logistikunternehmen ausgelagert. Indem man diese Verträge überarbeitete

---

[693] Siehe Kapitel 7.3.4.2.
[694] Siehe Kapitel 4.3.
[695] Siehe dazu Kapitel 4.3.

und neu aufsetzte, sowie das eigene Lager wieder bewirtschaftete, konnte man weitere Kosteneinsparungen vornehmen.

Risikomanagement

Im Rahmen des Risikomanagements verfeinerte man wie in den vorhergehenden Fallstudien zunächst das Reporting. Dies wurde insbesondere um ein neues Management Information System (MIS) ergänzt, das auf anderen Kennzahlen beruhte und in einer intensiveren Kadenz eine Übersicht schaffte. Der Fokus lag dabei auf der Liquiditätsplanung und einer ausgereiften Kostenrechnung.

Neben der Neustrukturierung des Verwaltungsrats, wurden zur Verbesserung der Corporate Governance die unternehmensinternen Reglemente und Kompetenzverteilungen neu definiert. Im Weiteren wurde die Revisionsgesellschaft durch eine kostengünstigere Gesellschaft ersetzt, mit der PEG Beta bereits gute Erfahrungen gemacht hatte.

Optimierung der Bilanz

Die Optimierung der Bilanz fand zu einem grossen Teil anlässlich der Transaktionsstrukturierung statt. Dennoch wurde durch die Logistiklösung die Lagerbewirtschaftung verfeinert, was zu einer Senkung des Umlaufvermögens führte. Zudem resultierten die Verhandlungen mit den Lieferanten und Kunden in besseren Zahlungsfristen, was den Kapitalbedarf weiter verminderte.

8.3.4.3 Entwicklung der Kennzahlen

Obschon Merkmale auf eine positive Entwicklung der Kennzahlen hindeuten, ist die Beteiligung noch zu jung, als dass sich nachhaltige Aussagen dazu machen liessen.

Umsatz / EBITDA / Anzahl Mitarbeiter

Grundsätzlich geht PEG Beta über fünf Jahre von einem Umsatzwachstum von 3% p. a. aus und strebt eine EBITDA-Marge von 13% an. An der Anzahl Mitarbeitenden sind bis auf weiteres keine Änderungen geplant.

8.3.4.4 Zusammenfassende Erkenntnisse aus Fallstudie 3

Anhand der problematischen Entwicklung der Position des Unternehmers wird in Fallstudie 3 ersichtlich, dass das Verbleiben des verkaufenden Unternehmers im operativen Tagesgeschäft nach der Transaktion schwierig ist. Auch PEG Beta erwähnte mehrfach, dass diese Konstellation zu berücksichtigen sei und zu erheblichen Spannungen im Betrieb führen kann. Der Unternehmer kam letztlich zum Schluss, dass ein Verbleiben im Unternehmen unter einem neuen Geschäftsführer für ihn nicht mehr tragbar war, weshalb er es verliess.

Die getroffenen Massnahmen im operativen Bereich muten in der Einzelbetrachtung trivial an – sie zeigen jedoch, inwiefern der Einbezug einer Private Equity-Gesellschaft Bestehendes hinterfragt und etablierte Strukturen neu definiert. Die Beteiligung ist aber noch zu jung, um das Resultat der Aktionen beurteilen zu können.

8.3.5 Fallstudie 4

8.3.5.1 Massnahmen auf Ebene des Managements

Form der Einflussnahme

Vergleichbar mit der Einflussnahme in Fallstudie 3 übernahm PEG Beta eine proaktive Rolle im Rahmen der Betreuung des Portfoliounternehmens. Wiederum stieg ein Partner von PEG Beta im Anschluss an die Transaktion operativ in das Unternehmen ein und übernahm die Geschäftsführung. Da das Unternehmen kurz vor der Insolvenz stand, konnte PEG Beta so sicherstellen, dass die Restrukturierungsmassnahmen unmittelbar greifen und der Turnaround eingeleitet wird. Rund zwei Jahre später wurde die Geschäftsleitung dem vorhergehenden CFO übergeben und PEG Beta liess ihre Vorstellungen durch den Verwaltungsrat einfliessen, in dem alle drei Partner ein Mandat innehaben.[696]

Aspekte der Kommunikation

Im Vergleich zum Finanzinvestor, der das Unternehmen vor der Transaktion betreute, habe sich die Kommunikation und der Austausch deutlich verbessert, äussert sich der Unternehmer der zwar keine Funktion mehr innerhalb des Unternehmens wahrnimmt, jedoch regelmässig in Kontakt zu PEG Beta steht. Während der frühere Finanzinvestor sich kaum gezeigt und am Ende primär die

---

[696] Nach rund eineinhalb Jahren wurde ein erstes Mal ein externer Geschäftsleiter eingesetzt, der sich jedoch nicht durchsetzen konnte. In der Folge übernahm noch einmal PEG Beta die operative Geschäftsführung.

Insolvenz angestrebt habe, verstand es PEG Beta, die Belegschaft zu motivieren und den Weg aus der Krise zu finden.

8.3.5.2 Operative Massnahmen zur Wertsteigerung

Die operativen Massnahmen wurden grundsätzlich auf die Projekte „Fokus" und „Neustart" aufgeteilt. Wie die Bezeichnungen bereits andeuten, diente „Fokus" zunächst zur Konzentration auf das Kerngeschäft sowie zur Zusammenführung der Tätigkeiten an einem Standort und in der zweiten Phase sollte „Neustart" die neu strukturierte Holding auf dem Markt besser positionieren.[697]

Wachstum und Verbesserung der Wettbewerbsposition
Zur Verbesserung der Wettbewerbsposition wurde im Rahmen von „Neustart" ein systematischer Innovationsprozess eingeführt, der sowohl die Ideen der Kunden aufnehmen und verarbeiten wie auch neue Verfahren entwickeln sollte. In der Folge gewann das Unternehmen innerhalb von drei Jahren jeweils internationale Fachwettbewerbe, die das erfolgreiche Generieren innovativer Produkte dokumentieren.

Obschon eine zunehmende Internationalisierung angestrebt wurde, musste man realisieren, dass der grösste Teil der Kunden aus der Schweiz oder dem angrenzenden Ausland stammt. So wurden die internationalen Wachstumsambitionen nicht weiter verfolgt.

Das Humankapital wurde insofern entwickelt, als der vorgängige CFO zum neuen Konzernleiter ernannt wurde. Dieser führt seither das Unternehmen mit Erfolg – aus Sicht von PEG Beta. Im Laufe der Beteiligung verliess zudem ein grosser Teil des restlichen Kaders das Unternehmen. Diese wurden jeweils entsprechend ersetzt.

Effizienzsteigerung der internen Prozesse
Zur Effizienzsteigerung der Prozesse wurde im Rahmen von „Fokus" zuerst der Bau der neuen Produktionsstätte abgeschlossen und im Anschluss die ganze Produktion an diesen Standort verlagert. Ebenfalls während „Fokus" wurde die

---

[697] Um die Auswertung der operativen Massnahmen strukturiert vornehmen zu können, werden die beiden Phasen nicht sequentiell, sondern parallel ausgewertet.

Strategie des neu konsolidierten Tochterunternehmens a/b sowie diejenige von Tochterunternehmen c überarbeitet und später in „Neustart" umgesetzt.

Im Rahmen von „Neustart" mussten nach dem Bezug des neuen Produktionsstandortes verschiedene Betriebsabläufe neu gegliedert werden.[698] So wurde die ganze Produktion neu strukturiert und in der Folge mit Qualitätslabel versehen. Nach Abschluss von „Neustart" konnten unter anderem die Durchlaufzeit der Aufträge von 15 auf fünf Tage und die Qualitätskosten um 20% reduziert werden. Im Weiteren wurden neue Verträge mit den Lieferanten ausgehandelt, was wiederum eine erhebliche Kostenreduktion mit sich brachte.

Zur Verbesserung der logistischen Versorgung – auch im Zusammenhang mit der Optimierung des UV – wurde ein Ressourcenplanungs-Tool installiert, das die Planung der Ressourcenbedürfnisse verfeinerte.

Risikomanagement

Zur Stärkung des Risikomanagements wurde wie in den Fällen zuvor ein neues MIS eingeführt, das den Reporting-Ansprüchen von PEG Beta entsprach und eine erhöhte Transparenz sicherstellte. Die Corporate Governance wurde im Rahmen von „Fokus" neben der Neugliederung des Verwaltungsrats den neuen Strukturen angepasst.

Optimierung der Bilanz

Im Zusammenhang mit der Bilanzoptimierung stand in erster Linie die Sicherstellung der Liquidität im Vordergrund. So wurde noch vor der Transaktion der Verkauf des Tochterunternehmens d und der Immobilien des Tochterunternehmens b eingeleitet.[699] Während „Fokus" wurde danach das Unternehmen e liquidiert und die Bilanz durch Verkäufe von überflüssigen Anlagen weiter erleichtert.[700]

Abb. 72 stellt die Restrukturierungsmassnahmen zur Fokussierung der Ausrichtung und zur Erleichterung der Bilanz von Unternehmen 4 noch einmal gra-

---

[698] Die beiden Tochterunternehmen a und b, welche zusammengeführt wurden, produzierten insgesamt an drei verschiedenen Standorten.
[699] Tochterunternehmen a mietete ihre Liegenschaft, so dass keine Möglichkeit bestand, Liquidität durch den Verkauf ihrer Immobilien zu schaffen.
[700] Siehe dazu Kapitel 7.3.5.2.

phisch dar. Die grauen Kästchen symbolisieren die neue Organisation, während die weissen Kästchen als Ausgangslage dienen.[701]

Abb. 72: Unternehmen 4 nach der Transaktion

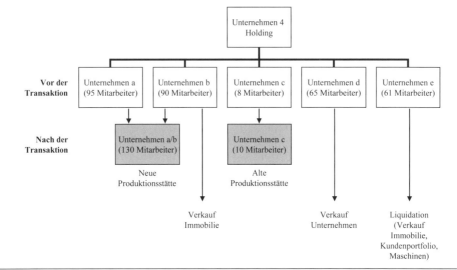

8.3.5.3 Entwicklung der Kennzahlen

In der Zwischenzeit hat sich das Unternehmen auf dem Markt wieder etabliert, so dass PEG Beta damit rechnet, in absehbarer Zeit den Exit anzustreben. Mit Tochterunternehmen c wurde bereits ein Teilexit zu 90% realisiert, weshalb primär ein strategischer Investor für Tochterunternehmen a/b zu suchen sein wird.

Umsatz / EBITDA / Anzahl Mitarbeiter

Die Kennzahlen haben sich dementsprechend positiv entwickelt. Der Umsatz ist seit der Neupositionierung um 9% gestiegen[702] und die EBITDA-Marge beträgt gute 11%. Die Anzahl Mitarbeiter ist im Rahmen der Restrukturierung auf 140 gesunken.[703]

---

[701] Siehe Abb. 36.
[702] Der Industrie-Benchmark wuchs in derselben Zeit um 6%.
[703] Unternehmen a/b beschäftigt 130 Mitarbeiter, Unternehmen c zehn Mitarbeiter.

8.3.5.4 Zusammenfassende Erkenntnisse aus Fallstudie 4

Die Zusammenarbeit mit dem Finanzinvestor und dem Unternehmer war im Vergleich zur späteren konstruktiven Partnerschaft PEG Beta deutlich distanzierter. Wiederum zeigt sich, dass ein unmittelbarer Hands-On-Ansatz bei der Betreuung von mittelständischen Unternehmen notwendig ist – vor allem dann, wenn das Unternehmen auf externe Unterstützung angewiesen ist und sich operative Massnahmen aufdrängen.

Mit den Projekten „Fokus" und „Neustart" wurde der Turnaround in zwei Etappen geplant. Dabei wurde zunächst der Unternehmensfokus auf dieselbe Strategie gelegt und anschliessend die Wettbewerbsposition verbessert. Das Restrukturierungsziel wurde auch in diesem Fall mit der Summe verschiedener Massnahmen verfolgt.

Zudem wurde mit dem Verkauf nichtbetriebsnowendiger Assets die nötige Liquidität geschaffen, um den Betrieb in der schwierigen Übergangsphase aufrecht zu erhalten und die notwendigen Ersatzinvestitionen zu tätigen. So konnte der Fremdkapitalanteil und der zur Tilgung der Schulden notwendige Cash Flow tief gehalten werden.

Die Fallstudie 4 zeigt einen gelungenen Turnaround von einem Unternehmen, welches ohne das Engagement von PEG Beta wohl in Insolvenz geraten wäre.

8.3.6 Fallstudie 5

8.3.6.1 Massnahmen auf Ebene des Managements

Form der Einflussnahme

Auch PEG Gamma pflegte einen direkten, proaktiven Kontakt zum Portfoliounternehmen. Dies zeigte sich neben der Einsitznahme im Verwaltungsrat vor allem an der Tatsache, dass einer der Partner von PEG Gamma die Geschäftsführung mit der Absicht übernahm, den Turnaround durchzuführen.

Aspekte der Kommunikation

Seine starken kommunikativen Fähigkeiten kamen bei der Belegschaft und im Umfeld von der Tochter des Unternehmers gut an, zumal er sich für die Aufrechterhaltung des Betriebes und die Belegschaft sehr engagierte. Dies ist umso mehr bemerkenswert, als der Unternehmer seinen Betrieb stark prägte und die

Mitarbeiter nach dem Verkauf des Unternehmens entsprechend verunsichert waren.
Obschon Tochter die Zusammenarbeit mit PEG Gamma schätzte und ihr nach den Gesprächen im Vorfeld der Transaktion den Turnaround zumutete, empfand sie im Nachhinein, dass die Investoren die Situation unterschätzten und der Meinung waren, sie könnten lediglich mit Massnahmen hinsichtlich der Professionalisierung das Unternehmen retten.

8.3.6.2 Operative Massnahmen zur Wertsteigerung

Neben den allgemeinen Massnahmen im operativen Bereich strebte PEG Gamma den Verkauf der Liegenschaft an. Zudem schwebte ihr vor, die Branche zu konsolidieren und so den Zerfall der Margen zu stoppen.

Wachstum und Verbesserung der Wettbewerbsposition
Um die Wettbewerbsposition zu verbessern, investierte PEG Gamma trotz der angespannten Lage der Liquidität über 0.1 Mio. CHF in die Herstellung eines neuen Produktes. Obschon dies den Turnaround auch nicht bewerkstelligen konnte, ist dieser Produktionsbereich der einzige, der nach der Insolvenz in eine Auffanggesellschaft übergegangen ist.[704]
Internationalisierungsbestrebungen wurden keine weiteren verfolgt, da die Schweizer Produktion zu teuer war, als dass man im Ausland hätte Fuss fassen können. Mit der Zunahme des Wettbewerbs durch den Markteintritt diverser ausländischer Konkurrenten musste man im Gegenteil darauf achten, keine Marktanteile im Inland zu verlieren.
Im Rahmen der Entwicklung des Humankapitals übernahm nach Vollzug der Transaktion ein Partner von PEG Gamma die Geschäftsleitung. Der Unternehmer als bisheriger Geschäftsführer stieg aus dem Unternehmen aus, während die Mitarbeiter auf Schlüsselpositionen dem Unternehmen erhalten blieben, obschon deren Einfluss aufgrund der vorherigen Machtkonzentration beim Unternehmer gering war. Wie vorgängig erwähnt, überschätzte PEG Gamma jedoch den Einfluss der Managementkapazitäten zur Einleitung des Turnaround. Die Verbesserung einiger Prozesse hätte nicht dazu verholfen, das Unternehmen zu

---

[704] Siehe dazu Kapitel 4.5.

retten. Dazu wäre nach Ansicht der Tochter eine Liquiditätsspritze notwendig gewesen, um die Ersatzinvestitionen tätigen zu können.

Eine Vision von PEG Gamma war der Zusammenschluss mit anderen Unternehmen. Die Branche war unterinvestiert, da auch die direkten Mitbewerber an den unattraktiven Marktbedingungen laborierten. Die Idee bestand darin, die Position im Sinne einer Buy and Build-Strategie zu stärken, wobei PEG Gamma sich vorstellen konnte, dass das Unternehmen sowohl als Initial Investment wie auch als Add-on Investment hätte fungieren können. Die Vision scheiterte aber an der mangelnden Bereitschaft der Mitbewerber und den fehlenden finanziellen Ressourcen der PEG Gamma.

Effizienzsteigerung der internen Prozesse
Zur Effizienzsteigerung der Prozesse wurde versucht, die Abläufe im Betrieb, die im Laufe der Jahre modulartig aufgebaut wurden, zu systematisieren. Um die Prozesse optimieren zu können, wären nach Ansicht von Tochter Ersatzinvestitionen notwendig gewesen, die in der erforderlichen Höhe ausblieben.[705] So wurden sehr wohl die Prozesse strukturiert, aber substanzielle Änderungen blieben aus.

Risikomanagement
Im Bereich des Risikomanagements erweiterte PEG Gamma das bestehende Monats-Reporting und führte Systeme zur Budgetierung, Liquiditätsplanung und Vorkalkulation ein. Diese waren vorher inexistent und führten dazu, dass keine Übersicht über die Abrechnung von Projekten vorhanden war. Ausserdem wurde die Struktur des Verwaltungsrats an die neuen Besitzverhältnisse angepasst.

Optimierung der Bilanz
Das Scheitern der Bilanzsanierung war wohl ausschlaggebend, dass der Turnaround nicht gelang. Die Vorstellung von PEG Gamma war, die unterbewertete Liegenschaft im Zentrum der Ortschaft zu verkaufen und die Produktion an einen günstigeren Standort zu verschieben. Mit der damit geschaffenen Liquidi-

---

[705] Es wurden rund 0.45 Mio. CHF in Betriebsmittel investiert.

tät hätte man die notwendigen Investitionen tätigen und die Debt Capacity erhöhen können. Das Gelingen dieser Aktion war eine conditio sine qua non für die Einleitung des Turnaround.

Der Verkauf der Liegenschaft scheiterte jedoch nach Auffassung von PEG Gamma daran, dass die Behörden der notwendigen Umzonung nicht zustimmten. So blieb der Liquiditätsnachschub aus und die hohen Zinskosten belasteten das operative Ergebnis weiterhin. Da PEG Gamma nicht bereit war, das Kapital selbst oder durch ihre Investoren bereitzustellen und auch die Banken nicht zu einer Erhöhung des Kredits oder zu einem Forderungsverzicht auf den Schuldzinsen überzeugt werden konnten,[706] gelang der notwendige Turnaround nicht. In der Folge musste das Insolvenzverfahren eröffnet werden und das Unternehmen hatte die Betriebstätigkeiten einzustellen.

8.3.6.3 Entwicklung der Kennzahlen

Umsatz / EBITDA / Anzahl Mitarbeiter

Obschon der EBITDA durch die Systematisierung der Betriebsabläufe wieder ins Positive gewendet werden konnte und der Umsatz stabil blieb, ging das Unternehmen in die Insolvenz. Von den 90 Arbeitsplätzen blieben rund 20 mittels Auffanggesellschaften erhalten, während für die übrigen Mitarbeiter keine Lösung gefunden wurde.

8.3.6.4 Zusammenfassende Erkenntnisse aus Fallstudie 5

Die Fallstudie 5 zeigt das Scheitern einer Turnaround-Investition, da der geplante Sanierungsplan nicht umgesetzt werden konnte. Interessant sind die verschiedenen Sichtweisen der Beurteilung. Die Tochter vertritt die Meinung, man hätte das Unternehmen mit den notwendigen Ersatzinvestitionen, die sie im Rahmen der Gespräche vor der Transaktion forderte, retten können. Auch habe PEG Gamma die Lage falsch beurteilt und hätte mit der systematischen Verbesserung der Prozesse alleine durch Managementkapazitäten den Turnaround vorantreiben wollen. Dieser Ansicht gegenüber steht die Auffassung von PEG Gamma, die nach dem Scheitern des Verkaufs der Immobilie das Risiko, weite-

---

[706] Aufgrund der Immobiliensituation waren die Banken genügend versichert, so dass sie das Risiko nicht eingehen wollten.

res Kapital zu investieren, als zu gross empfand und deshalb die Liquidation einleitete.

Letztlich lässt sich in den unterschiedlichen Sichtweisen wohl der Unterschied zwischen dem emotional geprägten Denken der Unternehmerfamilie und dem primär rational ausgerichteten Handeln von PEG Gamma illustrieren. Inwiefern der Turnaround mit dem ausgebliebenen Liquiditätsnachschub effektiv hätte eingeleitet werden können, bleibt offen.

8.3.7 Fallstudie 6

8.3.7.1 Massnahmen auf Ebene des Managements

Form der Einflussnahme

PEG Delta vertritt einen sehr proaktiven Ansatz und übt in der Regel eine direkte Kontrolle auf ihre Portfoliounternehmen aus. Dies ergibt sich insofern aus der Buy and Build-Strategie, als die einzelnen Add-on Investments mit dem Inital Investment zusammengeführt werden müssen, was ein direktes Eingreifen der Private Equity-Gesellschaft erfordert. So nehmen jeweils zwei Partner von PEG Delta Einsitz im Verwaltungsrat, der um zwei externe Verwaltungsräte ergänzt wird.[707]

Die jeweiligen Partner übernehmen aber keine operative Aufgaben, um ihre Vorstellungen durchsetzen zu können, sondern beschränken sich auf die beratende Funktion des Verwaltungsrats.[708]

Aspekte der Kommunikation

Den Informationsaustausch pflegt PEG Delta in einem hohen Ausmass. Der persönliche Kontakt wird über zweimal in der Woche angestrebt, da die Partner der Gesellschaft diesen von ausschlaggebender Wichtigkeit für den Erfolg der Partnerschaft beurteilen.

8.3.7.2 Operative Massnahmen zur Wertsteigerung

Die Value Creation besteht grundsätzlich in der Synergiegewinnung durch das Zusammenführen der verschiedenen Portfoliounternehmen zu einer Holding.

---

[707] Sowohl im Initial Investment wie auch in den Add-on Investments.
[708] Ein Partner der PEG Delta sagte, „man wolle nicht Teil des Patienten werden, sondern in der Rolle des Doktors bleiben."

Dazu wurden redundante Aktivitäten optimiert, die Organisations- und Führungsstruktur gestrafft und die Fertigung im Ausland auf- und ausgebaut.

Wachstum und Verbesserung der Wettbewerbsposition
Bezüglich der Verbesserung der Wettbewerbsposition wurden insbesondere in den Bereichen Internationalisierung und externes Wachstum Massnahmen ergriffen, während hinsichtlich der Innovationen wohl das Budget verdoppelt wurde, aber keine weiteren Änderungen vorgenommen wurden.

Im Zuge der Entwicklung des Initial Investment zu einer Holding wurde zunächst Unternehmen 6 akquiriert, das als Konkurrenzunternehmen des Initial Investment eine ideale Ergänzung darstellte. Im Weiteren erwarb PEG Delta ein anderes Unternehmen derselben Industrie, das jedoch etwas anders ausgerichtet war, sowie einen Teilbereich eines Grossunternehmens im Rahmen eines Spin-off.

Zudem wurde die Produktionsstätte des Initial Investment in Rumänien ausgebaut, um die Produktionskosten zu senken.[709] Im Gegenzug baute PEG Delta in Unternehmen 6 rund 60 Stellen ab und verlagerte diese nach Rumänien.

Während diese Neupositionierung der Holding um Initial Investment das Unternehmen im Wettbewerb grösser und stärker darstellen liess,[710] mussten entsprechende Anpassungen in organisatorischer Hinsicht vorgenommen werden. Dennoch verblieb das Management des Unternehmens auch in der neuen Struktur und wurde in einigen Bereichen durch Spezialisten ergänzt.

Effizienzsteigerung der internen Prozesse
Die neue Stärke ergab Optimierungspotenzial bezüglich der Prozesse. Zum einen wurden die Abläufe schlanker gemacht und überarbeitet, wozu sich innerhalb der neu formierten Holding ein grosses Potenzial zum Austausch von Best Practices eröffnete. Zum anderen konnte man mit der Marktmacht, welche die Holding nun innehatte, grossen Druck auf die Lieferanten ausüben. Da durch den Anstieg des Marktanteils die Holding für viele der rund 500 Lieferanten ein gewichtiger Abnehmer wurde, stieg deren Verhandlungsmacht sehr stark. Diese führte zu einer Reduktion der Materialkosten auf 60% und zu einer Verkleine-

---

[709] Bei gleicher Qualität konnte so zu rund 20% der Kosten in der Schweiz produziert werden.
[710] Der Marktanteil in der Schweiz wuchs auf knapp 25%.

rung des Lagerbestandes, da die Lagerhaltung auf die Lieferantenseite verschoben werden konnte.

Risikomanagement

Das Reporting Cockpit, welches PEG Delta neu einführte, wird in allen Portfoliounternehmen gleich verwendet. Es dient zur Schaffung von Transparenz in den Bereichen Auftragserfüllung, Cash Cycle, Profitabilität, Produktivität, Auftrags- und Lagerbestand. Dies ermöglichte eine detaillierte Übersicht des aktuellen Geschehens auf einer monatlichen Basis. Zudem wurde das Risikomanagement durch die neue Gliederung des Verwaltungsrats und die Professionalisierung der Entscheidungswege gestärkt.

Optimierung der Bilanz

Wie bereits erwähnt wurde das Umlaufvermögen durch die Neuregelung der Lagerhaltung deutlich verkleinert, was den Kapitalbedarf auf der Passivseite entsprechend reduzierte. Während das Unternehmen keine Möglichkeit bot, das Anlagevermögen durch den Verkauf nichtbetriebsnotwendiger Assets zu verkleinern, ermöglichte die gute Beziehung von PEG Delta zu den Banken sehr günstige Fremdkapitalkonditionen.[711]

8.3.7.3 Entwicklung der Kennzahlen

Umsatz / EBITDA / Anzahl Mitarbeiter

Die Betrachtung der Kennzahlenentwicklung lässt sich nur auf Stufe Holding vornehmen, so dass kein direkter Vergleich mit den Zahlen vor der Transaktion möglich ist. Dennoch ist festzuhalten, dass sich der EBITDA der gesamten Gruppe bei gleich bleibendem Umsatz verdoppelte und die Anzahl Mitarbeiter insgesamt von knapp 600 auf rund 480 reduziert wurde.

Die Holding konnte in der Zwischenzeit an einen strategischen Investor veräussert werden und geniesst auch nach dem Exit eine gesunde Wettbewerbsposition.

---

[711] Der Fremdkapitalzins, den PEG Delta erhält, beträgt in der Regel LIBOR + 0.75%.

8.3.7.4 Zusammenfassende Erkenntnisse aus Fallstudie 6

Die Fallstudie 6 zeigt die Wertvermehrung anhand der Buy and Build-Strategie. Die Massnahmen im Rahmen dieser Strategie liegen primär auf dem Ausnutzen von Synergiepotenzial und auf der Spezialisierung sowie der Optimierung einzelner Prozesse, die sich aus dem Zusammenführen verschiedener Portfoliounternehmen ergeben. Somit sind sowohl das externe Wachstum wie auch die Optimierung der Prozesse die entscheidenden Elemente der operativen Wertvermehrung dieser strategischen Ausrichtung.

Das konsequente Verfolgen der Buy and Build-Strategie ist in Fallstudie 6 zwar sehr erfolgreich verlaufen, wie der Exit aus der Holding bewies. Dennoch wird ersichtlich, dass der Fortbestand des einzelnen Unternehmens nicht gegeben ist und die Portfoliounternehmen bereits mittelfristig ihre Eigenständigkeit verlieren. Diese Tatsache kann im Zusammenhang mit einer Nachfolgelösung insbesondere dann hemmend wirken, wenn für den Verkäufer das Weiterführen der Betriebstätigkeit des eigenen Unternehmens im Vordergrund steht.

8.3.8 Erkenntnisse

8.3.8.1 Zusammenfassung

Nachstehende Abb. 73 gibt einen Überblick zu den Aktivitäten zur Wertsteigerung.

Abb. 73: Zusammenfassung der Fallstudien bezüglich der Value Creation

	Fallstudie 1, Unternehmen 1	Fallstudie 2, Unternehmen 2	Fallstudie 3, Unternehmen 3	Fallstudie 4, Unternehmen 4	Fallstudie 5, Unternehmen 5	Fallstudie 6, Unternehmen 6
Massnahmen auf Ebene des Managements						
Form der Einflussnahme	Proaktive, direkte Kontrolle durch VR-Mandat	Proaktive, direkte Kontrolle durch zwei VR-Mandate	Direkte Kontrolle durch drei VR-Mandate und interimistische Übernahme der operativen Geschäftsführung	Direkte Kontrolle durch drei VR-Mandate und interimistische Übernahme der operativen Geschäftsführung	Direkte Kontrolle durch VR-Mandat und Übernahme der operativen Geschäftsführung	Direkte Kontrolle durch zwei VR-Mandate pro Portfoliounternehmen
Informationsaustausch	Stete Kommunikation zwischen Management und Investor	Regelmässiger Austausch durch VR-Sitzungen und jährlichen Workshop	Zunächst täglich, anschliessend anlässlich VR-Sitzungen; Zusammenarbeit mit Unternehmer 3 musste nach Einstellung des neuen Geschäftsleiters abgebrochen werden	Zunächst täglich, anschliessend anlässlich VR-Sitzungen; Informationsaustausch zuvor mit dem Finanzinvestor mehr oder weniger inexistent	Tägliche Kommunikation mit der Belegschaft kam gut an; dennoch überschätzte PEG Gamma die Wirkung von kommunikativer und beratender Aktionen	Mehr als zweimal in der Woche direkter Kontakt

Operative Massnahmen zur Wertsteigerung					
Wachstum und Verbesserung der Wettbewerbsposition	• Innovationen im Produktveredelungsbereich • Internationalisierung nach China • Neuer CEO, CFO und zwei weitere Kadermiglieder im Verkauf	• Wachstum im angrenzenden Ausland wurde angestrebt • Neuer CFO und neuer Marketing-Leiter	• Einsatz eines neuen Geschäftsleiters nach dem Engagement eines Partners der PEG Beta	• Einführung eines systematischen Innovationsprozesses • Aufstieg des CFO zum Konzernleiter	• Investitionen in Produktion eines neues Produktes • Vision zur Konsolidierung der Branche bestand, wurde jedoch nie konkret	• Zusammenführen verschiedener Portfoliounternehmen zu einer Holding • Ausbau der Produktionsstätte in Rumänien
Effizienzsteigerung der internen Prozesse	• Kostensenkungen und Erweiterung der Wertschöpfungskette als Folge anderer Massnahmen	• Marketing-Initiative zur Verbesserung des Verkaufsprozesses	• Anpassung der Raumaufteilung in der Produktion • Erschliessung neuer Beschaffungsmärkte in Fernost • Neugestaltung der Logistik	• Zusammenführung und Optimierung der Produktion an einem Standort • Einführung eines neuen Ressourcenplanungs-Tool	• Systematisierung der Betriebsabläufe • Ersatzinvestitionen blieben mehrheitlich aus	• Optimierung und Spezialisierung der Prozesse • Kostensenkung durch Verhandlungen mit Lieferanten

Risikomanagement	• Verfeinertes Reporting • Wechsel von OR zu Swiss GAAP FER • Professionellere Prozesse	• Verfeinertes Reporting • Erweiterung des VR	• Verfeinertes Reporting, unterstützt durch neues MIS • Erweiterung des VR • Formulierung interner Reglemente	• Verfeinertes Reporting, unterstützt durch neues MIS • Erweiterung des VR • Setzen von neuen Corporate Governance-Standards	• Verfeinertes Monatsreporting • Systeme zur Budgetierung, Liquiditätsplanung und Vorkalkulation	• Verfeinerung des Monats-Reporting • Erweiterung des VR
Optimierung der Bilanz	• Verkauf der nichtbetriebsnotwendigen Maschinenfabrik • Erhöhung des Schuldzinses aufgrund höheres FK-Anteils	• Erhöhung des Schuldzinses aufgrund höheres FK-Anteils	• Anpassung der Zahlungslimiten zur Senkung des UV	• Verkauf von Tochterunternehmen, Immobilien und Assets zur Sicherstellung der Liquidität	• Verkauf der Liegenschaft konnte nicht wie geplant durchgeführt werden • Kein Liquiditätsnachschub für Ersatzinvestitionen im Anlagevermögen	• Optimierung des UV durch Verkürzung der Lagerhaltung • Sehr gute FK-Konditionen aufgrund guter Bankbeziehungen von PEG Delta

Entwicklung der Kennzahlen

Umsatz	36 Mio. CHF (+0%)	110 Mio. CHF (+100%)	3% p. a. werden angestrebt	+6%	Gleich (Über die ganze Holding)
EBITDA	7.3 Mio. CHF (-3%)	9 Mio. CHF (+100%)	13% p. a. werden angestrebt	11%	Verdoppelung (Über die ganze Holding)
Anzahl Mitarbeiter	Ca. 50 (+0%)	115 (+28%)	Konstant	140 (-56%)	480 (-20%) (Über die ganze Holding)
				Auffanggesellschaften übernahmen 20 Arbeitsplätze	
Erkenntnisse	• Proaktive Betreuung in mittelständischen Unternehmen notwendig • Internationalisierung nach China durch Private Equity-Gesellschaft möglich • Verkauf nichtbetriebsnotwendiger Assets durch Private Equity-Gesellschaft möglich	• Auswahl der Partner für das zufriedenstellende Gelingen der Transaktion entscheidend • Dank guter Positionierung blieb entscheidende Weiterentwicklung durch Private Equity-Investor aus	• Der Verbleib des Unternehmers im Tagesgeschäft brachte erhebliche Probleme mit sich • Auswirkungen der Massnahmen in der Summe noch offen, jedoch wurden etablierte Strukturen neu definiert	• Proaktive Betreuung führte zu partnerschaftlichem Verhältnis • Turnaround gelang in zwei Phasen • Die Liquidität wurde durch den Verkauf von eigenen Assets sichergestellt, so dass auf teures Fremdkapital verzichtet werden konnte	• Unterschiedliche Auffassungen über die getroffenen Massnahmen illustrieren den Unterschied zwischen Unternehmer und Finanzinvestor	• Wachstum und Prozessoptimierung als wichtigste operative Massnahmen im Bereich der Buy and Build-Strategie • Trotz Erfolg der Holding geht der Fortbestand von Unternehmen 6 verloren

8.3.8.2 Beurteilung der Value Creation während des Beteiligungsprozesses

Massnahmen auf Ebene des Managements

Hinsichtlich der Form der Einflussnahme zeigt sich, dass alle beobachteten Private Equity-Gesellschaften einen aktiven Ansatz verfolgen. Dieser ist gerade in mittelständischen Unternehmen notwendig, wo Massnahmen mittels direkter Einflussnahme umgesetzt werden können. Er ist zudem eine Folge des engen Betreuungsverhältnisses, das zur Bildung des Vertrauens bereits im Vorfeld der Transaktion notwendig war.

Der aktive Ansatz ist auch insofern notwendig, als der Verlust der starken Persönlichkeit des Unternehmers aufgefangen werden muss. Indem die Private Equity-Gesellschaft am Geschäftsverlauf partizipiert, schafft sie neues Vertrauen bei der Belegschaft. Dies scheint insbesondere in den Fallstudien 3, 4 und 5 von Bedeutung gewesen zu sein, zumal in diesen Unternehmen einschneidende Restrukturierungsmassnahmen umgesetzt werden mussten.

Fallstudie 3 zeigt die Problematik der künftigen Position des Unternehmers im Unternehmen auf. Während in den anderen Fallstudien die Nachfolgeregelung mit dem Ausscheiden des Unternehmers aus dem operativen Tagesgeschäft verbunden war, gab Unternehmer 3 die Geschäftsleitung ab, blieb aber weiterhin als Marketing-Leiter aktiv. Sowohl PEG Beta wie auch der Unternehmer selbst erachten diese Zurückstufung retrospektiv als ungünstig und raten davon ab, den Nachfolgeprozess stufenweise anzugehen.

Operative Massnahmen zur Wertsteigerung

Die Darstellung der operativen Massnahmen diente zur exemplarischen Vertiefung möglicher Aktivitäten. Mit den Fallstudien konnte gezeigt werden, dass mit Hilfe der Private Equity-Gesellschaft durchaus anstehende Herausforderungen bezüglich Internationalität und Kapitalzugang angegangen werden können.[712] Im Bereich der Innovationen wurden in den meisten Fällen die Prozesse verbessert sowie Investitionen erhöht. Die Thematik war jedoch in keiner der Fallstudie von grosser Bedeutung.

In sämtlichen Fallstudien konnten Aktivitäten zur Professionalisierung der Corporate Governance festgestellt werden. Zum einen werden dazu die Reporting-

---

[712] Siehe dazu z. B. Fallstudie 1 und 3.

Systeme verfeinert sowie angepasst, zum andern Kontrollsysteme eingeführt und verbessert. Durch den angesprochenen aktiven Ansatz aller beobachteten Private Equity-Gesellschaften hat sich ausserdem in allen Fällen die Struktur des Verwaltungsrats neu formiert.

Grundsätzlich ist jedoch festzuhalten, dass die Massnahmen ihre Wirkung jeweils gemeinsam in ihrer Summe erreichen. Insbesondere die Tatsache, dass sämtliche bestehenden Prozesse hinterfragt und neu beurteilt werden, erlaubte es, gewachsene Strukturen wo nötig zu durchbrechen[713] und somit durch das Anreihen diverser Anpassungen eine Verbesserung herbeizuführen.

Entwicklung der Kennzahlen
Zu der Kennzahlenentwicklung kann keine allgemeingültige Beurteilung vorgenommen werden. Zum einen erlauben die Fallstudien keine Auswertung des Durchschnitts und zum anderen ist die Mehrheit der Beteiligungen noch zu jung, als dass man die Entwicklung der Kennzahlen abschliessend betrachten könnte.

---

[713] Allerdings wurde genau diese Tatsache von der Tochter des Unternehmers in der Fallstudie 5 bemängelt, da man alleine durch die Verbesserung bestehender Prozesse den Turnaround habe einleiten wollen, ohne substanzielle Änderungen einzuführen.

9 Schlussbetrachtung

Die vorliegende Arbeit beschäftigt sich mit der Frage nach den wichtigsten Determinanten und Erfolgsfaktoren zur Regelung der Unternehmensnachfolge von mittelständischen Schweizer Unternehmen. In der nachfolgenden Schlussbetrachtung werden die im Verlaufe der Arbeit gewonnenen Erkenntnisse zusammengefasst dargestellt, ein Fazit gezogen und es wird auf weiterführende Fragestellungen hingewiesen.

9.1 Schlussbetrachtung der Fallstudien

Die Fallstudien dienten einerseits zur exemplarischen Darstellung des Verlaufes einer Private Equity-Investition in ein mittelständisches Unternehmen. Anderseits wurde anhand eines explorativen Vorgehens versucht, im Rahmen des Investitionsprozesses Aspekte herauszuschälen, die sowohl Erkenntnisse zu den Erfolgsfaktoren als auch weiterführende Fragestellungen ergeben. Dieser fallstudienbasierte Ansatz wurde gewählt, damit die spezifischen und individuellen Eigenschaften einer Transaktion berücksichtigt werden. Um ein möglichst objektives Bild des Ablaufes rekonstruieren zu können, fassten die Fallstudien jeweils die Sichtweisen des veräussernden Unternehmers sowie der Private Equity-Gesellschaft zusammen. Diese beiden Perspektiven divergieren teilweise stark, zumal die Transaktion für die Unternehmer eine grosse emotionale Komponente innehat und die Private Equity-Gesellschaften die Transaktion ebenso einseitig einschätzen. Der Subjektivität einzelner Aussagen ist somit Rechnung zu tragen.

Betrachtet man die Fallstudien, so lässt sich festhalten, dass nur ein holistischer Ansatz, der den gesamten Prozess beurteilt, einzelne Faktoren und Determinanten in den richtigen Kontext setzen kann. Obschon die Fallstudien zur systematischen Auswertung sequentiell ausgewertet wurden, ist es wichtig, diese jeweils im Rahmen des ganzen Prozesses zu bewerten.

Zusammenfassend lassen sich die Transaktionen gemäss den Fallstudien 1 und 2, in der PEG Alpha als Investor auftritt, als erfolgreich bezeichnen, die zur Zufriedenheit von Unternehmer und Investor abgewickelt werden konnten. Dennoch hat der frühzeitige Exit mittels eines Secondary Buyout zu einem Vertrauensverlust geführt und der Unternehmenskontinuität geschadet. Dies wurde insbesondere dadurch verstärkt, dass die nachfolgenden Private Equity-Gesellschaften nach Auffassung der Unternehmer nicht mehr denselben unternehmerischen Hands-on-Ansatz verfolgen, sondern vielmehr ein Gefühl von Desinteresse vermitteln.

Auch die Fallstudien 3 und 4 scheinen auf dem Weg zu einem erfolgreichen Exit zu sein. PEG Beta hat es verstanden, mittels entsprechenden Massnahmen den Turnaround einzuleiten und die Unternehmensnachfolge zu sichern. Dazu benötigte es in beiden Fällen einschneidende Aktionen: Während in der Fallstudie 3 der Unternehmer kurzfristig auch als Geschäftsleiter ersetzt wurde, richtete man in der Fallstudie 4 das Unternehmen auf die Kernkompetenzen aus, indem man diverse Unternehmensteile veräusserte. Gleichwohl äussern sich alle Beteiligten positiv zum Verlauf der Transaktion sowie zur Entwicklung des Geschäftes seit der Übergabe.

Der Turnaround in Fallstudie 5 scheiterte. Demzufolge unterscheiden sich auch die Sichtweisen am stärksten. Während die Tochter des Unternehmers davon ausgeht, man hätte mit einem höheren Investitionsvolumen die Restrukturierung erfolgreich gestalten können, befürchtete PEG Gamma, dass ohne Entgegenkommen der Banken weiterer Kapitalnachschub nicht mehr rentabel hätte eingesetzt werden können. Diese Fallstudie illustriert somit auch den Unterschied zwischen dem unternehmerischen, risikofreudigeren Ansatz der Unternehmerfamilie und der rationalen, risikoaverseren Haltung der Private Equity-Gesellschaft.

Die Fallstudie 6 dient letztlich, eine Transaktion im Rahmen einer Buy and Build-Strategie zu zeigen. Die Investition in das Unternehmen ist aus der Perspektive von PEG Delta als sehr erfolgreich zu bezeichnen, zumal sich die Holding um das Initial Investment im Markt durchsetzen konnte und eine sehr ansprechende Rendite erzielt wurde. Aus Sicht des Unternehmens 6 ist festzuhalten, dass die Identität des Unternehmens schon bald nach der Übernahme verloren ging und im Anschluss ein grosser Teil der Arbeitsplätze nach Rumänien verlagert wurde und folglich dem ehemaligen Unternehmen verloren gingen. Auf der anderen Seite stellt sich die Frage, inwiefern das Unternehmen 6 unter dem Kostendruck des Marktes ihre Tätigkeit noch hätte weiterführen können, ohne selbst auch einschneidende Massnahmen durchzusetzen.

9.2 Zusammenfassung der Erkenntnisse

Die Beurteilung der einzelnen Phasen des Investitionsprozesses wurde bereits am Ende der jeweiligen Kapitel vorgenommen. Die anschliessenden Abschnitte fassen diese Erkenntnisse noch einmal zusammen und geben eine Antwort auf die aus der Fragestellung definierten Teilfragen.

9.2.1 Voraussetzungen der Nachfolgeregelung mittels Private Equity

Die Regelung der Nachfolge bereitet vielen Unternehmern Schwierigkeiten, zumal der mit dem Loslassen des Lebenswerks verbundene Prozess sehr emotional ist. Umso mehr gilt dies, wenn sich eine externe Lösung mittels eines Verkaufs an eine Private Equity-Gesellschaft ergibt. So wird primär zuerst die Nachfolge innerhalb der Familie oder des Managements angestrebt, bevor die Variante der Übergabe an einen Finanzinvestor geprüft wird. Dies führt dazu, dass die Private Equity-Gesellschaften erst dann angefragt werden, wenn alle anderen Möglichkeiten der Unternehmensnachfolge sich als nicht durchführbar erwiesen haben. Entsprechend stark ist in der Folge die Verhandlungsposition der Investoren, da die Unternehmer den Fortbestand ihres Unternehmens gewährleistet sehen möchten.

Mit einer langfristig angesetzten und nachhaltig durchgeführten Planung, kann es dem Unternehmer hingegen gelingen, echte Varianten herauszuschälen und diese entsprechend zu beurteilen. So kann er die Vor- und Nachteile einer internen Übergabe dem Verkauf gegenüberstellen und effektiv beurteilen, welche Nachfolgeregelung sich für sein Unternehmen eignet.

Zur Auswahl der Private Equity-Gesellschaft ist das Vertrauen das meistgenannte Kriterium. Die Unternehmer bevorzugen Investoren, die den unternehmerischen Geist weiterleben. Zeigen die Investoren kein Interesse an den Produkten und der Unternehmenskultur, fürchtet der Unternehmer um den Fortbestand seines Lebenswerks. Setzen sich die Investoren jedoch mit dem Unternehmen effektiv auseinander und ermöglichen kleine Investitionsteams direkte Entscheidungswege, schöpft der Unternehmer das Vertrauen, welches zum Loslassen seines Unternehmens notwendig ist.

Bezüglich der Vorbereitung des Unternehmens auf die Nachfolge zeigt sich das mittlere Management als kritischer Faktor. Der Unternehmer hinterlässt mit seinem Ausscheiden aus dem Unternehmen oft eine grosse Lücke, zumal die Entscheidungsprozesse auf seine Person fokussiert sind. Für eine reibungslose Übergabe ist der Wissenstransfer vorgängig sicherzustellen und das Management entsprechend vorzubereiten. Ausserdem ist die nachfolgende Private Equity-Gesellschaft gefordert, den Verlust der starken Persönlichkeit des Unternehmers aufzufangen und seine Position angemessen zu ersetzen.

9.2.2 Voraussetzungen für Investitionen in mittelständische Unternehmen

Die Ausrichtung der Private Equity-Gesellschaften, die in mittelständische Unternehmen investieren, lässt sich bereits in der Zusammensetzung der Trägerschaft sowie des Investitionsteams erkennen. Zum einen besteht die Trägerschaft kleiner Private Equity-Gesellschaften zu einem überdurchschnittlichen Teil aus privaten Investoren oder Family Offices, die mit dem ihnen zur Verfügung stehenden Kapital weiteren unternehmerischen Tätigkeiten nachzugehen suchen. Zum anderen sind die Investitionsteams oft relativ klein, so dass sie rasch und flexibel entscheiden und reagieren können. Auch verfügen die Partner oft zumindest teilweise über einen industriellen Hintergrund, worauf eine entsprechende Erfahrung aufbaut. Diese Eigenschaften ergänzen sich mit den Auswahlkriterien der Unternehmer, die entscheidungskompetente und interessierte Verhandlungspartner suchen.

In strategischer Hinsicht gibt es verschiedene Formen, die Investitionen in mittelständische Unternehmen mit Nachfolgebedarf vorsehen. Einerseits unterscheiden sie sich in der bevorzugten Phase im Unternehmenslebezyklus: So investieren gewisse Private Equity-Gesellschaften lediglich in Unternehmen mit Wachstumspotenzial, während andere Wendeunternehmen bevorzugen, die zu restrukturieren sind. Anderseits bildet die Buy and Build-Strategie insofern ein Spezialfall, als durch den Aufbau eines neuen Unternehmens auf der Basis eines Initial Investments versucht wird, Synergiepotenzial und effizientere Prozesse freizusetzen.

Kulturelle Aspekte, wie sie sich in der geographischen Eingrenzung manifestieren, definieren die strategische Ausrichtung ebenso. So streben die beobachteten Private Equity-Gesellschaften alle Investitionen im deutschsprachigen Raum an, zumal die geographische Nähe und ausbleibende sprachliche Barrieren eine direktere Einflussnahme ermöglichen.

9.2.3 Gestaltungsmöglichkeiten der Transaktionsstrukturierung

Nachfolgetransaktionen werden in der Regel in einer Form des Buyout durchgeführt. Dabei hat sich insbesondere diejenige des Institutional Buyout durchgesetzt, da die Private Equity-Gesellschaften in der Regel die Verhandlungen bilateral mit dem verkaufenden Unternehmer führen und erst in einer zweiten Phase Verträge mit dem neuen oder bestehenden Management aushandeln.

Die Durchführung der Transaktion ist letztlich abhängig vom Zustand des Zielunternehmens. Eine Übernahme eines Wachstums- oder Reifeunternehmens wird in der Regel durch den Einsatz eines zusätzlichen Bankkredits ergänzt, so dass die Verschuldung zunimmt. Diese hält sich in den Fallstudien jedoch in einem Rahmen, der die Existenz des Unternehmens nicht gefährdet, zumal die Unternehmen auf einer soliden Cash Flow-Basis operieren.

Im Fall von Investitionen in Wendeunternehmen kommt der Transaktionsstrukturierung eine weitaus bedeutendere Rolle zu. Gelingt es mit der Strukturierung der Transaktion nicht, den Turnaround im Unternehmen einzuleiten, wird die erfolgreiche Umsetzung operativer Massnahmen zu einem späteren Zeitpunkt ungemein schwierig. So gilt es, insbesondere Belastungen durch hohe Schuldzinsen abzubauen, indem Forderungsverzichte oder Anpassungen des Zinssatzes durchgesetzt werden können. Die Bewertung der Assets erfolgt dann zu Liquidationswerten.

9.2.4 Massnahmen zur Wertsteigerung während der Beteiligung

Während der Beteiligung interessieren vor allem die endogenen Faktoren – Massnahmen auf Managementebene und im operativen Bereich. Die exogenen Faktoren können zwar den Unternehmenspreis erhöhen, verändern aber den effektiven Wert des Unternehmens nicht, weshalb sie zur Betrachtung einer nachhaltigen Value Creation unbedeutend sind.

Der Einfluss auf ein mittelständisches Portfoliounternehmen erfolgt in der Regel direkt und proaktiv. Dieser Hands-on-Ansatz ist notwendig, um gewünschte Massnahmen durchzusetzen und den Abgang des Unternehmers aufzufangen.
Die Wertsteigerung im operativen Bereich erfolgt durch die Summe verschiedener Massnahmen, die sich in die Klassen Wachstum und Verbesserung der Wettbewerbsposition, Effizienzsteigerung, Risikomanagement und Bilanzoptimierung einteilen lassen. In einigen Fällen können mittels weniger konkreter Massnahmen wichtige Meilensteine erreicht werden, während in anderen Beispielen vor allem durch das Hinterfragen sämtlicher bestehender Prozesse und Aktivitäten das Unternehmen kritisch durchleuchtet und neu positioniert wird.
Diese Massnahmen leisten oft einen wertvollen Beitrag, um die Herausforderungen mittelständischer Unternehmen bezüglich Innovationen, Internationalisierung, Kapitalzugang oder Corporate Governance anzugehen. Insbesondere das Netzwerk und der Zugang zu Kapital von Private Equity-Gesellschaften erweitern dabei das Spektrum möglicher Lösungsansätze.

Verschiedene Studien versuchen, den Einfluss von Private Equity-Gesellschaften auf ihre Portfoliounternehmen zu messen. Diese stellen zu einem überwiegenden Teil eine positive Entwicklung der Kennzahlen während der Beteiligungsphase fest. Die Untersuchungen eruieren insbesondere bezüglich des Umsatzwachstums, der Profitentwicklung sowie der Anzahl Arbeitsplätze wachsende Zahlen, was die öffentliche Meinung auf die Dauer ändern dürfte.
Auf der anderen Seite zeigen die Fallstudien, dass eine vertiefte und individuelle Betrachtung der Transaktionen notwendig ist, um den effektiven Einfluss der Private Equity-Gesellschaft beurteilen zu können.

9.3 Weiterführende Fragestellungen und Fazit

9.3.1 Weiterführende Fragestellungen

Abschliessend wird auf weiterführende Fragestellungen hingewiesen, die sich während des Verfassens der vorliegenden Arbeit ergeben haben. Sie betreffen primär Vertiefungsmöglichkeiten erkannter Themenbereiche und dienen als Anregung für weitere Forschungsprojekte.

9.3.1.1 Fragen zu anderen involvierten Parteien

Vorliegende Arbeit fokussiert auf die Position des verkaufenden Unternehmers sowie der Private Equity-Gesellschaft. Im Verlauf der Transaktion gewinnen zudem weitere Beziehungen an Bedeutung, welche die Abwicklung ebenso beeinflussen. Zum einen sind dies M&A-Berater, die aufgrund der Marktkenntnisse im KMU-Bereich eine wichtige Intermediärfunktion einnehmen. Dabei gibt es wenig Aufschluss darüber, inwiefern sie diese Funktion wahrnehmen, die Transaktion letztlich mitbestimmen, effektiven Mehrwert schaffen und den Verkaufspreis beeinflussen.

Zum anderen setzen Private Equity-Gesellschaften in der Regel neue Kadermitglieder ein. Diese übernehmen eine äusserst anspruchsvolle Aufgabe und sehen sich oft auch mit den Ansprüchen des abtretenden Unternehmers konfrontiert. Über die Schwierigkeiten dieser Beziehung zwischen Unternehmer und Nachfolger sowie über die Art der Zusammenarbeit zwischen Private Equity-Gesellschaft und dem von ihr eingesetzten Management existieren noch keine profunden Kenntnisse. Arbeiten, welche die Beziehungen zwischen diesen erwähnten Parteien vertiefen, wären von Interesse.

9.3.1.2 Fragen zu den Private Equity-Gesellschaften

Die Fallstudien brachten wiederholt die Rolle des Vertrauens zum Vorschein. Die befragten Unternehmer äusserten sich mehrmals kritisch gegenüber Private Equity-Gesellschaften, die sich nicht für die Unternehmenskultur interessierten. Auch wurde bei grösseren Gesellschaften das Hierarchiegefälle bemängelt, das eine spürbare Distanz der Partner zum Unternehmen zur Folge habe. Dazu wäre eine Untersuchung aufschlussreich, welche die Bedeutung dieser weichen Faktoren im Kontext des Geschäftserfolges betrachtet.

9.3.1.3 Fragen zur Vorbereitung und Durchführung der Transaktion

Die Arbeit brachte ebenfalls zum Vorschein, dass dem mittleren Kader eine zentrale Bedeutung zukommt. Dieses war oft ungenügend vorbereitet, was einen erheblichen Mehraufwand mit sich brachte. Welche möglichen Massnahmen sich eignen und was deren Konsequenzen sind, wäre dabei von Interesse. Zudem zeigt die Arbeit, dass Private Equity oft erst dann als Nachfolgeinstrument gewählt wurde, als keine andere Möglichkeit mehr durchführbar war. So musste der Entscheid häufig unter Finanz- oder Zeitdruck gefällt werden, was die Auswahlmöglichkeiten stark einschränkte. In diesem Zusammenhang drängt sich eine empirische Studie über die Abhängigkeit von Vorbereitungszeit und Auswahlmöglichkeiten sowie deren Erfolgsaussichten auf.

Auf hybride Finanzierungsinstrumente wurde in den Fallstudien nur am Rande hingewiesen. Die Bedeutung dieser Finanzierungsform wird jedoch auch bei mittelständischen Unternehmen zunehmen, zumal die zunehmende Verfeinerung der Möglichkeiten eine situationsangepasstere Unternehmensfinanzierung ermöglicht. Eine ergänzende Studie zu der Arbeit von MÜLLER-KÄNEL (2003) über die Einsatzmöglichkeiten von hybridem Kapital bei mittelständischen Unternehmen könnte dazu weiteren Aufschluss bringen.

9.3.2 Fazit

Die vorliegende Arbeit dient, mittels Fallstudien Transparenz und Tiefe in einem Bereich zu schaffen, dessen Datenlage nur wenige allgemeingültige Informationen aufbereiten lässt. Indem die Determinanten und Erfolgsfaktoren einer Private Equity-Transaktion zur Regelung der Unternehmensnachfolge in einem mittelständischen Schweizer Unternehmen aufgezeigt wurden, drängt sich letztlich die Frage auf, inwiefern sich diese Methode für die Nachfolgeregelung eignet.

Die Fallstudien zeigen, dass am Ende nur der Ausgang der Transaktion Antwort auf diese Frage geben kann. Das Resultat ist die Folge verschiedener in der vorliegenden Arbeit beschriebener Faktoren, die sowohl durch den Unternehmer als auch durch die Private Equity-Gesellschaft beeinflusst werden können. Zum einen erfordert dies die Bereitschaft des Unternehmers, die Nachfolge langfristig und nachhaltig zu planen, um sich frühzeitig mit dem Loslassen des Unternehmens auseinanderzusetzen. Zum anderen ist das Bewusstsein notwendig, dass Private Equity-Gesellschaften in der Regel einen professionelleren und rationaleren Stil pflegen und traditionell gewachsene Strukturen durchbrechen – immer mit dem Ziel vor Augen, einen entsprechend attraktiven Exit zu erreichen.

Auf der anderen Seite ist die Private Equity-Gesellschaft gefordert, das Bewusstsein für die Situation und den Hintergrund des Unternehmens aufzubringen. Wie die Fallstudien gezeigt haben, hat jedes Unternehmen eine eigene

Geschichte, deren Besonderheiten es zu berücksichtigen gilt. Zudem braucht es die Bereitschaft, echtes Interesse für das Unternehmen und seine Kultur aufzubringen und diese Aspekte auch respektieren zu wollen.

Gelingt es den beiden involvierten Parteien, diese Aspekte zu berücksichtigen und werden die Massnahmen im Anschluss behutsam umgesetzt, bietet Private Equity in mittelständischen Unternehmen eine Chance für Unternehmer und Investoren. So bietet es auf der einen Seite eine mit vielen Vorteilen verbundene Möglichkeit, die Unternehmensnachfolge zu regeln. Anderseits zeigen sich mittelständische Unternehmen gleichwohl als interessante Zielobjekte für Private Equity-Gesellschaften, die oft ein erhebliches Wertsteigerungspotenzial mit sich bringen.

Anhang

Literaturverzeichnis

3i Group (2007): „Report and Accounts 2007", in: „www.3igroup.com", abgerufen: 18.10.2007.

3i Growth Capital (2007): „Shared ambitions – Helping family entrepreneurs build great companies", in: „www.3i.com", abgerufen: 18.10.2007.

AFIC (2003): „LBO – Guide pratique", Paris 2003.

AFIC (2005): „La création de valeurs, résultat d'une alchimie entre entrepreneurs & investisseurs en capital", Paris 2005.

AFIC (2006): „Investisseurs institutionnels – La gouvernance des sociétés de gestion de capital investissement", Paris 2006.

Arnold, Reto / Uebelhart, Peter (2005): „Erweiterte indirekte Teilliquidationstheorie erschwert Unternehmensnachfolge – Eine Bestandesaufnahme unter besonderer Berücksichtigung des Entwurfs des Kreisschreibens Nr. 7 der Eidg. Steuerverwaltung", in: „Steuer Revue", Nr. 4, Bern 2005, S. 274-294.

Arvanitis, Spyros (2002): „Explaining Innovative Activity in Service Industries – Micro Data Evidence for Switzerland", Zürich 2002.

Arvanitis, Spyros (2006): „Innovation and Labour Productivity in the Swiss Manufacturing Sector – An Analyses Based on Firm Panel Data", Zürich 2006.

Arvanitis, Spyros / Donzé, Laurent / Sydow, Nora (2005): „Wirksamkeit der Projektförderung der Kommission für Technologie und Innovation (KTI)", Zürich 2005.

Arvanitis, Spyros / von Arx, Juliette (2004a): „Innovation und Wettbewerb – Eine Analyse aufgrund von schweizerischen Unternehmensdaten", Zürich 2004.

Arvanitis, Spyros / von Arx, Juliette (2004b): „Bestimmungsfaktoren der Innovationstätigkeit und deren Einfluss auf Arbeitsproduktivität, Beschäftigung und Qualifikationsstruktur", Zürich 2004.

Arvanitis, Spyros / Wörter, Martin (2003): „Bestimmungsfaktoren der Gewinnmargen von Unternehmungen – Eine Analyse auf der Basis von Schweizer Branchendaten", Zürich 2003.

Arvanitis, Spyros / Wörter, Martin (2006): „Firms' Strategies for Knowledge and Technology Transfer with Public Research Organisations and Their Impact on Firms' Performance", Zürich 2006.

Asociacion Espanola de Entidades de Capital-Riesgo (2007): „Economic and Social Impact of Venture Capital & Private Equity in Spain 2007", Madrid 2007.

Associazione Italiana del Private Equity e Venture Capital (2006): „The economic impact of Private Equity and Venture Capital in Italy", Mailand 2006.

Bader, Hanspeter (1996): „Private Equity als Anlagekategorie – Theorie, Praxis und Portfoliomanagement für institutionelle Investoren", Bern 1996.

Baldi, Francesco (2005): „Valuing a Leveraged Buyout: Expansion of the Adjusted Present Value by Means of Real Options Analysis", in: „Journal of Private Equity", Nr. 4, New York 2005, S. 64-81.

Ball, Rod / Burdett, Margaret / Burrows, Andrew / Scholes, Louise / Tune, Karen / Wright, Mike (2006): „Management Buy-outs 1986-2006 – Past Achievements, Future Challenges", Nottingham 2006.

Bamberger, Ingolf / Evers, Michael (1997): „Internationalisierung", in: „Pfohl, Hans-Christian, u. a.: Betriebswirtschaftslehre der Mittel- und Kleinbetriebe – Grössenspezifische Probleme und Möglichkeiten zu ihrer Lösung", Berlin 1997, S. 377-417.

Barrett, Rowena / Dunemann, Mark (2004): „Family Business and Succession Planning – a Review of the Literature", Victoria 2004.

Barthold, Beat (2007): „Rechtliche Aspekte bei Private Equity und Mezzanine Finanzierungen", in: „Kammer-Seminar zum Thema Moderne Finanzierungsinstrumente für Wachstum und Nachfolge im KMU", Zürich 2007.

Baumann, Hanspeter (2007): „Psychologische und organisatorische Aspekte der Nachfolge in Familienunternehmungen", in: „Der Schweizer Treuhänder", Nr. 5, Zürich 2007, S. 323-327.

Baumgartner, Hans (2006): „Mezzanine-Finanzierungen für KMU im Aufbruch", in: „Der Schweizer Treuhänder", Nr. 8, Zürich 2006, S. 560-563.

Baumgartner, Hans / Bühler, Simon (2007): „Nachfolgemanagement im KMU als interdisziplinäre Herausforderung", in: „Der Schweizer Treuhänder", Nr. 5, Zürich 2007, S. 348-351.

Baumol, William (1967): „Macroeconomics of unbalanced growth – the anatomy of urban crisis", in: „America Economic Review", Nr. 57, Nashville 1967, S. 415-426.

Baur, Leonid (2007): „Der IPO-Prozess im Überblick", in: „Der Schweizer Treuhänder", Nr. 5, Zürich 2007, S. 345-363.

Bellefeuille-Burri, Sabine (2007): „Nachfolge – Eine Herausforderung für zwei Systeme", in: „Wirtschaftsmagazin, Familienunternehmen und deren Nachfolgeplanung", Nr. 4, Brugg 2007, S. 18-19.

Bergamin, Stephan (1995): „Der Fremdverkauf einer Familienunternehmung im Nachfolgeprozess", Bern 1995.

Bernet, Beat / Denk, Christoph (2000): „Finanzierungsmodelle für KMU", Bern 2000.

Bleicher, Knut (1999): „Das Konzept Integriertes Management – Visionen – Missionen – Programme", Frankfurt 1999.

Böckli, Peter (2000): „Corporate Governance auf Schnellstrassen und Holzwegen", in: „Der Schweizer Treuhänder", Nr. 3, Zürich 2000, S. 133-152.

Boemle, Max / Gsell, Max / Jetzer, Jean-Pierre / Nyffeler, Paul / Thalman, Christian (2002): „Geld-, Bank- und Finanzmarkt-Lexikon der Schweiz", Zürich 2002.

Boemle, Max / Stolz, Carsten (2002): „Unternehmensfinanzierung", Zürich 2002.

Böhler, Christian (2004): „Bewertung von Private-Equity-Investitionen", in: „Der Schweizer Treuhänder", Nr. 12, Zürich 2004, S. 1113-1120.

Bohnenkamp, Guido (1999): „Zur Rolle der Beteiligungsgesellschaften bei der Entwicklung mittelständischer Unternehmen", Bamberg 1999.

Brauchli Rohrer, Barbara (2007): „Behandlung der steuerlichen Aspekte bei Mezzanine- und Private Equity Finanzierungen", in: „Kammer-Seminar zum Thema Moderne Finanzierungsinstrumente für Wachstum und Nachfolge im KMU", Zürich 2007.

Brealey, Richard / Myers, Stewart (2000): „Principels of corporate finance", New York 2000.

Bredeck, Thomas (2002): „Private Equity im Firmenkundengeschäft regionaler Kreditinstitute", Basel 2002.

Broda, Björn (2003): „Finanzierungsalternativen für KMU zum Bankkredit?", in: „Der Schweizer Treuhänder", Nr. 6-7, Zürich 2003, S. 463-472.

Bucher, Markus / Schwendener, Patrick (2007): „Die Bewertung von Familienunternehmen", in: „Der Schweizer Treuhänder", Nr. 5, Zürich 2007, S. 340-347.

Bührer, Gerold (2007): „Unternehmensnachfolge – Steuerpolitik im Dienst der KMU und unserer Volkswirtschaft", in: „Der Schweizer Treuhänder", Nr. 5, Zürich 2007, S. 310-313.

Bundesamt für Statistik (2007a): „Betriebszählung 2005", in: „www.bfs.admin.ch", abgerufen: 18.10.2007.

Bundesamt für Statistik (2007b): „Die Betriebszählung 2005 in Kürze", in: „www.bfs.admin.ch", abgerufen: 18.10.2007.

Bundesblatt (2007): „Botschaft zum Bundesgesetz über die Verbesserung der steuerlichen Rahmenbedingungen für unternehmerische Tätigkeiten und Investitionen (Unternehmenssteuerreformgesetz II)", erlassen am 22.06.2005, in: „www.admin.ch", abgerufen: 18.10.2007, S. 4733-4874.

Bundesgerichtsentscheid 2A.331/2003, Bern 2004.

Bundesverband Alternative Investments e.V. (2006): „Private Equity als alternative Anlageklasse für institutionelle Investoren – Grundlagen, Informationen und Gründe für diese Assetklasse", Köln 2006.

Buri, Marco (2007): „Swiss Pension Funds & Private Equity?", in: „SECA-Anlass zu Pensionskassen und Private Equity", Zürich 2007.

Buttignon, Fabio / Vedovato, Marco / Bortoluzzi, Paolo (2005): „Familiy Business Investor Buyouts – the Italian Case", Padua 2005.

BVCA (2003a): „Understanding UK Institutional Investors", London 2003.

BVCA (2003b): „Understanding the UK Mid-market", Oktober 2003.

BVCA (2006): „The Economic Impact of Private Equity in the UK", 2006.

BVCA (2007a): „A Guide to Private Equity", in: „www.bvca.co.uk", abgerufen: 18.10.2007.

BVCA (2007b): „Definitions", in: „www.bvca.co.uk", abgerufen: 18.10.2007.

BV Group (2007): „Kotierungsprospekt vom 30.03.2007", in: „www.bvgroup.ch", abgerufen: 18.10.2007.

BVK (2005): „Mit Private Equity zum Erfolg", Berlin 2005.

BVK (2007a): „Der Einfluss von Private Equity-Gesellschaften auf die Portfoliounternehmen und die deutsche Wirtschaft", in: „www.bvk-ev.de", abgerufen: 18.10.2007.

BVK (2007b): „Zukunft sichern durch Buy-Out", Berlin 2007.

Cao, Jerry / Lerner, Josh (2007): „The Performance of Reverse Leveraged Buyouts", Boston 2007.

Capvis (2006): „Standpunkt", Nr. 2, Zürich, 2006.

Capvis (2007): „Was ist Private Equity?", in: „www.capvis.ch", abgerufen: 18.10.2007.

Cash spezial (2007): „Unternehmensnachfolge", Zürich 15.03.2007.

Cazenove (2007): „Perspectives and developments in European listed private Equity", in: „AIG Private Equity Conference 2007", Zürich 2007.

Center for Private Equity and Entrepreneurship (2003): „Note on Limited Partnership Agreements", Dartmouth 2003.

Center for Private Equity and Entrepreneurship (2005): „Note on Private Equity Deal Structures", Dartmouth 2005.

Center for Private Equity and Entrepreneurship (2006): „Private Equity Glossary", Dartmouth 2006.

CMBOR (2007): „Glossary", in: „www.cmbor.com", abgerufen: 18.10.2007.

CS Bulletin spezial (2007): „Nachfolge", Zürich 2007.

Credit Suisse (2003): „Kreditmarkt Schweiz – Wirtschaftszweige und KMU im Fokus", in: „Economic Briefing", Nr. 33, Zürich 2003.

Credit Suisse (2005): „Mezzanine Finance – Mischform mit Zukunft", in: „Economic Briefing", Nr. 42, Zürich 2005.

Credit Suisse (2007): „Investment Ideas – die wirtschaftliche Funktion von Private Equity", Zürich 2007.

Cumming, Douglas / Jensen, Michael / Siegel, Donald / Wright, Mike (2007): „The Impact of Private Equity – Setting the Record Straight", in: „www.cmbor.co.uk", abgerufen: 18.10.2007.

Cumming, Douglas / Johan, Sofia (2006): „Provincial preferences in private equity", in: „Financial Markets and Portfolio Management", Nr. 20/4, New York 2006.

Davidson, John (2005): „MBO mittels Private Equity – Empirische Analyse der Schweizer Praxis", Bern 2005.

Dembinski, Paul H. (2004): „KMU in der Schweiz – Profile und Herausforderungen", Zürich 2004.

Desbrières, Philippe / Schatt, Alain (2002): „The Impacts of LBOs on the Performance of Acquired Firms – The French Case", in: „Journal of Business Finance & Accounting", Nr. 29, Oxford 2002, S. 695-729.

Dietrich, Andreas (2004): „Überblick über die Bedeutung und Struktur von Anlagen in nichtkotierten Beteiligungen mit Private Equity Charakter durch institutionelle Investoren in der Schweiz", St. Gallen 2004.

Dresdale, Richard (2005a): „Hedge Funds an Private Equity – Two Paths to Value Creation", Sacramento 2005.

Dresdale, Richard (2005b): „Which Private Equity Value Creation Strategies are Best Suited for the Future?", Sacramento 2005.

Duss, Marco (2007): „Indirekte Teilliquidation und Vertrauensschutz – Das Tagebuch der Marie A.", in: „Der Schweizer Treuhänder", Nr. 5, Zürich 2007, S. 409-413.

Ebnöther, Rudolf / Schaffner, Maurice (2007): „Rechtzeitig loslassen ist gar nicht so einfach", in: „Handelszeitung", Zürich 17.01.2007, S. 58.

Economiesuisse (2002): „Swiss Code of Best Practice for Corporate Governance", Zürich 2002.

EDI (2007): „Wichtige Masszahlen im Bereich der beruflichen Vorsorge", in: „www.bsv.admin.ch", abgerufen: 18.10.2007.

Eisenhut, Peter (2004): „KMU-Umfrage – Wo drückt die KMU der Schuh?", St. Gallen 2004.

Eltschinger, Martin / Eltschiner, Ivo (1999): „KMU und Banken", in: „Der Schweizer Treuhänder", Nr. 8, Zürich 1999, S. 719-728.

Empfehlung der Europäischen Kommission betreffend die Definition der kleinen und mittleren Unternehmen (1996): „96/280/EG", Brüssel 1996.

Empfehlung der Europäischen Kommission betreffend die Definition der kleinen und mittleren Unternehmen (2003): „2003/361/EG", Brüssel 2003.

Ernst & Young (2005a): „How Do European Private Equity Investors Create Value?", London 2005.

Ernst & Young (2005b): „Rendite und Spielregeln in Familienunternehmen", Zürich 2005.

Ernst & Young (2006): „Was ist ein Familienunternehmen wert? – Total Value, emotionaler Wert und Marktwert", Zürich 2006.

ESTV (2004): „Rundschreiben", Bern 08.09.2004.

ESTV (2007): „Kreisschreiben Nr. 14 – Entwurf vom 10.11.2006", in: „www.estv.admin.ch", abgerufen: 18.10.2007.

European Commission (2003): „Tranfer of businesses – continuity through a new beginning", Brüssel 2003.

EVCA (1998): „Lessons learned from past mistakes", Brüssel 1998.

EVCA (1999): „EVCA Yearbook 1998", Brüssel 1999.

EVCA (2000): „EVCA Yearbook 1999", Brüssel 2000.

EVCA (2001a): „European Buyout Success Stories", Brüssel 2001.

EVCA (2001b): „Survey of the Economic and Social Impact of Management Buyouts & Buyins in Europe", Brüsel 2001.

EVCA (2003): „EVCA Yearbook 2002", Brüssel 2003.

EVCA (2004): „EVCA Yearbook 2003", Brüssel 2004.

EVCA (2005a): „Employment contribution of Private Equity and Venture Capital in Europe", Brüssel 2005.

EVCA (2005b): „EVCA Yearbook 2004", Brüssel 2005.

EVCA (2005c): „Private Equity and Generational Change", Brüssel 2005.

EVCA (2006a): „2006 Benchmarking Study", Brüssel 2006.

EVCA (2006b): „Benchmarking Euorpean Tax and Legal Environments", Brüssel 2006.

EVCA (2006c): „EVCA Yearbook 2005", Brüssel 2006.

EVCA (2006d): „International Private Equity and Venture Capital Valuation Guidelines", Brüssel 2006.

EVCA (2007a): „EVCA Directory 2007", Brüssel 2007.

EVCA (2007b): „EVCA Reporting Guidelines", in: „www.evca.com", abgerufen: 18.10.2007.

EVCA (2007c): „Glossary", in: „www.evca.com", abgerufen: 18.10.2007.

EVCA (2007d): „Six key misconceptions regarding buyouts", in: „www.evca.com", abgerufen: 18.10.2007.

EVCA (2007e): „Yearbook 2006", Brüssel 2007.

Facts (2007): „Kein Geld für den Geist", Nr. 13, Zürich 2007, S. 38-41.

Felder, Silvan (2002): „Verwaltungsrat und Corporate Governance", in: „Der Schweizer Treuhänder", Nr. 11, Zürich 2002, S. 1007-1012.

Fenn, George / Liang, Nellie / Prowse, Stephen (1994): „The Private Equity Market – An Overview", in: „Financial Markets, Institutions and Instruments", Nr. 6, New York 1994, S. 1-105.

Fenn, George / Liang, Nellie / Prowse, Stephen (1995): „The Economics of Private Equity Market", Washington DC 1995.

Fopp, Leonhard (2007a): „Herausforderungen in der Unternehmernachfolge", in: „Wirtschaftsmagazin, Familienunternehmen und deren Nachfolgeplanung", Nr. 4, Brugg 2007, S. 28-29.

Fopp, Leonhard (2007b): „Nur gesunde Unternehmen sind nachfolgewürdig", in: „Schweizer Arbeitgeber", Nr. 6, Zürich 22.03.2007, S. 14.

Fopp, Leonhard / Prager, Tis (2006): „Governance für Familienunternehmen", Bern 2006.

Forzano, Lori-Ann / Gravetter, Frederick (2006): „Research Methods for the Behavioral Sciences", USA 2006.

Frey, Urs / Halter, Frank / Zellweger, Thomas (2006): „Herausforderung für Familienunternehmen", in: „Immobilia", Nr. 2, St. Gallen 2006

Früh, Hans Rudolf (2003): „Wie können und sollen sich KMU finanzieren?", in: „Der Schweizer Treuhänder", Nr. 11, Zürich 2003, S. 929-934.

Fueglistaller, Urs (2003): „Klein- und Mittelunternehmen (KMU) in Forschung, Lehre und Praxis – Jahresbericht 2003", St. Gallen 2003.

Fueglistaller, Urs (2004): „Charakteristik und Entwicklung von Klein- und Mittelunternehmen (KMU)", St. Gallen 2004.

Fueglistaller, Urs (2006a): „Klein- und Mittelunternehmen (KMU) in Forschung, Lehre und Praxis – Jahresbericht 2006", St. Gallen 2006.

Fueglistaller, Urs (2006b): „Nachfolgeplanung in Klein- und Mittelunternehmen", in: „Die Volkswirtschaft", Nr. 1/2, Bern 2006.

Fueglistaller, Urs / Halter, Frank (2005): „Familienunternehmen in der Schweiz", in: „Der Schweizer Treuhänder", Nr. 1-2, Zürich 2005, S. 35-38.

Glaus, Hannes (2007a): „Das Muster ist endlich fertig", in: „Handelszeitung: Private Equity Special", Nr. 25, Zürich 2007, S. 67.

Glaus, Hannes (2007b): „Von der anglo-amerikanischen LP zur Schweizer Kommanditgesellschaft für Kollektive Kapitalanlagen („KgK")", in: „SECA-Anlass zur Swiss Limited Partnership und zum KAG", Zürich 2007.

Golland, Frank (2003): „Der optimierte Einstiegsprozess – Lösungsansätze für einen erfolgreichen Beteiligungserwerb unter erschwerten Marktbedingungen", in: „Jugel, Stefan: Private Equity Investments – Praxis des Beteiligungsmanagements", Wiesbaden 2003, S. 147-152.

Gompers, Paul A. (1995): „Optimal Investment, Monitoring, and the Staging of Venture Capital", in: „The Journal of Finance", Nr. 5, Boston 1995, S. 1461-1489.

Gompers, Paul A. / Lerner, Josh (1999): „The Venture Capital Cycle", Massachusetts 1999.

Graf, Steffen / Gruber, Alfred / Grünbichler, Andreas (2001): „Private Equity und Hedge Funds – Alternative Anlagekategorien im Überblick", Zürich 2001.

Groner, Roger (2007): „Private Equity-Recht", Bern 2007.

Grundler, Rainer (2002): „Die Geschäftsnachfolge bei kleinen und mittleren Unternehmungen", Bern 2002.

Gupta, Anil / Sapienza, Harry (1992): „Determinants of venture capital firms' preferences regarding the industry diversity and geographic scope of their investments", in: „Journal of Business Venturing", Nr. 7/5, New York 1992, S. 347-362.

Gupta, Praveen (2006): „Institutionalizing Innovation for Growth an Profitability", in: „Journal of Private Equity", Nr. 3, New York 2006, S. 57-62.

Haas, Dan / Holland, Tom / Rogers, Paul (2002): „Value Acceleration – Lessons from Private-Equity Masters", in: „Harvard Business Review", Nr. 6, Boston 2002, S. 94-101.

Habersaat, Margrit / Schönenberger, Alain / Weber, Walter (2001): „Die KMU in der Schweiz und in Europa", Bern 2001.

Haberstock, Otto (2003): „Vertragliche Dokumentation der Venture-Capital-Transaktion", in: „Jugel, Stefan: Private Equity Investments – Praxis des Beteiligungsmanagements", Wiesbaden 2003, S. 203-217.

Hail, Luzi / Meyer, Conrad (2001): „Framework zur Abschlussanalyse und Unternehmensbewertung", in: „Der Schweizer Treuhänder", Nr. 8, Zürich 2001, S. 667-678.

Hail, Luzi / Meyer, Conrad (2002a): „Abschlussanalyse und Unternehmensbewertung – Fallstudien zum finanziellen Rechnungswesen", Zürich 2002.

Hail, Luzi / Meyer, Conrad (2002b): „Unternehmensbewertung", in: „Der Schweizer Treuhänder", Nr. 6-7, Zürich 2002, S. 573-584.

Halter, Frank (2007): „Langfristige Wertgenerierung im Nachfolgeprozess", in: „Wirtschaftsmagazin, Familienunternehmen und deren Nachfolgeplanung", Nr. 4, Brugg 2007, S. 4-5.

Halter, Frank / Frey, Urs (2007): „Ganzheitliche Unternehmensnachfolge", in: „Der Schweizer Treuhänder", Nr. 5, Zürich 2007, S. 314-318.

Handelszeitung (2006): „Nachfolgeregelung von KMU – Die Unterschiede rasch erkennen", Zürich 18.01.2006, S. 53.

Hartwig, Jochen (2005): „Sind unsere gesamtwirtschaftlichen Probleme überhaupt lösbar?", Zürich 2005.

Hauser, Andrea / Sachs, Sybille (2002): „Das ABC der betriebswirtschatlichen Forschung – Anleitung zum wissenschaftlichen Arbeiten", Zürich 2002.

Hepp, Stefan (2004): „Private Equity – what are the drivers for successful investing in the asset class?", Zürich 2004.

Hepp, Stefan (2006): „Eine bedeutende Kapitalquelle", in: „Venture Capital Magazin, Sonderbeilage Private Equity Markt Schweiz", Augsburg 2006, S. 14-15.

Hess, Hans (2007): „Private Equity – Aus Sicht eines Unternehmens", in: „Swiss Banking Journalistenseminar 2007", Bern, 2007.

Hildebrand, Philipp (2007): „Gedanken zum Asset Management in der Schweiz", in: „www.snb.ch", abgerufen: 18.10.2007.

Hoenig, Mark (1998): „Management-Beurteilung – Qualität des Managements als Erfolgsfaktor beim Management Buyout", in: „Krebs, Alexander / Studer, Tobias: Management Buyout – Probleme, Lösungen, Erfahrungen", Zürich 1998, S. 129-137.

Hoffmann, Stefan (2006): „Neue Formen der Unternehmensfinanzierung – Hintergrund, Instrumente und Beurteilung", Basel 2006.

Hofstetter, Philipp / Steinbrecher, Bengt (2003): „Wachstumsfinanzierung bei KMU", in: „Der Schweizer Treuhänder", Nr. 11, Zürich 2003, S. 935-940.

Hollenstein, Heinz (2002): „Patterns and Determinants of International Activities – Are SMEs Different?", Zürich Juni 2002.

Hotz-Hart, Beat / Good, Barbara / Küchler, Carsten / Reuter-Hofer, Andreas (2003): „Innovation Schweiz – Herausforderungen für Wirtschaft und Politik", Zürich 2003.

Hotz-Hart, Beat / Mäder, Stefan / Vock, Patrick (2001): „Volkswirtschaft der Schweiz", Zürich 2001.

Hotz-Hart, Beat / Reuter, Andreas / Vock, Patrick (2001): „Innovationen – Wirtschaft und Politik im globalen Wettbewerb", Bern 2001.

Hunziker, Alexander (2002): „Spass am wissenschaftlichen Arbeiten", Bern 2002.

Huydts, Henrik J.M.A. (1992): „Management Buyout als strategische Option zur Regelung der Nachfolge in mittelgrossen Familienunternehmen", Frankfurt am Main 1992.

Ivanova, Ana / Tzvetkova, Rossitza (2001): „Exit-Strategien bei Private Equity Investments", in: „Graf, Steffen / Gruber, Alfred / Grünbichler, Andreas: Private Equity und Hedge Funds", Zürich 2001, S. 165-195.

Jaussi, Thomas / Pfirter, Markus (2007): „Unternehmensnachfolge – Steuerliche Aspekte und Stolpersteine", in: „Der Schweizer Treuhänder", Nr. 5, Zürich 2007, S. 390-396.

Jordan, Thomas (2007): „Private Equity – Gibt es speziellen Regulierungsbedarf?", in: „Veranstaltung der Schweizerischen Botschaft in Deutschland und der Schweizerischen Bankiervereinigung: Deutschland-Schweiz: Partner im Dialog", Berlin 2007.

Kaplan, Steven N. / Stein, Jeremy, C. (1993): „The Evolution of Buyout Pricing and Financial Structure (Or, What Went Wrong) in the 1980s", in: „Journal of Applied Corporate Finance", Nr. 6/1, Massachusetts 1993.

Kappler, Ekkehard (1997): „Unternehmernachfolge", in: „Pfohl, Hans-Christian, u. a.: Betriebswirtschaftslehre der Mittel- und Kleinbetriebe – Grössenspezifische Probleme und Möglichkeiten zu ihrer Lösung", Berlin 1997, S. 419-440.

Kayser, Gunter (1997): „Unternehmensführung", in: „Pfohl, Hans-Christian, u. a.: Betriebswirtschaftslehre der Mittel- und Kleinbetriebe – Grössenspezifische Probleme und Möglichkeiten zu ihrer Lösung", Berlin 1997, S. 81-102.

Keist, Daniel (2007): „IPO als Nachfolgelösung", in: „Der Schweizer Treuhänder", Nr. 5, Zürich 2007, S. 364-368.

KMUnext (2007): „Handlungsoptionen", in: „www.kmunext.ch", abgerufen: 18.10.2007.

Knobel, Hans (2006): „Nachfolge im Familienunternehmen und „Was mache ich nachher"", in: „Schweizer Arbeitgeber", Nr. 24, Zürich 07.12.2006.

Koch, Maximilian (1997): „Eine empirische Studie über Möglichkeiten und Chancen von Management Buyouts in der Schweiz", St. Gallen 1997.

KPMG (2005): „Unternehmensfinanzierungen in der Schweiz", Zürich 2005.

KPMG (2006): „The Morning After, Transaction Services", London 2006.

Kraft, Volker (2001a): „Private Equity-Investitionen in Turnarounds und Restrukturierungen", Frankfurt 2001.

Kraft, Volker (2001b): „Private Equity-Investitionen in Krisenunternehmen – empirische Ergebnisse", in: „Graf, Steffen / Gruber, Alfred / Grünbichler, Andreas: Private Equity und Hedge Funds", Zürich 2001, S. 125-161.

Krasoff, Jay / O'Neill, John (2006): „The Role of Distressed Investing and Hedge Funds in Turnarounds and Buyouts and How This Affects Middle-Market Companies", in: „Journal of Private Equity", Nr. 2, New York 2006, S. 17-22.

Krebs, Alexander (1990): „Management Buyout in der Schweiz – Rahmenbedingungen und Finanzierungskonzepte", Bern, 1990.

Krebs, Alexander (2006): „Private Equity für Unternehmer", Zürich 2006.

Krebs, Alexander / Eckhardt, Ulrich (2007): „Finanzinvestoren wollen wir nicht in unserem Unternehmen! - Oder doch?", in: „Der Schweizer Treuhänder", Nr. 5, Zürich 2007, S. 355-359.

Krebs, Alexander / Studer, Tobias (1998): „Management Buyout – Probleme, Lösungen, Erfahrungen", Zürich 1998.

Kuhn, Stephan (1998): „Management Buyout und Steuern – Risiken und Planungsmöglichkeiten", in: „Krebs, Alexander, Studer / Tobias: Management Buyout – Probleme, Lösungen, Erfahrungen", Zürich 1998, S. 79-104.

Kusio, Daniel (2007): „Einführung, Strukturierungs- und Umsetzungsmöglichkeiten von Private Equity Finanzierungen", in: „Kammer-Seminar zum Thema Moderne Finanzierungsinstrumente für Wachstum und Nachfolge im KMU", Zürich 2007.

Lehmann, Günter (2007): „Wissenschaftliche Arbeiten", Renningen 2007.

Lienhard, Fredy (2006): „Die Nachfolgeregelung bei Lista B+L mit Private Equity", Zürich 2006.

Luippold, Thomas (1991): „Management Buy-Outs – Evaluation ihrer Einsatzmöglichkeiten in Deutschland", Bern 1991.

Manger, Roland (2003): „Transatlantische Venture-Capital-Gesellschaften", in: „Jugel, Stefan: Private Equity Investments – Praxis des Beteiligungsmanagements", Wiesbaden 2003, S. 153-159.

Marktvoort, Hans (2007): „Limited Partnerships aus praktischer Sicht", in: „SECA-Anlass zur Swiss Limited Partnership und zum KAG", Zürich 2007.

Meier, Medard (2006): „KMU wachsen im Schatten der Grossen", in: „Unternehmerforum Zürichsee", Pfäffikon 2006.

Meyer, Conrad (1996): „Betriebswirtschaftliches Rechnungswesen", Zürich 1996.

Meyer, Conrad (2000): „Konzernrechnung – Theorie und Praxis des konsolidierten Abschlusses", Zürich 2000.

Meyer, Conrad (2003): „Rechnungslegung und Corporate Governance", in: „Der Schweizer Treuhänder", Nr. 9, Zürich 2003, S. 701-710.

Meyer, Conrad (2007): „Konzernrechnung – Aussagekräftige konsolidierte Abschlüsse unter Beachtung nationaler und internationaler Accountingstandards", Zürich 2007.

Meyer, Conrad / Teitler, Evelyn (2004): „Swiss GAAP FER auf dem Weg zu einem eigenen Profil", in: „Der Schweizer Treuhänder", Nr. 9, Zürich 2004, S. 715-726.

Milgrom, Paul / Roberts, John (1992): „Economics, Organization & Management", New Jersey 1992.

Müller, Hans-Ulrich (2003): „Was können KMU von den Banken im härter gewordenen Umfeld erwarten?", in: „Der Schweizer Treuhänder", Nr. 6-7, Zürich 2003, S. 453-462.

Müller-Känel, Oliver (2003): „Mezzanine Finance – Neue Perspektiven in der Unternehmensfinanzierung", Bern 2003.

Müller-Känel, Oliver (2007): „Mezzanine-Finanzierung – Strukturierungs- und Umsetzungsmöglichkeiten", in: „Kammer-Seminar zum Thema Moderne Finanzierungsinstrumente für Wachstum und Nachfolge im KMU", Zürich 2007.

Müller-Känel, Oliver / Pedergnana, Maurice (2003): „Beliebte Mezzanine Finance", in: „NZZ", Zürich 13.05.2003, S. 27.

Nadig, Linard (1992): „Spin Offs mittels Management Buyout", Bern 1992.

Nägeli, Max (2006): „Nachfolge gesucht – Unternehmensnachfolge aus Sicht des Unternehmers", in: „ODEC Bulletin", Nr. 1, Winterthur 2006, S. 18-19.

Nägeli, Max / Schmid, Markus (2006): „Erhalt des Lebenswerks", in: „Schweizerische Technische Zeitschrift", Nr. 9, Zürich 2006, S. 8-10.

Nisar, Tahir (2005): „Investor Influence on Portfolio Company Growth and Development Strategy", in: „Journal of Private Equity", Nr. 1, New York 2005, S. 22-35.

NVCA (2007): „2005-2006 NVCA Year in Review", in: „www.nvca.org", abgerufen: 18.10.2007.

NZZ: „Anhaltend gute Aussichten für die Finanzinvestoren", Zürich 16.06.2006, S. 29.

NZZ: „Investoren auf Wachstumspfad und Abwegen", Zürich 28.08.2006, S. 22.

NZZ: „Hochgelobte Schweizer Wettbewerbsfähigkeit", Zürich 27.09.06, S. 1.

NZZ: „Verführerische Wohligkeit", Zürich 27.09.2006, S. 21.

NZZ: „Private Equity für Privatinvestoren", Zürich 06.11.2006, S. 26.

NZZ: „Die britische FSA inspiziert Private Equity", Zürich 07.11.2006, S. 31.

NZZ: „Die „Barbaren" melden sich zurück", Zürich 11./12.11.2006, S.25.

NZZ: „Günstigeres Private-Equity-Klima in Europa", Zürich 14.12.2006, S. 35.

NZZ: „Private Equity mit Erklärungsbedarf", Zürich 15.12.2006, S. 35.

NZZ: „Will das Private-Equity-Haus Blackstone an die Börse?", Zürich 17.03.2007, S. 23.

NZZ: „Blackstone will an die Börse", Zürich 23.03.2007, S. 23.

NZZ: „Blackstone wagt den Gang an die Börse", Zürich 24.03.2007, S. 25.

NZZ: „Das Volumen der Hedge-Funds steigt weiter", Zürich 30.03.2007, S. 33.

NZZ: „Bei der Kreditvergabe an Private Equity-Firmen fallen die Tabus", Zürich 19.05.2007, S. 32.
NZZ: „Notenbanken sezieren die „Heuschrecken"", Zürich 22.05.2007, S. 27.
NZZ: „Übernahmen setzen Ratings unter Druck", Zürich 22.05.2007, S. 29.
NZZ: „Private Equity auf schweizerische Art", Zürich 05.06.2007, S. 31.
NZZ: „Steuervorstoss im US-Senat zum IPO von Blackstone", Zürich 16.06.2007, S. 25.
NZZ: „Blackstone kommt früher an die Börse", Zürich 21.06.2007, S. 29.
NZZ: „Blackstone mit erfolgreichem Börsendébut", Zürich 23.06.2007, S. 35.
NZZ: „KKR folgt Blackstone an die Börse", Zürich 05.07.2007, S. 29.
NZZ: „Private Equity steckt im Stau", Zürich 08.09.2007, S. 21.
NZZ am Sonntag: „Gigantismus pur", Zürich 29.10.2006, S. 47.
Paganoni, Roberto (2006): „Die Asset Class Private Equity in der Schweiz", in: „SECA-Anlass zu Private Equity in der Schweiz", Zürich 2006.
Pedergnana, Maurice (2006): „Wachstumsfinanzierung dank Private Equity?", in: „KMU Forum", Luzern 2006.
Pedergnana, Maurice / Schacht, Christoph (2003): „KMU-Kreditfinanzierung im Wandel", in: „Der Schweizer Treuhänder", Nr. 8, Zürich 2003, S. 599-608.
Pedergnana, Maurice / Schacht, Christoph (2004): „Kreditmarkt Schweiz", Zug 2004.
Pedergnana, Maurice / Schacht, Christoph / Sax, Christoph (2004): „Kreditbeziehungen zwischen Banken und KMU", Zug 2004.
Pfohl, Hans-Christian, u. a. (1997): „Betriebswirtschaftslehre der Mittel- und Kleinbetriebe – Grössenspezifische Probleme und Möglichkeiten zu ihrer Lösung", Berlin 1997.
Pleitner, Hans Jobst (1995): „Klein- und Mittelunternehmen in einer dynamischen Wirtschaft.", St. Gallen 1995.
Poltera, Flurin / Walk, Annette (2007): „Steuerliche Gestaltung der Nachfolge bei Kapitalgesellschaften", in: „Der Schweizer Treuhänder", Nr. 5, Zürich 2007, S. 397-403.
PricewaterhouseCoopers (2005): „Nachfolger gesucht! Empirische Erkenntnisse und Handlungsempfehlungen", Zürich 2005.

PricewaterhouseCoopers (2006): „Nachfolgeplanung im Unternehmen", Zürich 2006.

Private Equity Spotlight (2007): „Too Soon to Call the End of Buyout Boom?", Nr. 3/8, London 2007.

Pümpin, Cuno (2007): „Nachfolgeplanung und Private Equity", in: „Der Schweizer Treuhänder", Nr. 5, Zürich 2007, S. 352-354.

Pümpin, Cuno / Prange, Jürgen (1991): „Management der Unternehmensentwicklung – Phasengerechte Führung und der Umgang mit Krisen", Frankfurt 1991.

Pütter, Thomas (2006): „Value creation in private equity", in: „International Investment & Securities Review 2006", Colchester 2006.

Pütter, Thomas (2007): „Private Equity within the economy – Dangers of a bubble", in: „WHU Private Equity Conference" Koblenz 2007.

Ramón, Marina Balboa (2003): „Characterisation fo the reputation of private equity managers – evidence in Spain", Alicante 2003.

Rochat, Laurent / Vuille, Simon (2003): „The Swiss Private Equity Market", Lausanne 2003.

Roth, Urs (2008): „Private Equity – zukunftsfähiges Geschäft für die Schweiz", in: „Swiss Banking Journalistenseminar 2007", Bern 2007.

Rüegg-Stürm, Johannes (2003): „Das neue St. Galler Management-Modell – Grundkategorien eine integrierten Managementlehre", Bern 2003.

Salvato, Carlo (2004): „Predictors of Entrepreneurship in Family Firms", in: „Journal of Private Equity", Nr. 3, New York 2004, S. 68-76.

Saupper, Eveline / Schmid, Christoph Oliver (2006): „Nachfolgeplanung und MBOs in der Unternehmenssteuerreform II", in: „Venture Capital Magazin, Sonderbeilage Private Equity Markt Schweiz", Augsburg 2006, S. 16-18.

Schläpfer, Petra / Stedtnitz, Ulrike (2007): „Nachfolgeregelung in KMU – Auch menschlich nicht einfach", in: „Organisator", Nr. 3, Berneck 2007, S. 17-19.

Schuppli, Peter (2004): „Der Patron muss loslassen können", in: „Handelszeitung", Zürich 15.09.2004, S. 23.

Schwarz, Jürg (2003): „Ein Corporate-Governance-Konzept auch für KMU?", in: „Der Schweizer Treuhänder", Nr. 6-7, Zürich 2003, S. 487-490.

Schweizerische Nationalbank (2007): „Bankenstatistisches Monatsheft", Zürich 2007.

Schweizer Arbeitgeber (2007): „Wer zu spät kommt, den bestraft der Fiskus…", Nr. 10, Zürich 16.05.2007, S. 4.

SECA (2006): „Yearbook 2005/2006", Zug 2006.

SECA (2007a): „Grundprinzipien für eine nachhaltig erfolgreiche Tätigkeit im Private Equity Geschäft", in: „www.seca.ch", abgerufen: 18.10.2007.

SECA (2007b): „Yearbook 2007", Zug 2007.

SECO (2003): „Herausforderungen im Dialog zwischen KMU und Banken", Bern 2003.

Smith, Julian / Wall, John (1997): „Better Exits", Brüssel 1997.

Spielberger, Karl (1996): „Der Kauf von Krisenunternehmen unter bewertungs- und übernahmetechnischen Gesichtspunkten mit Bezug auf deutsches und österreichisches Recht", Hallstadt 1996.

Spielberger, Karl / Zyla, Mark (2006): „Wie viel Fremdmittel eine Gesellschaft braucht", in: „NZZ", Zürich 08.12.2006, S. 33.

Steck, Bernard (1998): „Engpass Eigenkapital – Möglichkeiten und Grenzen der Partnerschaft mit einem MBO-Haus", in: „Krebs, Alexander, Studer, Tobias: Management Buyout – Probleme, Lösungen, Erfahrungen", Zürich 1998, S. 59-77.

Suter, Reto (2003): „Management Buy Out – Nachhaltige Zukunftssicherung für KMU", Zug 2003.

SWX Swiss Exchange (2003): „Studie zur praktikschen Umsetzung der Corporate Governance-Richtlinie, verfasst durch das Institut für Rechnungswesen und Controlling der Universität Zürich", Zürich 2003.

Tobler, Stefan (1998): „Financial Engineering – Die Suche nach innovativen MBO-Finanzierungsstrukturen", in: „Krebs, Alexander, Studer, Tobias: Management Buyout – Probleme, Lösungen, Erfahrungen", Zürich 1998, S. 39-57.

Tourtellot, Peter (2004): „Successful Corporate Turnarounds – Operational Expertise Makes the Difference", in: „Journal of Private Equity", Nr. 2, New York 2004, S. 68-71.

Tschäni, Rudolf (2003): „M&A-Transaktionen nach Schweizer Recht", Zürich 2003.

UBS (2003): „Kreditgeschäft im Wandel. KMU im Brennpunkt von Rating, Pricing und Basel II", Zürich 2003.

UBS (2007): „Die Schweiz in Zahlen, Ausgabe 2007", in: „www.ubs.com", abgerufen: 18.10.2007.

UBS Outlook (2002a): „Nachfolge im Unternehmen", Zürich 2002.

UBS Outlook (2002b): „Verwaltungsrat", Zürich 2002.

UBS Outlook Special (2007): „Branchenspiegel, 1. Quartal 2007", in: „www.ubs.com", abgerufen: 18.10.2007.

Volkart, Rudolf (2000): „Unternehmensfinanzierung und Kreditpolitik", Zürich 2000.

Volkart, Rudolf (2003): „Corporate Finance – Grundlagen von Finanzierung und Investition", Zürich 2003.

Von Salis-Lütolf, Ulysses (2002): „Private Equity Finanzierungsverträge", Zürich 2002.

WEF (2007): „Global Competitiveness Report 2006-2007", in: „www.weforum.org", abgerufen: 18.10.2007.

Wehrli, Hans Peter / Kirenz, Jan (2007): „Nachfolgeplanung als strategische Herausforderung", in: „Der Schweizer Treuhänder", Nr. 5, Zürich 2007, S. 319-322.

Welsh, John / White, Jerry (1981): „A small business is not a little big business", in: „Harvard Business Review", Nr. 59/4, Boston 1981, S. 18-32.

Wipfli, Martin (2007): „Die Nachfolgeregelung aus steuerlicher Sicht", in: „Fachtagung Vermögensverwaltung Euroforum", Zürich 2007.

Wolfe, Henry (2006): „Board Restructuring – Corporate Governance as the Path to Value Creation in Underperforming Companies", in: „Journal of Private Equity", Nr. 2, New York 2006, S. 52-56.

Wood, Bryan (2003): „Management Teams and Boards of Directors", in: „Jugel, Stefan: Private Equity Investments – Praxis des Beteiligungsmanagements", Wiesbaden 2003, S. 147-152.

Zong, Linda (2005): „Governance Lessons from the Private Equity Industry", in: „Journal of Private Equity", Nr. 1, New York 2005, S. 63-66.

Zürcher Kantonalbank (2005): „Unternehmen Zukunft", Zürich 2005.

Zürcher Kantonalbank (2006): „Unternehmensnachfolge", in: „Zürcher Wirtschaftsmagazin", Nr. 2, Zürich 2006.

Gesprächspartner

Folgende Personen wurden bezüglich der Arbeit befragt (diejenigen Personen, die für die Fallstudie zur Verfügung standen werden aus Anonymitätsgründen nicht aufgeführt).

- Robert Baumann-Pagnard, Partner, Pagnard Beratung.
- Dr. John Davidson, Asset Management, Swiss Re.
- Walter Fluck, ehemaliges Mitglied der Geschäftsleitung, Credit Suisse Group.
- Patric Klees, Professional, Capvis.
- Daniel Kusio, Geschäftsführer, BV Group.
- Moritz Lechner, Geschäftsführer, Sensirion.
- Olivier Lüthold, Partner, Constellation.
- Robert Naville, Partner, Baxcapital.
- Pascal Niquille, Leiter Corporate & Structured Finance, UBS AG.
- Prof. Dr. Maurice Pedergnana, Geschäftsführer, SECA.
- Alex Pfeifer, Partner, Baxcapital.
- Marcel Röll, Geschäftsführer, Wavebiotech.
- Peter Schuppli, Partner, Cottonfield Consulting.
- Patrick Sulser, Leiter Firmenkunden Bellevue, UBS AG.
- Dr. Thomas Ulrich, Leiter Executives & Entrepreneurs Desk Zürich, UBS AG.
- Sandra Von Känel, Fachführung Executives & Entrepreneurs, UBS AG.
- Dr. Christian Wenger, Partner, Wenger & Vieli
- Dr. Arthur Wulkan, Executives & Entrepreneurs Desk Zürich, UBS AG.

Seminare und Paneldiskussionen

- AIG Private Equity: "Investor's Day", Round-Table-Discussion, Panel; Moderator: Dr. Haig Simonian (Financial Times); Teilnehmer: Conradin Schneider (Member of Management AIG Private Equity) / Andrew Fletcher, (Member of Management AIG Private Equity) / Christopher Brown (Managing Director, Cazenove) / Michel Degosciu (Managing Director LPX GmbH) / Dowe Cosijn (Head of Relations and Corporate Affairs 3i), Zürich, 14. Mai 2007.

- Treuhandkammerseminar: Moderne Finanzierungsinstrumente für Wachstum und Nachfolge im KMU, Zürich, 4. Juni 2007.

- WHU Private Equity Conference: "Liquidity, Bidding-up Effects and the Importance of Operational Management", Panel; Moderator: Peter Zaboji (INSEAD); Teilnehmer: Dr. Cornelius Boersch (Managing Partner, Mountain Partners) / Dr. Martin Hintze (Managing Director, Goldman Sachs) / Dr. Michael Keppel (Managing Director, Alvarez & Marsal) / Dr. Nils Koffka (Partner, Freshfields Bruckaus Deringer) / Andrew Tymms (Partner, Bain & Company), Koblenz, 27. April 2007.

Leitfaden für Fallstudien – Verkäuferseite

A: Angaben zum Unternehmen vor der Transaktion

1. Allgemeine Informationen zum Portfoliounternehmen

    Datum der Transaktion

    Besitzverhältnisse

    Gründungsjahr

    Anzahl Mitarbeiter total

    Branche

    Umsatz

    Bilanzsumme

    EBITDA

2. Geschichte des Unternehmens

3. Wettbewerbssituation des Unternehmens vor der Transaktion
    Markt

    Konkurrenz

    Kunden

    Lieferanten

    Internationalität

    Produkte

4. Verankerung des Portfoliounternehmens

    Regional / Geographisch

    Sozial

B: Vorbereitung auf die Nachfolge

5. Begründung des externen Verkaufs

6. Stand der Nachfolgeplanung 5 Jahre vor der Transaktion

    Stand der Planung

    Varianten

    Erste Kontakte

    Zustand der Firma

    Stand des Know-how über die verschiedenen Möglichkeiten

7. Stand der Nachfolgeplanung 3 Jahre vor der Transaktion

    Stand der Planung

    Varianten

    Erste Kontakte

    Zustand der Firma

    Stand des Know-how über die verschiedenen Möglichkeiten

8. Stand der Nachfolgeplanung 1 Jahr vor der Transaktion

    Stand der Planung

    Varianten

    Erste Kontakte

    Zustand der Firma

    Stand des Know-how über die verschiedenen Möglichkeiten

9. Wie sind Sie auf Private Equity als Nachfolgeinstrument gekommen?
    Vor- und Nachteile

    Vorbehalte

C: Auswahl der Private Equity-Gesellschaft

10. Wie und wo haben Sie den Finanzinvestor kennengelernt?

11. Beschreibung des Prozesses

    Ablauf des Prozesses

    Dauer

    Besprochene Themen (Massnahmen, Strategie, Exit-Verhalten, ...)
    Ablauf Due Diligence

12. Begründung des Entscheids (Rangierung)

    Rational / Emotional

    Track Record

    Geographisch

    Andere

13. Bedeutung der folgenden Faktoren (qualitativ, Rangierung)
    Vertrauen

    Schlüsselpersonen

    Branchenkenntnisse

    Geographische Nähe

    Netzwerk

    Kaufpreis

    Geplante Massnahmen

    Exit-Vorhaben

14. Kontakte mit anderen Private Equity-Gesellschaften

    Unterschiede

    Gründe für Entscheid gegen die anderen Gesellschaften

D: Deal Strukturierung

15. Berechnung des Unternehmenswertes

    Methode

    Discount

    Emotionaler Wert

---

16. Finanzielle Strukturierung der Transaktion

    Einsatz von Fremdkapital

    Einsatz von Mezzanine

    Einsatz von Eigentümerdarlehen

    Einsatz von Private Equity

    Wurde gleichzeitig eine Kapitalerhöhung vorgenommen

    Veränderung der Bilanzstruktur

---

17. Rechtliche Gestaltung der Transaktion

    Share Deal

    Asset Deal

18. Einsatz von Vertragsklauseln im Aktionärbindungsvertrag
    Mitverkaufspflicht (Bring along)

    Vorhandrechte oder Vorkaufsrechte

    Mitverkaufsrechte

    Call-Optionen für das Management

    Andere

19. Eigentümerstruktur heute

    Position des Verkäufers

    Position des Investors

20. Wie wurden die folgenden Aspekte der Finanzierung gelöst?
    Preisvorstellung der Verkäufer

    Eigenkapital der Manager / Besitzer

    Beschaffung zusätzliches Eigenkapital

    Bevormundung des Managements durch den Kapitalgeber?
    Konditionen der Fremdkapitalgeber

21. Steuerliche Regelung

22. Beanspruchte Berater- und Rechtsdienstleistungen

    Welche (Steuern, Legal, M&A-Berater)

    Zufriedenheit

E: Value Creation

23. Entwicklung der Kennzahlen

    Umsatz

    EBITDA

    Anzahl Mitarbeiter

24. Allgemeine Massnahmen / Restrukturierungsmassnahmen
    Organisationsstruktur

    Strategie

    Einstellungen / Entlassungen

    Prozessüberarbeitungen

    Kosteneinsparungen

25. Entwicklung Humankapital

    Ausbildungsausgaben

    Interne Trainings und externe Ausbildungen

26. F&E, Innovationen

    Entwicklung der F&E-Ausgaben

    Entwicklung neuer Produkte

    Andere Innovationen

    Unterstützung durch Netzwerk des Investors

27. Internationalität, Exportverhalten

    Entwicklung des Exports (Wachstum und in % des Umsatzes)
    Neue Geschäftsfelder im Ausland

    Unterstützung durch Netzwerk des Investors

28. Finanzen

   Liquiditätsmanagement

   Entwicklung der Finanzierungsstruktur

   Zugang zu weiterem Kapital

   Neue Investoren

   Verkauf von nichtbetrieblichen Assets

29. Corporate Governance

   Entwicklung internes Reporting

   Änderung des Controlling-Systems

   Externe Berichterstattung (OR, Swiss GAAP FER, IFRS)

   Struktur des Verwaltungsrats

30. Weitere Massnahmen auf operativer Stufe

31. Rangierung der Massnahmen

F: Beurteilung

32. Sind sie mit der Transaktion zufrieden?

    Was würden Sie wieder so machen

    Was würden Sie ändern

33. Wurde der Businessplan eingehalten?

34. Hat sich die Marktposition des Unternehmens verbessert?

35. Wo würde Ihr Unternehmen heute ohne Private Equity-Gesellschaft stehen?

G: Administratives

Wünschen Sie eine Vertraulichkeitserklärung?

Sollen die Daten anonym verwendet werden?

Leitfaden für die Fallstudie – Käuferseite

A: Angaben zur Private Equity-Gesellschaft

1. Allgemeine Informationen zur Gesellschaft

    Gründungsjahr

    Anzahl Investment Professionals zum Zeitpunkt der Transaktion
    Anzahl Mitarbeiter total

    Total Capital under Management

    Investierter Betrag

    Anzahl Portfoliounternehmen

        davon MBO

    Investitionsbetrag   *von*   *bis*

2. Angaben zum Fundraising

3. Rechtsform der PE-Gesellschaft

4. Angaben zur Investitionsstrategie

5. Angaben zum Deal Flow

    Wieviele Investment Proposals erhalten Sie jährlich

    Welche Kanäle werden genutzt, um den Deal Flow zu gewährleisten

B: Angaben zum Portfoliounternehmen vor der Transaktion

6. Allgemeine Informationen zum Portfoliounternehmen

   Datum der Transaktion

   Besitzverhältnisse

   Gründungsjahr

   Anzahl Mitarbeiter total

   Branche

   Umsatz

   Bilanzsumme

   EBITDA

7. Wettbewerbssituation des Unternehmens vor der Transaktion
   Markt

   Konkurrenz

   Kunden

   Lieferanten

   Internationalität

   Produkte

8. Verankerung des Portfoliounternehmens

   Regional / Geographisch

   Sozial

C: Auswahl des Portfoliounternehmens

9. Beschreibung des Prozesses

    Ablauf des Prozesses

    Dauer

    Besprochene Themen (Massnahmen, Strategie, Exit-Verhalten, ...)
    Ablauf Due Diligence

10. Begründung des Investitionsentscheids (Rangierung)

    Rational

    Emotional

    Geographisch

    Andere

11. Bedeutung der folgenden Faktoren (qualitativ, Rangierung)
    Management (Qualität, Seniorität)

    Humankapital im Unternehmen

    Historische Profitabilität des Unternehmens

    Level und Stabilität des Cash Flow

    Grösse des Marktes (national / International)

    Marktanteil, -wachstum

    Produktepalette

    Produktepipeline

    Leverage-Potenzial

    Verkauf von Assets

    Kosteneinsparungsmöglichkeiten

    Ertras-, Wachstumspotenzial

    Exit-Perspektive

D: Deal Strukturierung

12. Berechnung des Unternehmenswertes

    Methode

    Discount

    Emotionaler Wert

---

13. Finanzielle Strukturierung der Transaktion

    Einsatz von Fremdkapital

    Einsatz von Mezzanine

    Einsatz von Eigentümerdarlehen

    Einsatz von Private Equity

    Wurde gleichzeitig eine Kapitalerhöhung vorgenommen

    Veränderung der Bilanzstruktur

---

15. Rechtliche Gestaltung der Transaktion

    Share Deal

    Asset Deal

14. Einsatz von Vertragsklauseln im Aktionärbindungsvertrag
    Mitverkaufspflicht (Bring along)

    Vorhandrechte oder Vorkaufsrechte

    Mitverkaufsrechte

    Call-Optionen für das Management

    Andere

15. Eigentümerstruktur heute
    Position des Verkäufers

    Position des Investors

16. Wie wurden die folgenden Aspekte der Finanzierung gelöst?
    Preisvorstellung der Verkäufer

    Eigenkapital der Manager / Besitzer

    Beschaffung zusätzliches Eigenkapital

    Bevormundung des Managements durch den Kapitalgeber
    Konditionen der Fremdkapitalgeber

17. Steuerliche Regelung

18. Beanspruchte Berater- und Rechtsdienstleistungen

    Welche (Steuern, Legal, M&A-Berater)

    Zufriedenheit

E: Value Creation

19. Entwicklung der Kennzahlen

    Umsatz

    EBITDA

    Anzahl Mitarbeiter

20. Allgemeine Massnahmen / Restrukturierungsmassnahmen
    Organisationsstruktur

    Strategie

    Einstellungen / Entlassungen

    Prozessüberarbeitungen

    Kosteneinsparungen

21. Entwicklung Humankapital

    Ausbildungsausgaben

    Interne Trainings und externe Ausbildungen

22. F&E, Innovationen

    Entwicklung der F&E-Ausgaben

    Entwicklung neuer Produkte

    Andere Innovationen

    Unterstützung durch Netzwerk des Investors

23. Internationalität, Exportverhalten

    Entwicklung des Exports (Wachstum und in % des Umsatzes)
    Neue Geschäftsfelder im Ausland

    Unterstützung durch Netzwerk des Investors

24. Finanzen

   Liquiditätsmanagement

   Entwicklung der Finanzierungsstruktur

   Zugang zu weiterem Kapital

   Neue Investoren

   Verkauf von nichtbetrieblichen Assets

25. Corporate Governance

   Entwicklung internes Reporting

   Änderung des Controlling-Systems

   Externe Berichterstattung (OR, Swiss GAAP FER, IFRS)

   Struktur des Verwaltungsrats

26. Weitere Massnahmen auf operativer Stufe

27. Rangierung der Massnahmen

F: Beurteilung

28. Sind sie mit der Transaktion zufrieden?

    Was würden Sie wieder so machen

    Was würden Sie ändern

29. Wurde der Businessplan eingehalten?

30. Hat sich die Marktposition des Unternehmens verbessert?

G: Administratives

Wünschen Sie eine Vertraulichkeitserklärung?

Sollen die Daten anonym verwendet werden?

Bitte beachten Sie auch die folgenden Seiten!

Hauptthema: Bank/Finanz

Christoph Banik / Matthias Ogg / Maurice Pedergnana

Hybride und mezzanine Finanzierungsinstrumente

Möglichkeiten und Grenzen

Swiss Private Equity & Corporate Finance Association.
Band 12
2008. XV + 239 Seiten, 58 Abb., 24 Tab., kartoniert
CHF 54.– / EUR 34.90
ISBN 978-3-258-07346-0

Mezzanine und hybride Finanzierungen bezeichnen Finanzierungsarten, die in ihren rechtlichen und ökonomischen Ausgestaltungen eine Mischform zwischen Eigen- und Fremdkapital darstellen. Dabei wird in der Regel einem Unternehmen wirtschaftliches Eigenkapital zugeführt, ohne den Kapitalgebern Stimmrecht zu gewähren.

Die Publikation befasst sich mit den Möglichkeiten und Grenzen von mezzaninen und hybriden Finanzierungen und zeigt die gegenwärtige praktische Relevanz dieser Finanzierungen für Kapitalgeber und -nehmer in der Schweiz auf. Nur in Kenntnis dieser Finanzierungsart lässt sich eine optimale Kapitalbewirtschaftung erzielen und die finanzielle Führung eines Unternehmens verbessern.

: Haupt **Haupt Verlag** Bern • Stuttgart • Wien
verlag@haupt.ch • www.haupt.ch

Hauptthema: Bank/Finanz

Cuno Pümpin / Maurice Pedergnana

Strategisches Investment Management

Von der Kapitalmarkttheorie zur ganzheitlichen Kapitalanlage

Swiss Private Equity & Corporate Finance Association. Band 11
2007. 240 Seiten, kartoniert
CHF 38.– / EUR 24.50
ISBN 978-3-258-07344-6

Mit strategischem Asset Management lassen sich Investitionen erfolgreicher als mit klassischen Kapitalmarkttheorien gestalten. Von dieser Erfahrung ausgehend, übertragen die beiden Autoren aus der Unternehmensstrategielehre bekannte Grundsätze auf die Asset Allokation.

Dieses Buch basiert auf einer neuen konzeptionellen und theoretischen Weiterentwicklung des Asset Managements. Folglich wird nicht nur der an Theorien und akademischen Denkspielen interessierte Leser neue Gedanken in diesem Buch finden. Vielmehr ist dieses Buch insbesondere für diejenigen von Interesse, die Vermögen nicht in erster Linie erhalten, sondern tatsächlich vermehren wollen. Sie werden mehr darüber erfahren, wie modernes und erfolgreiches Investieren aussehen kann!

: Haupt   **Haupt Verlag** Bern • Stuttgart • Wien
verlag@haupt.ch • www.haupt.ch

Hauptthema: Bank/Finanz

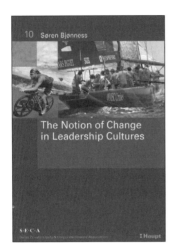

Søren Bjønness

The Notion of Change in Leadership Cultures

Swiss Private Equity & Corporate Finance Association.
Band 10

2007. 167 Seiten, 3 Tabellen und 5 Abbildungen, kartoniert
CHF 48.– / EUR 32.–
ISBN 978-3-258-07231-9

The initiation, planning and implementation of change processes are increasingly looked upon as central leadership responsibilities in organisations pursuing economic aims. Whilst system characteristics like order, consistency and security are mostly connected to the term «management», conceptions of change, movement and designing are associated with «leadership». Thereby it often remains unclear, what leadership in connection to organisational change or change in the eyes of the leading and the led actually means. This is the topic that Søren Bjønness is approaching in his research. He explores the meaning of «change» in the individual and collective understandings of leadership and how these understandings influence the practice of change.
Prof. Dr. Werner R. Müller, University of Basel

 Haupt Verlag Bern • Stuttgart • Wien
verlag@haupt.ch • www.haupt.ch

Hauptthema: Bank/Finanz

Markus Müller

Kooperationen von Jungunternehmen

als Instrument des Risiko-Managements
in Venture-Capital-Gesellschaften

Swiss Private Equity & Corporate Finance Association. Band 9
2006. XIX + 215 Seiten, 28 Abb. und 8 Tab., kartoniert
CHF 42.– / EUR 27.50
ISBN 978-3-258-07130-5

Mit Kooperationen treiben Jungunternehmen die eigene Unternehmensentwicklung voran. So werden Investoren von Jungunternehmen zunehmend mit der Beurteilung von Kooperationen konfrontiert und passen ihr Risiko-Management an. Markus J. Müller bietet mit der Studie eine umfassende Darstellung der Bereiche Kooperationen und Risiko-Management. Im Zentrum steht die Frage, wie Investoren Kooperationen beurteilen und welche Punkte dabei zu berücksichtigen sind. Zwei Umfragen, eine bei Jungunternehmen und eine bei Venture Capitalisten, sind die Basis für eine aktuelle Standortbestimmung. Zusätzlich illustriert eine Fallstudie die Risikobeurteilung einer Kooperation.
Die Ergebnisse sind für Investoren sowie für Jungunternehmer interessant, da Kooperationen die Risikostruktur der Beteiligten beeinflussen, aber auch Signale produzieren, welche bei der Investorensuche eingesetzt werden können.
Prof. Dr. T. Studer

: Haupt   **Haupt Verlag** Bern • Stuttgart • Wien
verlag@haupt.ch • www.haupt.ch

Hauptthema: Bank/Finanz

Patrik Frei

Assessment and Valuation of high growth companies

Swiss Private Equity & Corporate Finance Association. Band 8
2006. XIX + 291 Seiten, 56 Table und 24 Figure, kartoniert
CHF 58.– / EUR 38.50
ISBN 978-3-258-07091-9

Die Unternehmensbewertung ist ein wichtiges Thema bei der Finanzierung von Start-ups und Wachstumsfirmen. Die Anwendung in der Praxis ist jedoch sehr schwierig. Patrik Frei zeigt in seiner praxisbezogenen Darstellung, wie man ein Wachstumsunternehmen in einfachen Schritten bewertet. Dabei stehen nicht die Zahlen im Vordergrund, sondern die Softfactors einer Unternehmung. Denn durch die Verbesserung dieser Softfactors lässt sich auch der Unternehmenswert langfristig steigern. Die Publikation ist in englischer Sprache erschienen.

Valuation is a key topic in the financing and development of high growth companies. The goal of this book is to bridge the existing gap between the assessment and the financial valuation of a company. Initially, an assessment framework is developed to capture the value drivers for high growth companies. It contains the following three main factors:
1. Management / 2. Market environment / 3. Product, Sciences & Technology

The proposed valuation methods are specifically targeted for high growth companies and include methods such as discounted cash flow and option pricing, as well as market comparable, comparable deal methods and the venture capital method. The methodical assessment framework enables a link to be made with the financial valuation models to obtain a consistent and comprehensive assessment and valuation approach for high growth companies.

 Haupt Verlag Bern · Stuttgart · Wien
verlag@haupt.ch · www.haupt.ch